权威·前沿·原创

皮书系列为
"十二五""十三五"国家重点图书出版规划项目

中国社会科学院创新工程学术出版资助项目

上海合作组织黄皮书
YELLOW BOOK OF
THE SHANGHAI COOPERATION ORGANIZATION

上海合作组织发展报告（2017）

ANNUAL REPORT ON THE SHANGHAI COOPERATION ORGANIZATION (2017)

中国社会科学院俄罗斯东欧中亚研究所
主　编／李进峰

社会科学文献出版社
SOCIAL SCIENCES ACADEMIC PRESS (CHINA)

图书在版编目(CIP)数据

上海合作组织发展报告.2017/李进峰主编.--北京：社会科学文献出版社，2017.6
（上海合作组织黄皮书）
ISBN 978-7-5201-0803-4

Ⅰ.①上… Ⅱ.①李… Ⅲ.①上海合作组织-研究报告-2017 Ⅳ.①D814.1 ②F114.46

中国版本图书馆 CIP 数据核字（2017）第 102986 号

上海合作组织黄皮书
上海合作组织发展报告（2017）

主　　编 / 李进峰

出 版 人 / 谢寿光
项目统筹 / 祝得彬　刘　娟
责任编辑 / 刘　娟

出　　版 / 社会科学文献出版社·当代世界出版分社（010）59367004
地址：北京市北三环中路甲 29 号院华龙大厦　邮编：100029
网址：www.ssap.com.cn

发　　行 / 市场营销中心（010）59367081　59367018
印　　装 / 北京季蜂印刷有限公司

规　　格 / 开　本：787mm×1092mm　1/16
印　张：25.25　字　数：380 千字

版　　次 / 2017 年 6 月第 1 版　2017 年 6 月第 1 次印刷
书　　号 / ISBN 978-7-5201-0803-4
定　　价 / 98.00 元

皮书序列号 / PSN Y-2009-130-1/1

本书如有印装质量问题，请与读者服务中心（010-59367028）联系

▲ 版权所有 翻印必究

上海合作组织黄皮书编委会

主　　编　李进峰

执行编辑　（按姓氏笔画排序）
　　　　　　张　宁　张恒龙　吴宏伟

课题组成员　（按姓氏笔画排序）
　　　　　　王玉娟　王国松　王宪举　王晨星　尹英凯
　　　　　　付佳伟　包　毅　任雪梅　刘华芹　许　涛
　　　　　　杨　进　杨　倩　李进峰　李抒音　李　菲
　　　　　　肖　斌　张　杰　张　昊　张恒龙
　　　　　　阿拉坦图胡日　武　斌　国冬梅　庞大鹏
　　　　　　徐　进　高晗迅　郭晓琼　董铜柱　薛福岐

英文翻译　徐　阳

主编简介

李进峰 中国社会科学院俄罗斯东欧中亚研究所党委书记、中国社会科学院上海合作组织研究中心执行主任。在国有大型企业工作多年。2001~2008年任中国社会科学院研究生院副院长，2008~2011年在新疆生产建设兵团挂职，从事企业管理、行政管理和相关学术研究工作多年，多次承担重大科研任务，著有《援疆实践与思考》《转型期中国建筑业企业问题》，主编《上海合作组织发展报告》。主要学术论文：《谋求外援内生动力推进新疆跨越式发展》《加强与中亚国家合作维护边疆稳定的战略目标和途径》等。

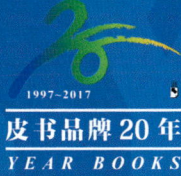

皮书系列

2017年

智库成果出版与传播平台

社会科学文献出版社
SOCIAL SCIENCES ACADEMIC PRESS (CHINA)

社长致辞

2017年正值皮书品牌专业化二十周年之际，世界每天都在发生着让人眼花缭乱的变化，而唯一不变的，是面向未来无数的可能性。作为个体，如何获取专业信息以备不时之需？作为行政主体或企事业主体，如何提高决策的科学性让这个世界变得更好而不是更糟？原创、实证、专业、前沿、及时、持续，这是1997年"皮书系列"品牌创立的初衷。

1997~2017，从最初一个出版社的学术产品名称到媒体和公众使用频率极高的热点词语，从专业术语到大众话语，从官方文件到独特的出版型态，作为重要的智库成果，"皮书"始终致力于成为海量信息时代的信息过滤器，成为经济社会发展的记录仪，成为政策制定、评估、调整的智力源，社会科学研究的资料集成库。"皮书"的概念不断延展，"皮书"的种类更加丰富，"皮书"的功能日渐完善。

1997~2017，皮书及皮书数据库已成为中国新型智库建设不可或缺的抓手与平台，成为政府、企业和各类社会组织决策的利器，成为人文社科研究最基本的资料库，成为世界系统完整及时认知当代中国的窗口和通道！"皮书"所具有的凝聚力正在形成一种无形的力量，吸引着社会各界关注中国的发展，参与中国的发展。

二十年的"皮书"正值青春，愿每一位皮书人付出的年华与智慧不辜负这个时代！

社会科学文献出版社社长
中国社会学会秘书长

2016年11月

社会科学文献出版社简介

社会科学文献出版社成立于1985年，是直属于中国社会科学院的人文社会科学学术出版机构。成立以来，社科文献出版社依托于中国社会科学院和国内外人文社会科学界丰厚的学术出版和专家学者资源，始终坚持"创社科经典，出传世文献"的出版理念、"权威、前沿、原创"的产品定位以及学术成果和智库成果出版的专业化、数字化、国际化、市场化的经营道路。

社科文献出版社是中国新闻出版业转型与文化体制改革的先行者。积极探索文化体制改革的先进方向和现代企业经营决策机制，社科文献出版社先后荣获"全国文化体制改革工作先进单位"、中国出版政府奖·先进出版单位奖、中国社会科学院先进集体、全国科普工作先进集体等荣誉称号。多人次荣获"第十届韬奋出版奖""全国新闻出版行业领军人才""数字出版先进人物""北京市新闻出版广电行业领军人才"等称号。

社科文献出版社是中国人文社会科学学术出版的大社名社，也是以皮书为代表的智库成果出版的专业强社。年出版图书2000余种，其中皮书350余种，出版新书字数5.5亿字，承印与发行中国社科院院属期刊72种，先后创立了皮书系列、列国志、中国史话、社科文献学术译库、社科文献学术文库、甲骨文书系等一大批既有学术影响又有市场价值的品牌，确立了在社会学、近代史、苏东问题研究等专业学科及领域出版的领先地位。图书多次荣获中国出版政府奖、"三个一百"原创图书出版工程、"五个'一'工程奖"、"大众喜爱的50种图书"等奖项，在中央国家机关"强素质·做表率"读书活动中，入选图书品种数位居各大出版社之首。

社科文献出版社是中国学术出版规范与标准的倡议者与制定者，代表全国50多家出版社发起实施学术著作出版规范的倡议，承担学术著作规范国家标准的起草工作，率先编撰完成《皮书手册》对皮书品牌进行规范化管理，并在此基础上推出中国版芝加哥手册——《SSAP学术出版手册》。

社科文献出版社是中国数字出版的引领者，拥有皮书数据库、列国志数据库、"一带一路"数据库、减贫数据库、集刊数据库等4大产品线11个数据库产品，机构用户达1300余家，海外用户百余家，荣获"数字出版转型示范单位""新闻出版标准化先进单位""专业数字内容资源知识服务模式试点企业标准化示范单位"等称号。

社科文献出版社是中国学术出版走出去的践行者。社科文献出版社海外图书出版与学术合作业务遍及全球40余个国家和地区并于2016年成立俄罗斯分社，累计输出图书500余种，涉及近20个语种，累计获得国家社科基金中华学术外译项目资助76种、"丝路书香工程"项目资助60种、中国图书对外推广计划项目资助71种以及经典中国国际出版工程资助28种，被商务部认定为"2015-2016年度国家文化出口重点企业"。

如今，社科文献出版社拥有固定资产3.6亿元，年收入近3亿元，设置了七大出版分社、六大专业部门，成立了皮书研究院和博士后科研工作站，培养了一支近400人的高素质与高效率的编辑、出版、营销和国际推广队伍，为未来成为学术出版的大社、名社、强社，成为文化体制改革与文化企业转型发展的排头兵奠定了坚实的基础。

经济类　　 皮书系列 重点推荐

经 济 类

经济类皮书涵盖宏观经济、城市经济、大区域经济，提供权威、前沿的分析与预测

经济蓝皮书
2017年中国经济形势分析与预测
李扬/主编　2017年1月出版　定价：89.00元

◆ 本书为总理基金项目，由著名经济学家李扬领衔，联合中国社会科学院等数十家科研机构、国家部委和高等院校的专家共同撰写，系统分析了2016年的中国经济形势并预测2017年中国经济运行情况。

中国省域竞争力蓝皮书
中国省域经济综合竞争力发展报告（2015~2016）
李建平　李闽榕　高燕京/主编　2017年5月出版　定价：198.00元

◆ 本书融多学科的理论为一体，深入追踪研究了省域经济发展与中国国家竞争力的内在关系，为提升中国省域经济综合竞争力提供有价值的决策依据。

城市蓝皮书
中国城市发展报告No.10
潘家华　单菁菁/主编　2017年9月出版　估价：89.00元

◆ 本书是由中国社会科学院城市发展与环境研究中心编著的，多角度、全方位地立体展示了中国城市的发展状况，并对中国城市的未来发展提出了许多建议。该书有强烈的时代感，对中国城市发展实践有重要的参考价值。

皮书系列重点推荐

经济类

人口与劳动绿皮书
中国人口与劳动问题报告 No.18

蔡昉 张车伟/主编　2017年10月出版　估价：89.00元

◆ 本书为中国社会科学院人口与劳动经济研究所主编的年度报告，对当前中国人口与劳动形势做了比较全面和系统的深入讨论，为研究中国人口与劳动问题提供了一个专业性的视角。

世界经济黄皮书
2017年世界经济形势分析与预测

张宇燕/主编　2017年1月出版　定价：89.00元

◆ 本书由中国社会科学院世界经济与政治研究所的研究团队撰写，2016年世界经济增速进一步放缓，就业增长放慢。世界经济面临许多重大挑战同时，地缘政治风险、难民危机、大国政治周期、恐怖主义等问题也仍然在影响世界经济的稳定与发展。预计2017年按PPP计算的世界GDP增长率约为3.0%。

国际城市蓝皮书
国际城市发展报告（2017）

屠启宇/主编　2017年2月出版　定价：79.00元

◆ 本书作者以上海社会科学院从事国际城市研究的学者团队为核心，汇集同济大学、华东师范大学、复旦大学、上海交通大学、南京大学、浙江大学相关城市研究专业学者。立足动态跟踪介绍国际城市发展时间中，最新出现的重大战略、重大理念、重大项目、重大报告和最佳案例。

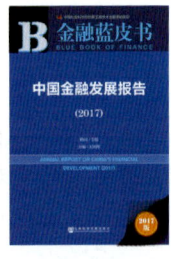

金融蓝皮书
中国金融发展报告（2017）

王国刚/主编　2017年2月出版　定价：79.00元

◆ 本书由中国社会科学院金融研究所组织编写，概括和分析了2016年中国金融发展和运行中的各方面情况，研讨和评论了2016年发生的主要金融事件，有利于读者了解掌握2016年中国的金融状况，把握2017年中国金融的走势。

农村绿皮书
中国农村经济形势分析与预测（2016～2017）

魏后凯　杜志雄　黄秉信/主编　2017年4月出版　估价：89.00元

◆ 本书描述了2016年中国农业农村经济发展的一些主要指标和变化，并对2017年中国农业农村经济形势的一些展望和预测，提出相应的政策建议。

西部蓝皮书
中国西部发展报告（2017）

徐璋勇/主编　2017年7月出版　估价：89.00元

◆ 本书由西北大学中国西部经济发展研究中心主编，汇集了源自西部本土以及国内研究西部问题的权威专家的第一手资料，对国家实施西部大开发战略进行年度动态跟踪，并对2017年西部经济、社会发展态势进行预测和展望。

经济蓝皮书·夏季号
中国经济增长报告（2016～2017）

李扬/主编　2017年9月出版　估价：98.00元

◆ 中国经济增长报告主要探讨2016~2017年中国经济增长问题，以专业视角解读中国经济增长，力求将其打造成一个研究中国经济增长、服务宏微观各级决策的周期性、权威性读物。

就业蓝皮书
2017年中国本科生就业报告

麦可思研究院/编著　2017年6月出版　估价：98.00元

◆ 本书基于大量的数据和调研，内容翔实，调查独到，分析到位，用数据说话，对中国大学生就业及学校专业设置起到了很好的建言献策作用。

皮书系列 重点推荐　社会政法类

社会政法类

社会政法类皮书聚焦社会发展领域的热点、难点问题，提供权威、原创的资讯与视点

社会蓝皮书
2017年中国社会形势分析与预测

李培林　陈光金　张翼/主编　2016年12月出版　定价：89.00元

◆ 本书由中国社会科学院社会学研究所组织研究机构专家、高校学者和政府研究人员撰写，聚焦当下社会热点，对2016年中国社会发展的各个方面内容进行了权威解读，同时对2017年社会形势发展趋势进行了预测。

法治蓝皮书
中国法治发展报告 No.15（2017）

李林　田禾/主编　2017年3月出版　定价：118.00元

◆ 本年度法治蓝皮书回顾总结了2016年度中国法治发展取得的成就和存在的不足，对中国政府、司法、检务透明度进行了跟踪调研，并对2017年中国法治发展形势进行了预测和展望。

社会体制蓝皮书
中国社会体制改革报告 No.5（2017）

龚维斌/主编　2017年3月出版　定价：89.00元

◆ 本书由国家行政学院社会治理研究中心和北京师范大学中国社会管理研究院共同组织编写，主要对2016年社会体制改革情况进行回顾和总结，对2017年的改革走向进行分析，提出相关政策建议。

社会心态蓝皮书
中国社会心态研究报告（2017）

王俊秀 杨宜音/主编　2017年12月出版　估价：89.00元

◆ 本书是中国社会科学院社会学研究所社会心理研究中心"社会心态蓝皮书课题组"的年度研究成果，运用社会心理学、社会学、经济学、传播学等多种学科的方法进行了调查和研究，对于目前中国社会心态状况有较广泛和深入的揭示。

生态城市绿皮书
中国生态城市建设发展报告（2017）

刘举科 孙伟平 胡文臻/主编　2017年7月出版　估价：118.00元

◆ 报告以绿色发展、循环经济、低碳生活、民生宜居为理念，以更新民众观念、提供决策咨询、指导工程实践、引领绿色发展为宗旨，试图探索一条具有中国特色的城市生态文明建设新路。

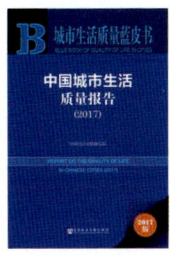

城市生活质量蓝皮书
中国城市生活质量报告（2017）

中国经济实验研究院/主编　2017年7月出版　估价：89.00元

◆ 本书对全国35个城市居民的生活质量主观满意度进行了电话调查，同时对35个城市居民的客观生活质量指数进行了计算，为中国城市居民生活质量的提升，提出了针对性的政策建议。

公共服务蓝皮书
中国城市基本公共服务力评价（2017）

钟君 刘志昌 吴正杲/主编　2017年12月出版　估价：89.00元

◆ 中国社会科学院经济与社会建设研究室与华图政信调查组成联合课题组，从2010年开始对基本公共服务力进行研究，研创了基本公共服务力评价指标体系，为政府考核公共服务与社会管理工作提供了理论工具。

行业报告类

行业报告类

行业报告类皮书立足重点行业、新兴行业领域，提供及时、前瞻的数据与信息

企业社会责任蓝皮书

中国企业社会责任研究报告（2017）

黄群慧　钟宏武　张蒽　翟利峰 / 著　2017年10月出版　估价：89.00元

◆ 本书剖析了中国企业社会责任在2016～2017年度的最新发展特征，详细解读了省域国有企业在社会责任方面的阶段性特征，生动呈现了国内外优秀企业的社会责任实践。对了解中国企业社会责任履行现状、未来发展，以及推动社会责任建设有重要的参考价值。

新能源汽车蓝皮书

中国新能源汽车产业发展报告（2017）

中国汽车技术研究中心　日产（中国）投资有限公司　东风汽车有限公司 / 编著　2017年7月出版　估价：98.00元

◆ 本书对中国2016年新能源汽车产业发展进行了全面系统的分析，并介绍了国外的发展经验。有助于相关机构、行业和社会公众等了解中国新能源汽车产业发展的最新动态，为政府部门出台新能源汽车产业相关政策法规、企业制定相关战略规划，提供必要的借鉴和参考。

杜仲产业绿皮书

中国杜仲橡胶资源与产业发展报告（2016～2017）

杜红岩　胡文臻　俞锐 / 主编　2017年4月出版　估价：85.00元

◆ 本书对2016年杜仲产业的发展情况、研究团队在杜仲研究方面取得的重要成果、部分地区杜仲产业发展的具体情况、杜仲新标准的制定情况等进行了较为详细的分析与介绍，使广大关心杜仲产业发展的读者能够及时跟踪产业最新进展。

行业报告类　　皮书系列 重点推荐

企业蓝皮书
中国企业绿色发展报告No.2（2017）
李红玉　朱光辉/主编　　2017年8月出版　　估价：89.00元

◆ 本书深入分析中国企业能源消费、资源利用、绿色金融、绿色产品、绿色管理、信息化、绿色发展政策及绿色文化方面的现状，并对目前存在的问题进行研究，剖析因果，谋划对策，为企业绿色发展提供借鉴，为中国生态文明建设提供支撑。

中国上市公司蓝皮书
中国上市公司发展报告（2017）
张平　王宏淼/主编　　2017年10月出版　　估价：98.00元

◆ 本书由中国社会科学院上市公司研究中心组织编写的，着力于全面、真实、客观反映当前中国上市公司财务状况和价值评估的综合性年度报告。本书详尽分析了2016年中国上市公司情况，特别是现实中暴露出的制度性、基础性问题，并对资本市场改革进行了探讨。

资产管理蓝皮书
中国资产管理行业发展报告（2017）
智信资产管理研究院/编著　　2017年6月出版　　估价：89.00元

◆ 中国资产管理行业刚刚兴起，未来将成为中国金融市场最有看点的行业。本书主要分析了2016年度资产管理行业的发展情况，同时对资产管理行业的未来发展做出科学的预测。

体育蓝皮书
中国体育产业发展报告（2017）
阮伟　钟秉枢/主编　　2017年12月出版　　估价：89.00元

◆ 本书运用多种研究方法，在体育竞赛业、体育用品业、体育场馆业、体育传媒业等传统产业研究的基础上，并对2016年体育领域内的各种热点事件进行研究和梳理，进一步拓宽了研究的广度、提升了研究的高度、挖掘了研究的深度。

国际问题类

国际问题类皮书关注全球重点国家与地区，提供全面、独特的解读与研究

美国蓝皮书
美国研究报告（2017）

郑秉文　黄平 / 主编　2017年6月出版　估价：89.00元

◆ 本书是由中国社会科学院美国研究所主持完成的研究成果，它回顾了美国2016年的经济、政治形势与外交战略，对2017年以来美国内政外交发生的重大事件及重要政策进行了较为全面的回顾和梳理。

日本蓝皮书
日本研究报告（2017）

杨伯江 / 主编　2017年5月出版　估价：89.00元

◆ 本书对2016年日本的政治、经济、社会、外交等方面的发展情况做了系统介绍，对日本的热点及焦点问题进行了总结和分析，并在此基础上对该国2017年的发展前景做出预测。

亚太蓝皮书
亚太地区发展报告（2017）

李向阳 / 主编　2017年4月出版　估价：89.00元

◆ 本书是中国社会科学院亚太与全球战略研究院的集体研究成果。2017年的"亚太蓝皮书"继续关注中国周边环境的变化。该书盘点了2016年亚太地区的焦点和热点问题，为深入了解2016年及未来中国与周边环境的复杂形势提供了重要参考。

国别与地区类

德国蓝皮书
德国发展报告（2017）

郑春荣 / 主编　2017年6月出版　估价：89.00元

◆ 本报告由同济大学德国研究所组织编撰，由该领域的专家学者对德国的政治、经济、社会文化、外交等方面的形势发展情况，进行全面的阐述与分析。

日本经济蓝皮书
日本经济与中日经贸关系研究报告（2017）

张季风 / 编著　2017年5月出版　估价：89.00元

◆ 本书系统、详细地介绍了2016年日本经济以及中日经贸关系发展情况，在进行了大量数据分析的基础上，对2017年日本经济以及中日经贸关系的大致发展趋势进行了分析与预测。

俄罗斯黄皮书
俄罗斯发展报告（2017）

李永全 / 编著　2017年7月出版　估价：89.00元

◆ 本书系统介绍了2016年俄罗斯经济政治情况，并对2016年该地区发生的焦点、热点问题进行了分析与回顾；在此基础上，对该地区2017年的发展前景进行了预测。

非洲黄皮书
非洲发展报告No.19（2016~2017）

张宏明 / 主编　2017年8月出版　估价：89.00元

◆ 本书是由中国社会科学院西亚非洲研究所组织编撰的非洲形势年度报告，比较全面、系统地分析了2016年非洲政治形势和热点问题，探讨了非洲经济形势和市场走向，剖析了大国对非洲关系的新动向；此外，还介绍了国内非洲研究的新成果。

地方发展类

地方发展类

地方发展类皮书关注中国各省份、经济区域，提供科学、多元的预判与资政信息

北京蓝皮书
北京公共服务发展报告（2016~2017）

施昌奎/主编　2017年3月出版　定价：79.00元

◆ 本书是由北京市政府职能部门的领导、首都著名高校的教授、知名研究机构的专家共同完成的关于北京市公共服务发展与创新的研究成果。

河南蓝皮书
河南经济发展报告（2017）

张占仓　完世伟/主编　2017年4月出版　估价：89.00元

◆ 本书以国内外经济发展环境和走向为背景，主要分析当前河南经济形势，预测未来发展趋势，全面反映河南经济发展的最新动态、热点和问题，为地方经济发展和领导决策提供参考。

广州蓝皮书
2017年中国广州经济形势分析与预测

庾建设　陈浩钿　谢博能/主编　2017年7月出版　估价：85.00元

◆ 本书由广州大学与广州市委政策研究室、广州市统计局联合主编，汇集了广州科研团体、高等院校和政府部门诸多经济问题研究专家、学者和实际部门工作者的最新研究成果，是关于广州经济运行情况和相关专题分析、预测的重要参考资料。

 文化传媒类　　皮书系列 重点推荐

文化传媒类

文化传媒类皮书透视文化领域、文化产业，探索文化大繁荣、大发展的路径

新媒体蓝皮书
中国新媒体发展报告 No.8（2017）

唐绪军／主编　2017年6月出版　估价：89.00元

◆ 本书是由中国社会科学院新闻与传播研究所组织编写的关于新媒体发展的最新年度报告，旨在全面分析中国新媒体的发展现状，解读新媒体的发展趋势，探析新媒体的深刻影响。

移动互联网蓝皮书
中国移动互联网发展报告（2017）

官建文／主编　2017年6月出版　估价：89.00元

◆ 本书着眼于对2016年度中国移动互联网的发展情况做深入解析，对未来发展趋势进行预测，力求从不同视角、不同层面全面剖析中国移动互联网发展的现状、年度突破及热点趋势等。

传媒蓝皮书
中国传媒产业发展报告（2017）

崔保国／主编　2017年5月出版　估价：98.00元

◆ "传媒蓝皮书"连续十多年跟踪观察和系统研究中国传媒产业发展。本报告在对传媒产业总体以及各细分行业发展状况与趋势进行深入分析基础上，对年度发展热点进行跟踪，剖析新技术引领下的商业模式，对传媒各领域发展趋势、内体经营、传媒投资进行解析，为中国传媒产业正在发生的变革提供前瞻行参考。

经济类

"三农"互联网金融蓝皮书
中国"三农"互联网金融发展报告（2017）
著(编)者：李勇坚 王弢　2016年8月出版 / 估价：98.00元
PSN B-2016-561-1/1

G20国家创新竞争力黄皮书
二十国集团（G20）国家创新竞争力发展报告（2016~2017）
著(编)者：李建平 李闽榕 赵新力　周天勇
2017年8月出版 / 估价：158.00元
PSN Y-2011-229-1/1

产业蓝皮书
中国产业竞争力报告（2017）No.7
著(编)者：张其仔　2017年12月出版 / 估价：98.00元
PSN B-2010-175-1/1

城市创新蓝皮书
中国城市创新报告（2017）
著(编)者：周天勇 旷建伟　2017年11月出版 / 估价：89.00元
PSN B-2013-340-1/1

城市蓝皮书
中国城市发展报告No.10
著(编)者：潘家华 单菁菁　2017年9月出版 / 估价：89.00元
PSN B-2007-091-1/1

城乡一体化蓝皮书
中国城乡一体化发展报告（2016~2017）
著(编)者：汝信 付崇兰　2017年7月出版 / 估价：85.00元
PSN B-2011-226-1/2

城镇化蓝皮书
中国新型城镇化健康发展报告（2017）
著(编)者：张占斌　2017年8月出版 / 估价：89.00元
PSN B-2014-396-1/1

创新蓝皮书
创新型国家建设报告（2016~2017）
著(编)者：詹正茂　2017年12月出版 / 估价：89.00元
PSN B-2009-140-1/1

创业蓝皮书
中国创业发展报告（2016~2017）
著(编)者：黄群慧 赵卫星 钟宏武等
2017年11月出版 / 估价：89.00元
PSN B-2016-578-1/1

低碳发展蓝皮书
中国低碳发展报告（2016~2017）
著(编)者：齐晔 张希良　2017年3月出版 / 估价：98.00元
PSN B-2011-223-1/1

低碳经济蓝皮书
中国低碳经济发展报告（2017）
著(编)者：薛进军 赵忠秀　2017年6月出版 / 估价：85.00元
PSN B-2011-194-1/1

东北蓝皮书
中国东北地区发展报告（2017）
著(编)者：姜晓秋　2017年2月出版 / 定价：79.00元
PSN B-2006-067-1/1

发展与改革蓝皮书
中国经济发展和体制改革报告No.8
著(编)者：邹东涛 王再文　2017年4月出版 / 估价：98.00元
PSN B-2008-122-1/1

工业化蓝皮书
中国工业化进程报告（2017）
著(编)者：黄群慧　2017年12月出版 / 估价：158.00元
PSN B-2007-095-1/1

管理蓝皮书
中国管理发展报告（2017）
著(编)者：张晓东　2017年10月出版 / 估价：98.00元
PSN B-2014-416-1/1

国际城市蓝皮书
国际城市发展报告（2017）
著(编)者：屠启宇　2017年2月出版 / 定价：79.00元
PSN B-2012-260-1/1

国家创新蓝皮书
中国创新发展报告（2017）
著(编)者：陈劲　2017年12月出版 / 估价：89.00元
PSN B-2014-370-1/1

金融蓝皮书
中国金融发展报告（2017）
著(编)者：王国刚　2017年2月出版 / 定价：79.00元
PSN B-2004-031-1/6

京津冀金融蓝皮书
京津冀金融发展报告（2017）
著(编)者：王爱俭 李向前
2017年4月出版 / 估价：89.00元
PSN B-2016-528-1/1

京津冀蓝皮书
京津冀发展报告（2017）
著(编)者：文魁 祝尔娟　2017年4月出版 / 估价：89.00元
PSN B-2012-262-1/1

经济蓝皮书
2017年中国经济形势分析与预测
著(编)者：李扬　2017年1月出版 / 估价：89.00元
PSN B-1996-001-1/1

经济蓝皮书·春季号
2017年中国经济前景分析
著(编)者：李扬　2017年6月出版 / 估价：89.00元
PSN B-1999-008-1/1

经济蓝皮书·夏季号
中国经济增长报告（2016~2017）
著(编)者：李扬　2017年9月出版 / 估价：98.00元
PSN B-2010-176-1/1

经济信息绿皮书
中国与世界经济发展报告（2017）
著(编)者：杜平　2017年12月出版 / 估价：89.00元
PSN G-2003-023-1/1

就业蓝皮书
2017年中国本科生就业报告
著(编)者：麦可思研究院　2017年6月出版 / 估价：98.00元
PSN B-2009-146-1/2

# 经济类 皮书系列 2017全品种

就业蓝皮书
2017年中国高职高专生就业报告
著(编)者：麦可思研究院　2017年6月出版 / 估价：98.00元
PSN B-2015-472-2/2

科普能力蓝皮书
中国科普能力评价报告（2017）
著(编)者：李富 强李群　2017年8月出版 / 估价：89.00元
PSN B-2016-556-1/1

临空经济蓝皮书
中国临空经济发展报告（2017）
著(编)者：连玉明　2017年9月出版 / 估价：89.00元
PSN B-2014-421-1/1

农村绿皮书
中国农村经济形势分析与预测（2016~2017）
著(编)者：魏后凯 杜志雄 黄秉信
2017年4月出版 / 估价：89.00元
PSN G-1998-003-1/1

农业应对气候变化蓝皮书
气候变化对中国农业影响评估报告 No.3
著(编)者：矫梅燕　2017年8月出版 / 估价：98.00元
PSN B-2014-413-1/1

气候变化绿皮书
应对气候变化报告（2017）
著(编)者：王伟光 郑国光　2017年6月出版 / 估价：89.00元
PSN G-2009-144-1/1

区域蓝皮书
中国区域经济发展报告（2016~2017）
著(编)者：赵弘　2017年6月出版 / 估价：89.00元
PSN B-2004-034-1/1

全球环境竞争力绿皮书
全球环境竞争力报告（2017）
著(编)者：李建平 李闽榕 王金南
2017年12月出版 / 估价：198.00元
PSN G-2013-363-1/1

人口与劳动绿皮书
中国人口与劳动问题报告 No.18
著(编)者：蔡昉 张车伟　2017年11月出版 / 估价：89.00元
PSN G-2000-012-1/1

商务中心区蓝皮书
中国商务中心区发展报告 No.3（2016）
著(编)者：李国红 单菁菁　2017年4月出版 / 估价：89.00元
PSN B-2015-444-1/1

世界经济黄皮书
2017年世界经济形势分析与预测
著(编)者：张宇燕　2017年1月出版 / 定价：89.00元
PSN Y-1999-006-1/1

世界旅游城市绿皮书
世界旅游城市发展报告（2017）
著(编)者：宋宇　2017年4月出版 / 估价：128.00元
PSN G-2014-400-1/1

土地市场蓝皮书
中国农村土地市场发展报告（2016~2017）
著(编)者：李光荣　2017年4月出版 / 估价：89.00元
PSN B-2016-527-1/1

西北蓝皮书
中国西北发展报告（2017）
著(编)者：高建龙　2017年4月出版 / 估价：89.00元
PSN B-2012-261-1/1

西部蓝皮书
中国西部发展报告（2017）
著(编)者：徐璋勇　2017年7月出版 / 估价：89.00元
PSN B-2005-039-1/1

新型城镇化蓝皮书
新型城镇化发展报告（2017）
著(编)者：李伟 宋敏 沈体雁　2017年4月出版 / 估价：98.00元
PSN B-2014-431-1/1

新兴经济体蓝皮书
金砖国家发展报告（2017）
著(编)者：林跃勤 周文　2017年12月出版 / 估价：89.00元
PSN B-2011-195-1/1

长三角蓝皮书
2017年新常态下深化一体化的长三角
著(编)者：王庆五　2017年12月出版 / 估价：88.00元
PSN B-2005-038-1/1

中部竞争力蓝皮书
中国中部经济社会竞争力报告（2017）
著(编)者：教育部人文社会科学重点研究基地
　　　　　南昌大学中国中部经济社会发展研究中心
2017年12月出版 / 估价：89.00元
PSN B-2012-276-1/1

中部蓝皮书
中国中部地区发展报告（2017）
著(编)者：宋亚平　2017年12月出版 / 估价：88.00元
PSN B-2007-089-1/1

中国省域竞争力蓝皮书
中国省域经济综合竞争力发展报告（2017）
著(编)者：李建平 李闽榕 高燕京
2017年2月出版 / 定价：198.00元
PSN B-2007-088-1/1

中三角蓝皮书
长江中游城市群发展报告（2017）
著(编)者：秦尊文　2017年9月出版 / 估价：89.00元
PSN B-2014-417-1/1

中小城市绿皮书
中国中小城市发展报告（2017）
著(编)者：中国城市经济学会中小城市经济发展委员会
　　　　　中国城镇化促进会中小城市发展委员会
　　　　　《中国中小城市发展报告》编纂委员会
　　　　　中小城市发展战略研究院
2017年11月出版 / 估价：128.00元
PSN G-2010-161-1/1

中原蓝皮书
中原经济区发展报告（2017）
著(编)者：李英杰　2017年6月出版 / 估价：88.00元
PSN B-2011-192-1/1

自贸区蓝皮书
中国自贸区发展报告（2017）
著(编)者：王力　2017年7月出版 / 估价：89.00元
PSN B-2016-559-1/1

皮书系列 2017全品种 社会政法类

社会政法类

北京蓝皮书
中国社区发展报告（2017）
著(编)者：于燕燕　　2017年4月出版 / 估价：89.00元
PSN B-2007-083-5/8

殡葬绿皮书
中国殡葬事业发展报告（2017）
著(编)者：李伯森　　2017年4月出版 / 估价：158.00元
PSN G-2010-180-1/1

城市管理蓝皮书
中国城市管理报告（2016~2017）
著(编)者：刘林　刘承水　2017年5月出版 / 估价：158.00元
PSN B-2013-336-1/1

城市生活质量蓝皮书
中国城市生活质量报告（2017）
著(编)者：中国经济实验研究院
2018年7月出版 / 估价：89.00元
PSN B-2013-326-1/1

城市政府能力蓝皮书
中国城市政府公共服务能力评估报告（2017）
著(编)者：何艳玲　　2017年4月出版 / 估价：89.00元
PSN B-2013-338-1/1

慈善蓝皮书
中国慈善发展报告（2017）
著(编)者：杨团　　2017年6月出版 / 估价：89.00元
PSN B-2009-142-1/1

党建蓝皮书
党的建设研究报告 No.2（2017）
著(编)者：崔建民　陈东平　2017年4月出版 / 估价：89.00元
PSN B-2016-524-1/1

地方法治蓝皮书
中国地方法治发展报告 No.3（2017）
著(编)者：李林　田禾　2017年4月出版 / 估价：108.00元
PSN B-2015-442-1/1

法治蓝皮书
中国法治发展报告 No.15（2017）
著(编)者：李林　田禾　2017年3月出版 / 定价：118.00元
PSN B-2004-027-1/1

法治政府蓝皮书
中国法治政府发展报告（2017）
著(编)者：中国政法大学法治政府研究院
2017年4月出版 / 估价：98.00元
PSN B-2015-502-1/2

法治政府蓝皮书
中国法治政府评估报告（2017）
著(编)者：中国政法大学法治政府研究院
2017年11月出版 / 估价：98.00元
PSN B-2016-577-2/2

法治蓝皮书
中国法院信息化发展报告 No.1（2017）
著(编)者：李林　田禾　2017年2月出版 / 定价：108.00元
PSN B-2017-604-3/3

反腐倡廉蓝皮书
中国反腐倡廉建设报告 No.7
著(编)者：张英伟　　2017年12月出版 / 估价：89.00元
PSN B-2012-259-1/1

非传统安全蓝皮书
中国非传统安全研究报告（2016~2017）
著(编)者：余潇枫　魏志江　2017年6月出版 / 估价：89.00元
PSN B-2012-273-1/1

妇女发展蓝皮书
中国妇女发展报告 No.7
著(编)者：王金玲　　2017年9月出版 / 估价：148.00元
PSN B-2006-069-1/1

妇女教育蓝皮书
中国妇女教育发展报告 No.4
著(编)者：张李玺　　2017年10月出版 / 估价：78.00元
PSN B-2008-121-1/1

妇女绿皮书
中国性别平等与妇女发展报告（2017）
著(编)者：谭琳　　2017年12月出版 / 估价：99.00元
PSN G-2006-073-1/1

公共服务蓝皮书
中国城市基本公共服务力评价（2017）
著(编)者：钟君　刘志昌　吴正杲　2017年12月出版 / 估价：89.00元
PSN B-2011-214-1/1

公民科学素质蓝皮书
中国公民科学素质报告（2016~2017）
著(编)者：李群　陈雄　马宗文
2017年4月出版 / 估价：89.00元
PSN B-2014-379-1/1

公共关系蓝皮书
中国公共关系发展报告（2017）
著(编)者：柳斌杰　　2017年11月出版 / 估价：89.00元
PSN B-2016-580-1/1

公益蓝皮书
中国公益慈善发展报告（2017）
著(编)者：朱健刚　　2018年4月出版 / 估价：118.00元
PSN B-2012-283-1/1

国际人才蓝皮书
中国国际移民报告（2017）
著(编)者：王辉耀　　2017年4月出版 / 估价：89.00元
PSN B-2012-304-3/4

国际人才蓝皮书
中国留学发展报告（2017）No.5
著(编)者：王辉耀　苗绿　2017年10月出版 / 估价：89.00元
PSN B-2012-244-2/4

海洋社会蓝皮书
中国海洋社会发展报告（2017）
著(编)者：崔凤　宋宁而　2017年7月出版 / 估价：89.00元
PSN B-2015-478-1/1

社会政法类 — 皮书系列 2017全品种

行政改革蓝皮书
中国行政体制改革报告（2017）No.6
著(编)者：魏礼群　2017年5月出版 / 估价：98.00元
PSN B-2011-231-1/1

华侨华人蓝皮书
华侨华人研究报告（2017）
著(编)者：贾益民　2017年12月出版 / 估价：128.00元
PSN B-2011-204-1/1

环境竞争力绿皮书
中国省域环境竞争力发展报告（2017）
著(编)者：李建平　李闽榕　王金南
2017年11月出版 / 估价：198.00元
PSN G-2010-165-1/1

环境绿皮书
中国环境发展报告（2017）
著(编)者：刘鉴强　2017年4月出版 / 估价：89.00元
PSN G-2006-048-1/1

基金会蓝皮书
中国基金会发展报告（2016~2017）
著(编)者：中国基金会发展报告课题组
2017年4月出版 / 估价：85.00元
PSN B-2013-368-1/1

基金会绿皮书
中国基金会发展独立研究报告（2017）
著(编)者：基金会中心网　中央民族大学基金会研究中心
2017年6月出版 / 估价：88.00元
PSN G-2011-213-1/1

基金会透明度蓝皮书
中国基金会透明度发展研究报告（2017）
著(编)者：基金会中心网　清华大学廉政与治理研究中心
2017年12月出版 / 估价：89.00元
PSN B-2015-509-1/1

家庭蓝皮书
中国"创建幸福家庭活动"评估报告（2017）
著(编)者：国务院发展研究中心 "创建幸福家庭活动评估"课题组著
2017年8月出版 / 估价：89.00元
PSN B-2015-508-1/1

健康城市蓝皮书
中国健康城市建设研究报告（2017）
著(编)者：王鸿春　解树江　盛继洪
2017年9月出版 / 估价：89.00元
PSN B-2016-565-2/2

教师蓝皮书
中国中小学教师发展报告（2017）
著(编)者：曾晓东　鱼霞　2017年6月出版 / 估价：89.00元
PSN B-2012-289-1/1

教育蓝皮书
中国教育发展报告（2017）
著(编)者：杨东平　2017年4月出版 / 估价：89.00元
PSN B-2006-047-1/1

科普蓝皮书
中国基层科普发展报告（2016~2017）
著(编)者：赵立　新陈玲　2017年9月出版 / 估价：89.00元
PSN B-2016-569-3/3

科普蓝皮书
中国科普基础设施发展报告（2017）
著(编)者：任福君　2017年6月出版 / 估价：89.00元
PSN B-2010-174-1/3

科普蓝皮书
中国科普人才发展报告（2017）
著(编)者：郑念　任嵘嵘　2017年4月出版 / 估价：98.00元
PSN B-2015-512-2/3

科学教育蓝皮书
中国科学教育发展报告（2017）
著(编)者：罗晖　王康友　2017年10月出版 / 估价：89.00元
PSN B-2015-487-1/1

劳动保障蓝皮书
中国劳动保障发展报告（2017）
著(编)者：刘燕斌　2017年9月出版 / 估价：188.00元
PSN B-2014-415-1/1

老龄蓝皮书
中国老年宜居环境发展报告（2017）
著(编)者：党俊武　周燕珉　2017年4月出版 / 估价：89.00元
PSN B-2013-320-1/1

连片特困区蓝皮书
中国连片特困区发展报告（2017）
著(编)者：游俊　冷志明　丁建军
2017年4月出版 / 估价：98.00元
PSN B-2013-321-1/1

流动儿童蓝皮书
中国流动儿童教育发展报告（2016）
著(编)者：杨东平　2017年1月出版 / 定价：79.00元
PSN B-2017-600-1/1

民调蓝皮书
中国民生调查报告（2017）
著(编)者：谢耘耕　2017年12月出版 / 估价：98.00元
PSN B-2014-398-1/1

民族发展蓝皮书
中国民族发展报告（2017）
著(编)者：郝时远　王延中　王希恩
2017年4月出版 / 估价：98.00元
PSN B-2006-070-1/1

女性生活蓝皮书
中国女性生活状况报告No.11（2017）
著(编)者：韩湘景　2017年10月出版 / 估价：98.00元
PSN B-2006-071-1/1

汽车社会蓝皮书
中国汽车社会发展报告（2017）
著(编)者：王俊秀　2017年12月出版 / 估价：89.00元
PSN B-2011-224-1/1

皮书系列 2017全品种

社会政法类

青年蓝皮书
中国青年发展报告（2017）No.3
著(编)者：廉思 等　2017年4月出版 / 估价：89.00元
PSN B-2013-333-1/1

青少年蓝皮书
中国未成年人互联网运用报告（2017）
著(编)者：李文革 沈洁 季为民
2017年11月出版 / 估价：89.00元
PSN B-2010-165-1/1

青少年体育蓝皮书
中国青少年体育发展报告（2017）
著(编)者：郭建军 杨桦　2017年9月出版 / 估价：89.00元
PSN B-2015-482-1/1

群众体育蓝皮书
中国群众体育发展报告（2017）
著(编)者：刘国永 杨桦　2017年12月出版 / 估价：89.00元
PSN B-2016-519-2/3

人权蓝皮书
中国人权事业发展报告 No.7（2017）
著(编)者：李君如　2017年9月出版 / 估价：98.00元
PSN B-2011-215-1/1

社会保障绿皮书
中国社会保障发展报告（2017）No.8
著(编)者：王延中　2017年1月出版 / 估价：98.00元
PSN G-2001-014-1/1

社会风险评估蓝皮书
风险评估与危机预警评估报告（2017）
著(编)者：唐钧　2017年8月出版 / 估价：85.00元
PSN B-2016-521-1/1

社会管理蓝皮书
中国社会管理创新报告 No.5
著(编)者：连玉明　2017年11月出版 / 估价：89.00元
PSN B-2012-300-1/1

社会蓝皮书
2017年中国社会形势分析与预测
著(编)者：李培林 陈光金 张翼
2016年12月出版 / 估价：89.00元
PSN B-1998-002-1/1

社会体制蓝皮书
中国社会体制改革报告 No.5（2017）
著(编)者：龚维斌　2017年3月出版 / 定价：89.00元
PSN B-2013-330-1/1

社会心态蓝皮书
中国社会心态研究报告（2017）
著(编)者：王俊秀 杨宜音　2017年12月出版 / 估价：89.00元
PSN B-2011-199-1/1

社会组织蓝皮书
中国社会组织发展报告（2016~2017）
著(编)者：黄晓勇　2017年1月出版 / 定价：89.00元
PSN B-2008-118-1/2

社会组织蓝皮书
中国社会组织评估发展报告（2017）
著(编)者：徐家良 廖鸿　2017年12月出版 / 估价：89.00元
PSN B-2013-366-1/1

生态城市绿皮书
中国生态城市建设发展报告（2017）
著(编)者：刘举科 孙伟平 胡文臻
2017年9月出版 / 估价：118.00元
PSN G-2012-269-1/1

生态文明绿皮书
中国省域生态文明建设评价报告（ECI 2017）
著(编)者：严耕　2017年12月出版 / 估价：98.00元
PSN G-2010-170-1/1

土地整治蓝皮书
中国土地整治发展研究报告 No.4
著(编)者：国土资源部土地整治中心
2017年7月出版 / 估价：89.00元
PSN B-2014-401-1/1

土地政策蓝皮书
中国土地政策研究报告（2017）
著(编)者：高延利 李宪文
2017年12月出版 / 定价：89.00元
PSN B-2015-506-1/1

医改蓝皮书
中国医药卫生体制改革报告（2017）
著(编)者：文学国 房志武　2017年11月出版 / 估价：98.00元
PSN B-2014-432-1/1

医疗卫生绿皮书
中国医疗卫生发展报告 No.7（2017）
著(编)者：申宝忠 韩玉珍　2017年4月出版 / 估价：85.00元
PSN G-2004-033-1/1

应急管理蓝皮书
中国应急管理报告（2017）
著(编)者：宋英华　2017年9月出版 / 估价：98.00元
PSN B-2016-563-1/1

政治参与蓝皮书
中国政治参与报告（2017）
著(编)者：房宁　2017年9月出版 / 估价：118.00元
PSN B-2011-200-1/1

宗教蓝皮书
中国宗教报告（2016）
著(编)者：邱永辉　2017年4月出版 / 估价：89.00元
PSN B-2008-117-1/1

行业报告类

SUV蓝皮书
中国SUV市场发展报告（2016~2017）
著(编)者：靳军　2017年9月出版／估价：89.00元
PSN B-2016-572-1/1

保健蓝皮书
中国保健服务产业发展报告 No.2
著(编)者：中国保健协会 中共中央党校
2017年7月出版／估价：198.00元
PSN B-2012-272-3/3

保健蓝皮书
中国保健食品产业发展报告 No.2
著(编)者：中国保健协会
　　　　　中国社会科学院食品药品产业发展与监管研究中心
2017年7月出版／估价：198.00元
PSN B-2012-271-2/3

保健蓝皮书
中国保健用品产业发展报告 No.2
著(编)者：中国保健协会
　　　　　国务院国有资产监督管理委员会研究中心
2017年4月出版／估价：198.00元
PSN B-2012-270-1/3

保险蓝皮书
中国保险业竞争力报告（2017）
著(编)者：项俊波　2017年12月出版／估价：99.00元
PSN B-2013-311-1/1

冰雪蓝皮书
中国滑雪产业发展报告（2017）
著(编)者：孙承华 伍斌 魏庆华 张鸿俊
2017年8月出版／估价：89.00元
PSN B-2016-560-1/1

彩票蓝皮书
中国彩票发展报告（2017）
著(编)者：益彩基金　2017年4月出版／估价：98.00元
PSN B-2015-462-1/1

餐饮产业蓝皮书
中国餐饮产业发展报告（2017）
著(编)者：邢颖　2017年6月出版／估价：98.00元
PSN B-2009-151-1/1

测绘地理信息蓝皮书
新常态下的测绘地理信息研究报告（2017）
著(编)者：库热西·买合苏提
2017年12月出版／估价：118.00元
PSN B-2009-145-1/1

茶业蓝皮书
中国茶产业发展报告（2017）
著(编)者：杨江帆 李闽榕　2017年10月出版／估价：88.00元
PSN B-2010-164-1/1

产权市场蓝皮书
中国产权市场发展报告（2016~2017）
著(编)者：曹和平　2017年5月出版／估价：89.00元
PSN B-2009-147-1/1

产业安全蓝皮书
中国出版传媒产业安全报告（2016~2017）
著(编)者：北京印刷学院文化产业安全研究院
2017年4月出版／估价：89.00元
PSN B-2014-384-13/14

产业安全蓝皮书
中国文化产业安全报告（2017）
著(编)者：北京印刷学院文化产业安全研究院
2017年12月出版／估价：89.00元
PSN B-2014-378-12/14

产业安全蓝皮书
中国新媒体产业安全报告（2017）
著(编)者：北京印刷学院文化产业安全研究院
2017年12月出版／估价：89.00元
PSN B-2015-500-14/14

城投蓝皮书
中国城投行业发展报告（2017）
著(编)者：王晨艳 丁伯康　2017年11月出版／估价：300.00元
PSN B-2016-514-1/1

电子政务蓝皮书
中国电子政务发展报告（2016~2017）
著(编)者：李季 杜平　2017年7月出版／估价：89.00元
PSN B-2003-022-1/1

杜仲产业绿皮书
中国杜仲橡胶资源与产业发展报告（2016~2017）
著(编)者：杜红岩 胡文臻 俞锐
2017年4月出版／估价：85.00元
PSN G-2013-350-1/1

房地产蓝皮书
中国房地产发展报告 No.14（2017）
著(编)者：李春华 王业强　2017年5月出版／估价：89.00元
PSN B-2004-028-1/1

服务外包蓝皮书
中国服务外包产业发展报告（2017）
著(编)者：王晓红 刘德军
2017年6月出版／估价：89.00元
PSN B-2013-331-2/2

服务外包蓝皮书
中国服务外包竞争力报告（2017）
著(编)者：王力 刘春生 黄育华
2017年11月出版／估价：85.00元
PSN B-2011-216-1/2

工业和信息化蓝皮书
世界网络安全发展报告（2016~2017）
著(编)者：洪京一　2017年4月出版／估价：89.00元
PSN B-2015-452-5/5

工业和信息化蓝皮书
世界信息化发展报告（2016~2017）
著(编)者：洪京一　2017年4月出版／估价：89.00元
PSN B-2015-451-4/5

皮书系列 2017全品种 — 行业报告类

工业和信息化蓝皮书
世界信息技术产业发展报告（2016~2017）
著（编）者：洪京一　2017年4月出版 / 估价：89.00元
PSN B-2015-449-2/5

工业和信息化蓝皮书
移动互联网产业发展报告（2016~2017）
著（编）者：洪京一　2017年4月出版 / 估价：89.00元
PSN B-2015-448-1/5

工业和信息化蓝皮书
战略性新兴产业发展报告（2016~2017）
著（编）者：洪京一　2017年4月出版 / 估价：89.00元
PSN B-2015-450-3/5

工业设计蓝皮书
中国工业设计发展报告（2017）
著（编）者：王晓红　于炜　张立群
2017年9月出版 / 估价：138.00元
PSN B-2014-420-1/1

黄金市场蓝皮书
中国商业银行黄金业务发展报告（2016~2017）
著（编）者：平安银行　2017年4月出版 / 估价：98.00元
PSN B-2016-525-1/1

互联网金融蓝皮书
中国互联网金融发展报告（2017）
著（编）者：李东荣　2017年9月出版 / 估价：128.00元
PSN B-2014-374-1/1

互联网医疗蓝皮书
中国互联网医疗发展报告（2017）
著（编）者：宫晓东　2017年9月出版 / 估价：89.00元
PSN B-2016-568-1/1

会展蓝皮书
中外会展业动态评估年度报告（2017）
著（编）者：张敏　2017年4月出版 / 估价：88.00元
PSN B-2013-327-1/1

金融监管蓝皮书
中国金融监管报告（2017）
著（编）者：胡滨　2017年6月出版 / 估价：89.00元
PSN B-2012-281-1/1

金融蓝皮书
中国金融中心发展报告（2017）
著（编）者：王力　黄育华　2017年11月出版 / 估价：85.00元
PSN B-2011-186-6/6

建筑装饰蓝皮书
中国建筑装饰行业发展报告（2017）
著（编）者：刘晓一　葛道顺　2017年7月出版 / 估价：198.00元
PSN B-2016-554-1/1

客车蓝皮书
中国客车产业发展报告（2016~2017）
著（编）者：姚蔚　2017年10月出版 / 估价：85.00元
PSN B-2013-361-1/1

旅游安全蓝皮书
中国旅游安全报告（2017）
著（编）者：郑向敏　谢朝武　2017年5月出版 / 估价：128.00元
PSN B-2012-280-1/1

旅游绿皮书
2016~2017年中国旅游发展分析与预测
著（编）者：宋瑞　2017年2月出版 / 定价：89.00元
PSN G-2002-018-1/1

煤炭蓝皮书
中国煤炭工业发展报告（2017）
著（编）者：岳福斌　2017年12月出版 / 估价：85.00元
PSN B-2008-123-1/1

民营企业社会责任蓝皮书
中国民营企业社会责任报告（2017）
著（编）者：中华全国工商业联合会
2017年12月出版 / 估价：89.00元
PSN B-2015-510-1/1

民营医院蓝皮书
中国民营医院发展报告（2017）
著（编）者：庄一强　2017年10月出版 / 估价：85.00元
PSN B-2012-299-1/1

闽商蓝皮书
闽商发展报告（2017）
著（编）者：李闽榕　王日根　林琛
2017年12月出版 / 估价：89.00元
PSN B-2012-298-1/1

能源蓝皮书
中国能源发展报告（2017）
著（编）者：崔民选　王军生　陈义和
2017年10月出版 / 估价：98.00元
PSN B-2006-049-1/1

农产品流通蓝皮书
中国农产品流通产业发展报告（2017）
著（编）者：贾敬敦　张东科　张玉玺　张鹏毅　周伟
2017年4月出版 / 估价：89.00元
PSN B-2012-288-1/1

企业公益蓝皮书
中国企业公益研究报告（2017）
著（编）者：钟宏武　汪杰　顾一　黄晓娟　等
2017年12月出版 / 估价：89.00元
PSN B-2015-501-1/1

企业国际化蓝皮书
中国企业国际化报告（2017）
著（编）者：王辉耀　2017年11月出版 / 估价：98.00元
PSN B-2014-427-1/1

企业蓝皮书
中国企业绿色发展报告No.2（2017）
著（编）者：李红玉　朱光辉　2017年8月出版 / 估价：89.00元
PSN B-2015-481-2/2

企业社会责任蓝皮书
中国企业社会责任研究报告（2017）
著（编）者：黄群慧　钟宏武　张蒽　翟利峰
2017年11月出版 / 估价：89.00元
PSN B-2009-149-1/1

企业社会责任蓝皮书
中资企业海外社会责任研究报告（2016~2017）
著（编）者：钟宏武　叶柳红　张蕙
2017年1月出版 / 定价：79.00元
PSN B-2017-603-2/2

皮书系列 2017全品种

行业报告类

汽车安全蓝皮书
中国汽车安全发展报告（2017）
著（编）者：中国汽车技术研究中心
2017年7月出版 / 估价：89.00元
PSN B-2014-385-1/1

汽车电子商务蓝皮书
中国汽车电子商务发展报告（2017）
著（编）者：中华全国工商业联合会汽车经销商商会
　　　　　北京易观智库网络科技有限公司
2017年10月出版 / 估价：128.00元
PSN B-2015-485-1/1

汽车工业蓝皮书
中国汽车工业发展年度报告（2017）
著（编）者：中国汽车工业协会 中国汽车技术研究中心
　　　　　丰田汽车（中国）投资有限公司
2017年4月出版 / 估价：128.00元
PSN B-2015-463-1/2

汽车工业蓝皮书
中国汽车零部件产业发展报告（2017）
著（编）者：中国汽车工业协会 中国汽车工程研究院
2017年10月出版 / 估价：98.00元
PSN B-2016-515-2/2

汽车蓝皮书
中国汽车产业发展报告（2017）
著（编）者：国务院发展研究中心产业经济研究部
　　　　　中国汽车工程学会 大众汽车集团（中国）
2017年8月出版 / 估价：98.00元
PSN B-2008-124-1/1

人力资源蓝皮书
中国人力资源发展报告（2017）
著（编）者：余兴安　2017年11月出版 / 估价：89.00元
PSN B-2012-287-1/1

融资租赁蓝皮书
中国融资租赁业发展报告（2016~2017）
著（编）者：李光荣 王力　2017年8月出版 / 估价：89.00元
PSN B-2015-443-1/1

商会蓝皮书
中国商会发展报告No.5（2017）
著（编）者：王钦敏　2017年7月出版 / 估价：89.00元
PSN B-2008-125-1/1

输血服务蓝皮书
中国输血行业发展报告（2017）
著（编）者：朱永明 耿鸿武　2016年8月出版 / 估价：89.00元
PSN B-2016-583-1/1

社会责任管理蓝皮书
中国上市公司社会责任能力成熟度报告（2017）No.2
著（编）者：肖红军 王晓光 李伟阳
2017年12月出版 / 估价：98.00元
PSN B-2015-507-2/2

社会责任管理蓝皮书
中国企业公众透明度报告(2017)No.3
著（编）者：黄速建 熊梦 王晓光 肖红军
2017年4月出版 / 估价：98.00元
PSN B-2015-440-1/2

食品药品蓝皮书
食品药品安全与监管政策研究报告（2016~2017）
著（编）者：唐民皓　2017年6月出版 / 估价：89.00元
PSN B-2009-129-1/1

世界能源蓝皮书
世界能源发展报告（2017）
著（编）者：黄晓勇　2017年6月出版 / 估价：99.00元
PSN B-2013-349-1/1

水利风景区蓝皮书
中国水利风景区发展报告（2017）
著（编）者：谢婵才 兰思仁　2017年5月出版 / 估价：89.00元
PSN B-2015-480-1/1

碳市场蓝皮书
中国碳市场报告（2017）
著（编）者：定金彪　2017年11月出版 / 估价：89.00元
PSN B-2014-430-1/1

体育蓝皮书
中国体育产业发展报告（2017）
著（编）者：阮伟 钟秉枢　2017年12月出版 / 估价：89.00元
PSN B-2010-179-1/4

网络空间安全蓝皮书
中国网络空间安全发展报告（2017）
著（编）者：惠志斌 唐涛　2017年4月出版 / 估价：89.00元
PSN B-2015-466-1/1

西部金融蓝皮书
中国西部金融发展报告（2017）
著（编）者：李忠民　2017年8月出版 / 估价：85.00元
PSN B-2010-160-1/1

协会商会蓝皮书
中国行业协会商会发展报告（2017）
著（编）者：景朝阳 李勇　2017年4月出版 / 估价：99.00元
PSN B-2015-461-1/1

新能源汽车蓝皮书
中国新能源汽车产业发展报告（2017）
著（编）者：中国汽车技术研究中心
　　　　　日产（中国）投资有限公司 东风汽车有限公司
2017年7月出版 / 估价：98.00元
PSN B-2013-347-1/1

新三板蓝皮书
中国新三板市场发展报告（2017）
著（编）者：王力　2017年6月出版 / 估价：89.00元
PSN B-2016-534-1/1

信托市场蓝皮书
中国信托业市场报告（2016~2017）
著（编）者：用益信托研究院
2017年1月出版 / 定价：198.00元
PSN B-2014-371-1/1

信息化蓝皮书
中国信息化形势分析与预测（2016~2017）
著（编）者：周宏仁　2017年8月出版 / 估价：98.00元
PSN B-2010-168-1/1

皮书系列 2017全品种

行业报告类

信用蓝皮书
中国信用发展报告（2017）
著(编)者：章政 田侃　2017年4月出版 / 估价：99.00元
PSN B-2013-328-1/1

休闲绿皮书
2017年中国休闲发展报告
著(编)者：宋瑞　2017年10月出版 / 估价：89.00元
PSN G-2010-158-1/1

休闲体育蓝皮书
中国休闲体育发展报告（2016~2017）
著(编)者：李相如 钟炳枢　2017年10月出版 / 估价：89.00元
PSN G-2016-516-1/1

养老金融蓝皮书
中国养老金融发展报告（2017）
著(编)者：董克用 姚余栋
2017年8月出版 / 估价：89.00元
PSN B-2016-584-1/1

药品流通蓝皮书
中国药品流通行业发展报告（2017）
著(编)者：佘鲁林 温再兴　2017年8月出版 / 估价：158.00元
PSN B-2016-429-1/1

医院蓝皮书
中国医院竞争力报告（2017）
著(编)者：庄一强 曾益新　2017年3月出版 / 定价：108.00元
PSN B-2016-529-1/1

邮轮绿皮书
中国邮轮产业发展报告（2017）
著(编)者：汪泓　2017年10月出版 / 估价：89.00元
PSN G-2014-419-1/1

智能养老蓝皮书
中国智能养老产业发展报告（2017）
著(编)者：朱勇　2017年10月出版 / 估价：89.00元
PSN B-2015-488-1/1

债券市场蓝皮书
中国债券市场发展报告（2016~2017）
著(编)者：杨农　2017年10月出版 / 估价：89.00元
PSN B-2016-573-1/1

中国节能汽车蓝皮书
中国节能汽车发展报告（2016~2017）
著(编)者：中国汽车工程研究院股份有限公司
2017年9月出版 / 估价：98.00元
PSN B-2016-566-1/1

中国上市公司蓝皮书
中国上市公司发展报告（2017）
著(编)者：张平 王宏淼
2017年10月出版 / 估价：98.00元
PSN B-2014-414-1/1

中国陶瓷产业蓝皮书
中国陶瓷产业发展报告（2017）
著(编)者：左和平 黄速建　2017年10月出版 / 估价：98.00元
PSN B-2016-574-1/1

中国总部经济蓝皮书
中国总部经济发展报告（2016~2017）
著(编)者：赵弘　2017年9月出版 / 估价：89.00元
PSN B-2005-036-1/1

中医文化蓝皮书
中国中医药文化传播发展报告（2017）
著(编)者：毛嘉陵　2017年7月出版 / 估价：89.00元
PSN B-2016-425-1/1

装备制造业蓝皮书
中国装备制造业发展报告（2017）
著(编)者：徐东华　2017年12月出版 / 估价：148.00元
PSN B-2015-505-1/1

资本市场蓝皮书
中国场外交易市场发展报告（2016~2017）
著(编)者：高峦　2017年4月出版 / 估价：89.00元
PSN B-2009-153-1/1

资产管理蓝皮书
中国资产管理行业发展报告（2017）
著(编)者：智信资产管理研究院
2017年6月出版 / 估价：89.00元
PSN B-2014-407-2/2

文化传媒类

传媒竞争力蓝皮书
中国传媒国际竞争力研究报告（2017）
著(编)者：李本乾 刘强
2017年11月出版 / 估价：148.00元
PSN B-2013-356-1/1

传媒蓝皮书
中国传媒产业发展报告（2017）
著(编)者：崔保国　2017年5月出版 / 估价：98.00元
PSN B-2005-035-1/1

传媒投资蓝皮书
中国传媒投资发展报告（2017）
著(编)者：张向东 谭云明
2017年6月出版 / 估价：128.00元
PSN B-2015-474-1/1

动漫蓝皮书
中国动漫产业发展报告（2017）
著(编)者：卢斌 郑玉明 牛兴侦
2017年9月出版 / 估价：89.00元
PSN B-2011-198-1/1

非物质文化遗产蓝皮书
中国非物质文化遗产发展报告（2017）
著(编)者：陈平　2017年5月出版 / 估价：98.00元
PSN B-2015-469-1/1

广电蓝皮书
中国广播电影电视发展报告（2017）
著(编)者：国家新闻出版广电总局发展研究中心
2017年7月出版 / 估价：98.00元
PSN B-2006-072-1/1

广告主蓝皮书
中国广告主营销传播趋势报告 No.9
著(编)者：黄升民 杜国清 邵华冬 等
2017年10月出版 / 估价：148.00元
PSN B-2005-041-1/1

国际传播蓝皮书
中国国际传播发展报告（2017）
著(编)者：胡正荣 李继东 姬德强
2017年11月出版 / 估价：89.00元
PSN B-2014-408-1/1

国家形象蓝皮书
中国国家形象传播报告（2016）
著(编)者：张昆　2017年3月出版 / 定价：98.00元
PSN B-2017-605-1/1

纪录片蓝皮书
中国纪录片发展报告（2017）
著(编)者：何苏六　2017年9月出版 / 估价：89.00元
PSN B-2011-222-1/1

科学传播蓝皮书
中国科学传播报告（2017）
著(编)者：詹正茂　2017年7月出版 / 估价：89.00元
PSN B-2008-120-1/1

两岸创意经济蓝皮书
两岸创意经济研究报告（2017）
著(编)者：罗昌智 林咏能
2017年10月出版 / 估价：98.00元
PSN B-2014-437-1/1

媒介与女性蓝皮书
中国媒介与女性发展报告（2016~2017）
著(编)者：刘利群　2017年9月出版 / 估价：118.00元
PSN B-2013-345-1/1

媒体融合蓝皮书
中国媒体融合发展报告（2017）
著(编)者：梅宁华 宋建武　2017年7月出版 / 估价：89.00元
PSN B-2015-479-1/1

全球传媒蓝皮书
全球传媒发展报告（2017）
著(编)者：胡正荣 李继东 唐晓芬
2017年11月出版 / 估价：89.00元
PSN B-2012-237-1/1

少数民族非遗蓝皮书
中国少数民族非物质文化遗产发展报告（2017）
著(编)者：肖远平（彝）柴立（满）
2017年8月出版 / 估价：98.00元
PSN B-2015-467-1/1

视听新媒体蓝皮书
中国视听新媒体发展报告（2017）
著(编)者：国家新闻出版广电总局发展研究中心
2017年7月出版 / 估价：98.00元
PSN B-2011-184-1/1

文化创新蓝皮书
中国文化创新报告（2017）No.7
著(编)者：于平 傅才武　2017年7月出版 / 估价：98.00元
PSN B-2009-143-1/1

文化建设蓝皮书
中国文化发展报告（2016~2017）
著(编)者：江畅 孙伟平 戴茂堂
2017年6月出版 / 估价：116.00元
PSN B-2014-392-1/1

文化科技蓝皮书
文化科技创新发展报告（2017）
著(编)者：于平 李凤亮　2017年11月出版 / 估价：89.00元
PSN B-2013-342-1/1

文化蓝皮书
中国公共文化服务发展报告（2017）
著(编)者：刘新成 张永新 张旭
2017年12月出版 / 估价：98.00元
PSN B-2007-093-2/10

文化蓝皮书
中国公共文化投入增长测评报告（2017）
著(编)者：王亚南　2017年2月出版 / 定价：79.00元
PSN B-2014-435-10/10

皮书系列 2017全品种

文化传媒类·地方发展类

文化蓝皮书
中国少数民族文化发展报告（2016~2017）
著（编）者：武翠英 张晓明 任乌晶
2017年9月出版 / 估价：89.00元
PSN B-2013-369-9/10

文化蓝皮书
中国文化产业发展报告（2016~2017）
著（编）者：张晓明 王家新 章建刚
2017年4月出版 / 估价：89.00元
PSN B-2002-019-1/10

文化蓝皮书
中国文化产业供需协调检测报告（2017）
著（编）者：王亚南 2017年2月出版 / 定价：79.00元
PSN B-2013-323-8/10

文化蓝皮书
中国文化消费需求景气评价报告（2017）
著（编）者：王亚南 2017年2月出版 / 定价：79.00元
PSN B-2011-236-4/10

文化品牌蓝皮书
中国文化品牌发展报告（2017）
著（编）者：欧阳友权 2017年5月出版 / 估价：98.00元
PSN B-2012-277-1/1

文化遗产蓝皮书
中国文化遗产事业发展报告（2017）
著（编）者：苏杨 张颖岚 王宇飞
2017年8月出版 / 估价：98.00元
PSN B-2008-119-1/1

文学蓝皮书
中国文情报告（2016~2017）
著（编）者：白烨 2017年5月出版 / 估价：49.00元
PSN B-2011-221-1/1

新媒体蓝皮书
中国新媒体发展报告No.8（2017）
著（编）者：唐绪军 2017年6月出版 / 估价：89.00元
PSN B-2010-169-1/1

新媒体社会责任蓝皮书
中国新媒体社会责任研究报告（2017）
著（编）者：钟瑛 2017年11月出版 / 估价：89.00元
PSN B-2014-423-1/1

移动互联网蓝皮书
中国移动互联网发展报告（2017）
著（编）者：官建文 2017年6月出版 / 估价：89.00元
PSN B-2012-282-1/1

舆情蓝皮书
中国社会舆情与危机管理报告（2017）
著（编）者：谢耘耕 2017年9月出版 / 估价：128.00元
PSN B-2011-235-1/1

影视蓝皮书
中国影视产业发展报告（2017）
著（编）者：司若 2017年4月出版 / 估价：138.00元
PSN B-2016-530-1/1

地方发展类

安徽经济蓝皮书
合芜蚌国家自主创新综合示范区研究报告（2016~2017）
著（编）者：黄家海 王开玉 蔡宪
2017年7月出版 / 估价：89.00元
PSN B-2014-383-1/1

安徽蓝皮书
安徽社会发展报告（2017）
著（编）者：程桦 2017年4月出版 / 估价：89.00元
PSN B-2013-325-1/1

澳门蓝皮书
澳门经济社会发展报告（2016~2017）
著（编）者：吴志良 郝雨凡 2017年6月出版 / 估价：98.00元
PSN B-2009-138-1/1

北京蓝皮书
北京公共服务发展报告（2016~2017）
著（编）者：施昌奎 2017年3月出版 / 定价：79.00元
PSN B-2008-103-7/8

北京蓝皮书
北京经济发展报告（2016~2017）
著（编）者：杨松 2017年6月出版 / 估价：89.00元
PSN B-2006-054-2/8

北京蓝皮书
北京社会发展报告（2016~2017）
著（编）者：李伟东 2017年6月出版 / 估价：89.00元
PSN B-2006-055-3/8

北京蓝皮书
北京社会治理发展报告（2016~2017）
著（编）者：殷星辰 2017年5月出版 / 估价：89.00元
PSN B-2014-391-8/8

北京蓝皮书
北京文化发展报告（2016~2017）
著（编）者：李建盛 2017年4月出版 / 估价：89.00元
PSN B-2007-082-4/8

北京律师绿皮书
北京律师发展报告No.3（2017）
著（编）者：王隽 2017年7月出版 / 估价：88.00元
PSN G-2012-301-1/1

北京旅游蓝皮书
北京旅游发展报告（2017）
著（编）者：北京旅游学会 2017年4月出版 / 估价：88.00元
PSN B-2011-217-1/1

皮书系列 2017全品种 — 地方发展类

北京人才蓝皮书
北京人才发展报告（2017）
著（编）者：于淼　2017年12月出版 / 估价：128.00元
PSN B-2011-201-1/1

北京社会心态蓝皮书
北京社会心态分析报告（2016~2017）
著（编）者：北京社会心理研究所
2017年8月出版 / 估价：89.00元
PSN B-2014-422-1/1

北京社会组织管理蓝皮书
北京社会组织发展与管理（2016~2017）
著（编）者：黄江松　2017年4月出版 / 估价：88.00元
PSN B-2015-446-1/1

北京体育蓝皮书
北京体育产业发展报告（2016~2017）
著（编）者：钟秉枢　陈杰　杨铁黎
2017年9月出版 / 估价：89.00元
PSN B-2015-475-1/1

北京养老产业蓝皮书
北京养老产业发展报告（2017）
著（编）者：周明明　冯喜良　2017年8月出版 / 估价：89.00元
PSN B-2015-465-1/1

滨海金融蓝皮书
滨海新区金融发展报告（2017）
著（编）者：王爱俭　张锐钢　2017年12月出版 / 估价：89.00元
PSN B-2014-424-1/1

城乡一体化蓝皮书
中国城乡一体化发展报告·北京卷（2016~2017）
著（编）者：张宝秀　黄序　2017年5月出版 / 估价：89.00元
PSN B-2012-258-2/2

创意城市蓝皮书
北京文化创意产业发展报告（2017）
著（编）者：张京成　王国华　2017年10月出版 / 估价：89.00元
PSN B-2012-263-1/7

创意城市蓝皮书
天津文化创意产业发展报告（2016~2017）
著（编）者：谢思全　2017年6月出版 / 估价：89.00元
PSN B-2016-537-7/7

创意城市蓝皮书
武汉文化创意产业发展报告（2017）
著（编）者：黄永林　陈汉桥　2017年9月出版 / 估价：99.00元
PSN B-2013-354-4/7

创意上海蓝皮书
上海文化创意产业发展报告（2016~2017）
著（编）者：王慧敏　王兴全　2017年8月出版 / 估价：89.00元
PSN B-2016-562-1/1

福建妇女发展蓝皮书
福建省妇女发展报告（2017）
著（编）者：刘群英　2017年11月出版 / 估价：88.00元
PSN B-2011-220-1/1

福建自贸区蓝皮书
中国（福建）自由贸易实验区发展报告（2016~2017）
著（编）者：黄茂兴　2017年4月出版 / 估价：108.00元
PSN B-2017-532-1/1

甘肃蓝皮书
甘肃经济发展分析与预测（2017）
著（编）者：安文华　罗哲　2017年1月出版 / 定价：79.00元
PSN B-2013-312-1/6

甘肃蓝皮书
甘肃社会发展分析与预测（2017）
著（编）者：安文华　包晓霞　谢增虎
2017年1月出版 / 定价：79.00元
PSN B-2013-313-2/6

甘肃蓝皮书
甘肃文化发展分析与预测（2017）
著（编）者：王俊莲　连小华　2017年1月出版 / 定价：79.00元
PSN B-2013-314-3/6

甘肃蓝皮书
甘肃县域和农村发展报告（2017）
著（编）者：朱智文　包东红　王建兵
2017年1月出版 / 定价：79.00元
PSN B-2013-316-5/6

甘肃蓝皮书
甘肃舆情分析与预测（2017）
著（编）者：陈双梅　张谦元　2017年1月出版 / 定价：79.00元
PSN B-2013-315-4/6

甘肃蓝皮书
甘肃商贸流通发展报告（2017）
著（编）者：张应华　王福生　王晓芳
2017年1月出版 / 定价：79.00元
PSN B-2016-523-6/6

广东蓝皮书
广东全面深化改革发展报告（2017）
著（编）者：周林生　涂成林　2017年12月出版 / 估价：89.00元
PSN B-2015-504-3/3

广东蓝皮书
广东社会工作发展报告（2017）
著（编）者：罗观翠　2017年6月出版 / 估价：89.00元
PSN B-2014-402-2/3

广东外经贸蓝皮书
广东对外经济贸易发展研究报告（2016~2017）
著（编）者：陈万灵　2017年8月出版 / 估价：98.00元
PSN B-2012-286-1/1

广西北部湾经济区蓝皮书
广西北部湾经济区开放开发报告（2017）
著（编）者：广西北部湾经济区规划建设管理委员会办公室
　　　　　广西社会科学院广西北部湾发展研究院
2017年4月出版 / 估价：89.00元
PSN B-2010-181-1/1

巩义蓝皮书
巩义经济社会发展报告（2017）
著（编）者：丁同民　朱军　2017年4月出版 / 估价：58.00元
PSN B-2016-533-1/1

广州蓝皮书
2017年中国广州经济形势分析与预测
著（编）者：庾建设　陈浩钿　谢博能
2017年7月出版 / 估价：85.00元
PSN B-2011-185-9/14

皮书系列 2017全品种 地方发展类

广州蓝皮书
2017年中国广州社会形势分析与预测
著(编)者：张强 陈怡霓 杨秦　2017年6月出版 / 估价：85.00元
PSN B-2008-110-5/14

广州蓝皮书
广州城市国际化发展报告（2017）
著(编)者：朱名宏　2017年8月出版 / 估价：79.00元
PSN B-2012-246-11/14

广州蓝皮书
广州创新型城市发展报告（2017）
著(编)者：尹涛　2017年7月出版 / 估价：79.00元
PSN B-2012-247-12/14

广州蓝皮书
广州经济发展报告（2017）
著(编)者：朱名宏　2017年7月出版 / 估价：79.00元
PSN B-2005-040-1/14

广州蓝皮书
广州农村发展报告（2017）
著(编)者：朱名宏　2017年8月出版 / 估价：79.00元
PSN B-2010-167-8/14

广州蓝皮书
广州汽车产业发展报告（2017）
著(编)者：杨再高 冯兴亚　2017年7月出版 / 估价：79.00元
PSN B-2006-066-3/14

广州蓝皮书
广州青年发展报告（2016～2017）
著(编)者：徐柳 张强　2017年9月出版 / 估价：79.00元
PSN B-2013-352-13/14

广州蓝皮书
广州商贸业发展报告（2017）
著(编)者：李江涛 肖振宇 荀振英
2017年7月出版 / 估价：79.00元
PSN B-2012-245-10/14

广州蓝皮书
广州社会保障发展报告（2017）
著(编)者：蔡国萱　2017年8月出版 / 估价：79.00元
PSN B-2014-425-14/14

广州蓝皮书
广州文化创意产业发展报告（2017）
著(编)者：徐咏虹　2017年7月出版 / 估价：79.00元
PSN B-2008-111-6/14

广州蓝皮书
中国广州城市建设与管理发展报告（2017）
著(编)者：董皞 陈小钢 李江涛
2017年7月出版 / 估价：85.00元
PSN B-2007-087-4/14

广州蓝皮书
中国广州科技创新发展报告（2017）
著(编)者：邹采荣 马正勇 陈爽
2017年7月出版 / 估价：79.00元
PSN B-2006-065-2/14

广州蓝皮书
中国广州文化发展报告（2017）
著(编)者：徐俊忠 陆志强 顾涧清
2017年7月出版 / 估价：79.00元
PSN B-2009-134-7/14

贵阳蓝皮书
贵阳城市创新发展报告No.2（白云篇）
著(编)者：连玉明　2017年10月出版 / 估价：89.00元
PSN B-2015-491-3/10

贵阳蓝皮书
贵阳城市创新发展报告No.2（观山湖篇）
著(编)者：连玉明　2017年10月出版 / 估价：89.00元
PSN B-2011-235-1/1

贵阳蓝皮书
贵阳城市创新发展报告No.2（花溪篇）
著(编)者：连玉明　2017年10月出版 / 估价：89.00元
PSN B-2015-490-2/10

贵阳蓝皮书
贵阳城市创新发展报告No.2（开阳篇）
著(编)者：连玉明　2017年10月出版 / 估价：89.00元
PSN B-2015-492-4/10

贵阳蓝皮书
贵阳城市创新发展报告No.2（南明篇）
著(编)者：连玉明　2017年10月出版 / 估价：89.00元
PSN B-2015-496-8/10

贵阳蓝皮书
贵阳城市创新发展报告No.2（清镇篇）
著(编)者：连玉明　2017年10月出版 / 估价：89.00元
PSN B-2015-489-1/10

贵阳蓝皮书
贵阳城市创新发展报告No.2（乌当篇）
著(编)者：连玉明　2017年10月出版 / 估价：89.00元
PSN B-2015-495-7/10

贵阳蓝皮书
贵阳城市创新发展报告No.2（息烽篇）
著(编)者：连玉明　2017年10月出版 / 估价：89.00元
PSN B-2015-493-5/10

贵阳蓝皮书
贵阳城市创新发展报告No.2（修文篇）
著(编)者：连玉明　2017年10月出版 / 估价：89.00元
PSN B-2015-494-6/10

贵阳蓝皮书
贵阳城市创新发展报告No.2（云岩篇）
著(编)者：连玉明　2017年10月出版 / 估价：89.00元
PSN B-2015-498-10/10

贵州房地产蓝皮书
贵州房地产发展报告No.4（2017）
著(编)者：武廷方　2017年7月出版 / 估价：89.00元
PSN B-2014-426-1/1

贵州蓝皮书
贵州册亨经济社会发展报告（2017）
著(编)者：黄德林　2017年3月出版 / 估价：89.00元
PSN B-2016-526-8/9

皮书系列 2017全品种
地方发展类

贵州蓝皮书
贵安新区发展报告（2016~2017）
著(编)者：马长青 吴大华　2017年6月出版／估价：89.00元
PSN B-2015-459-4/9

贵州蓝皮书
贵州法治发展报告（2017）
著(编)者：吴大华　2017年5月出版／估价：89.00元
PSN B-2012-254-2/9

贵州蓝皮书
贵州国有企业社会责任发展报告（2016~2017）
著(编)者：郭丽 周航 万强
2017年12月出版／估价：89.00元
PSN B-2015-511-6/9

贵州蓝皮书
贵州民航业发展报告（2017）
著(编)者：申振东 吴大华　2017年10月出版／估价：89.00元
PSN B-2015-471-5/9

贵州蓝皮书
贵州民营经济发展报告（2017）
著(编)者：杨静 吴大华　2017年4月出版／估价：89.00元
PSN B-2016-531-9/9

贵州蓝皮书
贵州人才发展报告（2017）
著(编)者：于杰 吴大华　2017年9月出版／估价：89.00元
PSN B-2014-382-3/9

贵州蓝皮书
贵州社会发展报告（2017）
著(编)者：王兴骥　2017年6月出版／估价：89.00元
PSN B-2010-166-1/9

贵州蓝皮书
贵州国家级开放创新平台发展报告（2017）
著(编)者：申晓庆 吴大华 李泓
2017年6月出版／估价：89.00元
PSN B-2016-518-1/9

海淀蓝皮书
海淀区文化和科技融合发展报告（2017）
著(编)者：陈名杰 孟景伟　2017年5月出版／估价：85.00元
PSN B-2013-329-1/1

杭州都市圈蓝皮书
杭州都市圈发展报告（2017）
著(编)者：沈翔 戚建国　2017年5月出版／估价：128.00元
PSN B-2012-302-1/1

杭州蓝皮书
杭州妇女发展报告（2017）
著(编)者：魏颖　2017年6月出版／估价：89.00元
PSN B-2014-403-1/1

河北经济蓝皮书
河北省经济发展报告（2017）
著(编)者：马树强 金浩 张贵
2017年4月出版／估价：89.00元
PSN B-2014-380-1/1

河北蓝皮书
河北经济社会发展报告（2017）
著(编)者：郭金平　2017年1月出版／定价：79.00元
PSN B-2014-372-1/2

河北蓝皮书
京津冀协同发展报告（2017）
著(编)者：陈路　2017年1月出版／定价：79.00元
PSN B-2017-601-2/2

河北食品药品安全蓝皮书
河北食品药品安全研究报告（2017）
著(编)者：丁锦霞　2017年6月出版／估价：89.00元
PSN B-2015-473-1/1

河南经济蓝皮书
2017年河南经济形势分析与预测
著(编)者：王世炎　2017年3月出版／定价：79.00元
PSN B-2007-086-1/1

河南蓝皮书
2017年河南社会形势分析与预测
著(编)者：刘道兴 牛苏林　2017年4月出版／估价89.00元
PSN B-2005-043-1/8

河南蓝皮书
河南城市发展报告（2017）
著(编)者：张占仓 王建国　2017年5月出版／估价：89.00元
PSN B-2009-131-3/8

河南蓝皮书
河南法治发展报告（2017）
著(编)者：丁同民 张林海　2017年5月出版／估价：89.00元
PSN B-2014-376-6/8

河南蓝皮书
河南工业发展报告（2017）
著(编)者：张占仓 丁同民　2017年5月出版／估价：89.00元
PSN B-2013-317-5/8

河南蓝皮书
河南金融发展报告（2017）
著(编)者：河南省社会科学院
2017年6月出版／估价：89.00元
PSN B-2014-390-7/8

河南蓝皮书
河南经济发展报告（2017）
著(编)者：张占仓 完世伟　2017年4月出版／估价：89.00元
PSN B-2010-157-4/8

河南蓝皮书
河南农业农村发展报告（2017）
著(编)者：吴海峰　2017年4月出版／估价：89.00元
PSN B-2015-445-8/8

河南蓝皮书
河南文化发展报告（2017）
著(编)者：卫绍生　2017年4月出版／估价：88.00元
PSN B-2008-106-2/8

河南商务蓝皮书
河南商务发展报告（2017）
著(编)者：焦锦淼 穆荣国　2017年6月出版／估价：88.00元
PSN B-2014-399-1/1

黑龙江蓝皮书
黑龙江经济发展报告（2017）
著(编)者：朱宇　2017年1月出版／定价：79.00元
PSN B-2011-190-2/2

皮书系列重点推荐 — 地方发展类

黑龙江蓝皮书
黑龙江社会发展报告(2017)
著(编)者：谢宝禄　2017年1月出版 / 定价：79.00元
PSN B-2011-189-1/2

湖北文化蓝皮书
湖北文化发展报告(2017)
著(编)者：吴成国　2017年10月出版 / 估价：95.00元
PSN B-2016-567-1/1

湖南城市蓝皮书
区域城市群整合
著(编)者：童中贤　韩未名
2017年12月出版 / 估价：89.00元
PSN B-2006-064-1/1

湖南蓝皮书
2017年湖南产业发展报告
著(编)者：梁志峰　2017年5月出版 / 估价：128.00元
PSN B-2011-207-2/8

湖南蓝皮书
2017年湖南电子政务发展报告
著(编)者：梁志峰　2017年5月出版 / 估价：128.00元
PSN B-2014-394-6/8

湖南蓝皮书
2017年湖南经济展望
著(编)者：梁志峰　2017年5月出版 / 估价：128.00元
PSN B-2011-206-1/8

湖南蓝皮书
2017年湖南两型社会与生态文明发展报告
著(编)者：梁志峰　2017年5月出版 / 估价：128.00元
PSN B-2011-208-3/8

湖南蓝皮书
2017年湖南社会发展报告
著(编)者：梁志峰　2017年5月出版 / 估价：128.00元
PSN B-2014-393-5/8

湖南蓝皮书
2017年湖南县域经济社会发展报告
著(编)者：梁志峰　2017年5月出版 / 估价：128.00元
PSN B-2014-395-7/8

湖南蓝皮书
湖南城乡一体化发展报告(2017)
著(编)者：陈文胜　王文强　陆福兴　邝奕轩
2017年6月出版 / 估价：89.00元
PSN B-2015-477-8/8

湖南县域绿皮书
湖南县域发展报告 No.3
著(编)者：袁准　周小毛　黎仁寅
2017年3月出版 / 定价：79.00元
PSN G-2012-274-1/1

沪港蓝皮书
沪港发展报告(2017)
著(编)者：尤安山　2017年9月出版 / 估价：89.00元
PSN B-2013-362-1/1

吉林蓝皮书
2017年吉林经济社会形势分析与预测
著(编)者：邵汉明　2016年12月出版 / 定价：79.00元
PSN B-2013-319-1/1

吉林省城市竞争力蓝皮书
吉林省城市竞争力报告(2016~2017)
著(编)者：崔岳春　张磊　2016年12月出版 / 定价：79.00元
PSN B-2015-513-1/1

济源蓝皮书
济源经济社会发展报告(2017)
著(编)者：喻新安　2017年4月出版 / 估价：89.00元
PSN B-2014-387-1/1

健康城市蓝皮书
北京健康城市建设研究报告(2017)
著(编)者：王鸿春　2017年8月出版 / 估价：89.00元
PSN B-2015-460-1/2

江苏法治蓝皮书
江苏法治发展报告 No.6(2017)
著(编)者：蔡道通　龚廷泰　2017年8月出版 / 估价：98.00元
PSN B-2012-290-1/1

江西蓝皮书
江西经济社会发展报告(2017)
著(编)者：张勇　姜玮　梁勇　2017年10月出版 / 估价：89.00元
PSN B-2015-484-1/2

江西蓝皮书
江西设区市发展报告(2017)
著(编)者：姜玮　梁勇　2017年10月出版 / 估价：79.00元
PSN B-2016-517-2/2

江西文化蓝皮书
江西文化产业发展报告(2017)
著(编)者：张圣才　汪春翔
2017年10月出版 / 估价：128.00元
PSN B-2015-499-1/1

街道蓝皮书
北京街道发展报告No.2(白纸坊篇)
著(编)者：连玉明　2017年8月出版 / 估价：98.00元
PSN B-2016-544-7/15

街道蓝皮书
北京街道发展报告No.2(椿树篇)
著(编)者：连玉明　2017年8月出版 / 估价：98.00元
PSN B-2016-548-11/15

街道蓝皮书
北京街道发展报告No.2(大栅栏篇)
著(编)者：连玉明　2017年8月出版 / 估价：98.00元
PSN B-2016-552-15/15

街道蓝皮书
北京街道发展报告No.2(德胜篇)
著(编)者：连玉明　2017年8月出版 / 估价：98.00元
PSN B-2016-551-14/15

街道蓝皮书
北京街道发展报告No.2(广安门内篇)
著(编)者：连玉明　2017年8月出版 / 估价：98.00元
PSN B-2016-540-3/15

皮书系列重点推荐 —— 地方发展类

街道蓝皮书
北京街道发展报告No.2（广安门外篇）
著(编)者：连玉明　2017年8月出版／估价：98.00元
PSN B-2016-547-10/15

街道蓝皮书
北京街道发展报告No.2（金融街篇）
著(编)者：连玉明　2017年8月出版／估价：98.00元
PSN B-2016-538-1/15

街道蓝皮书
北京街道发展报告No.2（牛街篇）
著(编)者：连玉明　2017年8月出版／估价：98.00元
PSN B-2016-545-8/15

街道蓝皮书
北京街道发展报告No.2（什刹海篇）
著(编)者：连玉明　2017年8月出版／估价：98.00元
PSN B-2016-546-9/15

街道蓝皮书
北京街道发展报告No.2（陶然亭篇）
著(编)者：连玉明　2017年8月出版／估价：98.00元
PSN B-2016-542-5/15

街道蓝皮书
北京街道发展报告No.2（天桥篇）
著(编)者：连玉明　2017年8月出版／估价：98.00元
PSN B-2016-549-12/15

街道蓝皮书
北京街道发展报告No.2（西长安街篇）
著(编)者：连玉明　2017年8月出版／估价：98.00元
PSN B-2016-543-6/15

街道蓝皮书
北京街道发展报告No.2（新街口篇）
著(编)者：连玉明　2017年8月出版／估价：98.00元
PSN B-2016-541-4/15

街道蓝皮书
北京街道发展报告No.2（月坛篇）
著(编)者：连玉明　2017年8月出版／估价：98.00元
PSN B-2016-539-2/15

街道蓝皮书
北京街道发展报告No.2（展览路篇）
著(编)者：连玉明　2017年8月出版／估价：98.00元
PSN B-2016-550-13/15

经济特区蓝皮书
中国经济特区发展报告（2017）
著(编)者：陶一桃　2017年12月出版／估价：98.00元
PSN B-2009-139-1/1

辽宁蓝皮书
2017年辽宁经济社会形势分析与预测
著(编)者：曹晓峰　梁启东
2017年4月出版／估价：79.00元
PSN B-2006-053-1/1

洛阳蓝皮书
洛阳文化发展报告（2017）
著(编)者：刘福兴　陈启明　2017年7月出版／估价：89.00元
PSN B-2015-476-1/1

南京蓝皮书
南京文化发展报告（2017）
著(编)者：徐宁　2017年10月出版／估价：89.00元
PSN B-2014-439-1/1

南宁蓝皮书
南宁法治发展报告（2017）
著(编)者：杨维超　2017年12月出版／估价：79.00元
PSN B-2015-509-1/3

南宁蓝皮书
南宁经济发展报告（2017）
著(编)者：胡建华　2017年9月出版／估价：79.00元
PSN B-2016-570-2/3

南宁蓝皮书
南宁社会发展报告（2017）
著(编)者：胡建华　2017年9月出版／估价：79.00元
PSN B-2016-571-3/3

内蒙古蓝皮书
内蒙古反腐倡廉建设报告 No.2
著(编)者：张志华　无极　2017年12月出版／估价：79.00元
PSN B-2013-365-1/1

浦东新区蓝皮书
上海浦东经济发展报告（2017）
著(编)者：沈开艳　周奇　2017年2月出版／定价：79.00元
PSN B-2011-225-1/1

青海蓝皮书
2017年青海经济社会形势分析与预测
著(编)者：陈玮　2016年12月出版／定价：79.00元
PSN B-2012-275-1/1

人口与健康蓝皮书
深圳人口与健康发展报告（2017）
著(编)者：陆杰华　罗乐宣　苏杨
2017年11月出版／估价：89.00元
PSN B-2011-228-1/1

山东蓝皮书
山东经济形势分析与预测（2017）
著(编)者：李广杰　2017年7月出版／估价：89.00元
PSN B-2014-404-1/4

山东蓝皮书
山东社会形势分析与预测（2017）
著(编)者：张华　唐洲雁　2017年6月出版／估价：89.00元
PSN B-2014-405-2/4

山东蓝皮书
山东文化发展报告（2017）
著(编)者：涂可国　2017年11月出版／估价：98.00元
PSN B-2014-406-3/4

山西蓝皮书
山西资源型经济转型发展报告（2017）
著(编)者：李志强　2017年7月出版／估价：89.00元
PSN B-2011-197-1/1

皮书系列 重点推荐

地方发展类

陕西蓝皮书
陕西经济发展报告（2017）
著(编)者：任宗哲 白宽犁 裴成荣
2017年1月出版 / 定价：69.00元
PSN B-2009-135-1/5

陕西蓝皮书
陕西社会发展报告（2017）
著(编)者：任宗哲 白宽犁 牛昉
2017年1月出版 / 定价：69.00元
PSN B-2009-136-2/5

陕西蓝皮书
陕西文化发展报告（2017）
著(编)者：任宗哲 白宽犁 王长寿
2017年1月出版 / 定价：69.00元
PSN B-2009-137-3/5

上海蓝皮书
上海传媒发展报告（2017）
著(编)者：强荧 焦雨虹 2017年2月出版 / 定价：79.00元
PSN B-2012-295-5/7

上海蓝皮书
上海法治发展报告（2017）
著(编)者：叶青 2017年6月出版 / 估价：89.00元
PSN B-2012-296-6/7

上海蓝皮书
上海经济发展报告（2017）
著(编)者：沈开艳 2017年2月出版 / 定价：79.00元
PSN B-2006-057-1/7

上海蓝皮书
上海社会发展报告（2017）
著(编)者：杨雄 周海旺 2017年2月出版 / 定价：79.00元
PSN B-2006-058-2/7

上海蓝皮书
上海文化发展报告（2017）
著(编)者：荣跃明 2017年2月出版 / 定价：79.00元
PSN B-2006-059-3/7

上海蓝皮书
上海文学发展报告（2017）
著(编)者：陈圣来 2017年6月出版 / 估价：89.00元
PSN B-2012-297-7/7

上海蓝皮书
上海资源环境发展报告（2017）
著(编)者：周冯琦 汤庆合 2017年2月出版 / 定价：79.00元
PSN B-2006-060-4/7

社会建设蓝皮书
2017年北京社会建设分析报告
著(编)者：宋贵伦 冯虹 2017年10月出版 / 估价：89.00元
PSN B-2010-173-1/1

深圳蓝皮书
深圳法治发展报告（2017）
著(编)者：张骁儒 2017年6月出版 / 估价：89.00元
PSN B-2015-470-6/7

深圳蓝皮书
深圳经济发展报告（2017）
著(编)者：张骁儒 2017年7月出版 / 估价：89.00元
PSN B-2008-112-3/7

深圳蓝皮书
深圳劳动关系发展报告（2017）
著(编)者：汤庭芬 2017年6月出版 / 估价：89.00元
PSN B-2007-097-2/7

深圳蓝皮书
深圳社会建设与发展报告（2017）
著(编)者：张骁儒 陈东平 2017年7月出版 / 估价：89.00元
PSN B-2008-113-4/7

深圳蓝皮书
深圳文化发展报告(2017)
著(编)者：张骁儒 2017年7月出版 / 估价：89.00元
PSN B-2016-555-7/7

丝绸之路蓝皮书
丝绸之路经济带发展报告（2017）
著(编)者：任宗哲 白宽犁 谷孟宾
2017年1月出版 / 定价：75.00元
PSN B-2014-410-1/1

法治蓝皮书
四川依法治省年度报告 No.3（2017）
著(编)者：李林 杨天宗 田禾
2017年3月出版 / 定价：118.00元
PSN B-2015-447-1/1

四川蓝皮书
2017年四川经济形势分析与预测
著(编)者：杨钢 2017年1月出版 / 定价：98.00元
PSN B-2007-098-2/7

四川蓝皮书
四川城镇化发展报告（2017）
著(编)者：侯水平 陈炜 2017年4月出版 / 估价：85.00元
PSN B-2015-456-7/7

四川蓝皮书
四川法治发展报告（2017）
著(编)者：郑泰安 2017年4月出版 / 估价：89.00元
PSN B-2015-441-5/7

四川蓝皮书
四川企业社会责任研究报告（2016~2017）
著(编)者：侯水平 盛毅 翟刚
2017年4月出版 / 估价：89.00元
PSN B-2014-386-4/7

四川蓝皮书
四川社会发展报告（2017）
著(编)者：李羚 2017年5月出版 / 估价：89.00元
PSN B-2008-127-3/7

四川蓝皮书
四川生态建设报告（2017）
著(编)者：李晟之 2017年4月出版 / 估价：85.00元
PSN B-2015-455-6/7

地方发展类·国际问题类 — 皮书系列 重点推荐

四川蓝皮书
四川文化产业发展报告（2017）
著（编）者：向宝云 张立伟
2017年4月出版 / 估价：89.00元
PSN B-2006-074-1/7

体育蓝皮书
上海体育产业发展报告（2016~2017）
著（编）者：张林 黄海燕
2017年10月出版 / 估价：89.00元
PSN B-2015-454-4/4

体育蓝皮书
长三角地区体育产业发展报告（2016~2017）
著（编）者：张林 2017年4月出版 / 估价：89.00元
PSN B-2015-453-3/4

天津金融蓝皮书
天津金融发展报告（2017）
著（编）者：王爱俭 孔德昌
2017年12月出版 / 估价：98.00元
PSN B-2014-418-1/1

图们江区域合作蓝皮书
图们江区域合作发展报告（2017）
著（编）者：李铁 2017年6月出版 / 估价：98.00元
PSN B-2015-464-1/1

温州蓝皮书
2017年温州经济社会形势分析与预测
著（编）者：潘忠强 王春光 金浩
2017年4月出版 / 估价：89.00元
PSN B-2008-105-1/1

西咸新区蓝皮书
西咸新区发展报告（2016~2017）
著（编）者：李扬 王军 2017年6月出版 / 估价：89.00元
PSN B-2016-535-1/1

扬州蓝皮书
扬州经济社会发展报告（2017）
著（编）者：丁纯 2017年12月出版 / 估价：98.00元
PSN B-2011-191-1/1

长株潭城市群蓝皮书
长株潭城市群发展报告（2017）
著（编）者：张萍 2017年12月出版 / 估价：89.00元
PSN B-2008-109-1/1

中医文化蓝皮书
北京中医文化传播发展报告（2017）
著（编）者：毛嘉陵 2017年5月出版 / 估价：79.00元
PSN B-2015-468-1/2

珠三角流通蓝皮书
珠三角商圈发展研究报告（2017）
著（编）者：王先庆 林至颖
2017年7月出版 / 估价：98.00元
PSN B-2012-292-1/1

遵义蓝皮书
遵义发展报告（2017）
著（编）者：曾征 龚永育 雍思强
2017年12月出版 / 估价：89.00元
PSN B-2014-433-1/1

国际问题类

"一带一路"跨境通道蓝皮书
"一带一路"跨境通道建设研究报告（2017）
著（编）者：郭业洲 2017年8月出版 / 估价：89.00元
PSN B-2016-558-1/1

"一带一路"蓝皮书
"一带一路"建设发展报告（2017）
著（编）者：孔丹 李永全 2017年7月出版 / 估价：89.00元
PSN B-2016-553-1/1

阿拉伯黄皮书
阿拉伯发展报告（2016~2017）
著（编）者：罗林 2017年11月出版 / 估价：89.00元
PSN Y-2014-381-1/1

北部湾蓝皮书
泛北部湾合作发展报告（2017）
著（编）者：吕余生 2017年12月出版 / 估价：85.00元
PSN B-2008-114-1/1

大湄公河次区域蓝皮书
大湄公河次区域合作发展报告（2017）
著（编）者：刘稚 2017年8月出版 / 估价：89.00元
PSN B-2011-196-1/1

大洋洲蓝皮书
大洋洲发展报告（2017）
著（编）者：喻常森 2017年10月出版 / 估价：89.00元
PSN B-2013-341-1/1

皮书系列 重点推荐 — 国际问题类

德国蓝皮书
德国发展报告（2017）
著（编）者：郑春荣　2017年6月出版 / 估价：89.00元
PSN B-2012-278-1/1

东盟黄皮书
东盟发展报告（2017）
著（编）者：杨晓强　庄国土
2017年4月出版 / 估价：89.00元
PSN Y-2012-303-1/1

东南亚蓝皮书
东南亚地区发展报告（2016~2017）
著（编）者：厦门大学东南亚研究中心　王勤
2017年12月出版 / 估价：89.00元
PSN B-2012-240-1/1

俄罗斯黄皮书
俄罗斯发展报告（2017）
著（编）者：李永全　2017年7月出版 / 估价：89.00元
PSN Y-2006-061-1/1

非洲黄皮书
非洲发展报告 No.19（2016~2017）
著（编）者：张宏明　2017年8月出版 / 估价：89.00元
PSN Y-2012-239-1/1

公共外交蓝皮书
中国公共外交发展报告（2017）
著（编）者：赵启正　雷蔚真
2017年4月出版 / 估价：89.00元
PSN B-2015-457-1/1

国际安全蓝皮书
中国国际安全研究报告（2017）
著（编）者：刘慧　2017年7月出版 / 估价：98.00元
PSN B-2016-522-1/1

国际形势黄皮书
全球政治与安全报告（2017）
著（编）者：张宇燕
2017年1月出版 / 定价：89.00元
PSN Y-2001-016-1/1

韩国蓝皮书
韩国发展报告（2017）
著（编）者：牛林杰　刘宝全
2017年11月出版 / 估价：89.00元
PSN B-2010-155-1/1

加拿大蓝皮书
加拿大发展报告（2017）
著（编）者：仲伟合　2017年9月出版 / 估价：89.00元
PSN B-2014-389-1/1

拉美黄皮书
拉丁美洲和加勒比发展报告（2016~2017）
著（编）者：吴白乙　2017年6月出版 / 估价：89.00元
PSN Y-1999-007-1/1

美国蓝皮书
美国研究报告（2017）
著（编）者：郑秉文　黄平　2017年6月出版 / 估价：89.00元
PSN B-2011-210-1/1

缅甸蓝皮书
缅甸国情报告（2017）
著（编）者：李晨阳　2017年12月出版 / 估价：86.00元
PSN B-2013-343-1/1

欧洲蓝皮书
欧洲发展报告（2016~2017）
著（编）者：黄平　周弘　江时学
2017年6月出版 / 估价：89.00元
PSN B-1999-009-1/1

葡语国家蓝皮书
葡语国家发展报告（2017）
著（编）者：王成安　张敏　2017年12月出版 / 估价：89.00元
PSN B-2015-503-1/2

葡语国家蓝皮书
中国与葡语国家关系发展报告·巴西（2017）
著（编）者：张曙光　2017年8月出版 / 估价：89.00元
PSN B-2016-564-2/2

日本经济蓝皮书
日本经济与中日经贸关系研究报告（2017）
著（编）者：张季风　2017年5月出版 / 估价：89.00元
PSN B-2008-102-1/1

日本蓝皮书
日本研究报告（2017）
著（编）者：杨伯江　2017年5月出版 / 估价：89.00元
PSN B-2002-020-1/1

上海合作组织黄皮书
上海合作组织发展报告（2017）
著（编）者：李进峰　吴宏伟　李少捷
2017年6月出版 / 估价：89.00元
PSN Y-2009-130-1/1

世界创新竞争力黄皮书
世界创新竞争力发展报告（2017）
著（编）者：李闽榕　李建平　赵新力
2017年4月出版 / 估价：148.00元
PSN Y-2013-318-1/1

泰国蓝皮书
泰国研究报告（2017）
著（编）者：庄国土　张禹东
2017年8月出版 / 估价：118.00元
PSN B-2016-557-1/1

土耳其蓝皮书
土耳其发展报告（2017）
著（编）者：郭长刚　刘义　2017年9月出版 / 估价：89.00元
PSN B-2014-412-1/1

亚太蓝皮书
亚太地区发展报告（2017）
著（编）者：李向阳　2017年4月出版 / 估价：89.00元
PSN B-2001-015-1/1

印度蓝皮书
印度国情报告（2017）
著（编）者：吕昭义　2017年12月出版 / 估价：89.00元
PSN B-2012-241-1/1

皮书系列重点推荐

印度洋地区蓝皮书
印度洋地区发展报告（2017）
著(编)者：汪戎　　2017年6月出版／估价：89.00元
PSN B-2013-334-1/1

英国蓝皮书
英国发展报告（2016~2017）
著(编)者：王展鹏　2017年11月出版／估价：89.00元
PSN B-2015-486-1/1

越南蓝皮书
越南国情报告（2017）
著(编)者：谢林城
2017年12月出版／估价：89.00元
PSN B-2006-056-1/1

以色列蓝皮书
以色列发展报告（2017）
著(编)者：张倩红　2017年8月出版／估价：89.00元
PSN B-2015-483-1/1

伊朗蓝皮书
伊朗发展报告（2017）
著(编)者：冀开远　2017年10月出版／估价：89.00元
PSN B-2016-575-1/1

中东黄皮书
中东发展报告No.19（2016~2017）
著(编)者：杨光　　2017年10月出版／估价：89.00元
PSN Y-1998-004-1/1

中亚黄皮书
中亚国家发展报告（2017）
著(编)者：孙力　吴宏伟　2017年7月出版／估价：98.00元
PSN Y-2012-238-1/1

　　皮书序列号是社会科学文献出版社专门为识别皮书、管理皮书而设计的编号。皮书序列号是出版皮书的许可证号，是区别皮书与其他图书的重要标志。

　　它由一个前缀和四部分构成。这四部分之间用连字符"-"连接。前缀和这四部分之间空半个汉字（见示例）。

《国际人才蓝皮书：中国留学发展报告》序列号示例

　　从示例中可以看出，《国际人才蓝皮书：中国留学发展报告》的首次出版年份是2012年，是社科文献出版社出版的第244个皮书品种，是"国际人才蓝皮书"系列的第2个品种（共4个品种）。

社会科学文献出版社　　　**皮书系列**

✤ 皮书起源 ✤

"皮书"起源于十七、十八世纪的英国，主要指官方或社会组织正式发表的重要文件或报告，多以"白皮书"命名。在中国，"皮书"这一概念被社会广泛接受，并被成功运作、发展成为一种全新的出版形态，则源于中国社会科学院社会科学文献出版社。

✤ 皮书定义 ✤

皮书是对中国与世界发展状况和热点问题进行年度监测，以专业的角度、专家的视野和实证研究方法，针对某一领域或区域现状与发展态势展开分析和预测，具备原创性、实证性、专业性、连续性、前沿性、时效性等特点的公开出版物，由一系列权威研究报告组成。

✤ 皮书作者 ✤

皮书系列的作者以中国社会科学院、著名高校、地方社会科学院的研究人员为主，多为国内一流研究机构的权威专家学者，他们的看法和观点代表了学界对中国与世界的现实和未来最高水平的解读与分析。

✤ 皮书荣誉 ✤

皮书系列已成为社会科学文献出版社的著名图书品牌和中国社会科学院的知名学术品牌。2016年，皮书系列正式列入"十三五"国家重点出版规划项目；2012~2016年，重点皮书列入中国社会科学院承担的国家哲学社会科学创新工程项目；2017年，55种院外皮书使用"中国社会科学院创新工程学术出版项目"标识。

中国皮书网

www.pishu.cn

发布皮书研创资讯，传播皮书精彩内容
引领皮书出版潮流，打造皮书服务平台

栏目设置

关于皮书：何谓皮书、皮书分类、皮书大事记、皮书荣誉、
皮书出版第一人、皮书编辑部

最新资讯：通知公告、新闻动态、媒体聚焦、网站专题、视频直播、下载专区

皮书研创：皮书规范、皮书选题、皮书出版、皮书研究、研创团队

皮书评奖评价：指标体系、皮书评价、皮书评奖

互动专区：皮书说、皮书智库、皮书微博、数据库微博

所获荣誉

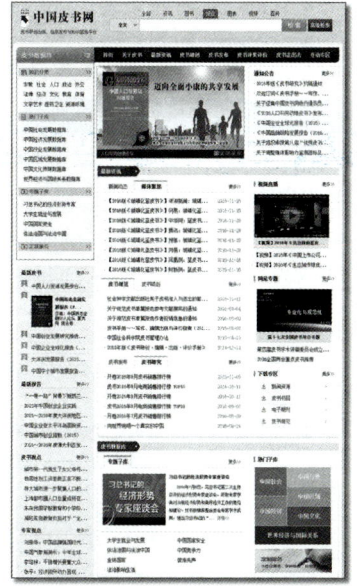

2008年、2011年，中国皮书网均在全国新闻出版业网站荣誉评选中获得"最具商业价值网站"称号；

2012年，获得"出版业网站百强"称号。

网库合一

2014年，中国皮书网与皮书数据库端口合一，实现资源共享。更多详情请登录www.pishu.cn。

权威报告·热点资讯·特色资源

皮书数据库
ANNUAL REPORT(YEARBOOK) DATABASE

当代中国与世界发展高端智库平台

所获荣誉

- 2016年,入选"国家'十三五'电子出版物出版规划骨干工程"
- 2015年,荣获"搜索中国正能量 点赞2015""创新中国科技创新奖"
- 2013年,荣获"中国出版政府奖·网络出版物奖"提名奖
- 连续多年荣获中国数字出版博览会"数字出版·优秀品牌"奖

WWW.PISHU.COM.CN

成为会员

通过网址www.pishu.com.cn或使用手机扫描二维码进入皮书数据库网站,进行手机号码验证或邮箱验证即可成为皮书数据库会员(建议通过手机号码快速验证注册)。

会员福利

- 使用手机号码首次注册会员可直接获得100元体验金,不需充值即可购买和查看数据库内容(仅限使用手机号码快速注册)。
- 已注册用户购书后可免费获赠100元皮书数据库充值卡。刮开充值卡涂层获取充值密码,登录并进入"会员中心"—"在线充值"—"充值卡充值",充值成功后即可购买和查看数据库内容。

数据库服务热线:400-008-6695
数据库服务QQ:2475522410
数据库服务邮箱:database@ssap.cn

图书销售热线:010-59367070/7028
图书服务QQ:1265056568
图书服务邮箱:duzhe@ssap.cn

皮书品牌20年
YEAR BOOKS
1997~2017

更多信息请登录

皮书数据库
http://www.pishu.com.cn

中国皮书网
http://www.pishu.cn

皮书微博
http://weibo.com/pishu

皮书博客
http://blog.sina.com.cn/pishu

皮书微信"皮书说"

请到当当、亚马逊、京东或各地书店购买，也可办理邮购

咨询/邮购电话：010-59367028　59367070
邮　　箱：duzhe@ssap.cn
邮购地址：北京市西城区北三环中路甲29号院3号楼
　　　　　华龙大厦13层读者服务中心
邮　　编：100029
银行户名：社会科学文献出版社
开户银行：中国工商银行北京北太平庄支行
账　　号：0200010019200365434

摘　要

《上海合作组织发展报告》是中国上海合作组织（以下简称"上合组织"）研究领域最新情况和前沿问题的研究报告，具有原创性、实证性、前瞻性、权威性和实效性。本年度报告由中国社会科学院俄罗斯东欧中亚研究所主编。报告出版以来，以中国社会科学院俄罗斯东欧中亚研究所研究团队为核心，联合国内主要上合组织问题研究机构的专家和学者，从专家视角研究和探讨上合组织现状和发展问题，对希望了解上合组织发展状况的读者具有重要参考价值。

全书分为总报告、特稿、政治合作、安全合作、经济合作、人文合作、域外舆情七部分。本报告以2016年上海合作组织发展进程为主线，因为作者交稿时间不同，有部分文稿内容也涉及了2017年上半年最新情况。报告分析了当前国际和地区形势以及复杂的地缘战略格局变化，深入解读了国际、地区热点问题和重大事件对上合组织发展的影响，对上合组织发展现状进行了系统梳理，对2016年以来上合组织在能源、人文、金融、军事安全等领域的合作情况进行了详细介绍，对上合发展中遇到的重大问题如扩员问题、自贸区问题、在"一带一盟"战略对接中的作用、成员国对上合组织看法等进行了深入细致探讨，专家们提出了许多有重要参考价值的建议。

展望2017年，对上合组织来说是机遇与挑战并存。世界主要经济体经济发展乏力，市场需求不振，大宗商品价格长期处于低位，发展中国家和新兴经济体经济发展受到拖累。同时，地区安全形势也不容乐观，宗教极端主义和恐怖主义对各国都造成严重威胁。上合组织成员国、观察员国和对话伙伴国之间相互关系从来没有像今天这样复杂。在如此困难条件下我们看到，上合组织成员国共同利益在不断增多，成员国之间关系在不断改善和加强，上合框架下经济合作在不断深入，"一带一路"与欧亚经济联盟对接正在稳步推进，一个新的命运共同体和利益共同体正在形成。

目 录

Ⅰ 总报告

Y.1 上合组织2016年发展形势分析与展望 …………… 李进峰 / 001

Ⅱ 特稿

Y.2 哈萨克斯坦：上海合作组织轮值主席国
　　　　…………………………………… 沙赫拉特·努雷舍夫 / 030

Ⅲ 政治合作

Y.3 2016年度元首峰会 ……………………………… 庞大鹏 / 038
Y.4 2016年度总理会议 ……………………………… 薛福岐 / 045
Y.5 上海精神与中国全球治理理念的对接 ……… 徐　进　章　珏 / 052
Y.6 上海合作组织在全球自由主义秩序走向终结时的挑战
　　　　…………………………………………………… 肖　斌 / 067
Y.7 发展中的上海合作组织与走向成熟的中国外交 ……… 许　涛 / 079
Y.8 中亚地区的"颜色革命"可能性有多大？ …………… 王宪举 / 091

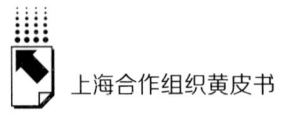

Ⅳ 安全合作

Y.9 对混合战争理论的分析与思考 …………………… 李抒音 / 101
Y.10 2016年中亚国家军事改革综述 …………… 武　斌　董铜柱 / 112
Y.11 中亚地区宗教极端和恐怖组织与地区安全 ………… 杨　倩 / 119
Y.12 上海合作组织的警务合作 ………………………… 张　杰 / 139

Ⅴ 经济合作

Y.13 世界经济形势变化对上合组织成员国经济的影响 …… 郭晓琼 / 151
Y.14 上海合作组织自由贸易区前景展望 ………………… 刘华芹 / 169
Y.15 上合组织运输便利化合作：成就、问题与前景 ……… 付佳伟 / 184
Y.16 上海合作组织金融合作的新进展与新挑战
　　 ……………………………………… 张恒龙　匡紫航 / 207
Y.17 上合组织开发性金融合作的探索与展望 ……… 阿拉坦图胡日 / 227
Y.18 上海合作组织金融合作与其他区域金融合作的比较
　　 ……………………………………… 王国松　张克琪 / 241
Y.19 人民币在上合组织的区域化进展与前景 …… 尹应凯　蒋志慧 / 259

Ⅵ 人文合作

Y.20 上海合作组织环保合作回顾与展望
　　 ………………………………… 李　菲　王玉娟　国冬梅 / 283
Y.21 上海合作组织的教育合作 ………………………… 任雪梅 / 293

Ⅶ 域外舆情

Y.22 美国学界对上海合作组织的看法综述（2011~2016年）
………………………………………………………… 王晨星 / 305
Y.23 印度官员和学者对上海合作组织扩员的观点综述 …… 张　昊 / 315
Y.24 中亚国家对上海合作组织合作的看法及利益诉求 …… 包　毅 / 331
Y.25 俄罗斯学者谈上海合作组织 ………………………… 杨　进 / 344
Y.26 极端分子回流中亚的特点 …………………………… 张　宁 / 354
Y.27 2016年上海合作组织大事记 ………………………… 高晗迅 / 360

Abstract ……………………………………………………………… / 370
Contents ……………………………………………………………… / 372

皮书数据库阅读使用指南

总 报 告
General Report

Y.1
上合组织2016年发展形势分析与展望

李进峰*

摘　要： 2016年是上合组织成立15周年，国际格局经历复杂深刻的调整与变化，世界形势不确定性增加。全球化遭遇前所未有的阻力，世界经济下行压力增大。发达经济体分化加剧，新兴经济体在曲折中发展。传统安全问题与非传统安全问题交织显现，地区安全风险与挑战增多。上合组织在"一带一路"倡议推动下多边经济合作进入快车道，安全合作机制深化，人文合作领域拓宽。印巴签订备忘录启动加入进程，成员国打造区域"利益共同体"和"命运共同体"意识增强，上合组织地区吸引力和影响力不断扩大，面临新挑战新机遇，上合组织发展将进入新的机遇期。

＊ 李进峰，中国社会科学院俄罗斯东欧中亚研究所党委书记、中国社会科学院上海合作组织研究中心执行主任。

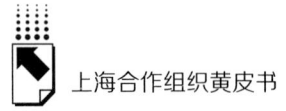
上海合作组织黄皮书

关键词： 上海合作组织 一带一路 一带一盟 战略对接

一 当前国际形势

2016年国际格局风云变幻，英国脱欧、特朗普当选等"黑天鹅"事件频发，世界形势的不稳定性和不确定性增加。全球化受阻、区域"一体化"与"碎片化"交织共生。发达经济体与新兴经济体博弈加剧。地区冲突不断出现，主要集中在西亚、北非、中东、南亚等地区，安全形势严峻。国际社会打击伊斯兰国行动态势持续，叙利亚内战久拖不决，乌克兰危机僵持不下，全球武装冲突的激烈程度有增无减。美国通过北约与俄罗斯在欧洲以及美日同盟在南海等地区的军事演习频繁，加剧地区紧张局势。

（一）逆全球化浪潮来临，区域"一体化"与"碎片化"交织共生

发达经济体持久性复苏乏力，增长率从2015年的2.1%，降到2016年的1.6%。世界经济下行压力持续，复苏动力依然不足。新兴经济体中，中国和印度发展依然充满活力，但是也面临较大内外压力。俄罗斯经济在艰难中回升，在国际能源价格低位徘徊和美欧制裁的双重压力下，经济发展与转型依然任重道远。

全球化的推动主体和动力发生微妙变化，从发达经济体向新兴经济体转变。在此背景下中俄对上合组织的地位和作用有清醒的一致认识。特朗普宣布退出TPP。中国积极参与的区域全面伙伴协定（RCEP）和美加最早发起的亚太自由贸易区（FTAAP）将受到多方关注和期待。

特朗普当选美国总统，标志着资本主义精英政治遭遇二战以来最大的危机，折射出西方体制的失序。美国国内贫富两极分化加剧，金融资本进一步垄断，就业岗位减少，社会不平等问题突出。奥巴马虽有伊核协议、美古复交、气候变化协定等"外交遗产"，但其与普通民众期待相去甚远。

特朗普打出"美国第一"的"变革"旗帜，迎合美国民众的利益诉求，

最终赢得大选。他提出"美国优先"策略表现出孤立主义倾向。由于英国公投脱欧、意大利修宪公投失败，欧盟已经呈现出分裂迹象，如果按照特朗普的"美国优先"策略，若美国疏远欧洲，可能引发世界格局发生变化。①

英国脱欧是逆全球化的典型事件，也是区域一体化受阻的重要标志事件。第二次世界大战以后，欧盟从成立开始，在科技革命和自由贸易推动下区域一体化和经济全球化进程顺利，因此，欧盟经历了半个多世纪的扩张与一体化进程。长期以来，欧盟始终被国际社会认为是将一体化和全球化付诸实践的成功典范。

但是，自欧盟东扩以来，一些原欧盟成员国并没有随着一体化进程的加深而享受到更多的福利，反而陷入金融危机、难民危机。在这种背景下，英国脱欧既有英国国内民粹主义抬头、巨额参与成本所带来的经济压力、首相卡梅伦失算等原因，也与欧盟当前遭遇的债务危机和难民危机有直接关系。

英国脱欧给地区和全球带来多方面影响。尽管它可能会引发欧盟走向分裂，降低国际社会和欧洲国家对欧洲一体化的信心，但是，欧洲的一体化进程并不会因此而出现逆转，它可能进入调整期。尽管世界格局的多极化趋势不会逆转，但如果不能解决当前经济全球化与主权国家和无政府状态之间的矛盾，全球化进程将会放缓，区域一体化进程也将放缓，这对上合组织扩员发展和一体化进程有一定的启示和警示作用。

（二）大国关系变化推动世界格局调整，多极化趋势明显，世界不确定性因素增多

当前，以英国"脱欧"为代表的去全球化浪潮、新兴科技改变资本和权力分配、民粹主义兴起并挑战西方主流政治成为影响世界秩序的三个因素。

大国关系的变化以及世界政治经济格局的调整，其背后的逻辑是主要国家综合国力的变化。从美国、英国、法国、德国等发达国家实力看，从中

---

① 纽约大学经济学教授努里尔·鲁比尼：《为什么说特朗普威胁世界安全》，《参考消息》2017年1月9日。

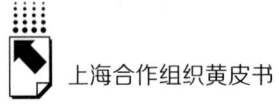

国、俄罗斯、印度等发展中国家的综合国力和影响力情况看,"一超多强"仍然是当今世界格局的主要特征,美国的超级大国地位依然稳固,而"多强"的次序排位则正处于演变分化进程之中,主要表现为:一是西方发达国家经济体发展动力不足、表现疲软,影响力下滑;二是中国和印度等新兴经济体表现出色,但新兴经济体在软实力方面还无法与发达经济体相提并论;三是俄罗斯资源禀赋和军事能力一流,但由于遭美欧制裁,经济下滑,综合国力有限。

当前,大国关系虽然没有出现结构性的实质变化,却表现出更加错综复杂的利益博弈和世界形势的不确定性,主要表现为:第一,随着新的挑战、新的不确定性、风险等逐渐成为国际形势的常态,反而使得新兴经济体的作用、发展中国家的贡献、非西方道路的重要性更加凸显。第二,现有国际体系的制度供给严重不足。近几年,西方大国干预西亚、北非、中东等地区国家激起更多矛盾和问题,并向周边外溢,导致全球性问题增多,而西方国家在创新和提供公共产品方面的能力逐步下降。第三,大国关系合作与博弈并存,"冷战"思维不时对国际安全产生负面影响。联合国安理会虽通过对"伊斯兰国"实施制裁和政治解决叙利亚问题决议,但是,恐怖主义威胁仍未解除。特朗普的政策显示出"孤立主义"和"保护主义"倾向,包括退出TPP、提高关税等,特朗普以输赢论英雄的"零和"博弈,有可能危害现有的全球治理体系,甚至导致全球化进程出现"拐点"。

中美关系冲突与合作并存。2016年,南海岛礁纠纷和"萨德"反导系统入韩凸显了中美地缘政治的利益碰撞,网络安全、TPP和人权等问题显示出美国对中国未来在国际秩序和贸易规则主导权方面与美国可能出现竞争,而应对气候变化《巴黎协定》的签署以及伊朗核问题上的协作则展现了两国合作的共同利益。2016年9月,中美两国首脑在G20杭州峰会上达成了35项成果,涵盖了中美关系以及共同关心的重大地区和全球性问题。这些共识尽管不能打破两国关系的战略互疑氛围,但是,在确保中美关系总体稳定方面有着积极的作用。

特朗普就任美国总统后,退出TPP等举措,显示其更加重视美国自身的利益，而不是作为世界"霸主"顾及盟友的利益。现在，中美战略对话、经济对话以及人文磋商机制是中美合作机制中三个重要的支柱，如何通过现有机制妥善处理双方的分歧，管控分歧，是中美双方共同努力构建"不冲突、不对抗、相互尊重、合作共赢"的新型大国关系的关键。

美国与欧盟关系可能将调整。特朗普政府对北约的态度变化，预示着美国的外交政策将是不确定的，因此，也将导致美国与欧盟关系的不确定性。需求疲软、增长乏力、特朗普的"美国优先"策略，这三个因素将导致2017年全球经济增长复苏艰难。西方学者认为，特朗普实行"美国优先"策略，废除前任总统奥巴马的政治遗产TPP等，显示贸易保护主义回归，严密封锁边界和限制劳动力自由流动，预示着经济全球化将步入艰难时期①。

中俄关系全面深化发展。2016年，中俄两国在南海、叙利亚、朝鲜半岛等地缘政治热点问题上共同发声，在经贸、能源、航空航天领域推进务实合作，在军事合作领域联合军事演习，大力推进民间交往，在多个层面上构建两国战略协作伙伴关系的支柱。2016年6月，俄罗斯总统普京访华期间签署中俄联合声明，将两国的战略协作伙伴关系进一步深化，既总结和规划了两国关系发展前景，也协调了双方在全球战略稳定和网络空间的政策立场。可以说，建立在"不结盟、不对抗、不针对第三方、不意识形态化"四项原则基础上的中俄关系，既是两国全面战略协作关系得以向纵深发展的基础和前提，也意味着两国之间的协作是基于利益需求的一种主动性合作，而不是强制性的责任和义务。美国一些战略专家认为，把中俄逼到一起是奥巴马的战略性失误。离间中俄关系、拉拢俄罗斯遏制中国可能成为特朗普政府的重要追求。②

俄美关系难以彻底改善。2016年俄罗斯与美国在北约东扩、反导系统、乌克兰以及克里米亚等问题上的战略冲突仍然占据两国关系的主流。2016

---

① 《不确定性：2017年的标签》，英国《观察家报》网站，转引自《参考消息》2017年1月9日。
② 王海运：《中俄美大三角在"变"中积极作为》，《环球时报》2017年2月17日。

年10月，美俄关系进一步恶化，美国中止了两国有关叙利亚停火问题的谈判，俄罗斯宣布暂停履行美俄核能科研合作协议。北约东扩和美国主导的欧亚导弹防御系统已经触及俄罗斯维护其传统势力范围的战略红线。尽管如此，美俄关系也不可能升级到全面冲突，沟通与对话仍然是美俄关系改善的唯一出路。另外，特朗普就任总统前后分别两次与俄罗斯总统通话，显示美国将与俄罗斯缓和关系，但是，由于俄美之间存在遏制与反遏制、崛起与反崛起的结构性矛盾，俄美很难在短期内实现关系和解。

（三）中东局势持续动荡，亚太地区形势复杂

2016年西亚北非地区安全形势不仅未能好转，反而陷入冲突持续扩大的全面动荡的局面。一方面，叙利亚、利比亚、伊拉克等地的内战趋于长期化，实现和平近期无望。另一方面，美伊核协议进一步激化了以沙特为首的逊尼派阵营和以伊朗为首的什叶派阵营的矛盾，沙特和伊朗之间的冲突加剧，土耳其、埃及以及海湾国家内部政治社会危机升级，各国都在调整政策，争取更大的地区影响力，陷入阵营重组的混战。从区域外国家看，美国战略收缩的态势明显，美国与沙特、以色列、土耳其和埃及等传统盟友的向心力逐渐减弱。从区域内部看，国际能源价格下跌，美国、俄罗斯、欧盟等国家的战略调整以及国际反恐行动中的大国博弈，是西亚北非局势陷入全面动荡的外部因素，而内部深层次原因是区域各国内部长久积淀下来的经济和社会结构矛盾。因此，西亚北非局势在短期内很难看到转机，动荡的局面将在较长一段时间内持续。

2016年中东局势依然复杂严峻。美俄等国加紧在中东布局，叙利亚逐渐演变成为大国政治深度博弈的"竞技场"。俄罗斯军事介入叙利亚打击恐怖势力，企图扭转被美欧挤压的战略空间。俄美欧各方虽都积极参与反恐，但心思各有不同。政治解决叙利亚问题进程虽然已经起步，但围绕巴沙尔政权去留问题俄美欧仍各持己见。伊核协议已经开始执行，但伊朗与美国仍然矛盾重重。特朗普当选后，俄美关系有可能缓和，俄美在叙利亚问题上可能取得一些妥协。但是，总体上看，特朗普将大致沿用奥巴马的

中东路线,在维持美国领导地位的前提下,适当调整美国在中东的军力部署。

2016年亚太安全形势跌宕起伏,美国继续推进"亚太再平衡战略",尽管特朗普退出TPP,但是,并不意味着美国放弃在亚太的利益。美日等国同盟强化,日本政治右倾化,解禁日本集体自卫权的"新安保法"于2016年3月底正式生效。美国与韩国宣布在韩国部署"萨德"反导系统,是美国推进"亚太再平衡战略"的重大进展,严重损害中国利益。日韩达成《军事情报保护协定》,对美日、美韩同盟关系合流创造了机会。

二 上合组织2016年发展的主要成就

(一)政治合作

2016年中俄两国签署三个联合声明《中华人民共和国和俄罗斯联邦联合声明》《关于加强全球战略稳定的联合声明》《关于协作推进信息网络空间发展的联合声明》,系统阐述了双方对国际形势和地区热点问题的一致看法和立场。中俄两国在南海问题、叙利亚问题上的协调和配合有所突破。中俄两国军队首次举行联合反导计算机演习,举行"海上联合—2016"军演等,充分体现中俄战略协作伙伴关系进一步深化。中方与欧亚经济联盟委员会签署了正式启动经贸合作协议谈判的联合声明。中俄政治互信不断加强,带动其他成员国之间政治互信增强。印巴签署加入上合组织义务的备忘录,印巴之间、中印之间的边界问题等正在积极协调,相信在成员国元首峰会等机制协调下,会逐步彻底解决新成员国与老成员国之间的矛盾和问题。2016年乌兹别克斯坦与吉尔吉斯斯坦因边界问题,矛盾一度激化,还有成员国之间的水资源问题也曾是矛盾的焦点,但在成员国共同努力下逐步得到了解决。

2016年成员国元首峰会批准了《〈上海合作组织至2025年发展战略〉2016~2020年落实行动计划》,制定了各领域的具体举措。峰会就南海、乌克兰、阿富汗等重大地区及国际问题表达了上合组织的一致立场。强调就南海问题所有有关争议应由当事方通过友好谈判和协商和平解决,反对国际化和外部势力干涉。支持通过推动"阿人主导,阿人所有"的包容性民族和解进程解决阿富汗内部冲突,联合国应在阿问题国际合作中发挥中心协调作用。在认真落实2015年2月12日达成的明斯克协议的基础上政治解决乌克兰危机十分重要,这些一致声明和国际话语权的逐步提高是上合组织政治合作成果的重要体现。

(二)安全合作

2016年中亚地区由于受到全球金融危机、乌克兰危机和国际恐怖主义扩张等因素的冲击,"三股势力"在中亚进入了新一轮活跃期,中亚地区安全形势趋于复杂。另外,中亚国家内部的一些问题也逐渐暴露,成员国面临的安全挑战更加突出。成员国2016年有针对性地开展了系列安全合作行动。

第一,举行"和平使命—2016"联合反恐军事演习。近年来,成员国军队共举行了10次多双边联合反恐军演,形成了定期举行反恐演习的机制化安排,联合反恐军演已成为防务安全合作的重要内容。成员国军队于2016年11月在吉尔吉斯斯坦举行"和平使命—2016"上合组织联合反恐军事演习。此次联合军演,是成员国武装力量举行的一次例行性多边反恐军事演习,中国、哈萨克斯坦、吉尔吉斯斯坦、俄罗斯和塔吉克斯坦分别派出陆军、空军力量参演,参演总兵力共1100人,其中中方派出参演兵力约270人。

第二,举行"团结—2016"成员国边防联合行动。如10月3日,中吉边防部门"团结—2016"联合执法行动在国庆节启动。联合执法期间,中吉双方就边防部门联合成立了5个行动小组。中吉"团结—2016"联合执法行动是上合组织框架下的第二次中吉边防联合执法。10月13日,中哈两国边防部门举行"团结—2016"联合执法启动仪式。中哈两国边防部门通过会晤,建立和完善了新的警务联络机制,并组织两国边防官兵进行联合执法巡逻。

第三，成员国在新疆演练反恐作战。2016年12月，上合组织山地步兵联合训练在新疆库尔勒市某训练基地举行。这是"和平使命—2016"联合反恐军事演习之后，各成员国武装力量联合军事训练的又一次有益实践。成员国官兵通过同台竞技、相互借鉴，促进训法战法创新，各方开展了互学训练技能、方法等交流活动，提升了部队实战化训练水平，拓展了各成员国之间军事交流合作的渠道，提高了各成员国军队之间的指挥协同和实战能力。这些军事演习对加深成员国互相了解、促进合作共赢、凝聚上合共识、维护区域和平具有重大意义。

（三）经济合作

2016年元首峰会上，各成员国重申支持建设"丝绸之路经济带"，并将落实该倡议推动区域经济合作写入峰会宣言。中国提出的"共商、共建、共享"合作发展理念，与成员国的发展战略高度契合，上合组织成为中"丝绸之路经济带"与各成员国发展战略对接的主要平台。上合组织积极发挥成员国的战略对接平台作用，使经济合作进入新阶段，主要标志是打造产能合作、互联互通、金融合作、贸易合作"四大平台"。

在产能合作上，重点开展优质产能，成熟技术，工业产品生产和工程承包服务合作。主要措施是发展边境的跨界合作区，建立境外合作区，在海外建立中国工业园区。在互联互通上，主要以中亚地区为纽带，推动基础设施建设，其中，有四条通道通过中亚，为成员国打造新的经济增长点、改善民生奠定基础。在金融合作上，主要是扩大本币结算，为成员国扩大相互投资提供金融支持。以上合组织人民币区域化，推动人民币国际化。在贸易合作上，主要是推进贸易便利化、自由化，建立上合组织电子商务联盟等。2016年上合组织在促进贸易投资、互联互通建设等区域经济合作方面取得了显著成果。

第一，制订上合组织区域经济合作"五年计划"。成员国通过了《上合组织成员国贸易便利化专业工作组章程》。总理会议批准《2017~2021年进一步推动项目合作的措施清单》。措施清单包括经贸、海关、质检、交通基础设施等7个领域共38项合作措施和项目。

第二，成员国相互贸易投资额逐步回升。2016年中国与成员国进出口贸易额达937亿美元，同比增加1.8%。成员国贸易结构得到优化，贸易方式不断创新，机电产品、高新技术产品和农产品成为新的贸易增长点。中国与成员国相互投资存量持续增长，一批产能和经济技术合作项目顺利实施。①

第三，贸易投资便利化机制建设得到进一步推进。成员国积极推动《上合组织国际道路运输便利化协定》尽快生效，制定《上海合作组织公路协调发展规划》草案。成员国经贸部长会议完成了贸易便利化工作组建章立制工作，以此为平台加强海关通关、检验检疫、物流运输、支付结算等全方位便利化措施，提升成员国营商环境和便利化水平。成员国积极推进跨境电子商务等创新贸易方式，各方就建立电子商务企业交流平台和不断完善区域融资机制达成重要共识。继续推进上合组织开发银行和上合组织发展基金成立。

第四，区域互联互通建设进展顺利。2016年中欧班列统一品牌标识正式启用，经中亚国家开行的中欧班列同比增长150%。中俄同江铁路桥工程两侧均已开工，预计2018年建成，中俄界河无跨江通道的历史正在改写。"中国西部—欧洲西部"国际运输走廊项目加快落实。中吉乌铁路前期研究继续推进。中国企业在乌兹别克斯坦和塔吉克斯坦承建的隧道相继贯通，促进区域内互联互通。

第五，上合组织自贸区可行性研究工作启动，推动上合组织区域一体化进程。中国商务部和欧亚经济联盟委员会签署了《关于正式启动协议谈判的联合声明》，之后就《中国与欧亚经济联盟经贸合作》开始磋商。

前几年，成员国在多边合作问题上的认识存在较大分歧，也因此导致上合组织开发银行、中吉乌铁路等多边合作项目进展缓慢。2013年以来，在"一带一路"倡议推动下，成员国在区域合作的认识上共识增加。区域

---

① 中国海关月报统计，2016年12月。

内现在已经设立了数个多边合作项目，如中印缅蒙经济走廊、中巴经济走廊、中蒙俄经济走廊、中国中亚经济走廊等。其中，中巴经济走廊已启动，中蒙俄三方已经签署《建设中蒙俄经济走廊规划纲要》。可以说，重新启动中吉乌铁路等多边合作项目，标志着上合多边经济合作的真正"起航"。在多边项目合作基础上，推进上合组织一体化进程和自贸区建设。俄罗斯学者认为，丝绸之路经济带与欧亚经济联盟可以在上合组织内部进行对接，而其他成员国也能够参与对接进程。例如，在欧亚经济联盟和中国之间建立自贸区，就此问题谈判的第一批文件已经通过，其他成员国可以通过上合组织加入这个自贸区①。此外，成员国还可以商谈其他方式建上合组织自贸区。

（四）人文合作

2016年人文合作重点是教育、科技、环保合作。成员国元首峰会签署了《上海合作组织成立十五周年塔什干宣言》《〈上海合作组织至2025年发展战略〉2016～2020年落实行动计划》等文件对人文合作提出了新目标。成员国政府首脑理事会上总理们强调，在文化、教育、科技、环保、卫生、体育、旅游领域开展双多边合作。

第一，文化合作。6月上合组织成员国文化部长第十三次会议讨论了上合组织框架下文化艺术领域合作的发展情况，就上合组织成员国政府间文化合作协定和15年来历届文化部长会晤达成的共识的执行情况交换了意见。

第二，教育合作。上合组织教育合作专家会议分析了《〈上海合作组织成员国政府间教育合作协定〉2015～2016年活动计划》的实施情况、完善上合组织大学法律基础文件的问题，审议《上海合作组织大学远期构想（至2025年）》，讨论了《上海合作组织成员国政府间关于建立和运营上海合作组织大学的协定》文本。之后，上合组织成员国教育部长第六次会议，

---

① 专访：《上合组织在经济、安全领域合作不断深化——访莫斯科国际关系学院东亚及上合组织研究中心主任卢金》，新华社莫斯科，2016年11月2日。

讨论了国家教育系统发展和现代化，合作优先方向，履行关于落实上合组织成员国政府间教育合作协定的措施清单等问题。审议了上合组织《成员国关于建立和运行上海合作组织大学的政府间协议》草案，讨论了教育领域合作的一系列其他重要问题。

第三，科技合作。9月上合组织成员国科技合作工作组会议讨论了发展上合组织框架内多边科技合作问题和第三次科技部长会议筹备事宜。讨论《〈上海合作组织成员国政府间科技合作协定〉落实措施计划》和《上合组织科技伙伴计划》草案。之后，成员国第三届科技部长会议讨论了上合组织框架内科技领域多边合作的问题，并就《上海合作组织成员国政府间科技合作协定》和15年来历届科技部长会议上达成的协议的执行情况交换了意见。成员国同意《〈上海合作组织成员国政府间科技合作协定〉落实措施计划》和《上海合作组织科技伙伴计划》的草案，并得到成员国政府首脑理事会会议批准。

第四，环保合作。习近平主席提出携手打造"绿色丝绸之路"为上合组织环保合作提出了新目标。2016年初，中国制定了《绿色丝路使者计划框架文件（2016～2020）》，并在5月召开的"上合组织环保信息共享平台与绿色丝路使者计划研讨会"上与各成员国交流意见。10月，成员国环保部门第八次专家会议讨论了《上合组织成员国环保合作构想》草案。

三 面临的新机遇

上合组织发展面临重大机遇的内部因素是，成立15年来上合组织已经积累了丰富经验，"上海精神"是其发展的独特源泉，中俄政治互信不断加强，"一带一路"倡议实施进入实质性阶段，扩员促进上合组织全面发展，中国倡议建立"人类命运共同体"等。发展机遇的外部因素是，美国战略收缩，西方主导的全球秩序影响力下降，发达经济体公共产品供给能力下降，新兴经济体发展动力依然强劲，改善民生等公共产品需求迫切。

（一）中俄政治互信增强，发展战略对接启动，为组织发展增添新动力

2016年是上合组织成立15周年，也是中俄签署睦邻友好条约15周年，中俄元首共同发表联合声明，全面总结了《中俄睦邻友好合作条约》签署15年来中俄关系的发展成果，强调中俄将深化战略合作共同推动上合组织发展[①]。2016年中俄元首和总理多次会晤及时就重大国际和地区问题加强协调与沟通。中俄海军等联合军演，中俄签署联合研制远程宽体客机等战略性大项目。

在当前新的国际形势下，中俄政治互信进一步深化的重要标志是中国"丝绸之路经济带"倡议与俄罗斯主导的"欧亚经济联盟"对接。在全球化受到阻力、区域合作"碎片化"显现、英国脱欧等背景下，中俄作为上合组织的"双引擎"共同推动印巴加入上合组织，是中俄政治互信的又一个巨大成果。俄罗斯支持中国的"一带一路"倡议，中国支持俄罗斯建立"欧亚全面伙伴关系"倡议，将有力推动上合组织扩员成功。推动中、俄、印三国在上合组织和金砖国家框架下开展积极的战略合作和良性互动，为上合组织未来发展增添新的动力。

（二）"一带一路"促进上合组织经济合作进入"快车道"

当前，已有100多个国家和国际组织表达了积极支持和参与"一带一路"的态度，我国已同40个国家和国际组织签署共建"一带一路"合作协议。其中，在丝绸之路经济带沿线区域，首批签署协议的国家都是上合组织的成员国或观察员国。现在，中俄实施"一带一盟"对接，中哈实施"丝绸之路经济带"与"光明大道"对接，中白共同建设中白工业园，中巴共同建设中巴经济走廊，这些重大项目的具体实施，标志着"一带一路"建

---

① 《习近平主席与普京总统在出席〈中俄睦邻友好合作条约〉签署十五周年纪念大会，中俄双方签署〈中华人民共和国和俄罗斯联邦联合声明〉》，2016年6月27日，新华社。

设已经进入实质性阶段。成员国通过重点推动中亚、南亚国家的互联互通和贸易投资便利化，加强融资保障机制建设，产业科技园区建设，推进自由贸易区谈判，边境合作区谈判等，促进上合组织经济合作的务实成果成为"一带一路"建设的样板和示范，如中巴经济走廊、中哈霍尔果斯口岸、中白工业园等项目。在"一带一路"倡议推动下，上合组织的经济合作首次突破成员国从"项目合作"到全方位的"发展战略"对接，从"双边合作"到"多边合作"。

随着"一带一路"倡议不断深入实施，沿线国家的实质性合作成果越来越多，将促进上合组织区域的一体化进程，促进上合组织与周边相关地区一体化机制的合作。如与区域全面伙伴关系、东盟、欧盟等地区组织合作与对接。

（三）扩员促进上合组织全面发展与升级

经过15年的发展，上合组织已经成为比较成熟的国际组织，取得了巨大的成就并显示出强大的生命力。在新的国际形势下，扩员已经成为成员国应对各种挑战，推进组织发挥更大作用的有力举措。

印巴加入上合组织，不仅仅是增加两个成员的问题，它还将对现有成员结构和内部平衡带来实质性影响，将改变上合组织的地理特征。在上合组织现有的6个成员国中，除中国之外都是原苏联解体后独立的国家，有学者认为，上合组织是原苏联国家与中国合作的平台。随着印巴的加入，增加了两个非原苏联分离出的国家，这不仅改变了上合组织成员国以中亚国家为主的结构特征，而且这种改变具有一定的政治意义。印度和巴基斯坦是两个大国，特别是印度，其综合影响力仅次于中国和俄罗斯。这样两个大国的加入自然会影响到上合组织业已形成的内部结构，组织内部需要进行新的平衡。印巴的加入将改变人们对上合组织区域定位的传统印象，因为大半个南亚都将进入上合组织的区域，上合组织由此将向中亚、南亚、欧亚大陆的方向发展，有利于推进上合组织的全面发展。

2016年印巴签署加入备忘录，进入法定程序，2017年成为正式成员国。至此，上合组织成员从6个扩大为8个，这对于上合组织发展具有历史性的意义。

第一，印巴加入，从地域上看，从中亚扩展到南亚、西亚，从内陆扩展到印度洋；从人口看，成员国从占世界人口的1/5，扩大到2/5以上；从经济实力看，成员国从占世界GDP的16%扩大到占25%。从区域安全看，将实现从中亚地区安全稳定拓展到欧亚大陆腹地的安全稳定，对构建和谐地区及世界和平与发展将做出更大的贡献。从经贸合作前景看，扩员后上合组织在更大的空间内利用组织优势，发挥成员国的各自优势、合作互补、挖掘潜力，加快区域资源整合，推动成员国和整个区域经济的快速发展。俄罗斯是重工业和军事生产大国，中国是工业生产大国，印度是农业大国，各有生产和发展优势。俄罗斯、哈萨克斯坦是能源大国，而中国、印度是能源进口大国，能源合作具有地缘优势。成员国之间具有高度的市场互补性，合作潜力巨大。

第二，印巴加入，有利于在金砖国家机制下，进一步整合资源，使中、俄、印三国有机协调和良性互动，成员国扩大合作基础和范围，形成更大的经济发展空间，形成更广阔的"区域大市场"①。

第三，印巴加入，上合组织将拥有四个核国家，对于推动《核不扩散计划》，维护世界和平与发展具有重大战略意义。

第四，印巴加入，"一带一路"倡议将有望得到印度的支持，使沿线国家的战略对接更全面、更广泛，形成一个整体，有利于推动整个欧亚地区的经济一体化进程。

第五，印巴加入，有利于上合组织在国际事务中发挥更大的建设性作用，为建立公平、合理的世界政治经济新秩序做出更大的贡献。

（四）美国退出TPP背景下，中俄共同打造一体化空间，推进上合组织转型升级

从特朗普的个人经历、竞选承诺到入主白宫后的政策实施特点看，他在"美国优先"的理念之下，更是一个务实主义和现实主义者。从这个视角

---

① 李进峰：《上海合作组织扩员：挑战与机遇》，《俄罗斯东欧中亚研究》2015年第6期。

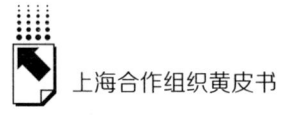

看，美国取消TPP，并不意味着美国将退出领导全球的位置。

首先，美国仍然是当今世界经济实力、军事实力、科技水平和文化软实力最强的国家，中国尽管经济总量位居世界第二，但是，人均总量还很低。美国不可能在短期内把中国视为平等的伙伴。

其次，美国近十年来之所以国际地位逐步下降，主要是由于自"9·11"事件以后，反恐战争消耗美国财力。美国制造"阿拉伯之春"，在中亚推行其西方民主引发"颜色革命"不得人心。奥巴马政府实施"亚太再平衡"战略，以遏制中俄的发展，显示美国战略顾此失彼，其世界"霸主"地位在逐步下降，特朗普看到了这些问题，尤其是看到了美国制造业萎缩，失去了大量就业岗位等。因此，美国不愿意在维护世界政治经济秩序的霸主地位上再承担更多的责任。

最后，在战线收缩和务实主义理念的指导下，特朗普将针对世界主要大国开展双边合作与博弈，美国把中国作为竞争对手，因此，特朗普当选后即抛出否定"一个中国"原则的言论，几乎把中美关系的基础和前提都否定了。特朗普尽管对普京总统有好感，但是，美国与俄罗斯的矛盾是结构性的，在短期内不可能有太多缓和。特朗普的政策充满不确定性，他甚至对欧盟的政策也进行了批评，未来乌克兰危机如何解除将是检验俄美关系转变的试金石。

在此背景下，中国和俄罗斯必须深化合作打造共同的安全与经济空间，在以周边为基础，巩固上合组织现有安全稳定区域前提下，积极稳妥推进扩员，把安全稳定的区域从中亚，扩展到南亚、西亚，使"中俄印"周边形成更大的"安全稳定带"。中俄共同推动"一带一盟"对接，推进上合组织深化务实合作，进而中俄共同推动"一带一路"倡议与"欧亚全面伙伴关系"协调发展。这个过程必然推动上合组织的不断发展壮大和升级转型。

（五）中国倡议建立"人类命运共同体"，助推上合组织发展进入新的机遇期

近几年，中国积极参与全球治理，尤其是"一带一路"倡议对促进国际社会的合作与发展产生积极影响。2016年中国通过上合组织、金砖国家、

G20峰会等区域多边机制，积极参与全球治理，力求在国际政治经济秩序构建中发挥更大的作用。从2016年中国主办杭州G20峰会，到习近平主席参加达沃斯论坛，并就世界经济发展等议题提出中国建议和中国方案。中国领导人在上合组织峰会、金砖国家峰会等多个场合不断阐释中国和平发展的理念，中国"亲诚惠容"的周边外交政策，以及"一带一路"倡议的"共商、共建、共享"合作理念等。中国倡议建立"人类命运共同体"，是对"上海精神"和"丝路精神"的拓展，同时，也为上合组织区域一体化发展指明了新的方向。世界各国人民要实现未来宏大的"人类命运共同体"目标，对于欧亚大陆区域来讲，这意味着：

第一，要从上合组织区域内建立"利益共同体"和"命运共同体"起航。因为上合组织成员国、观察员国和对话伙伴国的利益诉求更接近。

第二，上合组织通过扩员，开拓更加广阔的区域合作空间，打造欧亚大陆腹地的安全稳定区域，形成新的区域合作大市场，进而打造"一带一路"区域的"利益共同体"和"命运共同体"。

第三，扩员后的上合组织，将积极与东盟、欧亚经济联盟等组织开展合作，探索"区域全面经济伙伴关系"（RCEP）与"欧亚全面伙伴关系"的协调发展途径，打造欧亚经济统一空间和"欧亚命运共同体"，为打造"亚洲命运共同体"乃至"人类命运共同体"奠定基础。

四 面临的新挑战

上合组织面临的新挑战主要是，组织内部自身发展的问题，如中俄对上合组织定位的战略差异、组织自身融资平台长期缺失、扩员带来的新问题和风险等。外部面临的重要挑战包括极端组织"伊斯兰国"的威胁，中东、阿富汗等周边地区国家安全局势动荡，美国等域外大国干扰等问题。

（一）政治互信仍需加强

上合组织的"双引擎"中俄面临自身问题和中俄的战略互信问题。中国外交战略在转型,以提出"一带一路"倡议为标志,中国奋发有为的大国外交战略已经显现。但是,中国首先要解决好自身的改革发展问题,如深化经济改革推进经济转型、治理环境污染、不断进行制度创新为改革增添新动力等。俄罗斯外交战略在调整,俄罗斯复兴大国地位的战略已经显现。但是,俄罗斯首先需要解决好自身的几个问题,如化解乌克兰危机、缓和俄美关系、推进经济结构调整和发展方式转变、摆脱单一经济模式等。在此基础上,中国与俄罗斯需要进一步深化全面战略协作伙伴关系,增强政治互信,共同推进上合组织扩员与发展。

中俄对上合组织的功能和定位方面存在差异,中俄应在求同存异基础上寻求利益共同点。如在扩员问题上,中俄应该减少互疑,防止美国等西方国家离间中俄关系,支持中国妥善处理中印、印巴关系,促成中、俄、印形成良性互动机制,才能推动扩员成功。中亚学者认为,中俄共同签署的"一带一盟"对接联合声明,是中俄双方利益博弈的结果,是双方妥协的结果,"一带一盟"对接能落实到什么程度,还有待观察。鉴于此,在经济合作问题上,中俄应切实落实"一带一盟"对接,防止出现已签署协议落空的尴尬情况。比如2009年中俄元首批准的中俄地区合作纲要,涉及127个项目,最终落实的项目寥寥无几。又如,从2003年开始中国提出自贸区建设思路,之后区域经济合作尤其是多边合作磕磕绊绊、进展缓慢,上合组织也一直没有建立起自身的银行或基金,这除了一些客观因素外,更多的是主观因素。一些学者认为,俄罗斯担心中国强大的经济实力,俄罗斯对上合组织开展多边经济合作态度并不积极,因为俄罗斯有主导建立的欧亚经济联盟,更希望上合组织扮演一个地缘政治工具的角色,而不希望其在经济上有更多的作为,以免影响俄罗斯在整个地区的战略布局。

随着扩员的推进,中俄之间的内部竞争将会削弱或化解。扩员后上合组织区域扩大,市场空间扩大,更有利于中国和俄罗斯发展经济。扩员后上合组织从以中亚为中心拓展为以欧亚大陆腹地为中心,可以避免中俄在中亚的竞争。

（二）自身融资机制缺失制约组织发展

自2003年中国首次提出建立上合组织自贸区设想以来，建立上合组织开发银行和上合组织发展基金问题一直是成员国关心的问题。但是，由于中国提出的这个设想，俄罗斯方面有不同的看法，融资机制一直没有建立起来。2013年，中国提出"一带一路"倡议，为上合组织经济合作增添了新动力。2015年，亚洲基础设施建设银行和丝路基金成立，对上合组织融资机制的建立树立了样板。

近年来，之所以上合组织多边合作项目少，一个重要的因素是上合组织区域缺乏自身的融资机制。为了弥补这个缺陷，中国只能采用单方面为其他成员国提供优惠贷款等形式的融资支持。在"一带一路"建设进入实质性阶段，丝绸之路经济带与沿线国家的发展战略对接已经进入务实推进的背景下，上合组织的融资机制不能尽快建立，对上合组织作为"一带一盟"对接平台的作用发挥将是一个重大障碍。

习近平主席在2016年上合组织峰会指出："我们应该在照顾各方利益和关切基础上，探讨在贸易和投资领域开展更广泛和更高层次合作，相互提供最惠国待遇，推进区域经济一体化进程，构筑本地区统一经贸、投资、物流空间。"[①] 2016年，成员国政府首脑理事会决定，启动上合组织融资机制建立的可行性研究工作。成员国相信亚投行的成功运作，将对上合组织开发银行建立起到一定启示作用。由此可见，成立上合组织开发银行和上合组织发展基金不能再犹豫或等待。

（三）扩员带来新挑战

扩员是组织发展的重大机遇，同时，扩员也面临一些重大挑战。例如，如何增强新成员国与现成员国之间政治互信，如何妥善解决成员国之间历史

---

① 《习近平主席在上海合作组织成员国元首理事会第十六次会议上发表重要讲话，〈弘扬上海精神、巩固团结互信，全面深化上海合作组织合作〉》，2016年6月24日，新华社。

遗留的边界问题,如何克服域外大国的制约和干扰,如何增强对成员国具有吸引力的软实力。

第一,印巴加入后,最大的挑战和不确定因素是印度以及印巴之间的矛盾问题。有学者认为,印巴加入后必然会把矛盾和问题带到上合组织。解决印巴矛盾,可能会导致中俄之间产生分歧,如果俄支持印,中亚四个成员国支持俄,或在中俄之间选边站队,中国的作用会下降。在安全合作方面,由于印巴两国对一些恐怖分子的看法不一致,难以形成共识。有学者认为,印度是一个独立的国家,也是亲西方国家,印度对中国发展存在戒心,加入上合组织后,印度能否认可并遵守"上海精神",有待今后的实践检验。

第二,印巴加入后,上合组织的决策方式"协调一致"原则将会受到挑战。可能导致一些议题无法达成一致意见,组织决策效率会降低,今后上合组织的联合声明将更难发出。成员国增加,问题和矛盾增多,上合组织的论坛化可能性就越大。鉴于此,需要适当调整决策机制。上合组织现有机制是"协商一致"原则,是在中俄共同支持和协调下的运作机制。

第三,区域扩大,责任扩大,需要组织有更大的掌控能力。"上海精神"是凝聚新成员的旗帜,上合宪章和睦邻友好合作条约等制度是新成员融入上合组织的法律基础。解决好印巴之间的矛盾和问题,解决好印巴与现有成员国的边境等问题是建立成员国政治互信的基础。在此基础上,扩员后上合组织的掌控能力才能保持和加强。如果新成员国之间遗留矛盾不能及时解决,新成员国与现有成员国不能建立睦邻友好合作关系,扩员后的上合组织必然会受到这些矛盾和问题的影响,组织的掌控能力就会面临挑战。

第四,区域人口扩大,需要更好地发展经济,改善民生。印巴加入后,上合组织将成为世界人口最多的国际组织之一,发展经济改善民生,为成员国人民增加福祉,将成为上合组织的重要任务。尤其是印度,尽管近年来经济发展速度保持在7%左右,但是,印度是农业大国,城镇化率不足40%,贫困人口超过3亿人,占世界总贫困人口数量的30%以上,中国还有6000多万人正在脱贫,成员国改善民生任务艰巨。

第五,成员国增多,对世界政治经济秩序影响力增大,也需要承担更大的国际责任。前些年，一些欧美的媒体认为，中俄联合用上合组织与西方的秩序抗衡，这是对上合组织定位的误解和曲解，因此，可以预见，印巴加入后，西方国家对上合组织的关注、警惕和顾虑会增多。实际上，上合组织是现有国际政治经济秩序的有益支持者、完善者和积极的改革推动者，而不是破坏者。扩员后，一方面，上合组织的国际话语权将提升，对发展中国家有利，对新兴经济体发展有利；另一方面，上合组织的影响力逐步增大，会受到西方媒体的更多关注，甚至出现一些负面评价。上合组织需要承担更多的国际责任，尤其是在保障地区安全、维护世界和平以及推动公平合理的世界政治经济秩序构建方面。

印巴加入后，如何发挥印度的作用是检验扩员后决策效率的主要方面。可能出现以下三种情况。

第一种情况，是在扩员后的近两年，仍然沿用中俄主要协调的惯例，印度只是作为一个成员国来平等对待。

第二种情况，是印度加入后，继续保持其地区大国和独立自主的多边外交风格，中俄协调对印度影响有限，印度有可能不配合中俄的协调立场，这样可能导致上合组织决策效率降低。在这方面东盟扩员是有教训的，如在1995年东盟第二次扩员后，越南在加入东盟的进程中认为自己是特殊国家，对"东盟方式"的两个主要原则提出挑战，几年后才实现和解[1]。

第三种情况，是在中俄协调的基础上，在短期内找到中俄印良性互动的合作机制，在中俄印三国协调机制下，形成新的上合组织决策机制。另外，哈萨克斯坦作为中亚大国地位和作用也很重要，在组织中的作用不可低估。

以上所述第三种是比较理想的情况。但要形成这种良性协调机制会面临许多机制改革的挑战。比如，对"协商一致"原则的微调，能否对重大问题采取"协商一致"原则，而对一般问题采取"简单多数"的决策原则。对"平等票决"的原则微调，能否按照缴纳会费比重确定成员国决策的权重等。

---

[1] 李进峰：《上合组织扩员与东盟扩员比较借鉴》，《俄罗斯学刊》2016年第3期。

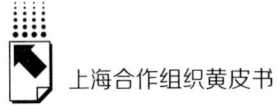

2016年英国公投"脱欧",意大利修宪失败,法国等反对欧盟的声音日渐高涨,欧盟"一体化"进程似乎走到了尽头。在这种逆"一体化"背景下,上合组织扩员进程应该更加谨慎与务实,不可沽名钓誉。必须坚持"上海精神"、上合组织章程以及有关扩员的原则和法律制度等。

在扩员问题上,应适当汲取东盟扩员和欧盟扩员的经验和教训。应该坚持只有真正认同并遵守"上海精神"的国家才能加入上合组织,新成员国还应必须遵循《上海合作组织成员国长期睦邻友好合作条约》,根据条约规定,一个成员国不得允许在本国领土上成立损害其他缔约国安全和领土完整的组织或团伙,并要禁止其活动。

在扩员进程中,如果不能妥善处理相关问题,可能会出现两种情况:一是上合组织扩员后将变成松散的"俱乐部",任何重大决策都不能达成一致意见,做出决定。二是上合组织扩员后能就有关问题达成一致的意见,但是,决策时间太长,时效性差,导致组织的凝聚力、吸引力降低,地区影响力下降。

(四)"伊斯兰国"等恐怖组织对上合组织的威胁加大

2016年是"9·11"事件15周年,国际反恐行动也持续了十多年,但是,恐怖主义并没有被铲除,仍在全球肆虐,尤其是在中东、阿富汗和巴基斯坦、尼日利亚及周边地区依然猖獗。由于国际社会的反恐行动往往与大国博弈、地缘政治、教派与民族冲突等利益问题纠缠在一起,削弱了国际反恐合作的实际效果。国际社会多个层面的反恐阵营界限分明,参与打击恐怖主义的国家各怀心思,甚至存在"双重标准",难以形成反恐合力,铲除"伊斯兰国"等极端势力的反恐目标仍然任重道远。

恐怖组织"伊斯兰国"和"努斯拉阵线"等在阿富汗地区、中东、北非,包括叙利亚和伊拉克等国家境内占领许多地区并不断招募其他国家公民参与武装冲突和恐怖袭击,导致大量平民伤亡,如比利时首都布鲁塞尔的机场爆炸事件,法国尼斯发生的卡车冲撞人群恶性事件,德国爆发的火车上的难民砍人事件以及慕尼黑枪击事件等。从巴黎到布鲁塞尔,从伊斯坦布尔到尼斯,欧洲大陆已经成为恐怖主义袭击的新目标,使地区和国际安全局势面临严重威胁。"伊斯兰国""基地""博科圣地"的威胁最为突出，尤其是"伊斯兰国"在伊拉克和叙利亚渐成颓势之后，加速向其他战乱地区渗透，阿富汗东部、叙利亚、利比亚有可能成为"伊斯兰国"的新根据地。

目前，"伊斯兰国"通过大肆宣传来吸引更多的极端分子加入，其中也包括来自上合组织成员国的公民。这些人不仅在"伊斯兰国"接受了极端思想的鼓动，而且还在叙利亚和伊拉克参加过战斗，他们的返回将给上合组织地区安全构成巨大威胁。根据中亚各国官方发布的数据，2016年中亚五国在中东参加"圣战"的人数在2000人以上。随着"伊斯兰国"在中东的生存空间受到挤压，恐怖分子向中亚地区回流的可能性增大。

现在，已发现一些从中东地区回流的恐怖分子企图在中亚制造恐怖事件。5月，塔吉克斯坦抓获一批恐怖分子，他们策划在塔发动恐怖袭击。另外，"伊斯兰国"的极端暴恐思想也刺激了中亚本土的恐怖分子跃跃欲试。6月初，恐怖分子在哈萨克斯坦制造了令人震惊的"阿克托别事件"，据成员国安全部门证实，这些恐怖分子得到来自外国的指令。8月，中国驻吉尔吉斯斯坦大使馆遭恐怖袭击。12月，俄罗斯驻土耳其大使卡尔洛夫遭枪杀。中亚的恐怖极端势力以及极端组织"伊斯兰国"的渗透，严重威胁成员国的安全与社会稳定。2016年极端组织恐怖活动的新特点：一是利用网络对青年人加强洗脑、宣传，导致青年人冲动、激情犯罪是一大特征；二是恐怖主义与宗教极端思想关联，极端宗教思想是产生恐怖主义的主要根源；三是自杀式袭击增多。

（五）中东及阿富汗局势对上合组织影响持续加深

自2013年叙利亚危机发生以来，尽管俄罗斯联合相关国家组成新的反恐联盟打击恐怖势力，但由于美国反恐的"双重标准"，使叙利亚的反恐成效大打折扣。2016年叙利亚等中东国家流离失所的平民越来越多，这些难民不断涌向周边国家避难，一些恐怖分子乘机混入，对成员国安全稳定构成威胁。

从长远看，如果中东没有和平与稳定，无论是中国的"一带一路"倡议，还是俄罗斯的"欧亚全面伙伴关系"计划，都难以成功实施。中东的

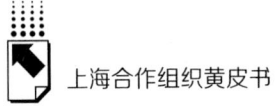

恐怖主义、极端主义外溢，更会直接威胁上合组织成员国的安全。

与此同时，阿富汗的影响也不容小觑。阿富汗面临恐怖主义、毒品、内战、和平重建"四大问题"，阿富汗安全局势及和平重建是上合组织成员国一直关切的重大问题。2016年阿富汗武装冲突和恐怖袭击造成的平民伤亡人数再创历年新高达到1.15万人。阿富汗的武装冲突和恐怖组织的活动外溢，是引发周边成员国不安全、不稳定的重要源头。阿富汗北部地区安全形势显著恶化，影响中亚国家稳定。塔利班及一些国际恐怖分子在阿富汗北部的影响扩大，他们在阿富汗－塔吉克斯坦边界和阿富汗－土库曼斯坦边境集结，对中亚国家构成严重的边防压力，各国边防军与阿富汗武装分子的交火频率明显上升。

2016年上合组织就阿富汗问题以及如何应对其面临的安全局势进行了深入讨论。阿富汗作为观察员国积极参与"一带一路"建设，尽管中国与阿富汗之间的边境线并不长，但是，阿富汗地处要道，极端主义从阿富汗向外溢出将威胁成员国安全及"一带一路"的互联互通建设。近年来，随着北约军队撤离阿富汗，一些阿富汗境内叛乱分子曾投降改用"伊斯兰国"组织的旗帜，表明自己是一支更致命的力量。塔利班已经警告"伊斯兰国"领导人，不要再引发阿富汗新的叛乱，此前，已经有塔利班人员叛逃加入"伊斯兰国"。

（六）美、日等域外大国对上合组织的威胁与挑战

自"9·11"事件以来，美国加紧国际反恐行动，在中亚地区部署军队，借反恐之名，美国在中亚输出"西方式民主"。美国的人权与民主政治曾经在中亚引发"颜色革命"，引起中亚国家的警惕与反感。2005年上合组织针对美国在中亚部署的两个军事基地，提出限期让美国军队撤离的决定①。此后，美国对中亚的影响力削弱。2012年后，美国开始实施所谓

---

① Matthew Crosston, "The Pluto of International Organization: Micro-Agendas, IO Theory, and Dismissing the Shanghai Cooperation Organization", *Comparative Strategy*, No. 9, Jul. 2013, pp. 283 – 294. Marcel de Hcas, "Time for the EU and NATO to engage with the Shanghai Cooperation Organization", *Europe's World*, Autumn 2008, pp. 43 – 46.

的"大中亚"计划,试图构建美国与中亚国家合作的新机制。2015年美国国务卿克里访问中亚五国,此后,这种碰头会被确认为"C5+1"(中亚五国+美国)机制。实际上,这种机制是美国中亚战略发生重大调整的标志,因为之前美国在中亚搞"颜色革命"遭中亚国家排斥后,被"边缘化"的美国策划"重返中亚",中亚再度成为美国关注的重点。2016年3月,克里为到访的中亚五国外长准备了丰富的议题,六国外长一起探讨了21世纪中亚的发展问题。美国以此机制试图削弱中俄以及上合组织在中亚的影响力。

近几年,在美国加强对中亚国家合作的同时,日本也加强了在中亚的存在。日本从2015年与中亚国家开始建立"C5+1"机制合作,2016年召开了第二届日本与中亚五国会议。日本一直以来把自己视为西方国家阵营,日美同盟的主要目标是遏制中俄。日本与美国对中国西部安全问题插手,对俄罗斯传统势力范围干预,已经引起上合组织的"双引擎"中俄的高度警惕。另外,印度已经签订加入上合组织的备忘录,但是,美国和日本仍然不断采取措施拉拢印度,试图削弱中印关系、俄印关系。近年来,尽管美印也在扩展关系,但是,中印关系仍有信心。主要因为印度奉行独立自主的外交政策,不对其他国家做出战略承诺。印度向来谨慎处理与中美两国的分歧,如南海问题等。美国和日本在中亚的存在,美国和日本对印度不断拉拢的行为,对上合组织发展是重大挑战。

五 上合组织2017年工作展望

2017年是《上海合作组织宪章》颁布15周年,《上海合作组织成员国长期睦邻友好合作条约》签署10周年。而临新的国际形势、新的机遇与挑战,上合组织发展将进入一个新的阶段。成员国需要继续坚持"上海精神",坚持新的合作理念和发展理念,共建欧亚"命运共同体";以"一带一路"倡议的重大机遇推动经贸领域合作取得突破性进展,建成一批示范项目引领后来者发展;促进上合组织在安全、经济和人文等多个领域、多个

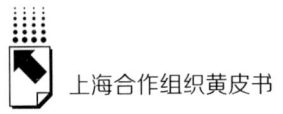

层次的全方位发展；积极稳妥推进扩员和扩员后的工作；在国际舞台上继续坚定不移维护成员国的核心利益，扩大合作的社会基础。

（一）继续坚持安全优先

2017年地区安全形势出现一些新情况、新趋势、新挑战。在继续加强对"三股势力"打击的基础上，成员国应该重点在切断恐怖活动的资金来源以及打击通过互联网传播恐怖主义和极端主义方面加强合作。中俄共同推动的"一带一盟"对接，以及"丝绸之路经济带"与沿线国家的发展战略对接，是一个长期的建设过程，开展基础设施项目建设等经济合作没有安全稳定的外部环境是无法顺利推进的。

（二）积极稳妥推进扩员打造上合组织"升级版"

2017年对上合组织是具有重大意义的一年，扩员是重大机遇，同时，也面临严峻的挑战，如何变挑战为机遇，需要中俄深度战略协调，需要成员国凝聚"上海精神"，团结一致，增强互信，共同解决新问题、建立新机制、适应新变化。

印巴加入上合组织，扩员是否成功至少应该有"五个评判标准"：第一，上合组织的凝聚力应该得到加强，影响力上升，而不是下降；第二，上合组织的决策效率应该保持正常，而不是效率降低；第三，上合组织内部成员国之间因边界等问题纠纷将逐步减少，而不是增加；第四，国际社会对上合组织越来越重视和关注，而不是关注越来越少；第五，上合组织对建立公平合理的世界政治经济新秩序的作用应该不断增加，而不是减少。

要实现上述"五个评判标准"，建议要重点落实好"六个协调"，并在"六个协调"成功的基础上，成员国应该推进上合组织发展进入新的机遇期，共同打造上合组织的"升级版"。

第一，中俄战略互信与协调。发挥俄罗斯的作用，加强中俄战略协调，促进俄印、中印、印巴之间互信，同时，也要防止俄罗斯拉近印度，施压中亚国家，在上合组织框架内形成"亚集团"。在中俄战略协调的基础上，上合组织扩员必须首先与中国发展战略和国家利益相结合,因为俄罗斯在本地区还有其他合作机制,上合组织扩员后发挥中国作用、扩大中国的影响力是首要问题。

第二,中俄与其他成员国的战略互信与协调。积极做好中亚国家工作,通过"丝绸之路经济带"与中亚国家发展战略对接,促进中亚国家经济发展,改善民生,使中亚四国与中国取得更多的共识。

第三,中俄印三国战略互信与协调。中俄应积极与印度开展平等对话与沟通,促进中国"一带一路"倡议得到印度的实质性支持,争取"一带一路"倡议与印度的相关经济发展战略对接。

第四,印巴双方的战略互信与协调。

第五,上合组织与联合国相关机构的协调。

第六,上合组织与欧美等西方国家的战略对话、沟通与交流。

上合组织的"升级版"标准是什么?它应该不仅仅体现在成员国增加和区域面积的扩大等量的方面,更重要的是体现在组织的决策能力、维护地区安全稳定能力、构建国际政治经济新秩序影响力等质的方面。建议可以从五个方面考虑:一是人口增加,成员国从占世界人口比例的1/5提升到2/5以上;二是地域扩展,成员国从中亚拓展到欧亚大陆腹地;三是注重内部的政治安全经济合作到既注重内部的政治安全经济合作,又努力应对外部的威胁与风险,如防范"颜色革命",维护成员国主权;四是从中亚区域安全稳定,到欧亚大陆区域安全稳定;五是从推动地区和谐安全稳定到推动公平合理的世界政治经济新秩序构建。

(三)推动经济务实合作进入"快车道"

中国"一带一路"倡议促进中俄实施"一带一盟"对接,带动"丝绸之路经济带"与沿线国家发展战略对接,极大地推进了上合组织的区域经济务实合作,促进了上合组织的多边合作。能不能借助"一带一路"建设的历史性机遇,推进上合组织的经济务实合作进入"快车道",是未来上合组织发展的一个重点方向。

现在，上合组织已经具备了经济务实合作进入"快车道"发展的资源和条件：

一是从资源条件看，上合组织成立15年已经具备完善的法律制度，储备了政策资源；成员国具有石油、天然气、矿产等能源储备，具备了自然资源；成员国与联合国、独联体、东盟等国际和地区组织建立了密切联系与合作，具备了一定的国际社会资源。

二是从技术支撑看，成员国属于发展中国家、新兴经济体国家，在"一带一盟"战略对接和"丝绸之路经济带"与沿线国家战略对接基础上，通过产能合作等措施，工业生产能力将得到提高，技术装备水平将大大提升，科技创新对国家经济的贡献率在逐步提升。

三是从合作方式看，成员国从项目合作向发展战略对接转变，必然推动成员国从双边合作向多边合作延伸，进而推进区域一体化进程。

在此背景下，成员国需要利用现有的资源优势和技术优势，解决制约当前的发展问题。

一是制定沿线各国的发展战略与"丝绸之路经济带"对接的系统规划和重点项目。

二是沿线国家发展战略的对接要能够解决沿线国家的经济结构优化调整问题，切实推进沿线国家经济发展方式转变。

三是沿线国家的发展战略对接，要切实解决沿线国家的经济可持续发展问题和改善民生问题，能够让成员国人民感受到实实在在的福祉增加。

为此，上合组织的经济合作应重点推进三项工作。

第一，进一步推进贸易便利化的进程，加快推进《成员国政府间国际道路交通便利化协定》生效，加快成员国过境能力建设。共同研究推进上合组织自由贸易区的谈判与建设问题。

第二，明确区域投资的原则和条件，扩大在投资领域的制度性安排，释放成员国之间投资潜力。

第三，推动上合组织金融合作，尽快建立上合组织开发银行和上合组织发展基金。

（四）改进组织现有的决策机制，保持扩员后组织决策效率不降低

为适应印巴加入后的新情况、新环境，建议适当改进现有的决策原则和机制，保持组织的决策效率不降低。

一是解决好现有成员国与新成员国的边界等矛盾和问题协调工作。

二是适当调整上合组织的决策方式，建议采取"协商一致"原则和"简单多数"原则相结合。比如，对"协商一致"原则进行微调，能否就重大问题采取"协商一致"原则，而对一般问题采取"简单多数"的决策原则，以保证组织决策的科学性、原则性并兼顾组织的决策效率。

三是适当调整"平等"原则，建议对"平等票决"的原则进行微调，如能否按照缴纳会费比重确定成员国决策的权重等，以保证组织决策的科学性、原则性并兼顾组织的决策效率。

（五）加强与联合国、相关地区组织的联系与合作

在英国脱欧、美国退出 TPP、全球化与一体化受阻形势下，国际社会必将对区域全面伙伴协定（RCEP）和亚太自由贸易区（FTAAP）更加关注并有所期待。通过上合组织扩员，应加强与联合国、独联体、东盟等国际组织合作，在构建更加公平合理的世界政治经济新秩序方面发挥更大的作用。

特　稿

Special Manuscript

Y.2
哈萨克斯坦：上海合作组织轮值主席国

沙赫拉特·努雷舍夫*

众所周知，20年前，中国、哈萨克斯坦、吉尔吉斯斯坦、俄罗斯和塔吉克斯坦五国领导人在会晤期间商定，要建立一种新的多边区域合作形式。

1996年4月26日在上海签署《关于在边境地区加强军事领域信任的协定》，成为"上海进程"的开始。2001年通过《上海合作组织成立宣言》，成为21世纪寻求保障安全合作新途径的精准战略步骤。

我们看到，上海合作组织成立15年以来，经历了从建立、发展、克服危机、寻找最佳合作方式到适应当代局势的过程，已成为有影响力的国际组织。

目前，上海合作组织的活动为本地区的稳定与安全提供了保障，促进了成员国之间在政治、经贸和人文领域的合作，提高了本组织的声誉，加强了与观察员国和对话伙伴国以及其他国际组织的合作。

---

* 沙赫拉特·努雷舍夫，哈萨克斯坦驻中国特命全权大使。

在此期间，多方相互协作的主要优先方向得以确定，各方共同制定了《上海合作组织至2025年发展战略》，建立了以部委为平台的国家间关系，实业家委员会和银行联合体也已实际运作，上海合作组织论坛每年都在举办。

哈萨克斯坦自上海合作组织成立之日起，就成为其巩固和发展的支持国，促进了上海合作组织法律框架的完善和国际声望的提高。

自2016年6月起，哈萨克斯坦担任上海合作组织轮值主席国。在塔什干峰会上，纳扎尔巴耶夫总统指出，哈萨克斯坦担任上海合作组织主席国期间的首要任务是，在实施《上海合作组织至2025年发展战略》的过程中，加强地区安全、发展经济合作、发掘过境运输潜力、深化人文联系。

哈萨克斯坦担任主席国期间，致力于均衡促进在安全领域以及经济和人文领域的合作。虽然任期已接近最后阶段，但我们仍坚持推进接纳印度和巴基斯坦进入上海合作组织的进程。

毋庸置疑，上海合作组织框架内主要的和有成效的合作方向是打击恐怖主义、极端主义和分裂主义。

作为上海合作组织的常设机构，地区反恐怖机构积极确保成员国主管机关协调和加强在该领域的合作。

在这方面，上海合作组织成员国安全会议秘书会议机制成为相互协作的有效形式。2017年4月5~6日，在阿斯塔纳上海合作组织成员国安全会议秘书的第12次会议上，与会者就上海合作组织区域内局势的安全与稳定建设性地交换了意见。

此外，上海合作组织成员国安全会议秘书会议期间，哈萨克斯坦总统纳扎尔巴耶夫提出，由哈萨克斯坦担任联合国安理会2017~2018年非常任理事国。该项建议得到各方一致支持，并由哈萨克斯坦外交部部长海拉特·阿布德拉赫莫夫于2017年1月10日在安理会会议上宣布。

必须指出，此项建议以纳扎尔巴耶夫总统在核安全峰会上所作的题为《世界，21世纪》的宣言的原则为基础。该宣言成为2016年3月31日联合国大会的正式文件。众所周知，纳扎尔巴耶夫总统的这个纲领性文件强调，在巩固国际和平与安全的事务中，必须将努力与合作结合起来，在联合国成立100周年之前建立无核世界，维护和平、安全与发展之间不可分割的联系，使地球摆脱战争和冲突。

哈萨克斯坦担任主席国期间，一直非常重视上海合作组织区域内打击贩毒的行动。建立了一定的机制，以有效应对上海合作组织成员国领土内日益严重的贩毒和滥用毒品问题。

2017年4月，在阿斯塔纳举行的禁毒主管部门负责人会议期间，审核了新版《上海合作组织成员国禁毒战略》及其《2017～2022年行动纲领》。预计，该战略及其行动纲领将成为上合组织的一个综合性文件，用于规范旨在减少非法贩运毒品及其前体的法律框架。

定期组织预防性行动，以控制毒品前体在上海合作组织成员国边境地区的运输。这些行动的主要目的是，遏制在上海合作组织成员国边境地区走私毒品前体的有组织的贩毒集团的活动，包括阻止毒品非法入境，没收毒品收入，禁止非法贩运武器、弹药和爆炸物。

与此同时，注重新型精神活性物质和毒品及其检测和研究方法的信息交流。在控制新型精神活性物质和毒品流通、防止其蔓延（包括通过互联网和电子邮件）方面，已经着手准备进一步完善立法。

为了减少毒品非法传播和缩小其影响范围，哈萨克斯坦发起组织名为"为了没有毒品的世界"上海合作组织国际反毒品行动。

此外，上海合作组织成员国国防部长会议机制也成为安全领域合作的有效组成部分，其例会拟安排在阿斯塔纳上海合作组织成员国元首理事会会议前夕，即2017年6月7日召开。在现行的上海合作组织成员国《关于举行联合军事演习的协定》（2007年）和《国防部合作协议》（2008年）框架内，定期举行"和平使命"联合军演，以提高成员国武装部队的安全保障技能。

2017年4月20～21日，我们在阿斯塔纳召开上海合作组织外交部长理事会会议。在该会议框架内，各国外长讨论了2017年6月8～9日阿斯塔纳上海合作组织首脑峰会的准备工作，包括会议的议程草案和拟签署的文件清单。

此外，各国外长强调了国际社会为和平解决叙利亚局势所作努力的重要性，并指出，消除叙利亚冲突的唯一正确途径应是在相互信任和理解基础上进行谈判。对此他们表示相信，在联合国主持的日内瓦进程框架内，阿斯塔纳进程将会提供必要的条件，以寻求所有利益攸关方都能接受的叙利亚危机解决方案，为叙利亚的和平与稳定作出应有的贡献。

此外，上海合作组织成员国外长高度评价2016年11月在纽约联合国总部举行的活动，该活动旨在切实推进联合国与上海合作组织为应对当前的挑战和威胁进行合作，联合国大会通过《联合国与上海合作组织合作决议》，成为将两个组织相互合作提高到一个全新水平的重要一步。外长们赞赏联合国毒品和犯罪问题办公室与上海合作组织秘书处2017年3月13日在维也纳针对毒品威胁问题而共同举行的活动所取得的成果。

在这种情况下，我认为，面对新的威胁和挑战，发展上海合作组织地区反恐怖机构与联合国有关单位和机构的工作关系是非常有益的。

在发展多边经贸合作方面，上海合作组织成员国拥有巨大的潜力。但遗憾的是，直到现在也没有实施任何联合经济项目。因此，必须制定更有效的措施，大力发展该领域的合作，并积极贯彻2016年6月塔什干峰会批准的旨在实施《上海合作组织至2025年发展战略》的2016~2020年行动计划。

为发挥上海合作组织的经济潜力，各国必须创造有利于相互贸易的条件。首先要提出的是对商品流转产生负面影响的壁垒问题，包括：配额、烦琐的海关和过境运输手续、复杂的动植物检疫、技术壁垒等。进一步巩固和加强经济合作是消除关税和非关税壁垒的重要前提条件。

在这方面，有必要把重点放在建立上海合作组织与欧亚经济联盟的伙伴关系上。2016年，哈萨克斯坦也同时担任了欧亚经济联盟的主席国。

在欧亚经济联盟框架内形成了一个1.8亿人口的统一大市场，建立了商品、服务、资本和劳动力自由流动的条件。欧亚经济联盟的主要原则是与世贸组织的国际贸易规则和要求接轨。在此背景下，欧亚经济联盟与上海合作组织之间的密切协作将能够培育出有利于开展广泛洲际合作的肥沃土壤。

而"一带一路"倡议的实施，使上海合作组织有机会成为"一带一盟"

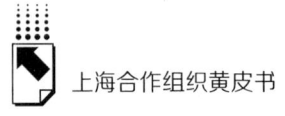

对接的平台。

哈萨克斯坦担任上海合作组织主席国期间，就挖掘成员国之间人文合作的潜力，增进文化间的相互了解、补充和接近，传播各民族传统和风俗而开展积极的工作。

2002年以来，我们定期举行上海合作组织成员国文化部长会议，组织文化合作专家小组的工作，制定并实施不同方向的人道主义合作计划。2007年的《文化领域合作政府间协议》确定，要在所有创作领域进行合作。哈萨克斯坦担任主席国期间，在上海合作组织成员国首脑峰会召开的前夕，上海合作组织国家文化部长会晤计划在2017年6月1~2日举行。

在我看来，早日通过《上海合作组织成员国关于上海合作组织大学建立和运行的政府间协议》对此将发挥积极的作用。同时，我们对《上海合作组织科技伙伴计划》和实施《科技合作政府间协议》的措施计划也寄予很高的期望。

为了提高上海合作组织的威信，哈萨克斯坦担任主席国期间，在该组织历史上首次通过《2016~2017年哈萨克斯坦大使馆与上海合作组织秘书处联合行动计划》。在该文件框架内，策划和开展了丰富多彩的文化活动，主要包括：在联合国第71届大会会场举行上海合作组织成立15周年的会外活动；在上海合作组织秘书处举办哈萨克斯坦旅游和过境运输潜力推介会；在昆明举办上海合作组织成立15周年马拉松赛事；在国际性专业展览会"EXPO-2017"上举办上海合作组织展览等。

我认为，上海合作组织秘书处应继续与主席国签署类似的文件。这种做法毫无疑问将大大推动本地区人文合作的发展。

2017年，阿拉木图举办第28届世界大学生冬季运动会。为此，上海合作组织成员国、观察员国和对话伙伴国非常重视在体育领域的合作。借此机会，在成员国国内组织旨在倡导健康生活方式、为居民健康创造良好条件的宣传活动，也是不错的选择。

2017年上海合作组织的大事件包括：上海合作组织主要文件《上海合作组织宪章》颁布15周年；《上海合作组织成员国长期睦邻友好合作条约》

签署10周年；《上海合作组织秘书处与集体安全条约组织秘书处谅解备忘录》签署10周年。

2017年也是上海合作组织具有重要政治意义的一年，因为我们正在开启该组织扩员进程中一个崭新的发展阶段。

接纳印度和巴基斯坦为上海合作组织成员国并授予他们该组织成员国地位的具有历史意义的决议，将在上海合作组织成员国元首峰会上签署。这将有力推动上海合作组织的发展，提高其在国际舞台上的威望。

我希望，印度和巴基斯坦的加入不仅使上海合作组织的地理范围得到扩大，同时也能显著加强合作并促进现有合作机制的进一步完善。

该次峰会的主要政策性文件将是上海合作组织成员国元首的《阿斯塔纳宣言》。此外，如果准备就绪，峰会还将通过以下文件：《上海合作组织成员国元首理事会关于上海合作组织成员国2017~2022年禁毒战略的决议》及其实施行动纲领，《上海合作组织打击极端主义公约》，《上海合作组织环境保护领域合作构想》。

谈及与观察员国和对话伙伴国的工作，总体上我认为，可以邀请他们参加上海合作组织的公开活动以及组织框架内的行动和军演，以此方式将其纳入本组织的实际工作是合理的。

在我看来，让他们参加即将举行的发现和防范合成毒品和毒品前体非法过境运输联合预防行动，这个问题也可以研究。

还应该继续深化上海合作组织同国际组织和区域组织，包括联合国、东盟、独联体、集安条约组织和亚信会议的相互协作。

由于新成员国加入，上海合作组织的面积将占欧亚大陆的65%以上，其人口将占世界人口的45%，GDP将占全世界GDP的19%以上。这些条件为创建以共同经济利益为基础的范围最广大的安全和合作空间提供了绝好的机会。

与此同时，为了进一步提高成员国的经济发展水平，我们建议对以下有前景的合作方向给予重视。

在经贸合作领域，哈萨克斯坦特别注重发掘过境运输潜力。上海合作组

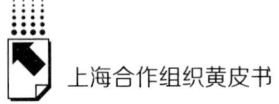

织成员国与观察员国的国家发展计划对接对于哈萨克斯坦非常重要。在这方面,哈萨克斯坦发展基础设施的"光明大道"国家计划,欧亚经济联盟框架内的合作,哈萨克斯坦国家战略与中国"丝绸之路经济带"倡议的逐步对接,未来将为欧亚地区的产业和贸易显著发展提供保障。

在此背景下,我认为,纳扎尔巴耶夫总统在2016年6月上海合作组织塔什干峰会上提出的创建"欧亚过境运输枢纽"的倡议很有前景。该倡议引起成员国、观察员国和对话伙伴国的极大兴趣。毫无疑问,这个项目可以成为连接欧亚大陆与自东向西和自北向南的贸易运输系统的枢纽,将对经济发展产生积极影响。

上海合作组织框架内经济伙伴关系的另外一个有前景的方向是加强投资合作。目前,哈萨克斯坦为投资者提供有效实施其项目的最佳机会和巨大空间。哈萨克斯坦的宏观经济以及社会和政治稳定是吸引投资者的关键因素。

在过去近11年时间里,由于目标明确地改善投资环境,哈萨克斯坦的外国直接投资总额达到约2270亿美元。我们将为冶金、化工、石化、机械、建材、食品等6个工业加工行业中的优先类别项目建立新的激励机制。由此可见,我们已经为在上海合作组织框架内发展投资合作打下坚实的基础。

为了有效实施《〈上海合作组织成员国多边经贸合作纲要〉落实措施计划》框架内的项目,必须加快建设上海合作组织开发银行。

借鉴类似金融机构的建设经验,以具有实际工作能力和高信用评级的现有机构为基础开始工作是比较合理的。

此外,有必要加大上海合作组织银行联合体和实业家委员会的活动力度,这两个机构应该成为金融和务实合作的火车头。

在上海合作组织实业家委员会框架内,哈萨克斯坦提议,把重点放在过境运输、跨境贸易、农业、旅游、教育、卫生、环保和高科技等领域的项目。

哈萨克斯坦计划与其他上海合作组织成员国进一步在预防传染病、疫情监测等领域开展合作,为预防慢性非传染性疾病、保护母亲和儿童健康创造有利环境。为此还需要在《上海合作组织成员国境内传染病疫情通报方案》

框架内完善疾病信息交流机制。

哈萨克斯坦将努力促进《发展旅游业合作计划》的商讨和通过，以便在已经形成的文化、历史和经济联系的基础上建立共同旅游空间，加强旅游交流，增加各成员国旅游收入，提高居民生活水平。

鉴于环境污染问题的紧迫性，化石燃料的日益紧缺，我们将更加重视上海合作组织成员国在环保领域的合作，包括制定《上海合作组织成员国可再生能源领域合作构想》和实施该构想的2017~2022年措施计划。

最后，我想指出，对哈萨克斯坦来说，上海合作组织是其在安全、经贸、人文领域合作发展的主要平台之一。我可以满怀信心地说，上海合作组织是不断发展的地区性国际组织，拥有伟大的未来和明确的目标：和平，稳定和互利发展。

政治合作
Political Cooperation

Y.3
2016年度元首峰会

庞大鹏*

摘　要： 本次峰会具有继往开来的重要意义。峰会总结15年来上合组织发展的成就，强调"上海精神"的意义，实质开启上合组织扩员的关键步骤，规划未来发展的愿景蓝图。从2016年国际形势全局来看，本次峰会的影响逐渐显现。峰会高举区域合作的大旗，坚持推进区域一体化和经济全球化的意愿在当前贸易保护主义抬头的氛围下尤为可贵。

关键词： 上海合作组织　元首峰会　上海精神　区域合作

---

* 庞大鹏，中国社会科学院俄罗斯东欧中亚研究所研究员、俄罗斯政治社会文化研究室主任。

2016年是上海合作组织成立15周年。15年来，上海合作组织弘扬互信、互利、平等、协商、尊重多样文明、谋求共同发展的"上海精神"，积极倡导开放包容、合作共赢的新型国际关系，催生了强大凝聚力，激发了积极的合作意愿，为促进地区稳定和繁荣做出重要贡献。当今世界正在发生前所未有的重大变化。国际关系结构正从冷战后的单极时刻进入多极时代。新兴经济体的崛起与经济一体化相伴而生。因此，2016年6月23~24日，在乌兹别克斯坦首都塔什干举行的成员国元首理事会第16次会议肩负登高望远、继往开来的重任。

一 峰会背景

上海合作组织朋友圈不断扩大，国际地位和影响力持续提升，上合组织扩员应运而生。同时，中俄提出"构建欧亚伙伴关系"，以期推动区域合作，带动整个欧亚大陆发展、合作、繁荣。

第一，上合组织扩员的实质启动成为此次峰会的亮点。

2015年乌法峰会决定启动上海合作组织扩员进程，为本组织发展注入新的动力。俄罗斯对扩员表现出极大热忱。2016年6月17日，上合组织元首峰会前，正在参加圣彼得堡国际经济论坛的普京在接受中国媒体采访时表示：上海合作组织成立之初，提出了相当低调的目标——只是边境合作问题。如今上合组织已经成为欧亚地区受欢迎的、富有吸引力的组织。2015年乌法峰会决定启动接收印度和巴基斯坦加入上合组织的程序。塔什干峰会将落实这一决定，而且还将讨论其他国家希望参与上合组织工作的问题。上海合作组织职能范围的扩大、成员数量的增加，特别是类似印度和巴基斯坦这样的重要国家加入，使得这一组织成为一个不仅在欧亚地区，而且在世界范围内都具有权威性的、受欢迎的国际组织。① 中国对扩员的态

---

① Интервью китайскому информационному агентству《Синьхуа》, http://kremlin.ru/events/president/news/52204.

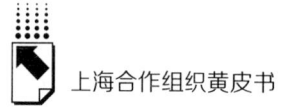

度是希望以此为契机,同各方一道完善组织机制建设,扩展和深化组织各领域合作。正如习近平主席指出的,中国坚持开放包容的原则壮大本组织合作队伍。

第二,俄罗斯提出"大欧亚伙伴关系"的概念。

2015年12月,普京在国情咨文中提议在欧亚经济联盟、上合组织和东盟之间应该开展有关经贸合作问题的对话。① 2016年5月,在索契举行的俄罗斯—东盟峰会更详细地讨论了有关欧亚经济联盟—上合组织—东盟经济合作的各种提议,包括欧亚经济联盟与东盟签署自贸区协议的前景。过了不到两周,阿斯塔纳召开的欧亚经济委员会最高理事会会议讨论了同样的问题。2016年6月17日,在圣彼得堡国际经济论坛发表讲话时,普京提到了"大欧亚"框架内的经济一体化议题。他表示,欧亚经济联盟可以成为构建更广阔一体化格局的中心之一。这个格局指的是俄罗斯与中国、印度、巴基斯坦、伊朗、一系列未加入欧亚经济联盟的独联体国家、欧盟及其成员国等其他相关组织和国家发展伙伴关系的平台。② 中国对于俄罗斯的这一倡议给予支持。2016年6月25日,普京访华。在《中华人民共和国和俄罗斯联邦联合声明》中明确提出:"中俄主张在开放、透明和考虑彼此利益的基础上建立欧亚全面伙伴关系,包括可能吸纳欧亚经济联盟、上海合作组织和东盟成员国加入。"该条声明中的"欧亚全面伙伴关系"的提法与普京2016年6月的公开声明一脉相承。

二 峰会内容

本次上合组织峰会各国元首签署或通过了8份文件:《上海合作组织成

---

① Послание Президента Федеральному Собранию, 3 декабря 2015 года, http://www.kremlin.ru/events/president/news/50864.
② Пленарное заседание Петербургского международного экономического форума – Владимир Путин выступил на пленарном заседании Петербургского международного экономического форума, 17 июня 2016 года, http://www.kremlin.ru/events/president/news/52178.

立十五周年塔什干宣言》；《上海合作组织成员国元首理事会会议新闻公报》；关于上海合作组织峰会会期的决议；批准《〈上海合作组织至2025年发展战略〉2016~2020年落实行动计划》；批准签署《关于印度共和国加入上海合作组织义务的备忘录》；批准签署《关于巴基斯坦伊斯兰共和国加入上海合作组织义务的备忘录》；批准《上海合作组织秘书长关于上海合作组织过去一年工作报告》；批准《上海合作组织地区反恐怖机构理事会关于地区反恐怖机构2015年工作报告》。

习近平主席以"弘扬上海精神、巩固团结互信"为主题建议全面深化上海合作组织合作。习近平主席认为：上合组织15年来取得令人瞩目的发展成就，奉行开放原则，努力拓展对外交往，朋友圈日益扩大。习近平主席同时提出，上海合作组织应动态调整各领域合作方略，确保本组织永葆生机活力。为此，习主席提出五点建议：第一，弘扬"上海精神"，坚持本组织发展之本。第二，坚持安全为先，巩固本组织发展之基。建议赋予地区反恐怖机构禁毒职能。第三，扩大务实合作，拓展本组织发展之路。第四，夯实人文基础，建设本组织发展之桥。第五，坚持开放包容，壮大本组织合作队伍。①

普京总统在发言中首先肯定了上海合作组织15年的巨大成绩，指出印度和巴基斯坦加入上合组织具有重要意义，强调2015年俄罗斯在乌法峰会上发起的上海合作组织发展战略具有重要意义。普京总统尤其强调必须加强上海合作组织地区反恐机构潜力。他认为上合组织成员国需要再次制定上合组织成员国禁毒战略及其落实计划。②

纳扎尔巴耶夫总统表示，此次上合组织塔什干峰会是具有历史意义的一次峰会。前身为"上海五国"机制的上合组织目前已发展成为在区域经济

---

① 《习近平在上海合作组织成员国元首理事会第十六次会议上的讲话》，http://news.xinhuanet.com/world/2016-06/24/c_1119108815.htm。
② Выступление на расширенном заседании Совета глав государств-членов Шанхайской организации сотрудничества, 24 июня 2016 года, http://www.kremlin.ru/events/president/transcripts/52259.

合作领域具有优势的国际性组织。纳扎尔巴耶夫强调，印度和巴基斯坦的加入，使得上合组织成为囊括欧亚大陆大部分区域、近一半世界人口以及占世界经济20%的国际化组织。未来上合组织成员国间物流运输点和网络的建立，以及各成员国间敞开的经济大门和未来丝绸之路的复兴，将发挥哈萨克斯坦各方面的优势。①

其他各国元首的发言基本也以上合组织发展理念、上合组织扩员、安全合作等问题展开，总体上看可以概括为以下五点：第一，关于上合组织成就。各国元首认可上合组织作为国际舞台上有分量和影响力的角色不断巩固。第二，关于上合组织发展。各国元首认可通过上海合作组织2025年前发展战略具有特别意义。第三，关于上合组织扩员。元首们指出，印度和巴基斯坦获得上合组织成员国地位将扩大本组织潜力，提升其作为解决当前重大问题、保障地区和国际安全、稳定和可持续发展多边机制的作用。第四，关于上合组织多边合作。成员国重申将继续相互坚定支持，维护各自核心利益，加强协调配合。第五，关于上合组织安全合作。成员国重申国际社会只有通过加强联合打击和共同团结努力，综合施策，才能应对这些挑战，铲除其产生的根源。②

三 峰会影响

本次峰会具有继往开来的重要意义。各国元首总结了过去15年来上合组织发展的成就，突出强调了"上海精神"的重要意义，实质开启了上合组织扩员的关键步骤，规划了未来发展的愿景蓝图。

从2016年国际形势全局来看，本次峰会有一点影响逐渐显现。峰会高

---

① ШОС－2016：вызовы и перспективы，Президент Нурсултан Назарбаев принял участие в юбилейном саммите Шанхайской организации сотрудничества，http：//www. kazpravda. kz/articles/eaes/shos－2016－vizovi－i－perspektivi1/.

② 《上海合作组织成员国元首理事会会议新闻公报》，http：//www. fmprc. gov. cn/web/ziliao_674904/zt_674979/dnzt_674981/xzxzt/xddcfyslsh_686824/zxxx_686826/t1375250. shtml.

举区域合作的大旗，坚持推进区域一体化和经济全球化的意愿在当前贸易保护主义抬头的氛围下尤为可贵。从世界经济发展趋势的角度来看，世界多极化归根到底要以经济的多极化为基础。经济区域化是经济全球化的重要组成部分，也是经济多极化的具体体现，是历史发展的大趋势。实践证明，谁长期游离于区域化安排之外，谁就有在世界经济中被边缘化的危险。上合组织元首峰会再次明确要发展各个领域的区域合作。这说明，上海合作组织的壮大发展，一方面反映了各成员国参加区域经济合作的共同愿望，另一方面也支持了世界经济区域化发展的时代潮流。

如果说从20世纪90年代初到上海合作组织成立，中国对上合组织成员国外交重点是解决历史遗留的问题，为建立新型的国家关系奠定政治和法律基础的话，那么在这一基础上顺应区域经济合作的需要，逐步发展经贸关系就已经成为中国对这些国家和这一地区外交的重点。在现时代，无论是国家关系，还是地区性的国际组织，如果没有强大的经济关系作为基础，这种国家关系和这样的国际组织就不可能有强大的生命力，不可能巩固和持久。我国同这些国家的关系是如此，上海合作组织也是如此。

总之，经贸合作是巩固和发展上合组织的基础。为了进一步增强上合组织的吸引力和凝聚力，必须尽快地加大在上合组织框架内经济合作方面的力度，惠及各国的发展。我国是一个大国，经济迅速发展，又面临诸多而又各具特色的邻国，所以在参与区域化经济合作方面，应该从实际出发，有较多的选择。现阶段，在集中主要精力，加快贸易和投资便利化谈判的同时，为了明确合作的长远目标和前景，需要在上合组织框架内细化长期合作纲要在各个领域的问题。把上合组织的定位基础牢牢建立在区域合作和经贸的基础上，实现上合组织长期稳定的发展。

正如习近平主席在世界经济论坛2017年年会开幕式上的主旨演讲中提出："我们要坚定不移发展开放型世界经济，在开放中分享机会和利益、实现互利共赢。不能一遇到风浪就退回到港湾中去，那是永远不能到达彼岸的。我们要下大气力发展全球互联互通，让世界各国实现联动增长，走向共同繁荣。我们要坚定不移发展全球自由贸易和投资，在开放中推动贸易和投资自由化便利化,旗帜鲜明反对保护主义。"① 恰如一种巧合,2016年6月23日,当英国脱欧投票之际,印度和巴基斯坦在上海合作组织塔什干峰会上签署了加入上合组织的备忘录。一出一进,让上合组织坚持区域一体化的努力备受关注。

从上海合作组织形成的历史可以看出,该组织的建立不是偶然的。她是我国与邻国探索建立新型安全模式、新型国家关系和新型区域合作模式的产物。上海合作组织成员国在国际上有广泛的共同观点和共同利益。各成员国都非常珍视自己的国家独立、主权和领土完整;都主张推动世界的多极化发展和建立公正、合理和民主的国际政治经济新秩序;都主张联合国在解决国际事务中发挥主导作用;都主张树立新的安全观和新的安全模式,等等。继续促进上合组织的发展,使其在欧亚大陆更大范围内更高效地发挥作用对于包括中国在内的各方都有积极意义。推动上合组织发展实现新跨越,首先要坚持"上海精神"。"上海精神"代表了当今国际关系发展方向,应成为打造本地区命运共同体的精神纽带。一个充满活力、不断发展壮大的上合组织,必将为欧亚大陆地区的和平与稳定做出更大的贡献。

---

① 习近平:《共担时代责任 共促全球发展——在世界经济论坛2017年年会开幕式上的主旨演讲》,http://news.xinhuanet.com/politics/2017-01/18/c_1120331545.htm。

Y.4
2016年度总理会议

薛福岐*

摘　要： 2016年11月2~3日，上海合作组织成员国政府首脑（总理）理事会第十五次会议在吉尔吉斯斯坦首都比什凯克举行。成员国政府总理、观察员国代表、上合秘书处及地区反恐机构等负责人出席，联合国、独联体以及亚洲相互协作与信任措施会议秘书处等国际组织和机构的代表与会。会议就国际和地区经济发展等广泛议题交换意见，讨论进一步深化上合组织合作、巩固成员国人民相互理解与友谊的前景与措施等问题，签署联合公报等一系列重要文件。

关键词： 上海合作组织　政府首脑理事会　融合发展

2016年11月2~3日，上海合作组织成员国政府首脑（总理）理事会第15次会议在吉尔吉斯斯坦首都比什凯克举行。会议就国际和地区经济发展的广泛议题交换意见，讨论进一步深化上合组织合作、巩固成员国人民相互理解与友谊的前景与措施，并就上合组织框架内的贸易、产能、互联互通、能源、财金、投资、农业、海关、通信及其他领域的合作等进行深入探讨。会议签署《上海合作组织成员国政府首脑（总理）理事会第十五次会议联合公报》等一系列重要文件。

出席会议的代表有：哈萨克斯坦总理萨金塔耶夫、中国总理李克强、吉

---

* 薛福岐，中国社会科学院俄罗斯东欧中亚研究所研究员。

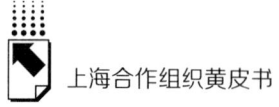

尔吉斯斯坦总理热恩别科夫、俄罗斯总理梅德韦杰夫、塔吉克斯坦总理苏尔佐达、乌兹别克斯坦第一副总理阿齐莫夫，以及上合组织秘书长阿里莫夫，上合组织地区反恐机构执行委员会主任瑟索耶夫，上合组织实业家委员会理事会主席沙宜霍夫和上合组织银行联合体理事会授权代表拉希莫夫。

参加会议的代表有：阿富汗首席执行官阿卜杜拉、白俄罗斯总理科比亚科夫、印度外交国务部长阿克巴尔、伊朗外交部副部长拉希姆普尔、蒙古国驻吉尔吉斯斯坦大使苏海、巴基斯坦总理外事顾问阿齐兹，以及联合国秘书处特别代表、中亚地区预防性外交中心主任德拉加诺夫、独联体执行委员会主席列别捷夫、亚洲相互协作与信任措施会议秘书处执行主任宫建伟等。

成员国政府总理共同签署并发表《上海合作组织成员国政府首脑（总理）理事会第十五次会议联合公报》，批准《2017~2021年上海合作组织进一步推动项目合作的措施清单》，涵盖贸易、投资、海关、农业等7大领域的38项措施；通过《上海合作组织科技伙伴计划》和《关于成立上海合作组织开发银行和发展基金（专门账户）下一步工作》等涵盖贸易、投资、金融、海关、农业等领域多项合作文件和决议，以及《上合组织秘书处关于〈上合组织成员国多边经贸合作刚要〉落实情况的报告》；批准上合组织2017年预算，并就上合组织常设机构的一系列财务和组织问题通过决议。

一 会议的主要内容

2016年世界经济低迷不振，英国脱欧，全球贸易持续下滑，发达国家的贸易保护主义愈演愈烈。逆全球化暗流涌动，西方国家内部的反全球化和民粹主义浪潮在持续发酵，有可能给政治生态带来持久和重大的影响。中东乱局交替升温，叙利亚危机出现一定转机，来自冲突地区大量民众沦为难民。这给世界带来了很大的不确定和不稳定性。

就上合组织地区而言，2016年乌克兰危机引发的俄罗斯与西方之间的制裁与反制裁不断升级，政治矛盾不断加深。上合组织部分成员国不同程度受到全球经济增长乏力和大宗商品价格低迷的影响，财政状况恶化，居民收入减少，国内市场萎缩，需求不振。与此同时，中东地区恐怖主义和极端主义势力向上合组织地区渗透，地区反恐形势依然十分严峻。因此，上合组织成员国需要集中力量，采取有力措施，密切合作促进各自国内社会经济稳步向前发展。这是地区稳定的根本所在。

上海合作组织成员国政府首脑（总理）理事会是定期会晤机制，每年举行一次（也可以根据规定召开非例行会议）。政府首脑（总理）理事会会议的职能在于贯彻和落实成员国元首理事会通过和批准的相关决议，研究多边合作，聚焦经济领域发展合作等。

本次会议的主要日程是回顾总结上合组织各领域合作进展情况，塔什干峰会通过的合作文件的落实情况，共商落实"一带一路"等区域合作倡议，探讨深化产能、经贸、金融、互联互通、科技创新、人文等领域合作的具体举措，对推进区域合作的优先任务做出规划和部署。出席会议的各国政府总理经过讨论，批准《2017~2021年上海合作组织进一步推动项目合作的措施清单》等一系列决议并发表《联合公报》，签署《上海合作组织科技伙伴计划》和《关于成立上海合作组织开发银行和发展基金（专门账户）下一步工作》等涵盖贸易、投资、金融、海关、农业等领域多项合作文件和决议。

与会的各国总理对一年来上合组织发展合作所取得一系列进展给予积极肯定，表示各国将共同维护地区安全稳定，推进区域经济合作，增强本组织的内在活力，为本地区和平与发展做出新贡献。

2016年世界经济增长缓慢，复苏进程尚不够稳定和持续。因此，加强成员国之间的合作是首要任务。上合组织成员国政府总理们在会议上表示，要采取积极努力，落实2016年6月24日在塔什干举行的成员国元首理事会会议成果以及2015年12月15日在郑州通过的《上合组织成员国政府首脑（总理）关于区域经济合作的声明》，采取协调措施，进一步推动互利经贸合作，强化务实合作机制。此外，提高上合组织各成员国人民的福祉和生活水平，进一步加强在贸易、产能、互联互通、能源、财金、投资、农业、海关、通信及其他符合共同利益领域的合作是上合组织的优先任务。

关于平等参与全球经贸活动，总理们强调，应继续开展广泛国际合作，

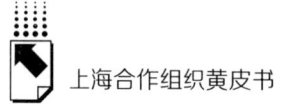

为全球经济复苏提供动力,保障经济和金融稳定,支持强劲、可持续、平衡和包容性增长。总理们认为,国际经济关系的所有参与者应该拥有平等机会,在公平的基础上参与全球经贸活动。

关于发展倡议,总理们认为,上合组织成员国关于为发展地区经济合作创造良好条件的相关倡议,包括中国提出的"丝绸之路经济带"倡议,有利于探索国际合作的新模式,加强各国之间的伙伴关系,扩大投资规模,增加居民就业。

关于投资贸易便利化,总理们认为,促进贸易和投资便利化,逐步实现《上海合作组织宪章》所规定的商品、资本、服务和技术自由流动目标,具有巨大潜力。应遵循《上合组织成员国多边经贸合作纲要》,集中力量切实落实共同感兴趣的具体项目,特别是加强贸易和投资领域合作。

在深化交通合作方面,上合组织要继续推动交通领域多边合作,促进构建国际运输走廊,打造连接亚洲和欧洲的枢纽,实施联合基础设施项目,释放地区过境运输潜力。总理们强调,各成员国要积极努力,落实2015年5月15日上合组织成员国交通部长第七次会议共识,支持2014年9月12日在杜尚别签署的《上合组织成员国政府间国际道路运输便利化协定》尽快生效并予以落实,加紧制订《上合组织公路协调发展规划》。

在深化金融合作方面,充分发挥银行间合作潜力和利用上合组织地区现有及在建的金融机制对深化金融合作具有十分重要的意义。2016年9月29~30日在比什凯克举行的上合组织成员国财政部长和央行行长第三次会议取得积极成果,探讨了建立上合组织开发银行和发展基金(专门账户)问题。总理们决定在专家层面继续进行磋商,寻求共同解决方案。

在人文合作方面,上合组织成员国在文化、教育、科技、环保、卫生、体育、旅游领域开展双多边合作,加强上合组织地区包括丝绸之路沿线地区文化和自然遗产研究及保护领域合作,具有重要意义。

关于上合组织成员国在文化领域的合作,总理们积极评价2016年6月22日在塔什干举行的上合组织成员国文化部长会议成果,此次会议旨在切实落实2007年8月16日在比什凯克签署的《上合组织成员国政府间文化合作协定》。总理们欢迎上合组织成员国参加2016年9月3~8日在吉尔吉斯斯坦伊塞克湖州举行的第二届世界游牧民族运动会。总理们认为,积极参加在成员国境内举办的旨在巩固人民传统友谊、弘扬各国文化和推广民族体育的活动十分重要。

关于完善成员国间科技合作,总理们高度评价2016年9月4日在吉尔吉斯斯坦伊塞克湖州举行的上合组织成员国科技部长会议成果。为进一步落实2013年9月13日在比什凯克签署的《上合组织成员国政府间科技合作协定》,总理们批准了该协定2016~2020年落实措施计划和《上合组织科技伙伴计划》。

中国国务院总理李克强在发言中提出一系列建议。

第一,共同努力,维护安全稳定环境。2016年中国驻吉尔吉斯斯坦使馆遭遇恐怖袭击。这表明"三股势力"依然是本地区最大的安全威胁。因此,上合组织成员国应遵循共同、综合、合作、可持续的安全观,进一步加强安全领域的协调合作;此外,还要加紧商签反极端主义公约,推进地区反恐怖机构机制建设,定期举行联合反恐演习,加强网络反恐和禁毒合作,深化情报交流和执法合作,切实保障各国人民和境内其他成员国机构、企业和人员安全。

第二,共同努力促进融合发展格局。李克强总理认为,各个成员国有必要加强彼此之间的经济发展战略对接。目前,中国政府提出,"一带一路"要与欧亚经济联盟实现对接合作。此外,上合组织成员国还有必要继续推进贸易和投资便利化,加强海关、检验检疫、认证认可等领域的合作。中国政府在建设上合组织自贸区问题上持开放态度,愿意充分考虑各方利益关切和地区特点,与各方一起积极探索建议一个更全面、紧密、高效的区域经济合作架构。

第三,关于产能合作。李克强总理表示,中国政府提出的国际产能合作符合各个成员国加速推进工业化的要求。产能合作是加深经济融合、实现互利共赢的一个重要手段。就产能合作的进展而言,目前中国与哈萨克斯坦之间的一些项目正在顺利推进,中方公司在乌兹别克斯坦承建的电站、在吉尔吉斯斯坦承建的炼油厂、在塔吉克斯坦承建的水泥厂等大型民生项目运作良好。此外，中国与乌兹别克斯坦正在合作建设工业园区。

第四，关于创新合作。中国政府愿意与成员国政府加强创新政策对接和经验交流，携手落实《上合组织成员国科技伙伴计划》，开展卫星导航和卫星移动通信领域合作。中方建议尽快建立上合组织电子商务联盟，推动和提高跨境电子商务通关便利化水平，增强物流保障能力。中方还提议依托上合组织环保信息共享平台，推广生态恢复、清洁能源开发等成功经验。

第五，必须完善融资机制。要充分利用上合组织银行联合体、亚洲基础设施投资银行、丝路基金、中国－欧亚经济合作基金、金砖国家新开发银行等现有的投融资平台。总理们决定，责成各国主管部门继续就建立上合组织开发银行问题进行探讨，争取就具体的合作模式等取得共识。

第六，打牢人文交流的基础。中国政府计划与各方签署上合组织大学设立和运行的协定，以便为各国培养更多精通地区事务的专业人才。

俄罗斯总理梅德韦杰夫在发言中指出，上合组织成立15年来，已经达到提升本地区安全和信任水平这个目标。在此期间，上合组织成员国携手合作，共同保障地区安全、共同打击犯罪和毒品交易等。上合组织成员国的政治意志合而为一，已经设立十分广泛的议程，建立多边合作机制，业已成为一个名副其实、有吸引力、有效率的地区性国际组织。

就俄罗斯而言，关注的重点问题包括创新发展；要为商品、服务、投资的流动创造良好条件，打造价值链，走向外部市场等。经济发展与交通和基础设施现代化密切相关。上合组织成员国拥有巨大的过境运输潜力，但尚未充分利用。俄罗斯方面认为，愿意切实落实2014年达成的国际汽车运输便利化协定。希望能够尽快完成上合组织道路发展规划。俄罗斯特别关注现有铁路的更新改造，建立国际物流中心，在基础设施建设上应用最新技术。

哈萨克斯坦总理萨金塔耶夫在会议上表示，各成员国应集中关注多边经贸合作，基础设施项目合作，粮食安全，环境保护等问题。应切实落实上合组织2025发展战略的2016～2020年行动计划。此外，有必要制定上合组织银行的建立与运行原则。其主要任务是实施投资项目，为成员国结构性改革和经济发展提供服务。至于上合组织银行总部所在地，萨金塔耶夫认为，可以考虑设在出资份额最大的会员国。

二 会议的重要意义

上合组织成员国政府首脑理事会会议机制在整个上合组织的框架中发挥着承上启下的关键作用。一方面，政府首脑会议的重要工作之一就是为元首理事会批准获通过的发展纲要等重要文件制定相应行动计划并对计划执行情况进行总结评估。另一方面，各国总理担负着各成员国国内政府系统落实务实合作举措的主要责任。因此，上合组织成员国政府首脑理事会这个机制重要性不言而喻。一般而言，上合组织的重大经济合作倡议都需要在这个平台上提出并由各方讨论，获得原则性支持。

与此同时，上合组织成员国经济发展的速度、水平和质量乃至经济体量差异极大，各国对经济发展和经济合作有迫切需求的同时，需求的差异很大，在具体合作的领域与方式问题上的立场往往有显著差别。至少从上合组织成员国政府首脑理事会第十五次会议上各国总理的发言来看，在涉及务实合作的具体领域，如上合组织银行等，各方的立场差异是客观存在的。如何协调这些差别，在求同存异基础上积极推动上合组织框架内的务实合作，并取得切实成效，在上合组织成立十五周年的今天依然是各方和组织整体面临的一个绕不过去的问题。从这个意义上看，每年的上合组织成员国政府首脑理事会会议都是新的考验。

与此同时，十五年来的实践证明，成立上合组织是具有远见卓识的决策。作为上合组织这样的新型地区组织，在合作中砥砺前行，在密切的沟通中不断取得共识，在发展战略和具体的合作中不断探索、找到最大公约数，在求同存异的同时谋取务实合作取得切实成效，惠及成员国民众，这是上合组织不断向前发展壮大的不二法门。正因为如此，在上合组织2016年塔什干峰会上各国元首指出，完全有条件使上合组织的政治、安全、经济、人文合作再上一个新台阶。

Y.5
上海精神与中国全球治理理念的对接

徐进 章珏[*]

摘 要: 全球化的发展使得各国日益成为你中有我、我中有你的利益共同体。面对全球化挑战,加强国际合作是大势所趋。中国政府一直是全球治理的积极参与方,并明确提出共商共建共享的全球治理观念。上海合作组织可以成为中国参与地区和全球治理的重要平台。上合组织在发展进程中形成的上海精神与中国的全球治理观念有诸多契合之处,两者完全可以对接起来,为打造上合组织命运共同体提供理念基础。

关键词: 上海合作组织 上海精神 全球治理 人类命运共同体 对接

自2001年宣布成立以来,上海合作组织作为中国实践多边外交的一大创新成果,已经成为中国参与全球和区域治理的重要机制,是当今世界最具活力和区域影响力的重要国际组织之一。当前,全球化发展面临挑战,国家实力对比发生变化,原有的全球治理机制需要更改,上合组织在发展历程中形成的理念,与当前中国提出的全球治理理念具有契合之处,共同为当前全球治理实践提供有力指导。

---

[*] 徐进,中国社会科学院世界经济与政治研究所副研究员、国际政治理论研究室主任;章珏,中国社会科学院研究生院世界经济与政治系硕士研究生。

一 上海精神的发展和实践

冷战后,全球政治格局和地区态势发生了剧烈的转变。欧亚大陆中心地带一直以来就是国际政治博弈的关键地区,鉴于其重要的地缘政治和地缘经济战略地位,苏联解体后,部分大国在该地区进行激烈的争夺。形势的动荡使得该地区成为恐怖主义、民族分裂主义和宗教极端主义滋生的温床。"三股势力"在中亚地区的发展严重威胁了各国的安全与稳定,破坏了该地区的和平与发展。考虑到自身实力的局限,为应对冷战后带来的这些变化,在中俄两国的推动下,中国、俄罗斯、哈萨克斯坦、吉尔吉斯斯坦、塔吉克斯坦和乌兹别克斯坦决定通过建立地区性国际组织来协调行动,寻求共同安全。

2001年6月15日,在上海五国会晤机制的基础上,上海合作组织正式诞生。它是在欧亚大陆上出现的一个崭新的区域性多边合作组织,是第一个在中国诞生并以中国城市命名的国际组织,对于增进中国与中亚各国之间的睦邻互信、友好合作,维护地区的和平稳定和共同发展起着重要的作用。

上海合作组织最终得以建立除了拥有共同的安全目标外,还得益于前期五国良好的互动:从最初中苏之间为结束军事对峙的谈判,到中国与哈吉塔三国为实现边境军事信任而削减军事武装力量的谈判,到最后五国在安全、政治和经贸领域的合作探索。

而在"上海五国"机制发展进程中逐步形成的以"互信、互利、平等、协商、尊重多样文明、谋求共同发展"为基本内容的"上海精神",更是五国首脑会晤机制得以延续并发展壮大为上合组织这一地区国际组织的关键所在,可以说,上海精神是上合组织的灵魂所在。

"上海精神"体现了中国第三代领导集体的国际战略新思维。20世纪80年代,邓小平根据国际形势的深刻变化,提出了"和平与发展"的时代主题论,为新时期中国外交战略的制定奠定了理论基础。面对冷战后国际格局的深刻变化和经济全球化的发展趋势,以江泽民为代表的第三代领导集体

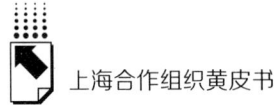

不断探索如何超越冷战思维，创立新型安全观，建立新型国际关系和新型区域合作模式。处理中国与俄罗斯以及与中亚国家的关系，是中国周边外交的一个重要工程，而处理这项周边外交难题也为第三代领导集体探索构建外交新思路提供了一个良好的契机和平台。正是通过不断的实践，一步步的探索和完善，第三代领导人最终提炼出了贯穿于整个"上海五国"机制—上合组织进程中的上海精神，并受到了组织内成员国一致的认可。

2001年6月15日，在上合组织成立大会上，江泽民全面总结了"上海五国"五年历程的宝贵经验，指出："'上海五国'首倡以相互信任、裁军与合作安全为内涵的新型安全观，丰富了由中俄两国始创的以结伴而不结盟为核心的新型国家关系，提供了以大小国共同倡导、安全先行、互利协作为特征的新型区域合作模式。互信、互利、平等、协商、尊重多样文明、谋求共同发展的'上海精神'，不仅是五国处理相互关系的经验总结，对推动建立公正合理的国际政治经济新秩序也具有重要的现实意义。"① 同日，六国领导人共同签署的《上海合作组织成立宣言》也宣布："'上海五国'进程中形成的以'互信、互利、平等、协商、尊重多样文明、谋求共同发展'为基本内容的'上海精神'，是本地区国家几年来合作中积累的宝贵财富。"② 次年6月7日，在圣彼得堡峰会上，各国通过《上海合作组织宪章》，确认"互信、互利、平等、协商、尊重多样文明、谋求共同发展"为该组织的指导精神。③

"上海精神"的理论内涵丰富，其实质是以对话谋和平、以合作促发展，不结盟、不针对第三方和对外开放。④ 互信指的是超越意识形态和社会

---

① 《江泽民在"上海合作组织"成立大会上的讲话》，人民网，2001年6月15日，http://www.people.com.cn/GB/shizheng/16/20010615/489778.html。
② 《上海合作组织成立宣言》，央视网，2001年6月15日，http://www.cctv.com/special/1037/-1/88231.html。
③ 《上海合作组织宪章》，人民网，2011年11月4日，http://politics.people.com.cn/GB/8198/233852/233857/16139039.html。
④ 杨洁篪：《"上海精神"的永恒魅力——纪念上海合作组织成立7周年》，《人民日报》2008年6月16日。

制度，增进相互了解和信任，遵守应尽的国际条约和义务，遵循公认的国际法准则，不人为设立假想敌。互利指的是兼顾本国利益和他国利益，在实现本国安全的同时，也充分考虑并尊重别国的安全，让各国的利益都得到保障，实现利益共享。平等指的是国家不分大小、贫富、强弱，都是国际社会的平等一员，平等享有权利，反对任何形式的国家霸权主义和强权政治。所有国家平等相待、互相尊重和互不干涉内政。协作指的是不结盟、不对抗、不针对第三国。通过和平对话与协调消除隐患，以协商方式解决争端，促进各个领域的合作。尊重多样文明指的是承认世界的多样性和文明的差异性，尊重各国的历史文化、社会制度和发展模式，尊重各国人民的自主选择，强调文明背景不同的国家和民族可以而且应该和睦相处。谋求共同发展指的是在竞争比较中取长补短，在求同存异中共谋发展，在平等合作中共同繁荣。

政治上的互信是该组织建立的基础，经济上的互利互惠则是该组织发展的前提，各成员国本着平等协商的态度，尊重不同民族、不同宗教信仰国家的文化形态，共同推进人类的发展与进步，这些精神成为上海合作组织的灵魂。①

"上海精神"超越意识形态，摒弃冷战思维，符合时代潮流，反映了成员国之间的友好互利关系和良好的合作准则，为新时期中国践行多边外交，实行多边治理，构建和平、安全、繁荣、开放的美丽世界提供了有益的启示，为国际社会探索新型安全观、新型区域治理模式和新型国际关系提供了宝贵的经验。

二 中国的全球治理理念

二战结束之后，全球治理体制逐步确立起来，在政治、经济、安全等领

---

① 《上合组织这些年》，新华网，2013年10月9日，http://news.xinhuanet.com/world/2013-10/09/c_125499664.htm。

域发挥了积极的作用,但是冷战结束后,旧有的全球治理体制得以建立的背景发生了明显的变化。其中最突出的表现在以下两点。

第一,当前国际力量对比正在发生深刻的变化。受到2008年金融危机的影响,欧美国家的国家实力和国际影响力相对下降,而一系列新兴经济体和大批的发展中国家审时度势,保持了良好的发展势头,在国际社会的影响力不断增强。

第二,在信息技术革命的推动下,经济全球化趋势深入发展。将各国的利益和命运紧紧地联系在一起,形成了你中有我、我中有你的利益共同体。面对日益复杂的全球化挑战,各国不再仅仅依靠自己的力量就能解决问题,必须通过合作来一起解决。

客观背景的变化使得旧有的全球治理体系正面临有效性和合法性不足问题。

第一,有效性不足。随着技术变革和经济全球化的扩散,人类社会面临着诸多前所未有的挑战,而当前的全球治理体系显得越发捉襟见肘,协调难度增加。金融危机深刻揭示了以美国为主导的治理机制有效性不足的弊病:①全球治理工作不可避免地会涉及权力、资源和利益分配,美欧等发达经济体不愿意将手中的权力让出,对旧的机制缺乏信任导致无法有效调动有生力量参与治理,达到全球治理的预期效果。例如在IMF中,在一些触及美国重要利益的议题上,美国会实行一票否决或者拖延不予投票。②在新兴经济体崛起的新时代,发达国家虽然依旧实力强劲,但是无可否认地面临意愿和实力相对下降的事实,提供公共产品的能力相对不足,使得全球经济治理受到阻碍,治理效率较低。美国新任总统特朗普上任伊始即宣布退出TPP,并声称将重新考虑北美自由贸易协定就反映出该国参与全球化进程和承担全球经济治理领导者的意愿在下降。③由于全球治理机制缺乏强制执行力,主要依靠的还是协商和对话,无法达到公平有效的治理,无法很好地调节全球经济平衡,联合国的倡议和决定常常不能得到很好的落实,联合国的宪章宗旨和原则未能得到有效履行。在安理会改革、气候变化、多哈谈判,对网络安全、极地、海洋等新领域建章立制等方面,改革困难重重,收效甚微,在气候谈判领域甚至出现日本、澳大利亚、加拿大等发达国家在减排问题上大幅倒退的局面。

第二，合法性不足。以发达国家为主导的全球治理体系，维护了西方国家的既得利益，呈现出严重的非中性。在旧的治理体系下，发达国家拥有决定议程的权利，拥有绝对的话语权，发展中国家则无法享有对等的话语权以保证自身应有的权益，在体系中处于劣势。而国际形势产生的深刻变化，进一步突显了制度非中性的现实。一方面，发达国家在2008年金融危机后经济持续疲软和增长乏力，却在国际规则的制定和利益争夺等方面仍旧长期占据优势。另一方面，发展中国家，特别是新兴经济体的集体崛起，经济实力不断增强，为推动世界经济的增长做出了不可忽视的贡献。金融危机后，新兴国家积极参与全球治理，希望进一步加速全球经济增长格局的调整和发展路径的反思与变革，致力于扭转长期积累的全球经济失衡和全球利益分配不公的局面，却在各个方面受到旧有的全球治理体制中不合理的部分的限制，难以确保自身利益和实现根本诉求，获得与其实力与贡献相匹配的基本权利和话语权。联合国安理会中发展中国家仅占1席，IMF份额占比排名前十的国家中，新兴国家和发展中国家仅占4席，发展中国家在世界银行中的投票权不到一半，G20的11次峰会中仅有4次是在新兴经济体召开等，都反映出发达国家和发展中国家在全球治理体系中地位和话语权存在严重的不平衡。可以说，旧有的全球治理体制的缺陷在金融危机后被不断放大，全球治理体制变革正处在历史的转折点上。

而在推动全球治理体制变革过程中，中国不应该成为缺席国，中国的智慧不应该被忽视。[①] 一方面是因为中国日益上升的国家实力和国际影响力，这为中国积极参与全球治理提供了客观基础。另一方面是因为中国既是最大的发展中国家，有着丰富傲人的经济发展经验，又是拥有上千年悠久文明的东方古国。中国参与全球治理不是为了追求霸权或推行强权政治，而是为了代表发展中国家，表达发展中国家的正当利益诉求，提升发展中国家在全球

---

① 赵可金：《全球治理的中国智慧与角色担当》，《人民论坛》2016年第2期，第19页。

治理体制中的话语权和影响力,推动全球治理体制朝着更加公正、更加合理的方向发展。

全球治理体制离不开理念的引导,而中国五千年文明积淀的智慧可以为全球治理理念的创新发展提供有力的支持。自从新中国成立以来,中国就是全球事务和地区事务的积极参与者,向世界贡献了和平共处五项原则等理念。进入21世纪,随着中国国家实力和国际影响力的不断上升,中国参与全球事务和地区事务的频率上升、范围扩大、效力增加,中国逐渐从全球治理的边缘向中心靠近。新时期的领导集体更加重视全球治理,强调将中国理想与国际社会理想相结合,提出了人类命运共同体的目标,将中国传统思想文化与国际社会普世理念相结合,提出了共商、共建、共享的全球治理理念。"共商、共建、共享"构成中国参与全球治理、推进全球治理体系与治理能力现代化的链条,三者缺一不可。①

共商,指的是集思广益,全球问题由全球所有参与治理方共同商议。当前,世界上的事情越来越需要各国商量着办,建立国际机制、遵守国际规则、追求国际正义成为多数国家的共识。新兴市场在不断崛起,广大发展中国家力量在不断壮大,它们迫切希望找到一个可以表达自己利益诉求的平台。但是旧有的全球治理体制中,西方发达国家牢牢掌握话语权,发展中国家很难在旧有的平台与发达国家一起平等讨论全球问题。哪怕是最具代表性和广泛性的联合国,其实际权力也是牢牢掌握在安理会中。因此,为发展中国家搭建一个"共商"的平台是必要的。

共建,指的是各施所长、各尽所能,发挥各自优势和潜能并持续加以推进建设。信息技术革命推动了经济全球化的深入发展,把各国的命运和利益紧紧地联系在一起,当前各国已经形成了你中有我,我中有你的命运共同体。很多问题不再局限于一国内部,很多挑战也不再是一国之力所能应对,全球性挑战需要各国通力合作来应对。再者,当前西方发达国家面对各种全

---

① 《中国首次明确提出全球治理理念》,新华网,2015年10月14日,http://news.xinhuanet.com/2015-10/14/c_1116824064.htm。

球性挑战的乏力,反映了以西方主流理念构建的全球治理体制已经无法完全适应新时期的全球状况。因此,全球治理理念必须吸收借鉴各种人类文明的优秀成果,尊重多样性,共同建设人类家园。

共享,就是让全球治理体制和格局的成果可以更多更公平地惠及全球各个参与方。广大发展中国家迫切需要变革旧有全球治理体制的最重要的原因就是自身的合法利益无法得到绝对满足。当前,全球贫富差距仍在拉大,部分发展中国家无法充分享受全球化带来的福利,发达国家仍然在全球利益分配中占据绝对优势。再者,正因为当前各国已经形成了相互依赖的利益共同体,各国追求自身利益的行为不再是零和博弈,所以各国在追求自身合法利益的同时,不能忽视别国的合法利益,各国需要共享人类文明发展福利。

中国作为现行国际体系的参与者、建设者、贡献者,旨在解决治理成果失效、治理手段失灵、治理方向偏差,以"共商、共建、共享"为自身的全球治理理念,对全球治理体系和能力现代化进行探索与实践,体现了中国积极参与全球事务的姿态,更体现了中国要做一个负责任的大国的姿态。

正如2015年10月12日,习近平总书记在中共中央政治局第27次集体学习时提出的,"全球治理体制变革离不开理念的引领,全球治理规则体现更加公正合理的要求离不开对人类各种优秀文明成果的吸收。要推动全球治理理念创新发展,积极发掘中华文化中积极的处世之道和治理理念同当今时代的共鸣点,继续丰富打造人类命运共同体等主张,弘扬共商共建共享的全球治理理念。要加强能力建设和战略投入,加强对全球治理的理论研究,高度重视全球治理方面的人才培养"[1]。

理念指导实践,也需要实践去检验。从现实的外交实践中,我们可以清楚地看到,伴随着中国经济的发展和实力的上升,中国越来越多地参与到国际事务中去,积极参与全球和地区事务治理,积极推动全球治理体制的改革,在全球治理的各大平台上都处于不可或缺的地位。

---

[1] 《习近平:推动全球治理体制更加公正更加合理》,新华网,2015年10月13日,http://news.xinhuanet.com/politics/2015-10/13/c_1116812159.htm。

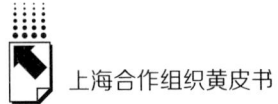

在货币金融领域：①中国与新兴国家一道围绕推动IMF和世界银行的改革做出了诸多努力，主要涉及改变现有的不均衡、不公正与不合理的份额分配和投票权安排。由于少数发达国家为了维护原有的绝对垄断地位，关于份额改革的进程一直比较缓慢。目前取得的成就包括世界银行分阶段提高发展中国家和转型国家的投票权以及人民币加入特别提款权（SDR）。其中，人民币加入SDR体现了中国参与全球金融治理的实力和能力。②中国积极牵头，带动新兴经济体创建全球金融治理平台。典型代表包括金砖国家新开发银行和亚洲基础设施投资银行。金砖银行是由中国、俄罗斯、印度、巴西和南非五个金砖国家带头建立的，其根本宗旨是促进金砖国家以及其他新兴经济体国家和发展中国家的基础设施建设，特别是满足可持续发展方面的融资需要。金砖银行于2014年在金砖国家领导人第六次峰会上诞生，2016年，发行了30亿金融债券。① 而亚投行作为中国参与全球金融治理的创举，由习近平主席于2013年在雅加达倡议建立，旨在推动亚洲基础设施建设，满足该区域发展事业的融资需求。2015年，57个意向创始国签署协定，亚投行正式成立。亚投行的法定资本是1000亿美元，其中中国初始认缴资本为500亿美元左右，为最大股东，彰显了中国的大国责任。②

就贸易领域，受全球经济低迷的影响，世界贸易的状况不容乐观，全球贸易增速低缓，各大贸易保护主义不断登场，以WTO为平台推动的全球贸易自由化谈判一直处于停滞不前的状态。面对当前的贸易现状，中国倡导加强与各国的贸易合作，推动多边贸易体系的发展，反对贸易保护主义。中国自身加快服务业开放的步伐，推动贸易的平衡发展，更好地融入全球价值链。截至目前，中国已签署的自贸协定达到14个，涉及22个国家和地区。正在谈判的自贸区有9个，其中的区域全面经济伙伴关系协定（RCEP）是实现亚太自贸区的关键步伐之一。正在研究的自贸区有6个，涉及6个国

---

① 《金砖国家开发银行成立总部设上海》，中国金融信息网，2014年7月16日，http://world.xinhua08.com/a/20140716/1356755.shtml。
② 《亚投行路线图猜想》，人民网，2014年11月24日，http://paper.people.com.cn/gjjrb/html/2014-11/24/content_ 1501990.htm。

家。为了使贸易发展带来的经济成果更好地惠及各个国家和地区特别是发展中国家和地区，提升中国在国际经贸规则制定中的参与度和权力是中国推动自由贸易发展的重要宗旨。①

在安全领域，国际社会面临的传统和非传统安全问题的挑战不断加深，特别是"三股势力"在欧亚大陆的一些国家和地区迅猛发展。为此，中国积极推进同周边国家的安全合作，主动参与区域和次区域安全合作，深化有关合作机制，增进战略互信。中国参与全球安全治理的表现如下：①积极参与亚信峰会，与亚洲各国加强对话，增强互信，维护亚洲和平稳定。②积极参与全球打击恐怖主义的相关国际会议，并制定相应措施，特别是发挥上合组织在打击"三股势力"上的作用。③与相关国家例如美国就网络安全问题展开对话，积极谋求网络安全领域的有效治理。

"一带一路"倡议的提出和G20杭州峰会的召开是中国在全球治理中扮演领头羊角色的最好表现。"一带一路"于2013年正式提出，以《推动共建丝绸之路经济带和21世纪海上丝绸之路的愿景与行动》的发布为阶段性标志，相继得到了世界各经济体的积极响应。与当前不少其他区域经济一体化的倡议不同的是：①"一带一路"是互利合作的，倡导建立互联互通体系，通过完善基础设施来实现物质上的联通，促进生产要素的流动，使沿线的经济体能从中获得实在的利益，依托陆上、海上合作走廊，各国可以共商、共建、共享亚洲经济的发展。②"一带一路"是包容开放的，不在沿线设立排他性的贸易标准和规则，不搞全球市场分割和贸易体系分化，而是在完善全球贸易规则的基础上维护自由、开放、非歧视的区域合作安排。"一带一路"充分体现了中国为全球治理贡献的力量、智慧和理念，是中国参与全球治理的核心成果。

而G20是中国加入的全球治理的新兴的重点平台之一。在2016年9月召开的杭州G20峰会上，习近平主席首次全面阐释中国的全球经济治理观，首次把创新作为核心成果，首次把发展议题置于全球宏观政策协调的突出位

---

① 参见中国自由贸易区服务网，http://fta.mofcom.gov.cn/。

置，首次形成全球多边投资规则框架，首次发布气候变化问题主席声明，首次把绿色金融列入二十国集团议程，在G20发展史上留下了深刻的中国印记。G20作为当前以中国为代表的新兴国家参与全球经济治理的主要平台，习近平主席提出的"让G20真正成为世界经济的稳定器、全球增长的催化器和全球经济治理的推进器"一语①，体现了中国对于G20作为全球治理平台的重视，以及借助G20构建各国相互促进、相得益彰的合作共赢格局的愿望。

三 契合之处与对接前景

上合组织是中国参与治理中亚地区事务，进行全球治理实践的一个重要平台。以"互信、互利、平等、协作、尊重多样文明和谋求共同发展"为基本内容的"上海精神"成型并发展于中国参与上合组织治理阶段，其思想内涵与当前我国"共商、共建、共享"的全球治理观念有着高度契合之处，可谓一脉相承，其最终目标都是打造人类命运共同体。

第一，"上海精神"中的平等相待、协商一致等内容体现了共商观念。共商观念意味着各国在参与全球治理和地区事务的时候，应该采取共同协商的原则，反对霸权主义和强权政治。在面对分歧的时候，各国要管控矛盾，要采取对话协商原则处理问题。从"上海五国"机制到上合组织的成立发展，无不体现了上合组织坚持平等相待、协商一致的原则。

①上合组织恪守一律平等的民主原则。各成员国不分大小、真诚相待。尊重彼此独立、主权和领土完整，尊重彼此根据本国国情选择的政治、经济和社会发展道路的权利和文化的多样性，尊重彼此的核心利益和重大关切。

②上合组织一直坚持平等协商的方式。组织内的所有事项，都要在成员国协商一致的基础上才能贯彻落实。在面对分歧的时候，成员国坚持采取对

---

① 《G20"中国贡献"有多少？》，新华网，2014年11月17日，http://news.xinhuanet.com/world/2014-11/17/c_127220392.htm。

话协商的方式解决问题。这种以对话协商解决矛盾分歧的方式继承于早期中国与苏联、中亚四国为解决边境问题开展的谈判,并一直贯彻到现在。

第二,"上海精神"提倡开放包容、务实合作的姿态体现了共建观念。传统的国际关系强调冲突和战争,但是随着全球化的发展,加强各国合作才是解决当前国际社会中存在的一系列问题的最佳举措。而共建观念就是强调国际合作的重要性。"上海精神"提倡开放包容,务实合作的姿态与共建观念相得益彰。自成立以来,上合组织始终积极践行共建观念,致力于推进地区安全和经济合作,取得了突出的成果,表现如下。

在安全领域,上合组织的最初成立就是为了通过合作共同解决地区安全问题,维护地区和平与稳定。截至目前,上合组织已经出台了一系列有关打击"三股势力"的合作文件,比如2001年的《打击恐怖主义、分裂主义和极端主义上海公约》和2002年的《上海合作组织成员国关于地区反恐怖机构的协定》等。上合组织还在比什凯克建立了"上海合作组织反恐怖中心",定期展开反恐演习,并建立了元首会晤及相关部门定期磋商机制。此外,为遏制非法武器贩卖、毒品走私、非法移民和其他犯罪活动,上合组织也开展了多边合作。①

在经济领域,上合组织为加强地区经济合作和贸易与投资便利化做出重要努力。俄罗斯和中亚国家在基础设施建设、吸引外国投资和能源外销方面存在着不小的需求。而中国经济的快速发展产生了巨大的能源需求和产能过剩问题。由此可见,上合组织各成员国之间在经贸领域存在互利合作的巨大潜力和广泛机遇。其中,能源合作是上合组织推进区域经济合作的重要组成部分。中国已经成为俄罗斯和中亚国家最重要的石油和天然气进口国。与此同时,中国又向其输出能源设备与技术。比如,在中哈原油管道和中国—中亚天然气管道建设中,中国均起到牵头作用。此外,上合组织成员国均是"丝绸之路经济带"的沿线国家。随着"一带一路"的建设开展,区域内国

---

① 上海社会科学院上海合作组织研究中心:《"上海五国"——上海合作组织资料汇编》(1996.4~2003.8),2003,第75页。

家间的经贸、产能、能源、投资、农业、文化、科技、环保等领域的合作势必得到深化。

"上海精神"倡导的合作不仅仅局限于成员国之间的交流合作。自成立伊始，上合组织就重视与国际组织和区域外的经济体实现合作，谋求共同应对全球治理中出现的问题。2008年8月，上合组织在杜尚别峰会上正式启动了《上海合作组织对话伙伴条例》。"对话伙伴"机制是上合组织与相关国家和国际组织的一种新的合作框架，为国际组织和那些尚未成为上合组织内部成员的国家提供了一个联系平台。[①] 目前，上合组织的对话伙伴有阿塞拜疆、亚美尼亚、柬埔寨和尼泊尔，并与联合国、东盟、独联体等国际和地区性组织保持着良好的伙伴关系。

第三，"上海精神"强调互利、谋求共同发展的目标体现了共享观念。共享观念强调的是一种利益共同体的意识，要求发展的成果要惠及各国，实现公平分配。"上海精神"强调通过互利谋求共同发展，就包含这两层含义。其中，互利的意思就是要兼顾本国利益和他国利益，在实现本国利益的同时，也要尊重别国的利益诉求，保证利益共享。而谋求共同发展作为上合组织的目标，其意思就是一国的发展成果必将惠及区域和世界，其他国家能够从中分享到福利进步的机会，实现共同繁荣。

在安全领域，"上海精神"体现了共享安全的理念。在全球化背景下，安全已经不是孤立的、零和的、绝对的。各国必须通过推进地区和全球的安全合作，营造普遍、包容和平等的共同安全格局。上合组织各成员国联手打击"三股势力"，打压毒品犯罪，解决地区热点问题，解决的不仅仅是当事国的安全难题，对于消除区域内其他国家的安全隐患、维护区域和全球和平稳定安宁更起着重要的作用。

在经济领域，共同发展是上合组织成员国的一致诉求。成员国不断深化务实合作，在推进区域合作中贯彻多方参与、共同受益的合作模式。大规模

---

① 杨鲁慧：《"上海精神"与上合组织的开放包容性》，《理论视野》2013年第1期，第69页。

务实合作项目的开展不仅带动了区域内国家的经济发展,分享了发展福利,更加深了成员国之间的利益纽带。在促进共同发展的实践中,中国的作用不容忽视。中国积极同上合组织成员国分享自身的发展经验和机遇,热情欢迎其搭乘中国经济发展的"顺风车"。在技术、人员、设施和资金等层面,中国都对中亚各国给予了坚定持久的支持。无论是出资帮助中亚国家建设大型基础设施项目,还是在技术上帮助其完善能源勘探开采加工机制,又或是提出"丝绸之路经济带"对接沿线各国经济发展,都体现了中国在实现自身利益的同时,也将成果惠及沿线各国,切实实现区域内外国家的共同繁荣和利益共享。

第四,无论是"上海精神",还是全球治理观念,都体现了中国致力于打造人类命运共同体的理念目标。人类命运共同体理念是中国关于未来国际秩序建设方向的思想精髓。一方面,人类命运共同体意味着全球化的深入发展使得各国之间的相互依存日益加深,形成了你中有我、我中有你的共同体。另一方面,要求各国积极树立人类命运共同体意识,坚持合作共赢,实现共同发展,构建包容互利的国际新秩序。

构建人类命运共同体包括伙伴关系、安全格局、经济发展、文明交流、生态建设五个方面。在政治上,要建立平等相待、互商互谅的伙伴关系。在安全上,要营造公道正义、共建共享的安全格局;在经济上,要谋求开放创新、包容互惠的发展前景;在文化上,要促进和而不同、兼收并蓄的文明交流;在生态上,要构筑尊崇自然、绿色发展的生态体系,以营造一个持久和平、普遍安全、共同繁荣、开放包容、清洁美丽的世界。①

归根结底,"上海精神"和中国全球治理观念都是打造人类命运共同体理念在不同领域的扩展延伸和在各种事务上的具体细化。"上海精神"体现的是中国积极构建上合组织内的人类命运共同体,而共商、共建、共享的全球治理观念折射的是中国在国际社会构建全球人类命运共同体的愿望。

---

① 《携手构建合作共赢新伙伴 同心打造人类命运共同体》,人民网,2015 年 9 月 28 日, http://politics.people.com.cn/n/2015/0929/c1024 - 27644905.html。

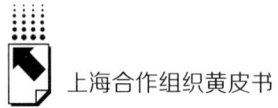

上合组织自成立以来，就保持了健康、稳定的发展势头，在地区事务中发挥着建设性的作用。其间，"上海精神"发挥着不可言喻的关键作用。在上合组织未来的发展道路上，我们要牢固树立人类命运共同体意识，坚守合作共赢理念，坚持互信、互利、平等、协作、尊重多样文明、谋求共同发展的"上海精神"和共商、共建、共享的全球治理观念，以集体之力、团结之力、合作之力，携手应对威胁挑战，与组织内各国一道共同推动上合组织的更大发展。

正如习近平主席在会议上指出的那样，上合组织的未来发展方向要牢牢把握五点：①弘扬"上海精神"。以平等互信为基础，以互利共赢为原则，以对话协商为手段，以共同发展为目标，全面推进上合组织各领域合作发展，做国际秩序健康发展的建设性力量。②坚持安全为先。加强上合组织反极端主义、禁毒等法律、机制建设。③扩大务实合作。发挥上合组织为"一带一路"建设同各国发展战略对接的积极作用。继续推进成员国间产能合作，促进区域贸易和投资便利化。④夯实人文基础。开展古迹修复和考古合作，推进青年、卫生、环保等领域交流合作。⑤坚持开放包容。以印度、巴基斯坦签署加入组织义务的备忘录为契机，共同完善组织机制建设，扩展和深化各领域合作。① 这五点方向正是共商共建共享的全球治理观念与上合组织建设发展的完美对接，随着"一带一路"建设的不断深化，相信上合组织作为中国参与地区和全球治理的平台作用将会得到更好的彰显，"上海精神"将与共建共商共享的全球治理观念相得益彰，一道助力打造上合组织命运共同体。

---

① 《习近平出席上海合作组织成员国元首理事会第十六次会议并发表重要讲话》，《人民日报》2016年6月25日。

Y.6
上海合作组织在全球自由主义秩序走向终结时的挑战

肖 斌*

摘　要： 2016年，有关全球自由主义秩序终结的讨论充斥整个国际政治学界。如果讨论最终成为现实，那么在国际政治大环境的变动下，上海合作组织将面临更多、更为复杂的挑战。在众多的挑战中，上海合作组织的"结构困境"、俄罗斯在中亚利益的变化、中国和平崛起中的挑战是上海合作组织未来发展需要优先思考的问题。

关键词： 自由主义秩序　上海合作组织

历史上的每一种国际秩序都反映了最强大国家的信念和利益，而每一种国际秩序都会随着权力的转移而发生变化。在某种情况下，占据主导的世界秩序会崩溃到无序的境地。① 自苏联解体以来，有关国际秩序的讨论从来没有像2016年这样令人眼花缭乱，其背景是倡导"美国第一"的特朗普赢得美国总统大选、英国公投决定脱欧、欧美等地恐怖袭击频频发生、欧盟难民问题更为严重、跨太平洋伙伴关系计划失败等国际政治事件频频出现在2016年，而上述事件直接或间接反映了一个国际政治现象——全球自由主

---

* 肖斌，中国社会科学院俄罗斯东欧中亚研究所副研究员。
① 〔美〕罗伯特·卡根著《美国缔造的世界》，刘若楠译，社会科学文献出版社，2013，第4页。

义秩序有走向终结的趋势。作为维护地区安全的公共产品,上海合作组织建立在地区安全主义之上,在维护中亚地区稳定和繁荣上取得了显著成绩。除功能不断扩大外,上合成员国扩大也是变化之一。上合双扩在某种程度上意味着自由主义秩序在地区层面仍然具有十分强大的生命力。

自由主义思想出现在早期启蒙时代,而自由主义秩序产生于17世纪的欧洲,此时的欧洲是世界霸权博弈的中心,出现了诸如反法同盟、三国同盟等地区性制度安排。现代全球自由主义秩序出现在1945年第二次世界大战之后,并形成了美国主导的西方和苏联主导的"东方"两种并行的、有"竞合关系"的自由主义秩序,在欧洲出现了北大西洋公约组织(以下简称"北约")和华沙条约组织(除中国与朝鲜外,其余亚洲社会主义国家都是观察员国),在亚太地区有东南亚条约组织、美澳新军事同盟、巴格达条约组织等地区性多边安全组织。上述组织为美苏对抗增加了砝码,但也避免了世界性战争的爆发。

冷战结束前后,除北约外,美国主导的、地区性多边安全组织先后解散,而北约不仅扩大了在欧洲的地盘,并根据和平伙伴关系计划把防务扩大到亚洲的南高加索地区和中亚地区。俄罗斯继承了苏联的历史遗产,但被动地收缩了自己的防务,建立了集体安全条约组织,并与中国合作建立上合组织。虽然美国在全球自由主义秩序中发挥着主导作用,但中亚地区秩序(包括多边的制度安排)的领导权依然在俄罗斯手中。①

不过,中亚地区秩序也受全球自由主义秩序影响,即如果美国主导的全球自由主义秩序走向终结,那么俄罗斯主导的中亚地区秩序则有可能面临越来越大的压力,中俄合作建立的上合组织也不可避免地面临着挑战。众多挑战中,既有确定的,又有不确定的,当全球自由主义秩序走向终结时,一些原有的挑战将会被放大,成为迫切需要解决的问题。结合2016年的国际和地区形势,以下挑战将是上合组织中长期需要优先解决的。

---

① 肖斌:《中俄地区政策中的软实力比较》,《俄罗斯东欧中亚研究》2015年第1期,第23~31页。

一　上海合作组织的"结构困境"将增大

全球自由主义秩序走向终结，地区自由主义秩序就要承担更多的安全压力。但是由于国际无政府状态并没有发生根本性变化，在国际安全合作中有可能出现牵连、抛弃和挑衅等三种困境。这三种困境都与地区安全合作内部密切相关。受国家实力和对外威胁的认识不同，上合成员国在安全合作的目标和方向上是有分歧的，每个成员国都存在被抛弃或受牵连的危险。比如在阿富汗问题上，成员国在《上海合作组织成立十五周年塔什干宣言》中指出，阿富汗早日实现和平稳定是维护和加强本地区安全的重要因素。成员国支持通过推动"阿人主导，阿人所有"的包容性民族和解进程解决阿富汗内部冲突。[①] 但在解决阿富汗问题的合作中，上合组织基本上没有形成具体的行动，上合成员国各自为战。中国、阿富汗、巴基斯坦和塔吉克斯坦建立了反恐协调机制；中国、俄罗斯、巴基斯坦举行阿富汗问题三方对话机制。除打击乌伊运（IMU）之外，乌兹别克斯坦还与美国合作致力于发展北方配送网络，修建并获得了阿富汗第一条铁路（海拉坦—马扎里沙里夫铁路）的运营权。哈萨克斯坦对阿富汗的重点是粮食贸易，当然在粮食援助和接收阿富汗留学生上也做了不少贡献。

在国际安全合作中，"人多并不意味着力量大"，合作的基础是有无共同的外部威胁。阿富汗问题可能是上合成员国共同的外部威胁，但在具体的目标上依然存在不同。假定印度和巴基斯坦顺利加入上合，在塔利班问题上就存在分歧，巴基斯坦在阿富汗塔利班问题上"出工不出力"，印度、阿富汗则与之相反，同样在巴基斯坦塔利班上，印度、阿富汗"出工不出力"，巴基斯坦则在"穷追猛打"。塔利班成为印、巴、阿三国博弈中"讨

[①] 《上海合作组织成立十五周年塔什干宣言》；http://www.fmprc.gov.cn/web/ziliao_674904/1179_674909/t1375252.shtml。

价还价"的工具。中国非常希望阿富汗早日实现和解，但仅凭中国自身的实力还没有能力推动阿富汗和解进程。国家综合实力排世界第一的美国在阿富汗驻军即将满16年，在阿富汗的实际支出比第二次世界大战后欧洲重建都要多，但目前只有63%的国土被阿富汗政府控制，鸦片生产屡创历史新高，腐败现象极为普遍。反观塔利班实际控制区，种植鸦片的农民因选择转基因种子，鸦片生产从一年一季增长到一年三季，仅此一项就给塔利班带来将近12亿美元的税收。对于上合成员国来说，阿富汗问题是巨大的泥潭。

上合组织的"结构困境"不仅来自成员国对外部威胁的认识不同，也来自成员国相互之间的矛盾。除众所周知的中国与印度边界争议外，上合组织成员国间也存在冲突或摩擦。

一是中亚水资源分配问题。在哈萨克斯坦、吉尔吉斯斯坦、塔吉克斯坦和乌兹别克斯坦等上合组织成员国中，塔吉克斯坦和吉尔吉斯斯坦属于上游国家，水资源十分丰富。苏联时期，中央统一调配各个加盟共和国资源，塔吉克斯坦和吉尔吉斯斯坦两加盟共和国在春季和夏季放水发电、灌溉农田，冬季下游加盟共和国（乌兹别克）提供天然气和煤炭保证电力需求。苏联解体后，原有的资源分配体系也随之崩溃，为了满足冬季电力需要，塔吉克斯坦和吉尔吉斯斯坦不得不在冬季大量放水发电，在下游国家耕种季节蓄水，由此导致下游国家灌溉水源紧张。不仅如此，随着中亚国家经济发展，对能源需求的不断增加，上游国家为了解决能源短缺问题计划修建大型水电站（吉尔吉斯斯坦的坎巴拉塔水库、塔吉克斯坦的罗贡水电站），而下游国家乌兹别克斯坦因担心水资源短缺而极力反对。

二是边界问题引发的冲突。冲突的地区包括塔吉克斯坦伊斯法拉区与吉尔吉斯斯坦巴特肯区之间的约100公里的土地；吉尔吉斯斯坦与乌兹别克斯坦约1314公里的边境争议。2016年3月18日，约40名乌兹别克斯坦士兵在两辆BTR步兵战车的掩护下，分乘两辆卡车进入吉乌存有争议的阿拉布卡地区，后采取限行措施，禁止吉尔吉斯斯坦公民入境乌兹别克斯坦。作为回应，吉尔吉斯斯坦也在该地区部署兵力，并宣布在三个边境检查站对乌兹别克斯坦公民实施限行政策。① 虽然吉、乌两国政府选择了克制的态度没有把事态升级，但这些问题对于上合而言也是难以解决的"结构困境"。更为糟糕的情况是，上合成员国间矛盾不解决，那么随着成员国自身实力的增加大规模冲突的概率将提高。

二　俄罗斯在中亚利益的变化

无论是中亚地区秩序，还是上合组织的发展都绕不开俄罗斯。苏联解体后，俄罗斯依然保持着世界大国的地位。为了保证自身的国家安全，俄罗斯以自己为中心在原苏联加盟共和国建立了地区安全体系，并通过车臣战争、俄格战争确保了中心地带的安全。在中亚地区秩序方面，俄罗斯主导了集体安全条约组织和欧亚经济联盟，并与中国合作建立了上合。为了巩固在中亚的领导力，普京政府在2016年积极推动其大欧亚伙伴关系计划。普京表示，该计划包括中国、印度、巴基斯坦、伊朗、原苏联加盟共和国和其他有意愿的国家。② 普京政府的大欧亚伙伴关系计划明显有修正美国及其西方盟国主导的、全球自由主义秩序的意图。在普京政府的努力下，大欧亚伙伴关系计划得了中国的支持。在2016年6月的《中华人民共和国和俄罗斯联邦联合声明》中，中俄主张在开放、透明和考虑彼此利益的基础上建立欧亚全面伙伴关系，包括可能吸纳欧亚经济联盟、上海合作组织和东盟成员国加入。中俄两国元首责成两国政府相关部门积极研究提出落实该倡议的举措，以推动深化地区一体化进程。③

---

① 文龙杰：《吉尔吉斯斯坦总统真不打算来上合峰会了？》，http：//www.guancha.cn/longjie/2016_03_28_355221.shtml。Cholpon Orozobekova，"An Absence of Diplomacy：The Kyrgyz - Uzbek Border Dispute"，http：//thediplomat.com/2016/04/an - absence - of - diplomacy - the - kyrgyz - uzbek - border - dispute/.

② Sergei Blagov，"Russia eyes 'Greater Eurasia'"，http：//www.atimes.com/article/russia - eyes - greater - eurasia/。

③ 《中华人民共和国和俄罗斯联邦联合声明》，中华人民共和国外交部网站，http：//www.fmprc.gov.cn/web/ziliao_674904/1179_674909/t1375315.shtml。

尽管俄罗斯为大欧亚伙伴关系计划描绘了令人期待的蓝图且有中国的积极参与，但大欧亚伙伴关系计划实际上是有着较大风险的国际合作计划。因为当前世界政治经济可能出现的变革并不是革命性的，只是对现有国际政治经济秩序进行微量调整，① 地区自由主义秩序不会因全球自由主义秩序终结而终结。除俄罗斯主导的地区性经济组织外，还有欧盟、东盟、东亚峰会、海湾阿拉伯国家合作委员会、南亚区域合作联盟等对欧亚大陆经济秩序有影响的制度性安排。北约、美日、美韩、美澳等军事同盟则在欧亚大陆地区安全秩序中发挥着作用。如果没有更多的欧洲和亚洲大国认可，大欧亚伙伴关系计划有可能面临其他既有的地区秩序抵制。但是，普京政府2016年的外交行为似乎表达出俄罗斯对未来世界秩序的改变将是革命性的。在2016年10月的瓦尔代论坛上，普京向外界传达这样一些观点：世界不应当分为永远的赢家和永远的输家，要争取使世界各国经济发展速度保持一致；游戏规则应当使那些发展中国家，有机会赶上我们称之为发达国家的水平；苏联解体后，美国决定不用再和任何人商议自己的决定。②

既有国际政治理论表明，普京政府在2016年选择革命性的外交行为是有诱因的。这种诱因可分为偶然因素和必然因素。受2014~2015年国际能源价格跳水和西方国家经济制裁的影响，俄罗斯石油出口收入下降约50%，俄储备基金按美元计价减少43.2%，2015年全年通胀率达12.9%，达2008年以来最高值。俄罗斯在世界创新经济体排行榜的排名从第12位降到第26位。③ 俄罗斯在2014~2015年的政治经济困境是导致其产生革命性外交的诱因，但这只是偶然因素。必然因素才是最终导致俄罗斯选择革命性外交的关键性因素，即俄罗斯认为自苏联解体后自己的国家利益被现行国际秩序忽

---

① 〔美〕罗伯特·吉尔平著《世界政治中的战争与变革》，宋新宁、杜建平译，上海人民出版社，2007，第45~55页。
② 《弗拉基米尔·普京在"瓦尔代"国际辩论俱乐部会议上的发言》，http://sputniknews.cn/russia/201610271021044153/。Meeting of the Valdai International Discussion Club, http://en.kremlin.ru/events/president/news/53151。
③ 数据来源于中华人民共和国驻俄罗斯联邦大使馆经济商务参赞处，http://ru.mofcom.gov.cn/。

视或侵占。例如，尽管在乌克兰危机中竭力抵抗，但俄罗斯依然无法避免其在欧洲的利益被挤压。目前，俄罗斯主导的中亚地区秩序是苏联解体后仅存的战略利益。

俄罗斯国际事务理事会在 2013 年发布过《俄罗斯在中亚利益：内容、前景和局限性》的报告，报告明确表明，俄罗斯在中亚利益是由其安全目标决定的。① 但在这份报告中，俄罗斯并没有就自己的安全目标做深入的阐释。英国学者巴里·布赞和丹麦学者奥利·维夫曾以俄罗斯为中心分析了中亚地区安全，结论是俄罗斯的政策在很大程度上是由保持全球地位的强烈愿望所驱动的，也就是避免下滑到地区大国地位。因此，俄罗斯近邻国家的问题都被界定为与俄罗斯全球地位相关的问题。自上而下的逻辑是："因为我们想成为全球大国，因此我们要控制我们自己的地区，特别是控制自己的国内"。后苏联地区仍将是一个中心化的地区安全复合体，但其中心化程度会受到不同程度的挑战。②

布赞和维夫的研究为我们思考俄罗斯在中亚地区的安全目标提供了解决问题的路径。中亚地区是俄罗斯重新走向世界政治权力中心的重要跳板，维护现有的中亚地区秩序是俄罗斯复兴的基本战略内容。对于俄罗斯接受美军在阿富汗的存在，不仅有借助美军实力反恐的需要，而且可能有把美军拖入"阿富汗泥潭"的目的，减少美国对自己再崛起中的不利影响。

英国学者托克雷格·奥利芬（Craig Oliphant）对俄罗斯在中亚的安全利益做了更具体的解释，在莫斯科眼中发展集体安全合作组织、上合组织等多边制度安排只是为了满足俄罗斯对中亚政策的需要，促进双边安全合作才是俄罗斯的重点。③ 此外，松散的多边安全合作不仅使莫斯科拉近与北京的关

---

① "Russia's Interests in Central Asia: Contents, Perspectives, Limitations", http://russiancouncil.ru/common/upload/RIAC_ Central_ Asia_ En. pdf.
② 〔英〕巴里·布赞、〔丹〕奥利·维夫著《地区安全复合体与国际安全结构》，潘忠岐、孙霞、郑力译，上海人民出版社，2010，第 420 页。
③ Craig Oliphant, "Russia's Role and Interests in Central Asia", http://www.saferworld.org.uk.

系,而且也能保证莫斯科在中亚地区秩序中的主导权,其中中亚地区安全领域则是重中之重。

为促进阿富汗和解并在中亚地区安全上寻求大国责任,中国于2016年3月提议建立中国、巴基斯坦、塔吉克斯坦和阿富汗"四国反恐协商机制"。对此,俄罗斯卫星网评论说,中国的倡议是建立"中亚的北约"并对俄罗斯在中亚的影响力产生威胁。① 可见,俄罗斯在中亚的利益是保持在地区秩序中的主导权,任何削弱或挑战其地区秩序主导权的行为都将被俄罗斯视为威胁。当全球自由主义秩序终结,地区自由主义秩序成为大国博弈的重点时,俄罗斯在中亚的利益将不可避免地面临挑战,这些挑战有可能加强俄罗斯与中国在上合的安全合作,也有可能促使俄罗斯放弃或推诿与中国在上合的安全合作。

与推测不同的是,基于战略利益的需要目前中俄两国政府合作得十分紧密。中俄两国在中亚地区都能考量到对方在中亚地区的利益。俄罗斯支持了中国的"一带一路"倡议,中国积极支持俄罗斯的欧亚经济联盟和大欧亚伙伴关系计划,即中俄两国在中亚的关系属于合作博弈。俄罗斯的欧亚经济联盟和大欧亚伙伴关系计划有稳固其在欧亚大陆影响力的一面,但我们还是要看到俄罗斯的计划在某种程度上还是对中国有很多积极意义的。例如,当前中国"世界工厂"的地位已经受到挑战,中国需要寻找新的经济增长点。据德勤2016年全球制造指数,因中国制造业成本的不断增加,马来西亚、印度、泰国、印度尼西亚和越南将有可能分享从中国转移出去的制造业。② 俄罗斯跨欧亚大陆的发展计划可以提供给中国企业更多的机会。更重要的是,中俄友好合作不仅能推动上合发展,也是中亚地区繁荣与稳定之锚。

---

① "China's Anti-Terror Coalition Proposal Misbranded as 'Central Asian NATO'", https://sputniknews.com/politics/201604051037536468-china-central-asia-nato/.
② Matthias Lomas,"Which Asian Country Will Replace China as the 'World's Factory'?", http://thediplomat.com/2017/02/which-asian-country-will-replace-china-as-the-worlds-factory/。Global manufacturing competitiveness index,https://www2.deloitte.com/content/dam/Deloitte/us/Documents/manufacturing/us-gmci.pdf.

三 中国和平崛起中的外部挑战

从中国在上合的作用来看,中国和平崛起中的外部挑战将直接影响上合未来发展。因为,任何国家与崛起中的大国合作是有风险的,合作风险过高时就会放弃与崛起中的大国合作。尽管中国表明不挑战现存全球自由主义秩序,甚至愿意在维护和促进全球自由主义秩序上发挥更积极的作用,① 但是在无政府状态下,很难改变一些国家的偏见,诸如美国人常常把国际政治结果的好坏归因于某个国家国内政治的优劣。② 因此,除国内政治经济需要不断深化改革外,中国和平崛起中的外部挑战来自一些结构性问题。由于不同地区结构性问题的侧重点不同,结合上合组织所处区域,除上文讨论过的俄罗斯外,我们在本节重点讨论以下两个挑战,即中美关系走向和中亚国家的"反华"情绪。

中美关系走向。全球自由主义秩序的终结并不意味以美国霸权为特征的国际政治结构必然会改变。我们还可以从另一个角度来理解,即便美国放弃主导全球自由主义秩序,美国也不会放弃不断增强其国家实力的努力。因此,以美国霸权为特征的单极体系是长期存在的。

美国新保守主义阵营的罗伯特·卡根在《美国缔造的世界》中指出,维护目前的世界秩序需要美国始终承担领导责任和做出承诺。③ 对于美国45届总统特朗普竞选时主张的"美国第一"政策,卡根认为,这种狭隘、基于利益的外交政策路径在20世纪二三十年代曾占主导地位。它如今仍是许多美国学者偏爱的策略。更重要的是,它迎合了美国公众的心理——他们渐渐相信美国被外国人占尽了便宜。特朗普承诺,不会再让他们被人当成傻

---

① 习近平:《共担时代责任 共促全球发展》,http://news.xinhuanet.com/world/2017-01/17/c_1120331492.htm。
② 〔美〕肯尼思·沃尔兹著《现实主义与国际政治》,张睿壮、刘丰译,北京大学出版社,2012,第286页。
③ 〔美〕罗伯特·卡根著《美国缔造的世界》,刘若楠译,社会科学文献出版社,2013,第203页。

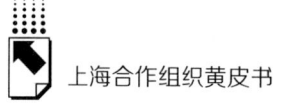

子。这样一个新时代能持续多久?天晓得。1920年后,美国人曾成功地逃避了全球责任20年。当周围的世界崩塌时,他们告诉自己,这不关他们的事。如今,美国人很可能重走旧路。短期来看,他们没有错。得益于自身的财富、力量和地理位置,美国人将最后一个尝到自己种下的苦果。但是,他们最终会再次发现自己无路可逃。问题在于这期间会造成多大破坏,以及(与以往不同)是否还来得及挽回。①

研究"危机与美国世界秩序转变"的学者约翰·伊肯伯里(G. John Ikenberry)则认为,全球自由主义秩序仍有未来。一是它比过去更强大、更容易加入和更加难以被推翻;二是自由主义秩序不只是西方国家的主张,而是具有全球吸引力的主张。美国领导人可能处于危机之中,但世界秩序不是。②

中美关系走向取决于美国对华政策。纵观近现代国际关系史,大国的兴衰起伏是国际政治的常态,大国外交也有失去理性的一面,但最终要回归到理性层面来。虽然很难断定未来的国际政治结构,然而我们可以确定的是,中国步入世界强国之列的过程是当代国际政治核心议题之一。国际学界对于中国和平崛起有诸多看法,其中比较极端观点是沈大伟在《华尔街日报》(2015年3月)的"中国崩溃论"。③

沈大伟的观点并未得到学界一致认可,澳大利亚前总理、哈佛大学肯尼迪政府学院贝尔福中心高级研究员陆克文在其撰写的《习近平治下的中美关系——以建设性的现实主义来实现中美共同使命》(2015年4月)报告中就提出了不同意见。沈大伟可能修正了自己的观点,开始重点关注中国经济停滞问题。2017年2月沈大伟在新加坡南洋理工大学拉惹勒南国际研究院

---

① [美]罗伯特·卡根:《美国不再管世界秩序》,FT中文网,http://www.ftchinese.com/story/001070241? full = y。
② G. John Ikenberry, "American leadership may be in crisis, but the world order is not", https://www.washingtonpost.com/news/in - theory/wp/2016/01/27/american - leadership - is - in - crisis - but - the - world - order - is - not/? utm_ term = . a9750ce314ca.
③ David Shambaugh, "The Coming Chinese Crackup", https://www.wsj.com/articles/the - coming - chinese - crack - up - 1425659198.

又抛出了"中国跨不过中等收入陷阱"的观点。①

与沈大伟的"中国崩溃论"相比，新古典现实主义阵营约翰·米尔斯海默（John J. Mearsheimer）的"中国威胁论"影响更大。为此，米尔斯海默修订了《大国政治的悲剧》（更新版）②，并撰写了"中国是否能和平崛起"一文。在文中米尔斯海默认为，如果中国经济在未来十年继续保持快速增长，那么美国将会面临一个与自己实力相当的潜在对手，大国政治将全力回归。美国将尽可能地阻止中国拥有地区霸权，而北京的邻居，包括印度、日本、新加坡、韩国、俄罗斯和越南将加入美国遏制中国的阵营。激烈的安全竞争及潜在的战争可能是最终结果。

总而言之，中国的崛起是不平静的。③ 尽管中国一直在反驳"中国威胁论"的观点，但"中国威胁论"会在国际社会中长期存在。更进一步地说，即便中国在一定程度上挽救了全球自由主义秩序，成为全球自由贸易和全球化的领袖，美国以及中国的周边国家也不会放弃"中国威胁论"。因为在无政府状态下，保护自己是每个主权国家本能的反应，而中国也不会放弃发展自己的军事力量。更何况中国与印度、日本之间的关系还存在着领土问题，中国的周边环境并不安全。

中亚国家内部的"反华"情绪。中亚国家独立 25 年来，中国与中亚国家关系有很大的发展，但这大都体现在官方层面，绝大部分中亚国家居民对于中国还是模糊的感性认识，这在独立后出生的中亚青年人中最为典型，他们对俄罗斯、美国、英国甚至日本的了解要多于中国，因为日本在中亚地区运用软实力极其成功。日本帮助中亚国家的许多项目包括清洁水源、建设道路、学校和能源供应系统等深受中亚社会欢迎。

与此同时，以中亚青年人为主的社会组织已在中亚国家的社会运动中扮

---

① 韩咏红：《中国跨不过中等收入陷阱》；http://www.zaobao.com.sg/special/newsletter/story20170222-727807。

② John J. Mearsheimer, *The Tragedy of Great Power Politics*, W. W. Norton Company 2014.

③ John J. Mearsheimer, "Can China Rise Peacefully?", http://nationalinterest.org/commentary/can-china-rise-peacefully-10204.

演重要的角色，诸如吉尔吉斯斯坦的 KelKel、哈萨克斯坦的 Zhas Otan、乌兹别克斯坦的 Kamolot、塔吉克斯坦的 Group-24 等。中亚国家出现的以"反华"为目标的社会运动中，青年组织往往是主力军。

中亚国家内部的"反华"情绪主要集中在民间层次，民族主义、分离主义、宗教极端主义、个人或集体经济利益诉求等是塑造中亚国家内部"反华"情绪的思想源头，中国对本国经济的控制或资源掠夺、中国对跨界河流水资源的利用、中国劳工移民、中国对新疆的宗教政策等经常成为中亚国家"反华"势力的议题。

除此之外，中亚国家内的"反华"情绪也受俄罗斯和西方国家知识界、媒体等负面宣传的影响。所有中亚国家内部都有程度不同的"反华"情绪，哈萨克斯坦和吉尔吉斯斯坦与中国经济贸易往来较为密切，"反华"情绪比较突出。2016年哈萨克斯坦和吉尔吉斯斯坦先后出现了反"中国租地扩张"运动和中国驻吉尔吉斯斯坦大使馆汽车炸弹袭击事件。前者是抗议土地改革可能引来中国对哈萨克斯坦更严重的扩张行动；后者则是最极端的"反华"暴力事件。

根据吉尔吉斯斯坦国家安全委员会新闻处的报告，袭击者是佐伊尔·哈利洛夫（祖里拉·哈利莫夫），1983年生，东突分子，拥有塔吉克斯坦护照。哈萨克斯坦的政治分析师萨特帕耶夫（Dosym Satpayev）说，中国在中亚地区的投资和影响日益扩大，中亚地区也因此产生了反中国势力。中国加强在中亚活动的同时，也应做好准备应对未来可能遭受的更多攻击，中国人的安全也同样将受到更多威胁。所以，中国应该做好准备，加强在中亚活动的同时，也应保护好自己。

综上所述，在全球自由主义秩序走向终结的趋势中，中国是否能和平崛起对上合未来发展意义重大。但是，中国和平崛起之路不平静，从全球到地区，从地区到国家层面都普遍存在着或大或小的挑战，这些挑战也直接或间接地对上合组织发生着作用，并影响着上合的发展。世界要适应新的现实，而上合也需要适应新的现实。

Y.7
发展中的上海合作组织与走向成熟的中国外交

许 涛*

摘 要： 上海合作组织是中国新世纪外交的重要创举，是应对冷战结束与苏联解体后世界及周边地区政治格局突变的有效举措。随着欧亚地区地缘政治"大地震"后积蓄能量的不断释放，国家关系重建、经济持续下滑、民族关系恶化、极端主义蔓延等因素不仅威胁着地区各国草创建国的社会稳定和国家安全，而且还由于特殊的人文地理条件在很大程度上影响着正逐渐进入改革开放快车道的中国。在共同的利益关切和基本契合的地区发展观驱动下，中国、俄罗斯、哈萨克斯坦、乌兹别克斯坦、吉尔吉斯斯坦、塔吉克斯坦这6个历史传统、民族文化、政治体制、意识形态、社会结构等国家要素存在极大差异的政治主体在上海合作组织这一特殊平台上实现了合作，有效地遏制了地区"三股势力"的猖獗作乱，为各国的稳定与发展创造了必要的环境和条件。在达到这些既定政策目标的同时，上海合作组织还开创了不同地缘政治目标取向各国为解决共同面临问题和威胁而实现高水平合作的范式，为中国外交倡导的新安全观提供了可贵的实践经验，使这一理念不断深化和丰满。在中国外交形式与内容均发生重大变化的今天，上海合作组织也在经历着深刻的改变并面临着前

---

* 许涛，国务院发展研究中心欧亚社会发展研究所研究员。

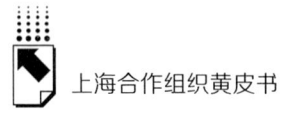

所未有的挑战。尽管目前国内外学界对其前景有着不同的预测，但可以肯定的是：成功经营上海合作组织仍将是中国外交今后的政策创新实践和实现国家利益不可替代的平台。

关键词： 上海合作组织　中国　外交

推动上海合作组织的建立与发展，是中国在冷战结束后积极外交的重要举措和重大建树。当前如此评价这一事物恐怕不会有多大争议，殊不知上海合作组织刚诞生时不仅要面对各种不同的内部意见，而且还经历了来自外部不同立场的批评、非议，甚至"唱衰"。但是上海合作组织却不为所动地一路风风火火、有声有色发展至今，而且合作领域不断扩大，影响力大大超出现有正式成员国所在地区。

当上海合作组织已渡过跌跌撞撞、一波三折的艰难时期后，在受到内外各方肯定、赞誉，甚至吹捧的今天，我们理性回顾这个新生的国际合作组织15年来（准确地说应该是从"上海五国"机制形成以来的20年）走过的每一段重要历程，认真分析和认识这个组织兴盛发展的内在规律，尤其是中国对外政策在经营这一合作平台中的得失，以及这一过程对中国新世纪外交（特别是周边外交）所做的贡献，不仅对推动上海合作组织今后的健康发展十分必要，而且也对中国继续探索新时期外交的方向与路径颇具建设性意义。

一　从化解对抗风险的谈判到地区合作论坛

第二次世界大战结束后，全球性强权体系在战争中以军事手段刚刚完成的势力范围划分，却很快因战后力量对比出现重大失衡，又展开包括军备竞赛和软实力竞争在内的综合力量新的博弈。最终，这场博弈以苏东集团的剧变和西方集团形式上的"不战而胜"宣告结束。然而这场地缘政治地震带来了全球战略力量新的失衡，其影响并不亚于两次世界大战带来的结果。刚刚结束内乱十几年后的中国正在经历国家发展的重要社会转型，开始深化的改革开放十分需要一个相对稳定的国际氛围和周边环境。如何应对冷战结束带来的重大国际关系变化，成为中国外交由意识形态优先转向为经济建设服务后的第一场严峻考验。虽然20世纪六七十年代中苏间从政治理论上的论战演化到军事对抗乃至进入准战争状态，苏联及其盟国在毗邻中国东北、华北、西北的边境地区陈兵百万，[1] 成为中国最现实、最严重的安全威胁。但当庞大的苏东集团骤然瓦解时，这一突发的状况仍然让政治文化上与苏联有着千丝万缕联系的中国颇感意外。如何在全球战略力量发生颠覆性巨变后重新确立新的国家定位，与苏联正在恢复中的正常国家关系是否适用于它的继承者们，在共和国历史上这一挑战与机遇并存的关键时刻，中国外交做出了明确的选择。

然而，在此时作为冷战结束后政治动荡直接承受者的原苏联国家所面临的问题要严重得多，复杂得多，尤其对尽可能最大化地消除历史遗留的和现时产生的风险及营造相对稳定国际环境（首先是周边环境）的需求更加迫切。虽然中苏在冷战结束前已经开始了争取关系正常化和避免战争风险的谈判，而且也重新启动了20世纪60年代后中断多年的中苏边界问题谈判，但当苏联作为超级大国的地位尚未发生变化，及与美国、西方集团争夺全球霸权的战略宗旨未变时，其对华的大国沙文主义和霸权主义基本立场也不会有根本性改变。因此，当时中苏间缓和关系的谈判不可能出现实质性的突破，甚至在边境问题谈判中还出现多次中断。

1982年3月，时任苏共总书记勃列日涅夫的塔什干讲话释放出重要信息：第一，"不否认中国存在着社会主义社会制度"；第二，"仍然承认中华

---

[1] 1982年4月16日，邓小平在人民大会堂福建厅会见齐奥塞斯库时，请他转告勃列日涅夫："我们重视实际行动，实际行动就包括阿富汗、柬埔寨问题，包括在我们的边界屯兵在内"。说到这里，邓小平加重语气对齐奥塞斯库说："屯兵100万啊！不谈这些具体行动，有什么基础？"参见吴跃农《从"塔什干讲话"到"海参崴讲话"：中苏关系正常化历程》（下），中国社会科学网，2011年9月19日，http://www.cssn.cn/ddzg/ddzg_ldjs/wj/201201/P020131031386209855531.pdf。

人民共和国对台湾岛的主权";第三,"准备在任何时候继续边界问题谈判,并讨论关于在边界地区相互信任的措施"。① 中方对此积极回应后,1986年7月,戈尔巴乔夫海参崴讲话对中方的关切进一步发出善意信号:苏联将从阿富汗分阶段撤军;同蒙古人民共和国讨论撤军问题;愿同中方讨论削减边境驻军问题等。②

高层政治障碍突破后,初经多方努力,1987年中苏边境问题谈判重启。直至苏联解体,一波三折的中苏边境问题谈判进行了多次。在中国领导人倡导的"告别过去,开辟未来"③ 方针推动下,1989年5月戈尔巴乔夫访华和1991年5月江泽民访苏标志着中苏关系正常化时代的真正到来。经1987年2月和8月两轮中苏副外长级谈判,原则上确定了解决中苏边境问题(首先是东段)的指导性共识,继而在1991年5月中苏外交部签署了《中苏国界东段协定》。

正当中苏边境问题谈判似乎顺风顺水时,1991年12月的苏联解体将这一进程又带入了一个微妙的历史结点上:中苏边境问题谈判的主体发生了戏剧性变化。这一进程是否继续下去,怎样继续下去,考验的不仅是政治决心,而且还需要足够的战略智慧。

关键时刻的正确决策,基于对国际关系大势和相关地区环境的客观判断。中国领导人在世界乱局中及时稳住阵脚,在冷静观察后迅速做出对国家基本利益及具体外交目标的新定位。中国外交部发言人于1991年12月即明确表示,中国政府愿意继续履行与原苏联政府签署所有相关文件规定的义务,并希望原苏各相关共和国(主要指与中国有共同边界的各共和国)在独立后也能履行此前中苏间签署的各项协定。同时,以实际行动和积极措施向原苏相关国家宣示诚意和决心。

在与独立后的原苏国家建立了正式外交关系后,1992年2月,中俄两

---

① 吴跃农:《从"塔什干讲话"到"海参崴讲话":中苏关系正常化历程》(上),人民网中国共产党新闻网,2011年11月1日,http://dangshi.people.com.cn/GB/16098926.html。
② 周晓沛:《中苏中俄关系亲历记》,世界知识出版社,2010,第45页。
③ 徐天新、梁志明、谭圣安:《当代世界史》,人民出版社,1993,第98页。

国以原《中苏国界东段协定》为蓝本的《中俄国界东段协定》签署生效。在这一系列外交行动和高层斡旋的推动下,原苏与中国互为直接邻国的俄罗斯、哈萨克斯坦、吉尔吉斯斯坦、塔吉克斯坦4国代表于9月在明斯克集会,商讨是否及如何与中国继续边境谈判的问题。这时,4国将关注点不约而同集中在边境的军事安全上,并商定首先要与中方讨论实现边境地区军事安全问题,并为此订立内部协议,组成了4国联合代表团。

1993年2月,中国与俄、哈、吉、塔"五国两方"特殊形式的谈判开始启动。可以想见,谈判初期在诸多问题上仍然分歧严重。但在承认和继承中苏时期谈判成果这一点上,各国各方却无重大分歧。① 接着,在1994年《中俄国界西段协定》、《中哈国界协定》签署后,谈判各国很快将关注焦点集中在边境军事安全上。依据1990年4月中苏《关于在中苏边境地区相互裁减军事力量和加强信任的指导原则协定》基本内容,1995年11月中国与俄罗斯、哈萨克斯坦、吉尔吉斯斯坦、塔吉克斯坦草签了《中、俄、哈、吉、塔五国关于在边境地区加强军事领域信任协定》。

1996年4月26日,5国领导人在上海共同签署《中、俄、哈、吉、塔关于在边境地区加强军事领域信任协定》。一年后,5国元首又在莫斯科聚会,共同签署了《中、俄、哈、吉、塔五国关于在边境地区相互裁减军事力量的协定》。这两个《协定》的签署带来的直接效果是化解了冷战时期中苏间积累起来的军事冲突风险,使中国与俄、哈、吉、塔间数千公里国境线彻底告别了军事对峙。间接的效果是推出了一种以建设性方式结束冷战状态及其后续影响的新路径。

如果说1996、1997年两个《协定》的签署主要缘于结束冷战对立状态共同安全需求的话,那么继两个《协定》之后形成的政治信任与安全协商机制则在更大程度上基于对旧式合作理念和传统安全观的摈弃与批判。当边境地区军事信任和裁减驻军有了法律保障,似乎从中苏时期开始的争取国家

---

① 潘光:《上海合作组织和"上海精神"——第三代领导集体对邓小平国际战略思想的发展》,《社会科学》2003年第12期。

关系正常化的外交努力已成正果,连续两年的各国高层会晤也可告一段落。然而,恰恰在这一微妙时刻,中国领导人及时支持哈萨克斯坦总统提出将5国元首会晤作为一个机制化论坛固定下来的建议,促成了1998年在哈萨克斯坦首都阿拉木图召开的一次承上启下的元首会议,"上海五国"峰会及其附属的相关职能部门会晤由此延续下来。① 后来被称为"上海进程"的发展曲线,在此时经历了关键性过渡。

这个过渡的完成看似由于某些偶然因素,但实际上却反映出当时国际环境对地区及国家关系发展的必然要求。而对于冷战后的中国外交而言,其更加重大的意义还在于,经过对全球及周边环境巨变的冷静思考后,逐渐改变以意识形态标准划分敌、我、友的"文革思维",将确保改革开放顺利进行和服务于经济建设确定为新的工作重心,并借助于成功解决边境争议和军事安全问题的实践建立起互信关系,将这一对外政策的转变推向更深入、更广泛的运用空间。

二 以互利和互信精神营造良性地区环境

中、俄、哈、吉、塔5国领导人于1998年共同签署发表的《阿拉木图联合声明》,为这一地区性高层论坛的建立和未来发展确定了几个基本原则。一是将1996、1997年两个《协定》行文中的"双方"改为"各方",从此5国分别成为相互平等的一方;二是确定这一元首会晤将每年举行一次,以定期检查两个《协定》的落实情况,并及时讨论地区内新出现的问题,以在平等磋商和相关领域合作的基础上谋求解决;三是强调5国元首峰会不仅仅是个高层论坛,还将是一个磋商和协作的平台,这种协作是开放性的,是不针对第三国的。这三个原则不单是对"上海五国"论坛的形成产生了决定性的作用,也为"上海进程"的未来发展(尤其是后来上海合作

---

① 中国现代国际关系研究所民族与宗教研究中心:《上海合作组织——新安全观与新机制》,时事出版社,2002,第124页。

组织的成立与建设）奠定了重要的组织基础。

1999年和2000年，"上海五国"分别在吉尔吉斯斯坦首都比什凯克和塔吉克斯坦首都杜尚别举行了两次峰会。继阿拉木图峰会后，"上海五国"论坛在组织的机制化建设上进一步成熟，在功能上则朝着地区性多边对话与协作平台的方向逐步升级。而"上海五国"在制度性建设不断完善的同时，对话与协作的内容也很快由化解冷战遗留的传统安全问题转向本地区突显出来的非传统安全问题。在1998年的阿拉木图峰会上，时任中国国家主席江泽民发表了题为《维护各国稳定，促进发展繁荣》的讲话，提出应赋予"上海五国""携手反对民族分裂主义、国际恐怖主义和其他跨国犯罪等地区恶势力的共同职责"。而且明确提出了5国发展睦邻友好关系和安全领域合作的重要原则，"任何形式的民族分裂、民族排斥和宗教极端都是不能接受的，不允许利用本国领土从事损害五国中任何一国的国家主权、安全和社会秩序的活动"。[1]

在1999年的比什凯克峰会上，"上海五国"元首针对突出的地区安全问题和初步达成的合作共识，首次提出各国有关部门共同开展安全领域中协作的决定，并要求各国职能部门制定具体的联合行动计划。根据5国元首达成的协议和要求，当年底即在比什凯克召开了中、俄、哈、吉、塔"安全执法部门领导人安全合作与协作会议"。这次会议规定了5国安全执法合作的领域、方向和原则，将反对国际恐怖主义、民族分裂主义和有组织犯罪集团、打击非法贩运武器、毒品活动以及制止非法移民等作为基本协作任务。会议签署了《比什凯克合作与相互协作备忘录》，并决定成立由5国安全执法部门领导人组成的"比什凯克小组"。[2]

"上海五国"存在的5年，是欧亚地区政治、经济形势发生重大变化的时期。这些时代性的变化使冷战结束前已显现的，但居于次要地位的若干地区性因素进一步聚积和发酵，凸显成为影响各新生国家安全的主要因素。这

---

[1] 中国现代国际关系研究所民族与宗教研究中心：《上海合作组织——新安全观与新机制》，时事出版社，2002，第144页。

[2] 胡昕蕾：《上海合作组织在中亚安全中的作用》，《法制与经济》2011年第4期。

一变化所具有的地区性，甚至全球性特点，一方面要求更加高层次的国际合作机制发挥作用，另一方面更要求参与合作的各相关国家超越社会形态、政治制度、文化传统的差异，建立起相对紧密的跨国协作机制，结成具有一定权威性和执行力的地区性组合。在冷战结束后，这种需求和趋势并不孤立。

一些国际问题学者在观察同期出现的类似现象（例如东盟）时发现了这一趋势和特点：不同的国家制度并不是构建地区性安全合作组织的障碍。① 东盟是践行这一理念的标本之一，而在中国与原苏联有共同边界的欧亚各国间，同一领域的尝试也正以意想不到的速度和深度推进着。随着欧亚地区安全形势的复杂化，"比什凯克小组"的协作方式和实效开创了"上海五国"论坛机制确立以后的重要合作范例。2000年4月，"比什凯克小组"在莫斯科举行第二次会议，各国安全执法部门领导人在会议上分析了以"乌兹别克斯坦伊斯兰运动"及其制造的"巴特肯事件"等标志性地区安全事态，就打击民族分裂主义、国际恐怖主义、宗教极端势力及跨国犯罪活动的有效协作进行了更具体的磋商与协调。

针对地区安全格局和特点的变化，"上海五国"高层论坛与职能部门协作机制经受了考验。在中亚各国独立刚满10年时，原超级大国时代积累下来的各种社会矛盾已经充分演绎，历史的惯性和新条件下产生出的能量正在全面释放，草创建国的局限性使各新独立国家应对外部威胁的能力难以马上健全。这些现实制约着欧亚各国独立地完成单一安全环境的构建，而欧亚地区非传统安全因素凸显的跨国性（甚至跨地区性）、非军事性、不对称性、复合性和普遍性的特征，更要求地区各国以创新思维探寻解决这些棘手问题的路径。

2001年初，曾以客人和观察员身份参加2000年"上海五国"杜尚别元首峰会的乌兹别克斯坦总统卡里莫夫，迫不及待地表示出加入"上海五国"论坛的愿望。尽管"上海五国"各成员国对乌方领导人提议的反应不同，

---

① 〔加〕阿米塔夫·阿查亚（Amitav Acharya）：《构建安全共同体：东盟与地区秩序》，王正毅等译，上海人民出版社，2004，第29~41页。

但都不否认这一地区高层论坛客观上已面临重组和升级要求。历史地看待这一变化，应该说明了这样三个问题：

第一，基本解决边界争议和边境裁军问题后，地区安全合作机制的关注点亟须向更艰巨、更复杂的非传统安全问题转移。

第二，中国与原苏联相邻4国通过解决边界争端和边境安全建立起来的政治互信关系需要向更广泛和更深入的领域发展，换句话说，以1996、1997年两个《协定》为基础建立起来的地区高层论坛已满足不了现实的地区安全合作需求。

第三，由以上两个认识为前提，乌兹别克斯坦不仅正处在地区非传统安全问题最集中、最突出的地位，而且在完整的地区安全体系构建中，这个中亚大国有潜力发挥不可替代的重要作用。

然而，在这个问题上并不是所有"上海五国"的成员国都能有此认识的。特别是由于苏联时期中亚经济分工造成解体时各国资源分配的不均衡，加之独立后不同的建国理念、不同的发展模式、不同的对外政策等差异性逐渐扩大，地区内国家间矛盾尖锐而复杂。为此，中国方面协同俄罗斯做了大量的工作，说服各方将共同维护地区安全与稳定视为高于国家间利益分歧的目标，最终争取各国接受了以超越边界问题谈判和解决边境军事安全早期论坛的合作水平，建立一个更大范围、更多领域、更强机制的正式地区性国际合作组织。2001年6月，上海合作组织正式成立。尽管事后曾有不同视角的分析人士对这一过程提出各种看法，甚至诟病将乌兹别克斯坦这样一个特立独行、个性十足的成员拉入"上海进程"的决定，但从构建区域性安全合作平台的整体效应来看，这些过程中的花絮在地区合作发展的大趋势中已显微不足道。

三 继续践行"命运共同体"理念的外交窗口

上海合作组织已经走过了15年的历程（算上"上海五国"时期已有20年），这段逐渐成长壮大的历史越来越有力地说明，实现集体安全并非只有结盟一条道路可走。这一由苏联解体后中国、俄罗斯、哈萨克斯坦、吉尔吉斯斯坦、乌兹别克斯坦、塔吉克斯坦等相邻国家共为主体持续推动解决冷战遗留问题的对话机制，随着应对地区安全风险共同需求的提升，最终形成了一个覆盖欧亚大陆主要地区的国际合作组织。6个成员国的国土面积占欧亚大陆面积的3/5，人口达到15.1亿之多，占世界总人口的1/4。在这样广袤的地域上生活着近200个民族，使用着上百种语言，信仰着数十种宗教。加上阿富汗、白俄罗斯、印度、伊朗、蒙古国、巴基斯坦6个观察员国和阿塞拜疆、亚美尼亚、柬埔寨、尼泊尔、土耳其和斯里兰卡6个对话伙伴国，不仅覆盖着广大的地域，而且包括了差异性巨大的社会文化、政治制度和意识形态。①

尚在"上海五国"时期，"不结盟、不对抗、不针对第三国"就已经成为重要的合作原则，2002年又与作为"上海精神"的"互信、互利、平等、协商，尊重多样文明、谋求共同发展"一并被写进《上海合作组织宪章》。这些理念在上海合作组织存在与活跃的地区通过国际合作实践不断地被深化、不断被升华，在当今全球化进入一个微妙、争议，甚至艰难的阶段中，仍然散发着强大的生命力和凝聚力，乃至成为令国际社会不得不关注的区域合作标本。在这一场前所未有的国际政治实践活动中，突破冷战思维、超越制度标准、包容多元文化、放弃意识形态站队等重要原则的践行，不仅在互信、互利的基础上建立起新型国际合作范式和现代战略伙伴关系，而且中国外交以上海合作组织为基地和样板，将"安邻、睦邻、富邻"和"与邻为善、以邻为伴"等典型东方伦理观念政策化、条理化、制度化，逐渐推出以"安全共同体"、"经济共同体"、"命运共同体"为基本思路的新安全观、新合作观，为处在重大变革中的世界格局和面临秩序重建的国际社会提供了有益的公共产品。从这一视角观察和评价上海合作组织的发展与建设，其影响意义远远超越了各成员国所在的地区。

有学者认为，"上海合作组织正在逐步演变成为中国、俄罗斯和中亚地区跨区域的安全和经济合作组织。在这一区域性的国际多边合作机制的深化

---

① 上海合作组织官网，http://chn.sectsco.org/about_sco/。

中，中国正逐步探索并形成了一种摆脱冷战思维、超越传统安全理念的新安全观。这是当代国际关系史上具有非凡意义的外交实践，开创了地区新型安全合作模式"。① 尤其在全球化进程面临诸多困境，冷战思维回潮，孤立主义、单边主义、民粹主义、保守主义盛行于当代国际关系的今天，这一发展中的理论与实践更具有重要的现实意义和深远的全球意义。坚持国家关系平等、倡导多元文化共荣、创造共同发展良性环境，这是上海合作组织决心走出一条构建新型国际秩序和结成更广泛命运共同体新路径的执着尝试。尽管这种实践是个长期的、曲折的和逐步完善的渐进过程，但是它代表着人类社会探索新型国家关系的进步方向，因而也是这个组织充满生命力的原因所在。

"弈者谋局，智者谋势"，这是中国古代战略哲学的精髓之一。这里的"局"与"势"既包括了对必然趋势的判断和总体大局的把控，也倡导着对有利环境的主动营造和向更高目标的积极推动。在中国古代哲人的逻辑中，内容和形式、目标和过程、战略和策略往往是相对的、辩证的，在不同的条件下甚至是可以互换的。新时期的中国外交在推动"上海进程"和经营上海合作组织的过程中，堪称比较完美地演绎和诠释了这一战略哲学思想，并正在将它作为构建未来中国大国外交的重要组成部分而不断健全、完善。

如今，中国外交以上海合作组织为实践主线之一，继续探索以命运共同体理念与更多、更广泛的政治、经济、文化主体建立起互为条件、互为依托、互为动力的和平发展大氛围。这本身就是在当今世界的大变局中因时而动、顺应潮流、规避风险的创新之举，是国际社会在全球化冲击下面临从伦理到规则均需重构时期谋局造势的大智慧。如果能够更多地理解这一思想要义，就不会因上海合作组织在内部继续坚持成员国协商一致原则导致缺乏"执行能力"和"行动能力"而妄自菲薄，也不会因某军事集团为配合一场战争在成员国境内建立军事基地而焦虑不安，更不会因更多的国家主体加入

---

① 杨鲁慧：《地缘政治演变与中国新安全观——以上海合作组织新机制为视角》，《社会科学》2007年第3期，第54页。

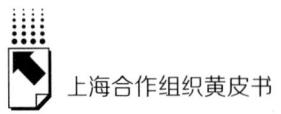

上海合作组织后影响力下降而杞人忧天。

2016年是上海合作组织成立15周年的日子,在塔什干纪念峰会上取得的重要成果预示着这个地区性国际合作组织将进入一个发展的关键期。2017年将是酝酿多时的上海合作组织扩员进程付诸实施的一年,一个仅仅建立15年的国际组织为顺应时代和世界形势发展将在自身内部完成一次重大变化。这个过程是上海合作组织成立后的第一次蜕变,当然,它的完美实现很可能是一个复杂而长期的过程。总之,上海合作组织的发展是不以人的意志为转移的客观趋势,这个年轻的国际组织将走向何方势必会成为国际社会高度关注的焦点。

上海合作组织秘书处前副秘书长高玉生曾对这个组织的未来表示过几点确信:首先,"不结盟、不对抗、不针对第三国"的原则不会变,因为这是上海合作组织对世界的宣言和承诺,是它立足于国际社会的底线;其次,"互信互利、平等协商"和"协商一致"的原则不会变,因为这是上海合作组织成员国大小平等的内部关系准则,是保持组织凝聚力的基本源泉;最后,坚持不干涉成员国内政的原则不会变,因为这是上海合作组织充分尊重各成员国在政治制度、社会形态和经济模式上自主选择的体现。① 无论从中国外交发展的视角分析,还是从地区命运共同体构建的维度观察,如能始终不渝地坚持这三条根本原则,上海合作组织的继续存在与健康发展必将为优化未来地区环境和国际秩序做出贡献。

---

① 高玉生副秘书长上述观点发表于2015年9月18日上海社会科学院、上海政法大学联合举办的第十二届中亚和上海合作组织国际学术研讨会开幕式的演讲中。

Y.8 中亚地区的"颜色革命"可能性有多大？

王宪举[*]

摘　要： 由于历史的、内部的和外部的原因，中亚地区确实存在不少问题，主要是恐怖主义、极端宗教主义、国内政治势力之间的争斗、经济形势复杂等。中亚各国采取巩固政权和强力部门、打击三股邪恶势力、限制非政府组织活动、发展经济、奉行多元平衡和有重点的对外政策，在应对这些困难方面取得了明显的成效。上海合作组织对于保障欧亚地区安全与稳定具有十分重要的作用。总的来看，今后一个时期中亚地区难以发生大的动乱，其安全与稳定的局势是可以预期的。

关键词： 中亚　颜色革命

自从2010年12月中东地区爆发"阿拉伯之春"以来，世界上不少国际问题学者和专家都预言：接下来发生动乱的地区就是中亚了！他们列举的理由如下：一是中亚地区的极端恐怖分子活动越来越猖獗，"伊斯兰国"将开辟第二战线；二是北约部队基本撤离阿富汗后，这个国家的局势可能崩盘并殃及比邻的中亚；三是"颜色革命"与"老人政治"使得中亚不能排除在未来发生政局动荡的可能性。应该说，这些问题确实不同程度地存在，但是要酿成大的动乱或"颜色革命"，谈何容易？

---

[*] 王宪举，国务院发展研究中心欧亚社会发展研究所研究员。

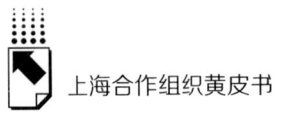

复杂的形势

以 2016 年中亚地区的形势为例，在政治稳定、社会安全、国家间关系等方面确实发生了一些令人担忧的事件。

首先是恐怖活动增多。6 月 5 日下午，在哈萨克斯坦西部城市阿克托别，一伙恐怖武装分子袭击了市内两家武器店，洗劫了店内枪支。之后武装分子劫持一辆大巴车，冲击了市内一处军队驻地并向营地内人员射击。整个事件造成 17 人死亡，其中 6 名军警和平民遇害、11 名武装人员被击毙。虽然有 9 人被捕，但仍有数人潜逃。据哈萨克斯坦国家安全委员会副主席比利斯别科夫在有关采取措施预防和制止极端主义和恐怖主义的工作会议中称："2011 年以来，已在前期准备阶段防止并挫败 64 起暴力极端行动，自今年（2016 年）年初起已经阻止 9 起袭击。"[1]

又过了一个多月，即 8 月 30 日上午 9 时 30 分左右，一名袭击者驾驶一辆三菱面包车冲进位于吉尔吉斯斯坦首都比什凯克南郊的中国使馆大门，在行驶约 50 米后引爆车上的炸弹。嫌疑人当场死亡，2 名使馆保安、1 名员工受伤。

这是中国驻外使领馆首次遭到自杀式汽车炸弹袭击[2]。吉尔吉斯斯坦国家安全委员会称，袭击者是一名曾在叙利亚接受恐怖袭击培训的维吾尔族人，所持塔吉克斯坦护照的姓名是佐伊尔·哈利洛夫。它反映了吉尔吉斯斯坦政治稳定性相对较弱、其强力部门比较薄弱、"东突"势力和"吉尔吉斯斯坦伊斯兰运动"恐怖组织胆大妄为、阿富汗"基地"组织和"伊斯兰国"等国际恐怖组织向中亚渗透的严重性。

9 月 6 日，吉尔吉斯斯坦国家安全委员会发布消息称，在吉国家安全部门 8 月 29 日开展的一次反恐行动中，反恐部队查明并包围了一名国际恐怖

---

[1] 《哈萨克斯坦从 2016 年起已经阻止 9 起恐怖袭击》，中国新闻网，2016 年 9 月 22 日。
[2] 《中亚：极端主义爆发的下一个触点》，《财经杂志》，2016 年 9 月 17 日。

组织成员在比什凯克市郊的藏匿地。这名生于 1977 年的恐怖分子被吉国家反恐部队包围后拒绝投降，武力反抗。吉国家反恐部队特种兵将其击毙，并在其藏匿处缴获了一只卡宾枪、大量子弹及自制炸药。

近年来，有数以百计的中亚国家公民被"伊斯兰国"等极端恐怖组织招募到叙利亚和伊拉克境内打仗。由于受到俄罗斯空军空袭和其他国家的军事打击，2016 年一些成员回流到中亚国家，对该地区安全和稳定构成新的威胁。

与反恐形势严峻的同时，中亚一些国家之间因边界和领土纠纷而发生的争端也影响该地区的稳定与安全。2016 年 3 月 18 日早晨，约 40 名乌兹别克斯坦士兵在两台装甲步兵车掩护下，分乘两辆卡车进入乌兹别克斯坦与吉尔吉斯斯坦有争议的阿拉布卡地区，禁止吉公民入境乌。作为回应，吉也在边境增加兵力，宣布在三个边境检查站对乌公民实施限行政策。

此外，中亚个别国家政权上层的内部争斗也令人对该地区的形势产生忧虑。2016 年 4 月 9 日，吉尔吉斯斯坦议会调查委员会宣布，伊塞克湖州"巴雷克奇－塔木奇－乔蓬阿塔－库鲁姆杜"公路修复项目的招标存在违规情况。萨里耶夫总理向总统阿塔姆巴耶夫递交关于交通部长马拉巴耶夫的渎职报告，请总统解除其职务。但总统将报告退回。马拉巴耶夫表示自己未参与该项目招标，而其副部长乌耶兹巴耶夫受萨里耶夫总理"身边人"授意，干预项目招标。对此，萨里耶夫予以否认，并提出辞呈。吉尔吉斯斯坦议会指责萨里耶夫内阁不团结，总理和交通部长、内政部长等多名部长存在矛盾。议长图尔松别科夫表示，执法人员应就对萨里耶夫的指控开展调查。

由于 2017 年 12 月 1 日现任总统阿塔姆巴耶夫的任期届满，吉总统竞选的帷幕悄然拉开。白鹰党宣布推举前总理萨里耶夫为总统候选人。一项调查问卷表明还有 8 名候选人将参加竞选。他们是：现任总理索隆拜·热恩别科夫；共和国党主席奥木尔别克·巴巴诺夫；比什凯克市长阿勒别克·伊布莱莫夫；国家安全委员会主席阿布迪力·瑟吉兹巴耶夫；阿塔－梅肯党主席奥木尔别克·捷克巴耶夫；国防委员会秘书铁木尔·朱马卡德罗夫；总统前顾问伊克拉穆詹·伊利米亚诺夫；总统外交政策办公室主任萨帕尔·伊萨科夫。

值得指出的是，为了扩大议会和总理权限、削弱总统职权，吉尔吉斯斯坦已于2016年12月11日举行修宪公投（涉及30处修改内容）。在约115万参与投票的选民中，同意修宪者占79.62%，反对者占15.37%。修宪法案获得通过，这对阿坦姆巴耶夫总统所属的吉最大的社会民主党十分有利。可以预计，2017年吉的总统竞选又将是一场复杂的政治斗争。

哈萨克斯坦的政治形势也是稳中有变，雾里看花。近年来，包括环境部部长、国防部副部长、统计署署长、国防部装备总局局长、防空部队副总司令等一批高官因贪污腐败相继落马。2015年12月11日，前总理阿赫梅托夫因侵吞巨额国有资产等多项罪行被判处10年有期徒刑并没收个人财产。2016年9月8日，纳扎尔巴耶夫总统把马西莫夫从总理位置上调离，任命其为国家安全委员会主席。次日任命萨金塔耶夫为新一任总理、国家铁路公司总裁马敏为第一副总理。

2015年9月16日，纳扎尔巴耶夫总统任命52岁的长女达丽加·纳扎尔巴耶娃为政府副总理。一年后，2016年9月13日，又任命她为参议院国际事务、国防和安全委员会主席。2017年1月25日，纳扎尔巴耶夫总统发表全国电视讲话，宣布将进行宪法改革，重新分配总统、议会和政府权力。根据宪改方案，总统将把处理社会和经济问题的权力移交给政府，政府向议会负责，接受议会监督。总统将在政府和议会间扮演终极裁判的角色，其主要职权是对国家外交、国家安全和国防等战略问题做出决策。[1] 一些分析人士认为，老纳是在加紧为哈萨克斯坦未来的政权架构和权力平衡作安排，以便找到一个适合哈萨克斯坦国情、能够长治久安的发展模式。多年来，欧盟一直在推动哈萨克斯坦等中亚国家实行议会总统制，其努力究竟能起多大作用，尚待观察。

中亚地区存在的另外两个严重问题是：极端伊斯兰主义和亲西方的非政府主义组织。这两个问题都不是官方主张的发展方向和道路，而是外来的影

---

[1]《哈萨克斯坦共和国总统纳扎尔巴耶夫向哈萨克斯坦人民发表的国情咨文》，哈萨克斯坦驻华大使馆网，2017年1月31日。

响和渗透。个别阿拉伯国家通过资助中亚地区建造清真寺、派遣教会人员、散发宣传材料、扩大教会组织、接受中亚国家大学生去伊斯兰教学院学习等方式，传播瓦哈比教派等极端伊斯兰思想。近年来哈萨克斯坦等国发生的一些恐怖袭击，其"组织者和执行者主要是受了宣传恐怖主义和极端主义网站的影响，其中部分恐怖活动是'哈里发战士'的成员所为"①。极端宗教组织利用互联网、短信、微信等现代通信技术，向中亚青少年传播伊斯兰极端主义思想，成为破坏中亚安全与稳定的一个重要因素。

1991年底中亚国家获得独立以后，以美国为首的西方国家开始积极向中亚地区渗透，其主要手段之一就是建立各种非政府组织，培养实行民主改造的社会基础、政治精英和骨干力量。截至2005年8月，共有2914家外国非政府组织在中亚国家注册，其中吉尔吉斯斯坦1010家，哈萨克斯坦699家，塔吉克斯坦595家，土库曼斯坦138家，乌兹别克斯坦有472家。与此同时，在西方的资助下，中亚地区本国本土的非政府组织也纷纷成立。据美国有关机构统计，目前中亚国家的非政府组织已经超过1万个。②

2006年2月28日，美国国会众议院开始审议和表决旨在推进哈萨克斯坦、吉尔吉斯斯坦、乌兹别克斯坦、塔吉克斯坦和土库曼斯坦五国"民主进程"的《中亚民主和人权决议法案》。按照国会共和党议员、该法案的起草者之一斯密特的说法，"中亚国家独立15年后，并没有彻底摆脱苏联的影响，他们未来的发展趋势摇摆不定，对此我们感到非常忧虑"，而"这项法案将对中亚地区的民主和人权事业提供经济援助"。法案要求美国总统每年对中亚五国政府是否在执行稳定并富有成效的民主和人权政策进行确认，同时规定，从2006年开始，美国政府每年向中亚五国拨款1.88亿美元，资助推进中亚五国的民主进程。③

---

① 《哈萨克斯坦官员称恐怖组织"哈里发战士"威胁哈安全》，新华网，2012年12月4日。
② 金彪：《试析中亚"颜色革命"中外国非政府组织的作用》，中国社会科学院《环球市场信息导报》杂志社网站，2012年12月31日。
③ 金彪：《试析中亚"颜色革命"中外国非政府组织的作用》，中国社会科学院《环球市场信息导报》杂志社网站，2012年12月31日。

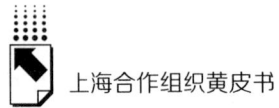

此外，美国还在中亚各国建立不受政府检查约束的独立媒体，资助这些国家的独立广播和电视节目，从2006年开始为"美国之音"和"自由之声"拨款1500万美元，资助这两家电台用当地语言在中亚五国广播①。

中亚国家的应对

针对上述对国家安全与社会稳定的威胁，中亚国家采取了一系列相应的举措，并且收到明显效果。

第一，巩固国家政权，完善国家政治制度和发挥强力部门作用。除吉尔吉斯斯坦外，中亚其他四国建立并巩固了强有力的总统制。独立以来25年的历史经验证明，总统制基本上符合这四个中亚国家的国情，适合于现阶段它们的发展道路。2006年12月土库曼斯坦总统尼亚佐夫和2016年9月乌兹别克斯坦总统卡里莫夫逝世后，两国均实现权力平稳过渡，说明了总统制的有效性。

吉尔吉斯斯坦根据本国南北地区分裂严重、前两任总统治理国家不当的具体情况，从2010年10月开始实行议会总统制。近7年来，议会总统制基本保障了国内各政治势力的平衡，国家政权处于比较稳定状态。

就中亚各国的强力部门而言，除了吉尔吉斯斯坦比较软弱以外，其他四国的武装力量和警察部队都具有强有力的战斗力和控制力。因此，虽然极端恐怖势力和极端宗教势力有时能够制造一些零星的武装袭击事件，但是根本无力推翻所在国政权，而只能被强力部门所粉碎。

第二，严厉打击恐怖主义、极端主义和激进宗教势力。鉴于"三股势力"破坏中亚地区的安全与稳定，中亚各国都采取各种举措予以打击。塔吉克斯坦在1996年12月结束国内战争后，对反政府武装力量和其他各种恐怖势力采取高压政策，基本实现社会稳定。2012年7月中旬，塔东部戈尔诺-巴达赫尚自治州发生动乱，州安全委员会主席纳扎罗夫遇害。政府军在

---

① 《美用重金渗透中亚五国 "援助"中亚民主和人权》，《环球时报》2006年3月4日。

自治州首府霍罗格及其郊区实行清剿，击毙30名非法武装人员，逮捕41人。部分匪徒逃往接近费尔干纳盆地的拉什特山谷躲藏。自此以后，再也没有发生较大规模的武装袭击。

乌兹别克斯坦当局在镇压恐怖势力方面毫不手软。1992年2月，"乌伊运"恐怖武装在塔什干制造了6起爆炸事件，企图谋害卡里莫夫总统，建立伊斯兰教法统治的国家；1999年7月，这伙恐怖分子从塔吉克斯坦窜入吉尔吉斯斯坦南部巴特肯地区，并向乌兹别克斯坦在吉尔吉斯斯坦的飞地索赫和莎希马尔丹进军，试图在吉、乌、塔三国交界的费尔干纳盆地建立宗教政权；2000年8月，武装分子再次攻入乌、吉南部，企图制造动乱。乌兹别克斯坦政府坚决打击"乌伊运"，使其成员在国内无法公开活动，只好逃亡国外，或者在国内隐蔽起来。

2005年5月12日晚，一群武装分子袭击了乌兹别克斯坦东部城市安集延的几个警察岗哨和部队营房，抢夺了大批武器弹药。武装分子冲进安集延市监狱，放出一批在押犯，随后，冲击安集延州政府大楼和州安全局大楼。在卡里莫夫总统指挥下，乌兹别克斯坦军警封锁了安集延市出入通道，出动装甲车和直升机，打死100多名武装分子，部分武装分子逃逸。卡里莫夫指出，安集延事件是一场由中亚宗教极端组织"伊扎布特"（伊斯兰解放党）的新分支组织"艾克拉米亚"策划的武装骚乱，目的是在乌兹别克斯坦煽动与"吉尔吉斯革命"相类似的"革命"并建立伊斯兰哈里发国家。

哈萨克斯坦和吉尔吉斯斯坦在打击三股邪恶势力斗争中也卓有成效。仅2012年，哈萨克斯坦护法机构就侦破112起恐怖和极端主义犯罪案件，制止了24起恐怖犯罪活动。哈政府取缔了15家被认定为恐怖组织的外国机构。哈官方关闭了"沙特阿拉伯文化中心"等散布极端思想的文化场所，同时组织编写讲经的文本，对教徒进行正面引导。

2014年1月23日早晨，在吉尔吉斯斯坦与中国相邻的伊塞克湖州杰特奥古兹区发生边防军人与一伙身份不明者交火事件。这伙人用刀杀死一名狩猎者，抢走其枪支。吉边防军人赶到后，遭这伙武装分子射击，交火中两名武装分子被击毙,11人被包围。由于他们拒绝投降,最终被全部击毙。伊塞克湖州政府发言人艾米利别克·卡普塔加耶夫称,不排除这伙武装分子是来自中国的维吾尔族分离主义者。①

考虑到自己武装力量不足,塔吉克斯坦和吉尔吉斯斯坦都借助俄罗斯的力量。俄罗斯在塔吉克斯坦部署了第201军事基地,共有7000名官兵,租期到2042年。吉尔吉斯斯坦境内有4个俄军事基地:坎特市的集体安全条约组织的集体快速反应部队空军基地;卡拉克尔市的试验海军基地;加尔多瓦镇的信息枢纽;迈利赛市的地震波研究点。其中坎特空军基地驻扎了600名军人,配有4架"苏-25"攻击机和4架MI-8型直升机。2017年1月29日,俄吉2012年签署的在吉境内的俄罗斯军事基地实行统一的协议开始生效。协议加强了俄罗斯军事基地的地位,优化了它们的条件。

第三,加强对非政府组织的管控。面对美国等西方国家支持的非政府组织活动带来的后果,中亚一些国家采取应对措施。乌兹别克斯坦于2004年关闭了"索罗斯基金会"驻乌机构。2005年5月"安集延事件"的平息,也反映了乌兹别克斯坦政府的决心。哈萨克斯坦政府对索罗斯基金会驻哈机构有所警惕,对其提出过警告。哈议会2005年8月22日修订了《非政府组织法》,旨在加强管理,消除隐患。即使在政治氛围比较宽松的吉尔吉斯斯坦,一些非政府组织也不敢为所欲为。有的非政府组织发现美国资助的政治意图后,也改变初衷,终止了合作。

第四,集中精力发展经济。最近几年,由于受到国际经济形势不好,特别是俄罗斯经济衰退的影响,中亚国家的经济也都出现增长率下降趋势。但是随着俄罗斯和其他国家经济形势好转,中亚各国的经济状况也开始改善。中亚各国不会因为经济困难而出现局势动乱。

第五,奉行多元、平衡但有重点的对外政策。为了给国内安全、社会稳

---

① 《武装分子闯入中吉边境被击毙 不排除维吾尔族分离主义者》,环球时报网,2014年1月24日。

定与经济发展创造一个良好的外部环境，中亚国家奉行多元、平衡、有优先方向的对外政策。哈萨克斯坦总统纳扎尔巴耶夫说："在国际关系中我们将坚持毫不动摇地同世界所有国家保持友好和全面合作的政策，特别是同我们的邻国俄罗斯和中国、历史上同宗的中亚国家和伊斯兰世界的所有国家保持友好和全面合作的政策。"①

哈萨克斯坦把外交重点首先放在搞好同独联体各国的友好关系上。哈萨克斯坦不仅是独联体、集体安全条约组织成员国，而且是欧亚经济联盟成员国。它与俄罗斯签有《21世纪俄罗斯与哈萨克斯坦睦邻联盟条约》，与吉尔吉斯斯坦有《联盟关系协议》，与乌兹别克斯坦签有《永远互不侵犯条约》和《战略伙伴条约》，与塔吉克斯坦建立了战略伙伴关系。

哈萨克斯坦还是上海合作组织成员国，并积极参加中国倡导的"丝绸之路经济带"建设。

与此同时，哈萨克斯坦重视与所有发达资本主义国家发展友好关系，其中特别重视发展与美国、德国和日本的关系。纳扎尔巴耶夫认为，这些国家是世界经济关系一体化的主要推动力。哈萨克斯坦欲进入世界大家庭，不能不重视市场机制的三个主要中心，同它们建立伙伴关系。

乌兹别克斯坦在对外政策平衡方面具有自己的特点。它虽是独联体和上合组织成员国，但是退出了集体安全条约组织、不参加欧亚经济联盟。乌兹别克斯坦同美国及其为首的北约组织的关系比中亚其他国家更为密切。2014年5月16日，北约驻中亚地区代表处在塔什干成立。乌兹别克斯坦还积极协助北约部队从阿富汗撤离。

土库曼斯坦则奉行中立政策。1995年12月12日，根据俄罗斯、法国、美国、中国、土耳其、伊朗等25国共同提案，第50届联大全票通过《关于土库曼斯坦永久中立决议》。20年来，这一政策保障了土库曼斯坦的国家安全与政治社会稳定。

2015年美国国务卿克里、日本首相安倍、印度总理莫迪接踵访问中亚

---

① 赵常庆：《哈萨克斯坦独立后的对外政策》，《东欧中亚研究》1993年第1期。

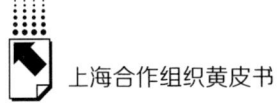

五国。2016年3月和7月德国外长施泰因迈尔和总理默克尔先后访问吉尔吉斯斯坦。中亚五国分别同美国、日本建立了"5+1"外长会晤机制。中亚国家的多边外交由此可见一斑。

上海合作组织对于中亚地区的重要意义

除独联体外，上海合作组织是中亚国家合作最紧密的国际组织。随着2008年格鲁吉亚退出独联体、2014年乌克兰拒绝担任轮值主席国，独联体的凝聚力日渐削弱，合作式微。而上合组织的作用却不断加强。

上合组织作为一个新型组织，已经成为包括中亚地区在内的欧亚地区国家间合作的有效模式。15年来，上合组织建立了元首、总理、高检、高法、安全会议秘书、外交、国防、经贸、文化、卫生、教育、交通、金融、紧急救灾、科技、农业、司法、国家协调员等28个合作模式和会议机制。它们在保障中亚地区和平、安全与稳定，促进中亚国家的社会经济发展以及成员国之间的人文合作和相互了解等方面发挥了积极作用。正如阿利莫夫秘书长指出的那样，"上海合作组织通过其成员国的合作和创造性互动，成功解决了中亚地区安全和稳定问题。"

近5年来，上海合作组织成员国连续举行反对恐怖力量的联合军演，有关机构成功防止了65次恐怖主义和分裂主义事件，阻止了400多次恐怖分子培训，拘捕了3000多名非法武装集团的恐怖主义参与者，收缴了2.5万吨可卡因和3.5万吨合成毒品。2014年在杜尚别举行的上海合作组织峰会期间，签署了成员国实行国际道路运输便利化的政府间协议。随着不久印度和巴基斯坦正式成为上合组织成员国，这个组织将得到扩大，其国际地位和作用将得到进一步加强。

正是由于上述国内和国际因素，其中包括上合组织的因素，在今后一个时期内，中亚地区的安全和稳定是可以预期的。那些所谓"中亚必乱"的预测根本站不住脚。

安全合作

Y.9 对混合战争理论的分析与思考

李抒音[*]

摘　要： 混合战争是21世纪新出现的一种战争形态，最早由美军提出，并纳入国家军事战略范畴，俄罗斯此后基于自己立场提出针对"颜色革命"的混合战争理论。该理论是美俄对以暴力为主要特征的传统战争理论的深刻反思，是当前军事思想领域的一场革命。作为信息时代的新型总体战，混合战争具有力量更加多元、手段更加多样、行动更加隐蔽、应对更加复杂等特点，反映了战争制胜机理的新发展，体现了马克思主义战争观和人民战争理论的时代生命力。

关键词： 混合战争　颜色革命　中亚

---

[*] 李抒音，军事科学院外国军事研究部欧洲军事研究室主任、研究员。

近来,"混合战争"成为国际军事理论界的一个热门话题,"混合冲突""混合战""混合威胁"等词经常见诸报端,成为美、俄等军方人士的常用词,甚至进入美军的官方文件。与此同时,美、俄均指责对方在准备和发动混合战争,不承认自己发动过混合战争,表示要极力应对混合冲突和混合威胁。那么,何为混合战争,其理论实质与制胜机理何在?本文从美、俄对混合战争理论的认识与实践角度进行分析。

一 美军最早提出混合战争理论并进入官方文件

"混合战争"这一概念最早由美军提出。2005年,美国军事专家弗兰克·霍夫曼与时任美国海军陆战队作战发展司令部司令、现任美国防长马蒂斯就撰文指出,传统的"大规模正规战争"和"小规模非正规战争"正逐步演变成一种战争界限更加模糊、作战样式更趋融合的混合战争。[①] 2007年,霍夫曼又出版了专著《21世纪冲突:混合战争的兴起》,详细阐述了美国未来面临的混合威胁,并将混合战争定义为"为实现政治目的,在战场上同时协调运用常规武器、游击队、恐怖分子和犯罪活动的复杂组合"。2009年,时任国防部长盖茨的助理迈克尔·维克斯[②]进而提出,美军应通过"以网击网"的方式主动打赢混合战争,即"依靠上百个特种部队小分队"构成的网络,来镇压属于"全球伊斯兰极端主义叛乱运动"的恐怖网,这一思想随即纳入2010年和2014年版的美军《四年防务评估报告》中,称未来战争是"微软与砍刀共存,隐形技术与人体炸弹较量的战争",是"在物理和精神两个范畴内同时进行的全频谱战争",要"低成本""小脚印""创新性"使用军事力量,综合运用军事和非军事手段给敌国"搅局""添

[①] James Mattis, Frank Hoffman, "Future Warfare: The Rise of Hybrid Wars", Proceedings, November 2005.

[②] 迈克尔·维克斯系盖茨在非常规战争问题上的主要顾问,2009年任负责低强度特种作战和冲突问题的美国国防部长助理,后任国防部负责情报事务的副部长。

乱",迫使其按己方意图结束敌对状态。①

可见,混合战争概念一经提出,就引起了美国军事理论界的高度关注。可以说,这一时期美国军事理论界对混合战争的界定,更多地在于应对国际恐怖组织这些非国家行为体,应对它们发动的各种"混合使用毁伤工具和战术"的威胁。正如时任美陆军参谋长乔治·凯西上将所说,"各种行动体(尤其是非国家行动体)常常秘密行动或作为国家代理人而行动,他们随时改变联盟策略和行动方式,以规避我们的优势。混合威胁很难用单一方法对付,必须使用综合的方法,创造性地运用所有国家工具加以应对。"② 美国国际战略研究所 2014 年的一份报告指出,混合战争的性质以及由反对派武装、轻步兵和恐怖分子组成的"伊斯兰国"军事力量的适应能力,是极端组织 2014 年征服大片领土的决定性因素。

2014 年俄罗斯兵不血刃收复克里米亚后,北约及西方国家纷纷指责俄罗斯在克里米亚和乌克兰发动了一场使用"小绿人"的混合战争。美国驻欧洲陆军司令部指挥官弗雷德里克·本·霍奇斯直截了当地指出,普京在乌克兰的隐蔽行动"正是混合战争的本质"③。他认为,俄罗斯在东欧发动混合战争的目的,"在于建立模棱两可的局面,给那些对此不愿意相信的人们一个借口;或者制造足够多的不确定因素以便让各种回应变得缓慢、落后、犹豫不决"④。

美国 2015 年版《国家军事战略》就提出美国今后将主要应对三类混合威胁:一是国家军队以非国家行为体身份展开的行动,例如俄军在克里米亚的行动;二是非国家行为体实施类似国家军队的军事行动,例如"伊斯兰国"在伊拉克和叙利亚的行动;三是国家与非国家行为体为实现共同目标而开展的协同行动,例如俄军与乌克兰东部地区民兵武装联合开展的行动。其

---

① U. S. Department of Defense, *Quadrennial Defense Review Report 2010*, p. 8; *Quadrennial Defense Review Report 2014*, p. 7.
② 林治远,《美军备战"混合战争"》,《军事学术》2010 年第 3 期,第 76 页。
③ 霍奇斯 2015 年 2 月在接受《华尔街日报》专访时称,"俄罗斯混合战争的目的在于,建立一种模棱两可的书面,给那些对此不愿意相信的人们一个借口;或者制造足够多的不确定因素以便让各种回应变得缓慢、落后、犹豫不决。"
④ 《西方人面对"混合战争"的挑战束手无策》,〔法〕《费加罗报》2015 年 2 月 12 日。

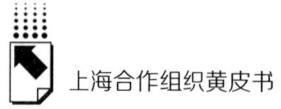

中,第三种冲突将成为未来战争的新模式,这种冲突将传统战斗行动和兵力同非常规战斗行动和兵力相结合,通过创造更大的不确定性来掌握主动权①。

促使美国将混合战争理论纳入国家军事战略的主要原因在于,美国认定俄罗斯2014年在克里米亚以及此后在乌克兰东部地区的军事行动属于混合战争范畴。因此,美军必须调整战略,提升能力,以应对俄罗斯这一现实威胁。美国前海军陆战队军官罗伯特·哈迪克在《国家利益》杂志上刊登的文章《美国军队陈旧了,这是危险的》就非常具有代表性。② 罗伯特在文中指出,俄罗斯在东欧发动的混合战争,是美国常规军队和理念的设计问题与作战局限性被聪明的对手利用的又一例证,标志着美国常规军队并非最合适的选择,需要根据未来战争形态的变化及时做出调整。

二 俄罗斯针锋相对提出自己的混合战争理论

面对西方的观点,俄罗斯一方面接受了"混合战争"这一概念,认为混合战争是当代军事理论和实践的最新成就。另一方面,从自己的角度对混合战争理论进行理论阐释,指出美国在后苏联空间和西亚北非地区发动的"颜色革命"就是混合战争,并结合美国策动"颜色革命"的实践,对混合战争理论进行了系统分析。2016年4月,格拉西莫夫对俄在叙军事行动经验进行总结时指出,未来战争或多或少都具有混合的色彩,传统战争将不复存在。混合战争的实质是通过对敌实施最低限度的武装打击来达成政治目的,主要途径是破坏敌军事和经济潜力,制造信息心理压力,积极扶持敌国内反对派,实施游击和破坏活动等,主要手段是利用"颜色革命",由反对派完成政权的非暴力更迭。这标志着俄军对混合战争理论的认识进一步深化,在强调运用非军事手段的同时,更加强调要通过使用高技术武器实现军事手段的精确高效使用。

---

① "Joint Chiefs of Staff", *The National Military Strategy of the United States Of American 2015*, p. 4.
② 罗伯特·哈迪克:《美国军队陈旧了,这是危险的》,〔美〕《国家利益》双月刊网站,2015年4月10日。

（一）混合战争与传统战争有重要区别

首先，二者的制胜理念不同。传统战争的制胜理念在于，以常规武装力量摧毁敌军，随后迫使其接受和平条件，或迫使其投降并交出政权，以及部分或完全占领其领土。而混合战争则是在不事先歼灭武装力量的情况下直接摧毁现行制度，利用提前在敌境内建立的己方"军队"，即"第五纵队"，控制敌政权。然后再摧毁战败国的武装力量、特工机关和执法机关，控制其经济，必要时以维和行动的名义占领其领土。

其次，二者的斗争形式不同。传统战争的重要形式是武装斗争，是武力对抗，对抗的主力是正规军，而混合战争很大程度上是信息、政治和经济等多领域的综合对抗，或者说是智力—信息对抗，对抗的主力是"第五纵队"，包括外国势力代理人、受敌人控制的合法的或秘密的反对团体及其支持群体，以及当地居民组成的各种非正规武装组织。因此，与传统战争不同，正规军在混合战争中只起辅助性作用，在不使用常规武装力量不足以成功完成毁灭任务的情况下才投入常规武装力量，他们通过展示干涉决心或直接进行武装干涉支持主要"参赛者"。此外，公开的军事入侵通常打着保护平民免受破坏人权的独裁统治的旗号，批着合法的外衣介入国内冲突。混合战争的主要打击力量由受害国的公民组成，其中大多数与强力机构无关。[1]

再次，反政府力量的地位不同。传统战争中很少有反对政府力量或者说这支力量很小。但在混合战争中，受外国扶植的反政府力量在快速壮大，并以得到所谓"人民"支持的方式加速合法化，这里的"人民"指的是那些反对现执政者专制统治的人。这样，国家政权机关的合法行动会被谴责为破坏人权和镇压平民。也就是说，受侵略者控制的政权觊觎者被合法化，而现政权被妖魔化、非法化。[2]

---

[1] 康斯坦丁·西夫科夫：《混合战争的理论与实践》，〔俄〕《军工信使》周刊2015年第20和第29期。

[2] 同上。

（二）混合战争要求按进攻方向和区域组建"公民大军"

传统战争中，通常在各突击方向展开常规武装力量战略集群。同样，在混合战争中，按照进攻方向和区域组建"公民大军"。该大军由指挥力量、信息战力量和经济保障力量等构成。[①]

指挥力量即政权监督集团，包括代表侵略国利益的代理人和院外活动集团成员。他们的任务是执行损害受害国领导层威信的破坏性任务，扰乱国家生活的各个领域，并对"公民大军"的其他活动进行指导。

信息战力量包括意识形态系统和传播系统两部分。意识形态系统的主要职能是对"公民大军"开展思想教育，即刻画潜在侵略国的正面形象，同时妖魔化受害国及其领导，营造有利的信息氛围。传播系统涵盖几乎所有部门，从无线电广播公司和报刊、形形色色的非商业、非国家组织到互联网消息的散布者。只有所有组成部门都高效工作时，才能保障行动的有效。

经济保障力量由同侵略国和跨国系统有千丝万缕联系的有世界主义倾向的大型公司构成。该集团的任务是对其他"公民大军"进行物质支持，协助在受害国制造经济问题。

此外，"公民大军"中还包括地方和外国集团。地方集团主要由受害国公民组成的军事化组织（未来会转化为武装组织）构成。外国集团的基础是由外国公民组成的非正规武装组织，其中多半是跨国政治组织和恐怖主义组织成员。国外的私人军事公司也会加入其中。在武力推翻当地政权阶段或国内某地区爆发武装冲突过程中，外国集团在受害国境内展开行动。

（三）混合战争呈现出与传统战争完全不同的阶段性特征

同传统战争一样，混合战争分为预先准备阶段、直接准备阶段、起始阶段、展开阶段和最后阶段。但每个阶段的活动内容与传统战争完全不同，呈现新的特征。

---

① 康斯坦丁·西夫科夫：《混合战争的理论与实践》，〔俄〕《军工信使》周刊2015年第20和第29期。

混合战争各阶段的活动内容及其特征[*]

阶段	活动内容及特征
预先准备阶段 （10年左右）	①组建"公民大军"，并为其在未来的被侵略国境内的活动创造有利条件； ②准备工作主要在敌对国国内进行，并同被侵略国建立形式上的良好关系，目的是对其居民和精英实施隐蔽的信息影响； ③传统战争中常用的军事战略和军事经济措施不起作用； ④当出现当局无法解决的社会矛盾，形成各类大小不一的"公民大军"及有利于其活动的土壤时，预先准备阶段结束。
直接准备阶段 （数月至1年）	①活动目的是为促使关键地区特别是首都爆发大规模冲突创造条件； ②外国代表人利用"公民大军"引燃社会问题，开展针对政府首脑的信息战； ③充分发挥社会关系活跃的反对派精英的作用； ④侵略国的大众媒体有限地加入； ⑤当国家出现实际上有能力争夺政权的政治主体，且形成了社会矛盾爆发的有利条件时，直接准备阶段便结束。
起始阶段 （2周至2月）	①社会矛盾大范围频繁爆发，集中表现为大规模的群众性反政府抗议示威活动，要求政府下台； ②侵略国非政府组织支持大规模的反政府抗议示威活动，向受害国政府施压，要求他们不得镇压，同时收买个别领导人和军方将领； ③示威活动的组织者同执法机关发生冲突，为暴力对抗政权创造条件； ④侵略国承认"公民大军"推选出的机构为合法政权，并暗中派出特种作战兵力实施指导。 如果被侵略国政权垮台，则直接进入战争的结束阶段。
展开阶段 （1~8个月）	①国际恐怖主义组织、私人军事武装、侵略国及其盟国的特种行动部队介入到"公民大军"同政府的冲突中； ②受害国使用本国武装力量开展大规模抗击行动，导致原本是反对派和政府间的暴力冲突，演变为反游击类型的国内武装冲突； ③侵略国及其盟国对受害国领导人实施大规模制裁，包括查封其国外资产，对其进行妖魔化宣传； ④侵略国及其盟国派驻正规部队，并使其武装干涉得到国际法的认同。 如合法政权倒台或放弃军事斗争，则进入结束阶段；如国内反对派被削弱，则侵略国正规军军事介入，有可能发动地面战争。
结束阶段 （3~5个月，甚至数年）	①本阶段的任务是消除溃败之敌的武力和政治影响； ②失败国残余势力可能会继续以游击的方式进行抵抗； 最终，受害国的国内政治格局和对外关系彻底改变。

[*] 根据康斯坦丁·西夫科夫：《混合战争的理论与实践》一文内容整理。

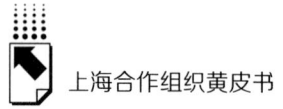

三 客观理性看待混合战争理论

混合战争是21世纪出现的一种新的战争形态，是信息时代的新型总体战，是国家或非国家行为体在政治、经济、信息、军事等多领域的综合对抗，是对军事与非军事手段、正规与非正规方式、传统与非传统力量的综合运用，具有力量更加多元、手段更加多样、行动更加隐蔽、应对更加复杂的特点。

（一）混合战争理论是美、俄对以暴力为主要特征的传统战争理论的深刻反思，是当前世界军事思想领域的一场革命

美军首先提出的混合战争理论是对"两场战争"进行反思的结果。冷战后，美国依靠其强大的军事技术优势，发动了一场又一场战争，取得了战场和战术上的胜利，但并没有因此而改善美国及其盟友的安全环境。在此背景下，美国理论界对于什么是21世纪的战争、如何进行和打赢21世纪的战争进行深刻反思，掀起了一场思想领域的革命，相继提出了"第四代战争""复合战争"等理论及"军事民事革命""灰色区间作战""强制力"等概念。这些理论与概念的共同之处在于，重视战争的社会政治属性，强调仅凭军事手段无法打赢战争，赢得民心才是取得胜利的根本。正如美防务智库战略与国际问题研究中心在《应对21世纪冲突：从"军事革命"到"军事民事革命"》报告中指出："过去20年见证了由于忽视战争质变所造成的残酷教训，一次又一次地证明必须重新定义安全以应对新的威胁，重新强调合作的重要性，并为应对新形式的冲突做好准备。"[①] 这种反思精神正是美军始终走在世界前列的重要原因之一。

俄军提出的混合战争理论是在与美长期进行战略博弈的过程中形成的，

---

① 〔美〕安东尼·科德斯曼：《应对21世纪冲突：从"军事革命"到"军事民事革命"》，美国战略与国际问题研究中心官方网站，2015年7月2日。

是对美军事理论进行跟踪研究，并结合自身实际创新发展的结果。实际上，俄罗斯在与美国斗争中长期处于弱势，面对美国和北约综合运用政治、经济和军事手段实施的战略遏制挤压，尤其是在独联体国家策动的"颜色革命"一度束手无策，一直在寻求破解之策。俄军事科学院院长加列耶夫大将提出的"战略遏制战略"[①]，以及俄总参谋长格拉西莫夫强调要发挥非军事手段在维护国家安全中的作用，都是俄这种不懈探索的结果。

美、俄基于丰富的战争实践提出的混合战争理论，表明全球化和信息时代的战争形态已经悄然演变，一味强调使用武力并不能真正赢得战争。战争是政治的继续，最有利于达成"政治目的"的战争理论才是最管用、最高效的理论。当前，新一轮科技革命、产业革命和军事革命正在加速推进，军事理论研究在国防和军队建设中的基础性、前瞻性和先导性作用日益凸显。世界先进国家通过理论创新引领军队建设和设计未来战争，为战争实践和国防建设提供了强大的思想动力和理论支撑。这启示我们，应充分吸收借鉴外军经验，创新发展中国特色军事理论体系，瞄准我军建设存在的矛盾和突出问题，在体制机制、力量结构、战役战术方面加快调整改革步伐。

（二）混合战争理论反映了战争制胜机理的新发展、新变化，体现了马克思主义战争观和人民战争理论的时代生命力

恩格斯深刻指出："人类以什么样的方式生产，就以什么样的方式作战。"混合战争理论的提出表明，社会进步和信息技术发展，促使战争制胜机理、战场主体、战争的参与者、战场空间、作战领域发生了根本性变化。战争的门槛更低了，不再仅仅是国家、政治集团之间的武装斗争，非国家行为体也是战争的主体；战争的重心改变了，不再仅仅是流血的武装斗争，而更多的是隐蔽的、无形的价值观之争。未来，我们面临的既是科技含量更高、作战体系更先进的信息化战争，更是道义要求更高、社会属性更强的软实力对抗，是政治对军事和非军事行动实施全面整体控制的政治军仗。

---

① 〔俄〕加列耶夫：《战略遏制：问题和解决办法》，《红星报》2008年10月8日。

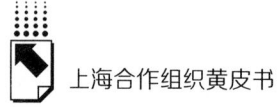

混合战争理论的一个重要特点,就是强调民众参与度、民意的争夺和价值观的较量。这表明马克思主义对战争的基本观点没有过时,在当今信息化时代依然是我们认识战争、准备战争、打赢战争的根本遵循。马克思主义战争观的核心要义之一就是,强调人依然是战争制胜的关键因素,战争说到底是人心和人力的较量。"战争的伟力之最深厚的根源在于民众之中""兵民是胜利之本"这些伟大的论断,至今仍具有强大的生命力。打赢战争依然要紧紧依靠民众、发动民众。这就要求我们不能盲从美西方的军事理论,被其层出不穷、形形色色的新概念所迷惑、所左右,而是要继续坚持马克思主义战争观的理论精髓。

与此同时,我们也应以发展的眼光看待马克思主义战争观。在信息网络时代,民众参与战争的深度、广度日益增加,人心争夺日益成为战争制胜的关键因素,人民战争的战略战术也必须与时俱进,进一步发展创新。因此,既要看到军事技术进步对战争形态演变的推动作用,更要认识到社会经济发展对战争政治属性和社会属性的深层次影响,从更加广阔、更加长远、更加全面的层次思考和把握未来战争。

(三)以"总体国家安全观"为指导,着眼应对混合战争威胁,健全完善军民融合型国防体制

混合战争在 21 世纪的出现表明,国家安全面临的威胁更加多元,而且相互交织。美、俄认为,内部安全与外部安全、国防安全与国土安全、民事安全与军事安全之间的界限越来越模糊,原来相对独立的政治、社会、经济、军事、生态、文化等安全因素彼此渗透、共同作用。美国确立"全政府"理念,强调军方、联邦政府其他机构、私营部门以及盟国力量共同合作,统一行动,共同应对多元化混合威胁。[①] 俄罗斯为应对美西方混合战争威胁,确立了"大国防"理念,颁布了"大国防"计划,建立了国家防务

---

① Joseph R. Cerami and Jeffrey A. Engel, eds., *Rethinking Leadership and "Whole of Government" National Security Reform: Problems, Progress, and Prospects*, Carlisle, PA, Strategic Studies Institute, 2010.

指挥中心，实现了国防部与紧急情况部、内务部、联邦安全局等强力部门，以及国有原子能公司、联邦交通部、联邦水文气象和环境监测局等与国防有关的其他政府机构和企业的联合①。

习主席深刻指出："当前我国国家安全内涵和外延比历史上任何时候都要丰富，时空领域比历史上任何时候都要宽广，内外因素比历史上任何时候都要复杂。"我国正处在由大向强的关键时刻，国家安全面临严峻挑战，外部面临美国的战略围堵和周边某些国家的挑衅，内部面临经济下行压力增大和社会思潮多元化的冲击。在这一背景下，美对我发动混合战争的可能性增大。美国前防长盖茨曾说，成功并非是将个人意志强加于人，而是要对友方、敌方以及中间力量施加影响。②近年来，美不断利用中情局、非政府组织、"意见领袖"等在我政府部门、科研机构、高校、媒体等关键要害岗位，拉拢培植"第五纵队"，使之成为宣传西方理念的马前卒和美西方利益的代言人。

着眼应对混合战争威胁，应坚持习主席提出的"总体国家安全观"理念，在做大做强军事力量这个保底手段的同时，以军民融合大战略为指导，更新国防观念，健全国防体制。应深刻领会习主席军民融合思想的理论精髓与博大内涵，切实认识到军民融合不仅仅是装备生产和人才培养等方面的低层次融合，更是力量运用、体制机制、思想观念的高层次融合，真正发挥军民融合在军事与经济、军队与社会、平时与战时、潜力与实力之间的桥梁和枢纽作用，确保战争潜力实时、精准、定向转化为战争能力。

---

① 参见李抒音《俄罗斯发力混合战争》，《解放军报》2016年2月19日，第7版。
② Robert Gates，"The West Point Evening Lecture"，April 21，2008.

Y.10
2016年中亚国家军事改革综述

武 斌　董铜柱*

摘　要： 2016年，针对地区安全环境变化，着眼维护政权稳定、防止地区冲突和应对恐怖主义威胁，哈萨克斯坦、乌兹别克斯坦、塔吉克斯坦、吉尔吉斯斯坦、土库曼斯坦等中亚国家积极更新法规、战略文件和条令条例，夯实军队发展制度基础；调整治军方式和体制编制，打造强力高效的反恐维稳力量；强化演习训练，重点提升部队的战备水平、协作水平和作战能力；加强装备和基础设施建设，着力提高军队的武器装备水平，军队发展稳步推进，整体实力明显增强。

关键词： 中亚　军事改革　武装力量　军工　军事学说

2016年，针对安全环境变化，着眼维护政权稳定、防止地区冲突和应对恐怖主义威胁，哈萨克斯坦、乌兹别克斯坦、塔吉克斯坦、吉尔吉斯斯坦、土库曼斯坦等中亚国家积极更新法规和战略文件，完善体制编制，强化演习训练，加强装备和基础设施建设，军队发展稳步推进，国防能力明显增强。

一　夯实军队建设发展的制度基础

主要有更新法规、战略文件和条令条例。

---

* 武斌，军事科学院外国军事研究部助理研究员；董铜柱，69010部队副研究员。

一是修改国家安全相关法律。针对国家安全面临的严峻挑战，为完善保障安全的体制机制，2016年3月25日，塔总统拉赫蒙签发第1283号总统令，批准新版《国家安全法》。新《国家安全法》明确将《国家安全构想》和《国家安全战略》确定为国家安全保障指导文件。规定，上述两份文件由总统批准，政府落实，国家安全委员会负责起草和监督执行。同时，将自治村、镇执行权力机构纳入国家安全保障体系，并相应承担经济、社会、军事、信息等领域安全保障任务。此外，新《国家安全法》还首次将有组织犯罪、跨国犯罪和贩卖人口等视为国家安全威胁。

二是修订军事战略指导方针。1月25日，土总统别尔德穆哈梅多夫签发命令，批准土第三部《军事学说》，前两部分别在1994年和2009年颁布。新《军事学说》一方面重申"防御性"国防政策和"永久中立"原则，即土不发动、不挑起战争或军事冲突；不参加任何军事集团和联盟；不在国土上驻扎外国军队；不持有、不扩散大规模杀伤性武器；致力于通过政治外交和其他非军事手段处理问题。另一方面，根据国内外安全形势变化对军事战略方针进行调整。新《军事学说》更加突出军队建设，强调通过全面改革提升军队保障国家安全能力。别尔德穆哈梅多夫指出，新军事学说创新发展了《国家安全构想》和《21世纪外交方针》中的部分内容。

三是起草颁布国防法规和条令条例。1月26日，吉政府签发第28号政府令，批准《国家国防事务委员会条例》，明确了国家国防事务委员会的职能、任务和组织架构。4月20日，吉总统阿塔姆巴耶夫批准《武装力量总参谋部条例》，对2014年发布的"关于吉武装力量总参谋部若干问题"的总统令进行了补充。

3月15日，塔总统批准《边防军法》修正案，明确了边防军的组织结构、体制编制和职责权限。

9月27日，乌代总理米尔济约耶夫批准《兵役法》修正案，完善兵役制度，对军人服役年限进行调整。此外，年内吉塔两国分别完成了《国民近卫军法》和《兵役法》起草工作，并进入征求意见阶段。

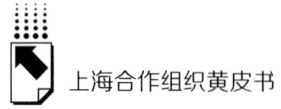

二 调整治军方式和体制编制

目的是打造强力高效的反恐维稳力量，主要措施如下。

一是及时对治军方式改革进行纠偏调整。近年来，哈借鉴西方治军理念，探索建立文官治军体制，自2007年初以来先后任命4任文职国防部长。文官治军体制虽在哈军建设史上发挥了重要作用，但也因"外行领导内行"造成了一些负面影响。2016年9月13日，哈总统纳扎尔巴耶夫宣布命令，任命扎苏扎科夫上将为国防部长。扎苏扎科夫是哈军著名将领，治军经验丰富，参加过阿富汗战争，此举意味着哈军文官治军体制终结。

二是优化军队体制结构。吉继续完善军队领导指挥体制，理顺了武装力量总参谋部和国家国防事务委员会之间的关系。武装力量总参谋部被确定为国家最高军事指挥机关，实行一长制，总参谋长除领导武装力量、国家边防局和国民近卫军外，还领导国家国防事务委员会和危机响应中心。在战时、紧急状态和危机状态下，内务部、紧急情况部、国家安全事务委员会及其他国防和安全保障相关机构和所属部队均由武装力量总参谋长统一指挥。

塔对边防军的领导指挥体制和组织结构进行调整，强化了总统和国家安全委员会对边防军的领导权。边防军受国家安全委员会主席领导，由国家安全委员会第一副主席兼边防军司令直接领导和指挥，边防军司令、第一副司令和副司令由总统任免。组织机构包括中央机关、州边防局、边防总队、边防大队、边防哨所、边检站、边防学院、军事医疗机构、教学机构、特种分队和后勤保障分队。与原结构相比，战役部队处被改组为州边防局，并新增边防学院和特种分队，后勤保障部队降级为保障分队。

三是扩充军队编制员额。塔新建3支部队，包括1个特种营、1个农牧生产营和1个特种侦察分队，并计划大幅扩充武装力量，使军人数量由8000人增至2万人，目前塔正在对俄驻塔201基地裁撤的塔籍军人进行收编。

哈继续扩大义务兵征召员额，2016年征召新兵3万人，与2014年相比增加20%。同时，哈还计划改革兵役制度，将义务兵服役年限由1年增加为2年。

四是组建预备役部队。2015年12月25日，哈总统纳扎尔巴耶夫签署命令，要求在哈组建预备役部队并将其纳入国防体系。2016年，哈国防部对相关国防法和动员制度进行修改，并着手在阿拉木图市、阿斯塔纳市和14个州组建16个地方防卫旅。其指挥官为现役军人，人员为预备役，人员补充通过征召预备役参加集训的方式进行。

三 强化演习训练

目的是提升部队的战备水平、协作水平和作战能力，主要措施如下。

一是开展大规模战备突击检查。年内，哈军进行了2次较大规模战备突击检查：1月9日，哈总参谋部对全军部队实施战备突查，重点检查各级指挥机构和部队在规定时间内完成战备等级转换的情况；3月27日凌晨，哈国防部长根据总统指示对江布尔州驻军进行战备突查，紧急拉动3支部队至杰利斯—阿什布拉克靶场，并完成了移动指挥所搭建、指挥通信网架设等任务。

3月26日，土开展全国范围的大规模战备突查，全军进入战备状态，陆军重点演练了与其他军种部队的协同配合，空军重点演练了精确打击与空中格斗，边防部队演练了反入侵实弹射击。

二是加强有针对性的演训活动。为提高部队在山地和严寒条件下的作战能力，2月，哈武装力量在东部和中部地区组织了代号为"艾巴尔塔—2016"的战役战术首长参谋部演习，这是哈军历史上首次在冬季举行的大演习。哈东部地区司令部、阿斯塔纳地区司令部、空中机动力量、空中防御力量，以及边防军、国民近卫军机关和部队参加了演习，参演人数达5000人，武器装备1500余件。为提高部队远程机动、协同作战及地方防卫能力，4月，哈武装力量举行"卡拉套—2016"军事演习，哈西部地区司令部、南部地区司令部、空中防御力量以及边防军、国民近卫军参加演习，参演兵力

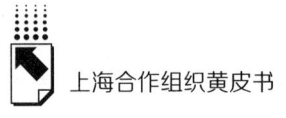

7000余人，武器装备2500余件，各类飞机和直升机70余架，科目包括战备等级转换、远程机动、指挥控制、空中支援、实弹射击等。

为提高预备役人员遂行地方防卫任务能力，塔武装力量于3月和7月分别在南部的哈特隆州和北部的索格特州举行大规模动员和地方防卫演习，卫戍区部队、地区执法机构人员、预备役人员共7万人参演，科目包括武器装备分发与使用、目标警戒等。

三是积极参加双边和多边联合军事演习。为加强对外军事合作、提升集体安全机制下的联合作战能力，2016年，在集体安全条约组织、上海合作组织、北大西洋公约组织和平伙伴关系计划框架下，中亚国家参加了多个联合军事演习：在集安组织框架下，4月在塔举行的"搜索—2016"联合演习，8月在俄举行的"协作—2016"首长参谋部联合演习，以及在白俄罗斯举行的"牢不可破的兄弟情谊—2016"联合维和演习，10月在吉举行的"边界—2016"联合反恐演习；在上海合作组织框架下，9月在吉举行的"和平使命—2016"联合反恐演习；在独联体框架下，10月举行的联合防空演习，以及"纯净天空—2016"首长参谋部联合防空演习；在北约和平伙伴关系计划框架下，4月、7月分两阶段举行的"草原之鹰—2016"国际维和演习，以及9月在美国举行的"地区合作—2016"联合维和演习。

同时，中亚国家还与印、俄等国积极举行双边联合演习，吉、哈两国先后与印举行"弯刀—2016"和"强大友谊"联合反恐演习，后者是哈印的首次联合演习。

塔俄年内多次举行联合演习，其中，在3月举行的大规模首长参谋部演习中，塔武装力量参演人数7000人，俄参演人数约4.3万人。

四 加强装备和基础设施建设

目的是提升武器装备水平和国防能力，主要措施如下。

一是加大军费支持力度。近年来，受石油价格下跌影响，哈经济持续下滑，2016年虽然实现了1%的正增长，但经济状况不容乐观。尽管如此，哈仍持续加大军费投入,国防预算以年平均10%的速度增长,由2013年的18亿美元提升至2016年的24亿美元,约占GDP的1.3%。5月6日,哈总统表示,尽管国家面临经济发展困境,但不会轻易削减国防经费。

乌经济总量虽不如哈,国内生产总值仅为哈的1/3,但其军费的支持力度却远高于哈,国防预算在GDP中所占比重始终维持在3.5%左右。2016年,乌GDP和军费开支同步增长,国防预算达到与哈相同的24亿美元,占GDP的3.4%。

二是大力发展本国军工产业。乌重视本国军工产业发展,开始着手建设本国的军事工业综合体,并计划将国防部的所有维修企业、奇尔奇克航空修理厂和国有企业"东方"科研生产联合公司全部纳入其中。第一副总理拉马托夫正牵头组建负责该领域统一政策制定和落实的相应国家机关。为提升军事工业综合体工作效率,乌计划建设一批科学生产基地、服务中心和联合企业,并在大型国有企业加快推进武器装备的国产化替代。

为实现2020年前国产武器装备在国防采购中占80%的目标,哈大力推动本国军工产业发展。2月,哈国防部与哈航空工业公司在阿斯塔纳联合组建航空技术中心,负责空军航空技术装备的组装、维修和技术维护;3月,哈国防部着手建设独立后的第一个弹药厂;7月,哈国防部宣布,通过升级改造,塞米帕拉金斯克机械制造厂已具备维修军用柴油发动机的能力;8月,哈自主设计、联合研制的首批"阿兰"装甲车列装部队。

与此同时,土也加快提升武器装备国产化水平。5月,土利用白俄罗斯技术和配件组装的"鹳—M"军用侦察无人机交付部队;6月,土自行制造的小型导弹艇建成下水。

三是加快换装新式武器装备。哈将推动军事装备更新换代作为军队建设的重中之重。5月6日,哈总统宣布,政府已制定新计划,对部队装备进行新一轮更新。今后几年内将至少对现有装备的70%进行更新换代,部分重点部队将实现100%的换装。年初,哈向俄采购了170枚S—300防空导弹,并就采购新型伊尔—76重型运输机、雅克—152和雅克—130攻击机事宜进行多轮磋商;4月,哈接收了1架"休伊—2"直升机,使该型直升机数量

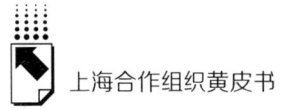

提高到3架;6月,哈军接收了首批米—35M武装直升机;7月和10月,哈先后接收了2架S—295运输机,并部署在阿拉木图空军基地,使该型运输机总数达到6架。

吉塔两国主要依托外援加强装备建设。年内,塔接收了俄驻塔201基地缩编后裁撤的全部武器装备。2月10日,吉从俄接收了一批BTR—70M改进型装甲运输车和配套训练装备;19日与哈签署协议,将从哈无偿得到一批手榴弹、烟幕弹和防空导弹系统配件。

四是加强重点领域基础设施建设。在训练设施建设方面,哈军新批大量国防用地,用于训练基础设施建设。4月,哈政府向国防部划拨了10块土地,总面积为1100.88平方千米,用于修建靶场和训练基地。同时,哈军对"斯帕斯克"训练中心、阿斯塔纳航空兵基地、塔拉兹航空兵基地等进行了大规模升级改造,新增了一系列训练设备和生活保障设施。包括:在"斯帕斯克"训练中心对坦克教练场、战术训练场等进行扩建和改建;在阿斯塔纳航空兵基地修建了一处符合国际标准的展示场地;在塔拉兹航空兵基地建设无人机战斗训练和使用中心等。

塔为强化军事训练保障水平,也新建和启用了一批靶场和训练基地。3月,塔国家安全委员会训练中心正式启用,该中心占地1.5万平方米,包括教学楼、特种训练楼、射击和体育训练楼、宿舍、食堂和武器仓库等,将主要用于塔国家安全委员会"阿尔法"反恐特种部队的日常训练。9月,塔中就援建训练中心相关事宜达成协议。

在边防设施建设方面,吉通过新建哨所、增设哨塔、安装监视设备、架设铁丝网、挖建壕沟等措施加强边防设施建设。截至3月,吉在吉乌边境地段已新建52座哨塔;12月,吉基本完成了对吉塔、吉乌边境重点地段边防设施的铁丝网加固工作。塔为巩固塔阿边境防卫能力,也积极开展边防设施建设。1月,塔位于喷赤地区的新哨所投入使用,该哨所由塔政府出资建设,配套设施完备;3月,日本驻塔临时代办和联合国代表在杜尚别签署协议,决定为塔新建4个独立边检站,并对现有独立边检站进行现代化改造;9月,塔政府与中国签署双边协议,将由中国在塔阿边界援建4个边检站。

Y.11
中亚地区宗教极端和恐怖组织与地区安全

杨倩*

摘　要： 中亚地区宗教极端和恐怖组织与地区安全息息相关。宗教极端和恐怖组织的产生与发展，离不开国际和地区安全环境的重大变化，也与域外国际恐怖组织的支持操纵密切相关。当前中亚地区整体安全稳定，但宗教极端和恐怖组织的威胁仍现实严峻，并与中亚国家政治转型、社会综合治理、经济改革调整、民族关系及地区大国博弈等问题相交织，使地区安全形态更趋复杂。这种形势会对我丝绸之路经济带战略构想产生重大影响，我应未雨绸缪，积极应对。

关键词： 中亚地区　宗教极端和恐怖组织　安全

宗教极端和恐怖组织是影响中亚地区安全形势变化的关键因素之一。中亚国家独立二十多年来，除宗教色彩的塔吉克斯坦内战造成地区动荡外，基本保持了大局的长期和整体稳定。在当前国际和地区格局可能发生重大变化的特殊时期，受时代环境和周边形势影响，地区宗教极端和恐怖组织活动活跃态势增强，与地区国家政治转型、社会综合治理、经济发展改革及大国关系博弈等问题交织叠加，进一步加剧了地区安全面临的现实挑战。中亚地区

---

* 杨倩，甘肃省国际友好联合会国际问题研究中心中亚室副主任、副研究员。

是我推动和实施丝绸之路倡议的核心区域，地区安全事关我国家利益和西北安全。清醒认识其威胁，准确界定和判断地区安全未来走向，着力构建打击和应对挑战的战略共识，铲除其存在和发展的社会土壤，合理决策、趋利避害，对顺利推进地区战略合作和丝绸之路经济带倡议实施，塑造于我有利的地缘周边环境意义重大。

一 宗教极端和恐怖组织的发展演进是国际重大政治事件在中亚地区的折射和反映

中亚地区宗教极端和恐怖组织，产生和形成于中亚国家内忧外患之际，发展壮大于国际恐怖主义势力泛滥兴盛之时，被迫潜藏蛰伏于国际反恐重重压力之下，复起于国际形势快速变化之前。宗教极端和恐怖组织的形态演进与国际和中亚地区安全整体形势密切相关。

（一）苏联解体国际影响重大而深远，伊斯兰复兴思潮催生和推进了地区宗教极端和恐怖组织

中亚地区信仰真空的产生、伊斯兰复兴思潮兴起以及随之而来的激进化、极端化和暴力化，导致宗教极端和恐怖组织的形成和发展，是苏联解体最重要的后果之一。苏联解体使中亚国家独立走上国际政治舞台，国家政权控制力的骤然减弱、经济发展陷于困境甚至崩溃导致伊斯兰教受长期压制后产生强烈反弹。1991年苏联解体前夕，曾在驻阿富汗苏军服役、后来成为"乌伊运"创始人、年仅23岁的乌兹别克纳曼干人尤尔达舍夫成立中亚地区第一个宗教极端组织"公正社会"（Адолат уюшмаси）。[1] 在塔吉克斯坦，1992~1997年爆发了被认为具有浓厚宗教色彩的内战，[2] 尚处于雏形之中的伊斯兰复兴力量，以政府武装反对派的身份，介入战局对垒之中。战争结束

---

[1] Илья Полонский: "Религиозный фундаментализм и будущее Узбекистана", 2016年9月15日, http://geo-politica.info/religioznyy-fundamentalizm-i-buduschee-uzbekistana.html。

[2] 常庆：《宗教极端势力与中亚地区安全》，《国际观察》2000年第4期。

后塔吉克斯坦伊斯兰复兴党作为一种政治力量进入塔政府。而在其他中亚国家，由于担心极端势力对政权的觊觎，各国纷纷加大打击力度，一些宗教色彩的政党、运动、派别逐渐转入地下活动，在极端化和暴力化的道路上越走越远，并开始形成大量形形色色的宗教极端和恐怖组织。他们打着宗教的旗号，以推翻地区国家政权建立哈里发国家为宗旨，极力利用伊斯兰思潮传播极端思想。1996年成立的"乌兹别克斯坦伊斯兰运动"成为其中最主要的代表，也随后发展成为中亚地区影响最大的极端和恐怖组织，以推翻卡里莫夫政权为政治目标，长期活动于费尔干纳等地，后在乌政府强力打压下逃往阿富汗。1997年初，由一批宗教狂热分子组建成立的"阿克拉米亚运动"（Акрамия），要求先在费尔干纳盆地、后在乌兹别克斯坦甚至全世界建立哈里发国家。为达成政治目标，他们大肆实施绑架、敲诈、贩毒、纵火、刺杀总统等违法犯罪和恐怖活动。1997年4月，塔总统在苦盏市遭极端分子刺杀未遂。1999年2月"阿克拉米亚运动"在乌首都塔什干针对总统卡里莫夫制造了系列爆炸事件。1999年8~10月，"乌伊运"上千名武装分子聚集在阿富汗，并经塔吉克斯坦侵入吉尔吉斯斯坦南部地区，劫掠数个村庄，绑架吉内卫部队司令和4名日本地质学家，制造了著名的巴特肯事件（也有称"巴特肯战争"）。这些恐怖袭击活动，虽未引发中亚地区整体动荡，却标志着当时宗教极端和恐怖组织活动达到一个高峰。此外，他们还极为重视宗教极端思想的宣传，如"阿克拉米亚运动"领导人阿克拉姆，把自己的主张写进了《通往真正的信仰之道》一书，号召推翻乌国家制度、夺取政权、实行合法的混合选举和任命国家领导人。

（二）"9·11"事件根本上改变了国际政治格局走向，阿富汗国际反恐军事行动制约和压制了地区宗教极端和恐怖组织的进一步发展

2001年"9·11"事件后，打击恐怖主义成为国际社会共识。在阿富汗开展的国际反恐军事行动中，积极参加塔利班的军事行动、与国际反恐联盟对抗的中亚地区恐怖和宗教极端组织遭到灭顶之灾。塔利班的颓势不仅无法对其提供庇护，组织盘踞地区还被军事清剿和铲除，大量组织成员包括领导

层被连续击毙。很快进入巅峰状态的中亚宗教极端和恐怖组织受到严厉打压后快速回落，被迫进入蛰伏状态，同时妄图利用阿富汗形势漏洞重组和保存实力，伺机东山再起。在这一沉寂期间，中亚地区边界安全压力减轻，安全威胁明显减少，但并未完全解除。这一阶段地区宗教极端和恐怖组织活动出现三大动向：一是主要的宗教极端和恐怖组织如"乌伊运""东伊运"等遭到全面打击。"东伊运"改组为"突厥斯坦伊斯兰党"，前后有三个组织头目被反恐联盟消灭。"乌伊运"多个领导人遭到清剿，一度处于群龙无首和消极等待状态，难以发动较大规模袭击。即使经过力量重组等调整，也难以再制造大规模行动。二是中亚国家境内则相继形成一些规模较小的宗教极端和恐怖组织，如"中亚圣战者联盟""哈里发战士"等新型组织，利用中亚国家管理控制的疏忽，实施暴力恐怖活动，影响不断扩大。三是利用中亚国家社会经济危机制造政治动荡，2005年乌安集延事件和2010年吉选举期间南部民族冲突，背后均有宗教极端和恐怖组织推波助澜。

（三）"阿拉伯之春"中东剧变改写欧亚大陆地缘版图，地区宗教极端和恐怖组织再趋活跃

2008年金融危机导致全球经济危机，2011年中东地区乱局爆发以来，国际政治领域亦发生重大变化，欧亚大陆地缘战略板块进入力量重构复建之中。在欧洲，乌克兰危机引起俄与北约矛盾激化，中东乱局后2013年出现的"伊斯兰国"趋于兴盛并在随后的中东难民潮彻底搞乱了欧洲。南亚地区恐怖主义呈恶化之势，"伊斯兰国"执行外线扩张大举向阿富汗渗透，塔利班力量不断增强，与阿政府军及国际反恐联盟力量分庭抗礼，呈三足鼎立之势。中东、南亚安全局势的传导作用令中亚地区宗教极端和恐怖组织活动出现新的活跃态势，逐渐进入一个新的高发期。对此，我国中东问题专家潘光认为，中东剧变之后和美国北约阿富汗撤军之际，"欧亚大陆腹地的极端和恐怖组织更趋活跃"。[①] 哈恐怖主义问题专家在《2011～2012年哈萨克斯

[①] 潘光：《欧亚大陆腹地极端与恐怖主义组织发展态势及对中国的威胁》，《国际展望》2013年第5期。

坦的恐怖主义报告》中认为，哈境内的恐怖主义已结束"蛰伏阶段"，下步将会更活跃、更暴力，掀起新一轮的恐怖主义活动浪潮。① 2016年美新总统特朗普上任后，其外交政策走向尚不明确。尤其在中亚地区，其政策可能会进行一个较大幅度调整，这将从根本上影响地区格局。如果美与俄关系能够全面缓和，关于国际反恐初步达成共识，地区宗教极端和恐怖组织将受到有效抑制，否则，形势仍然堪忧。

二 中亚地区本土宗教极端和恐怖组织的形成和发展离不开国际恐怖组织的大力支持和操纵

哈萨克斯坦总统战略研究所所长、恐怖主义问题专家埃尔兰·卡林经过对恐怖主义的长期研究，特别是对国际极端主义团伙"哈里发战士"对哈的渗透的历史研究，在2014年出版的《哈里发战士：迷思与现实》一书中提出，"激进势力团伙一般可分为三种类型：一是破坏型，即一批经过特殊训练、带有专门的计划和目标，来自国外，（伺机制造破坏活动）；二是圣战者型，即以宗教思想为基础的年轻人团伙；三是暴徒型，即一般的刑事犯罪团伙，在其头目或某些事情的刺激作用下逐步变得宗教极端。哈境内主要是刑事犯罪暴徒和宗教团伙混合型，其成员大部分主要考虑的是抢劫、敲诈、恐吓等犯罪活动，极端宗教思想只是其掩饰和幌子。这也是哈境内极端主义的主要特点。"② 实际上，中亚地区宗教极端和恐怖组织政治化、国际化、网络化的基本特征的形成，离不开阿富汗塔利班、基地组织、"伊斯兰国"等外部势力的大力资助和扶持。这些外部势力，平时予以思想意识形态的输出、巨额资金和武器装备的支持、恐怖技能的军事培训，困难时期提

---

① "Теракты в Казахстане. 《Инкубационный период》 закончился", http://censoru.net/11127 - terakty - v - kazahstane - inkubacionnyy - period - zakonchilsya. html.

② Ерлан Карин:《Солдаты Халифата: миф и реальность》, издательство Vlast, 2014；转引自 Ардак Букеева: "Ерлан Карин о терроризме в Казахстане и методах борьбы с ним", 2016年10月21日, https://forbes.kz/process/opasnost_ infantilizma_ 1。

供庇护场所予以隐藏,在其力量强大开始进攻或者向母国回流时则提供后方基地和人员。在这些域外国际恐怖组织的共同作用下,中亚地区形成了三种类型的宗教极端和恐怖组织。

（一）受宗教极端思想宣传蛊惑影响的中亚国家境内土生土长的组织

这类组织规模相对较小,人员数量相对较少,有时经常刚刚露头,就遭到严厉打击,难以继续发展壮大,不会产生较大威胁。

"中亚圣战者联盟"（Жамаат моджахедов ЦентральнойАзии）,2002年根据基地组织和塔利班向乌哈两国渗透的命令而成立,目标是在哈乌境内实施恐怖活动,推翻世俗政权,打击伊斯兰教的敌人,如美国、以色列及其盟友。创建人乌兹别克人别克米尔扎耶夫（А. Бекмирзаев）和哈萨克人比穆尔扎耶夫（Ж. Биймурзаев）,系原"乌伊运"成员,在阿富汗受过宗教培训和军事训练,参与了巴特肯事件,熟练掌握基地组织的爆炸和破坏活动手段。两年内该组织招募了50名乌兹别克人和20名哈萨克人,分散在独联体四个国家内活动,个别成员曾专程赴阿富汗基地组织训练营参加训练,形成了制爆专家、招募专家和制造假证专家等分工明确的组织体系。2004年3月底4月初和7月30日,在乌兹别克斯坦境内实施了系列恐怖活动。2004年底预谋对哈领导人实施自杀式袭击,后被哈警方发现并捣毁,头目及14名成员遭逮捕和宣判。

"哈里发战士"（Джундь-аль Халифат）,系恐怖组织,2011年夏在哈萨克斯坦成立,目的是在哈萨克斯坦境内发动圣战,参与国际恐怖主义活动。主要成员全部藏匿在阿富汗与巴基斯坦交界地区。2011年10月底在阿特劳制造了两起爆炸事件,12月在阿拉木图州警方的专项清剿行动中被消灭,5名成员被击毙。

此外,还有塔吉克斯坦境内的"安拉战友会"（Джамоати Ансорулло）和吉尔吉斯斯坦境内的"公正统治军",均将斗争的矛头直指现政权,制造实施了数起恐怖袭击事件。2014年8月,"安拉战友会"的两名领导成员在阿富汗与塔吉克斯坦交界的巴达赫尚地区被击毙。

（二）受到庇护和支持的活动区域遍布全区及跨区的组织

组织规模较大，实力比较强，行动较为灵活，可顺利在各国之间潜入潜出，以攫取国家政权为目标，属于清剿不尽、打不赢就跑的类型，与阿富汗、巴基斯坦等地的国际恐怖组织有密切关系。

"乌兹别克斯坦伊斯兰运动"（Исламское движение Узбекистана），简称乌伊运，是最主要的代表，1996年由尤尔达舍夫纠集了一批极端分子成立。据2010年乌兹别克斯坦内务部公布的一份恐怖分子名单，被通缉的1444名恐怖分子和极端分子中"乌伊运"成员就有633名。它作为中亚地区最主要的政治极端和恐怖组织及重要安全威胁，曾掀起中亚暴力恐怖活动的高峰。"9·11"事件后主要在阿富汗北部和东部地区活动，在巴阿边境地区进行积极的招募和训练。2002年组织发生分裂，产生了相互竞争、意见分歧的几个分支机构。2009年科兹继任后，再未成功在中亚地区制造过大规模行动。2014年10月向"伊斯兰国"效忠后，领导指挥层头目极缺，组织活动主要取决于"伊斯兰国"的资金支持，但却遭到塔利班多次报复式攻击。2015年7月初，头目科里·西克玛杜洛赫（Кори Хикматуллох，主要负责乌伊运在阿北部地区的军事行动）在阿富汗北部地区巴格兰省被阿政府军击毙。据称该组织已基本被瓦解。①

"突厥斯坦伊斯兰党"（Исламская партия Туркестан），2004至2005年成立于巴基斯坦瓦济里斯坦部落区，由"东突厥斯坦伊斯兰运动"改组而来，约有成员200~300名，是中亚地区最重要的宗教极端和恐怖组织之一。2005年加入基地组织，主张开展全球圣战，试图将在新疆的圣战纳入全球圣战的组成部分。极力向哈萨克斯坦渗透，2006年在哈境内发现其分支活动。"伊斯兰国"兴起后离开阿富汗和巴基斯坦赴叙利亚参战，在叙境内约有成员几百名，与极端组织"支持战线"关系密切。

---

① 宛程、杨恕：《"伊斯兰国"对中亚地区的安全威胁：迷思还是现实》，《国际安全研究》2017年第1期。

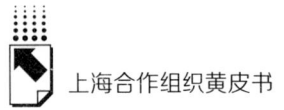

(三）域外创立、极力向中亚国家渗透、地区影响快速增强的组织

因为中亚国家只是其输出渗透的一个部分，甚至并不是最主要的部分，而且经常强调采取非暴力手段，往往具有较大欺骗性，能长期生存，发展壮大。比较有代表性的有：

"伊斯兰解放党"（Хизб ут-Тахрир аль-Ислами），简称"伊解党"，典型的跨国宗教极端组织，1952年创建于巴勒斯坦，主要在阿拉伯地区活动，有极端政治主张，否定民主价值观念，预谋破坏世俗和法制生活。内部有严密的呈金字塔形的组织体系，建立有基层支部，组织成员之间不能越级联系，但应缴纳类似"党费"作为活动资金。20世纪70年代末进入中亚，苏联解体后趋于活跃，20世纪90年代中期在费尔干纳地区，乌安集延、塔什干等地建立支部，现已将势力扩展到吉全境甚至哈萨克斯坦。在中亚地区信徒众多，据称已达十多万人。由于其快速扩展引起中亚国家警惕遭到取缔而转入地下活动。"9·11"事件后一度沉寂，现在又开始活动，主要是通过大量散布传单和宣传手册来传播极端思想，甚至向居民邮箱投送极端思想宣传品，中亚国家政府强力部门对其限制和监控比较严密。

"达瓦宣教团"（Таблиги Джамаат），是一个伊斯兰教传教者组织，1927年由神职人员伊利亚斯（1885－1944）在印度梅瓦特创立。传教时在亚洲国家10~12个人、其他地区国家3~5个人组成一个传教小组，聚集在清真寺，进行"门对门"传教。小组内有严格的纪律规定，绝对忠诚于小组领导。在南亚传教时会连续4~5个月在清真寺内栖身，在西欧和美国一般会留宿于完全由沙特瓦哈比派资助修建的清真寺或者伊斯兰中心。主张任何形式的进步都不符合伊斯兰教要求，要把妇女排除出社会生活，以狂热的态度弘扬伊斯兰教，新招募人员会被派往阿富汗和巴基斯坦的训练营接受训练。在美国一些加入或打算加入圣战小组的美国公民，均与该组织保持了联系，从而使该组织被认为是"伊斯兰极端主义与世界范围内极端和恐怖行动执行者主要招募者之间的'传送力量'",但美拒绝将其列入恐怖组织名单。① 吉最高检察院认为,该组织打着传教的旗号,直接或间接为恐怖组织招募成员,2009年2月将其列入极端和恐怖组织名单。俄罗斯2009年宣布该组织非法,理由是其破坏国家领土完整,教唆俄公民从事带有宗教色彩的刑事犯罪活动,并支持国际恐怖主义组织。2016年12月,俄罗斯警方在莫斯科抓获7名组织成员,其中吉尔吉斯人6人,俄罗斯人1人(为该组织头目),当时他们正在对新成员进行意识形态洗脑,研读在俄禁止传阅的宗教极端书籍和商讨要在俄罗斯建立伊斯兰哈里发国家。②

"赎罪与迁徙组织"(Ат-такфир уа-ль-хиджра),系宗教极端组织,1960年在埃及成立,思想主张为宣传开展圣战,反对异教徒,与基地组织、"伊斯兰国"等国际恐怖主义组织的意识形态基础相近,赞同叙利亚和伊拉克恐怖分子的行动,整体上反对世俗国家体制和宪法法律。2014年被哈宣布严禁在境内活动。2016年12月,受境外指挥,该组织预谋2016年12月21日在阿拉木图州、阿克托别州、阿特劳州和阿拉木图市等地同时实施系列恐怖破坏活动,但被哈警方铲除,并在捣毁组织地下窝点行动中逮捕该组织哈萨克分支16名成员(也有说33名)。

未来,塔利班与阿政府当局、"伊斯兰国"实力对比关系,会成为影响中亚地区宗教极端和恐怖组织动向的主要因素。2016年阿政府军曾对包括塔利班在内的反政府武装进行多次清剿,10月,与主要反政府武装阿伊斯兰党签署了和平协议,但阿和平进程仍遥遥无期。塔利班和"伊斯兰国"两股势力,均对中亚地区宗教极端和恐怖组织有重要影响,当前两股势力在阿富汗的关系并不明朗。2015年这两股势力进行宣战,并在阿富汗境内进行直接交火,势均力敌。2016年双方又达成"共存互容"口头协定,导致

---

① Мария Яновская:"《Таблиги Джамаат》: Скрытая угроза мирной проповеди", 2009年2月11日, http://www.fergananews.com/articles/6065。
② "Суд в Москве арестовал граждан Кыргызстана, подозреваемых в экстремизме", 2016年12月23日, https://ru.sputnik.kg/society/20161223/1030948936/sud-arestoval-chlenov-tabligi-dzhamaat.html。

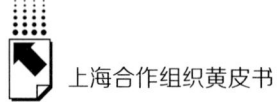

双方关系显得扑朔迷离。当前,"伊斯兰国"在中东陷于崩溃前夕,其未来发展动向极为模糊。该组织是否打算向阿富汗转移,转移后能否处理好与塔利班的关系在阿富汗找到容身之地,二者究竟会形成战术同盟还是不妥协的竞争者关系,均难以预料。

三 中亚地区宗教极端和恐怖组织对未来地区安全的影响

中亚地区宗教极端和恐怖组织,作为影响地区安全的重要因素,既能够单独发挥作用,也能够使地区面临的国家政局转型、经济发展、社会思想稳定和大国关系博弈等地区安全问题进一步复杂化。目前通过诸多综合措施和利用各种地区合作机制,中亚地区保持了全局整体的稳定,地区宗教极端和恐怖组织行动处于监督和可控之中,不会造成大的动荡。未来看,苏联解体后的伊斯兰复兴能量消耗渐尽,经济全球化和政治民主化带来全球治理和国际秩序的新形势,欧亚大陆地缘政治正在面临深刻变革。中亚地区宗教极端和恐怖组织,在美国中亚政策不明朗、阿富汗局势仍然动荡、"伊斯兰国"在中东的崩溃旦夕之间等外部一系列因素变化十分不确定的前提下,可能会从以下几个方面对中亚地区安全形势造成影响。

(一)地区安全稳定面临直接威胁的可能性增大

哈学者认为,2016年发生在哈阿克托别和阿拉木图的恐怖事件,标志着经过两年的沉寂期后,哈境内暴力恐怖活动开始增多。[1] 被逐步纳入全球恐怖组织网络的中亚地区宗教极端和恐怖组织,在实施恐怖破坏活动方面会进一步加强,手段方法将会进一步向国际恐怖组织靠拢,对社会安全稳定的影响越来越严重。袭击目标仍为军警机构等强力部门,但民众生活亦会受到

---

[1] Ардак Букеева: "Ерлан Карин о терроризме в Казахстане и методах борьбы с ним", 2016年10月21日, https://forbes.kz/process/opasnost_infantilizma_1。

影响。

一是独狼式袭击频次增加。不需要特别周密的准备，只要拥有武器，就可造成重大人员伤亡。如比什凯克市多次发生枪击事件，恶化了社会治安，使普通民众生活受到影响。

二是自杀式袭击手段花样繁多，自杀腰带、汽车炸弹、女性自杀式袭击者，甚至模仿"9·11"事件劫持飞机均有可能。根据荷兰国际反恐中心的一份研究报告显示，2015年12月至2016年12月，"伊斯兰国"组织实施自杀式袭击次数最多的是塔吉克人，共计27次，乌兹别克斯坦人4次，哈萨克斯坦人2次。70%的自杀式袭击是在人群中引爆汽车炸弹，84%的袭击针对军警，其余16%针对平民。① 这些手段，可能被中亚地区宗教极端和恐怖分子所模仿和借鉴，甚至会由从中东回流的这些宗教极端和恐怖分子直接实施。

2016年9月，哈萨克斯坦在阿拉木图州挫败一起极端组织劫持飞机实施恐袭案件。据称，在境外哈籍极端分子的协调下，两股极端分子在6月潜入哈境内，策划大量针对人群密集地区的袭击方案，实地侦察了州内机场，并研究了劫持飞机实施"9·11"式恐怖袭击的可能性。而巴尔喀什市附近的俄罗斯驻军是袭击的主要目标之一。②

三是中亚宗教极端和恐怖组织与境外国际恐怖组织勾联共生趋势进一步加强，境外遥控指挥、境内实施进行有组织有预谋有准备的暴力恐怖活动将成为一种常态。产生这种现象的主要原因在于极端和恐怖分子从中东和南亚的回流和恐怖主义活动的国际化趋向。据塔内务部长表示，2016年全年塔制止了36起恐怖袭击，逮捕50名涉嫌在塔首都杜尚别等地实施恐怖活动的可疑分子，这些被捕人员皆为加入了"伊斯兰国"的塔公民。据塔统计，

---

① Международный Центр по борьбе с терроризмом（Нидерланды）：《Война посредством самоубийств：статистический анализ индустрии мученичества ИГ》（War by Suicide：A Statistical Analysis of the Islamic State's Martyrdom Industry），转引自"Граждане Таджикистана лидируют по количеству боевиков-смертников ИГ в Сирии и Ираке"，2017年3月6日，http://www.fergananews.com/news/26105。

② 康杰：《2016年世界反恐形势盘点》，《中国国防报》2016年12月30日。

近年来，约有 1100 名塔公民出境赴叙利亚和伊拉克作战，其中 300 多名死亡。① 乌兹别克斯坦有 500 多公民，吉、塔也分别有数百人在中东为"伊斯兰国"作战。一旦"伊斯兰国"在中东失利，势必寻求返回，其所熟练掌握的军事技能和斗争方式，尤其是其顽固坚持的宗教极端思想，将成为中亚国家安全面临的严峻威胁。

恐怖主义活动国际化趋向表明，未来国家行政边界，尤其是监督管控薄弱的国家边界，在宗教极端和恐怖组织眼里如若无物，恐怖分子无国籍之分、恐怖活动无边界限制、潜逃隐藏无国界。因此，境外预谋指挥，境内实施恐怖破坏活动越来越容易。2016 年 6~7 月，正是在"伊斯兰国"操纵下，哈阿克托别、阿拉木图市等地连续发生针对军警机构的暴力恐怖袭击，造成军警人员重大伤亡，两地反恐警戒级别一度提高至红色；8 月 30 日我国驻吉尔吉斯斯坦大使馆遇袭事件，也是一起明显经过周密策划的袭击行动。组织袭击的是国际恐怖组织"伊斯兰圣战运动杰哈德"的一个头目，而定制恐袭的则是叙利亚境内隶属于"征服阵线"的维吾尔团伙。2016 年底哈警方捣毁的"赎罪与迁徙"组织的系列袭击预谋，也是由境外组织策划并指挥的。

四是边境地区的力量集结应引起特别关注。1999 年的"巴特肯"事件被认为是"20 世纪末中亚地区最大规模的一次恐怖分子集结，严重威胁了吉尔吉斯斯坦的和平、独立和领土完整，引发全球化进程中维护国家安全的难题。对吉人民而言，暴露了军队建设的不足，边境管控脆弱透明，无法制止因害怕塔内战而躲入吉境内的乌塔难民。"② 无论这次事件结果怎样，有四点经验教训应汲取。

首先，"乌伊运"寻找新的容身之地。当时整个行动由"乌伊运"领导人尤尔达舍夫指挥，山区的具体行动则由该组织的一批战地指挥官组织实

---

① Граждане Таджикистана лидируют по количеству боевиков-смертников ИГ в Сирии и Ираке，2017 年 3 月 6 日，http：//www.fergananews.com/news/26105。
② Саид Амин: Анализ Баткенских событий 1999 – 2000 гг.（ИСПЫТАНИЕ НА ПРОЧНОСТЬ: БАТКЕН 1999 – 2000 ГГ. "ЧАСТЬ ДВАДЦАТЬ ЧЕТВЕРТАЯ"），2013 年 5 月 14 日，http：//www.easttime.ru/analytics/kyrgyzstan/2013/05/14/analiz – batkenskikh – sobytii。

施。尽管他们声称是为了推翻卡里莫夫总统和解救因支持"乌伊运"而蒙冤入狱的数千名信徒，要从吉过境进入乌兹别克斯坦。但实际是当时塔内战结束后实现民族和解，对武装反对派进行武器收缴，1999年8月24日是最后期限，他们不得不离开塔境内。

其次，为了掌控毒品运输通道。1999年阿富汗鸦片产品达到创纪录的4600吨，这意味着武器装备、制服、食品、搞恐怖活动所需资金等。而他们控制的区域是一个阿富汗毒品向中亚和俄罗斯运送的通道。

第三，吉军事建设落后。当时由于吉尔吉斯斯坦军政高层对于军队建设的忽视、在苏军服过役的技能熟练官兵离开部队、武器装备不足和军事训练缺乏等使吉防范打击能力低下，从而成为"乌伊运"攻击目标，同时给吉带来日益严重的毒品走私、日益猖獗的恐怖主义和伊斯兰极端主义思想传播和武器、黄金等贵重金属的走私等威胁。

第四，中亚国家划界问题刻不容缓。2015年以来，"伊斯兰国"和塔利班人员在阿富汗北部聚集，2016年内，塔边境地区多次发生毒贩和各类极端组织的武装越境行动，塔边防军缴获大量毒品，并与极端势力数次交火。2016年11月，美发布恐怖袭击预警，称恐怖分子将越过阿塔边境对塔实施恐怖袭击。

应该说，政府掌控薄弱地区、经济发展落后地区、地理交通枢纽地区、毒品等非法物资转运通道，均可能成为聚集区域，如中亚国家与阿富汗交界地区、乌吉塔交界的费尔干纳地区、哈西部和南部地区、塔巴达赫尚自治区等反对派和地下组织活跃地区均可能是其选择目标。但是，由于中亚国家军力建设水平和边境管控能力存在差别，因此产生威胁程度不同。乌国家军队建设水平高，防范能力强，多次打退入侵企图，能够有效防守边界。塔和土则与吉形势形似，防守能力相对较弱，可能面临的威胁比较严重。

（二）中亚国家政局演变进一步复杂化的可能性增强

中亚地区宗教极端和恐怖组织具有浓厚的政治极端主义色彩，很多组织建立的宗旨就是推翻中亚国家的现有世俗政权，建立政教合一的伊斯兰哈里发国家。因此，在手段的选择上，深入介入地区国家政治斗争。当前是中亚国家政治转型的关键阶段，哈面临政权交接敏感时期，2017年11月吉尔吉斯斯坦将举行总统选举。宗教极端和恐怖组织的参与，将使中亚国家国内政治斗争局面更加复杂，使中亚国家政治稳定和转型面临更多挑战。

一是中亚地区主要宗教极端和恐怖组织的政治野心膨胀，会使中亚国家政治稳定面临来自国际恐怖势力的挑战。受恐怖主义全球化勾连日趋密切、伊斯兰国中东建国、萨拉菲主义思想传播等因素的刺激影响，地区宗教极端和恐怖组织，已不满足于通过政治和武装斗争，在中亚国家内或中亚地区建立伊斯兰哈里发国家，而是要求进行全球圣战，在国际范围内建立伊斯兰哈里发国家。中亚最大规模的宗教极端组织"乌伊运"，命运本已岌岌可危，却在网站上公开宣称："我们的目标不只是占领阿富汗和乌兹别克斯坦，我们的目标是占领整个世界。"①

"东突"分裂势力原本就存在着武装斗争派和盘踞欧美的和平斗争派之争。在此形势下，"东伊运"组织内部再次发生分裂，形成全球派和新疆派之争。他们依照"基地"组织发行的英语刊物《激励》用阿拉伯语编写网络出版物《伊斯兰突厥斯坦》，意图将其在新疆的分裂破坏活动纳入国际范围内"圣战"范畴，以争取同情、支持和资助。

分析认为，未来"东伊运"有可能分化成以民族分裂为主要诉求的世俗派和以全球"圣战"为主要目标的宗教极端派。② 这种政治目标选择的调整，尽管可能只是一种态度，但也表明地区宗教极端和恐怖组织正进入一个调整期，正在依据国际和地区形势变化，对政治斗争目标重新审视，在地区化和全球化之间寻求平衡。这一趋势，也将使中亚被国际恐怖主义组织纳入斗争的视野，使中亚国家面临来自地区内外的恐怖活动冲击。

---

① Thomas M. Sanderson, Daniel Kimmage and David A. Gordon, *From the Ferghana Valley to South Waziristan, The Evolving Threat of Central Asian Jihadists: A Report of the CSIS Transnational Threats Project*, CSIS, Washington, D. C., March 2010, 转引自潘光《欧亚大陆腹地极端与恐怖主义组织发展态势及对中国的威胁》，《国际展望》2013年第5期。

② 潘光：《欧亚大陆腹地极端与恐怖主义组织发展态势及对中国的威胁》，《国际展望》2013年第5期。

二是改变地区国家政治力量对比。中亚地区宗教极端和恐怖组织，既可能充当政治斗争的工具，也可能作为独立的政治力量，直接参与权力斗争。他们利用中亚国家的民主选举形势，向政权渗透，伺机夺取权力。伊斯兰解放党在吉尔吉斯斯坦参与地区议会选举，以秘密方式推选自己的代表参与选举、在基层政权寻找代理人等。在塔吉克斯坦伊斯兰解放党有的组织成员直接渗入县乡级政府，州级政府也开始有其利益代言人。[①] 哈萨克斯坦萨拉菲主义派别推出自己的代表参与权力斗争，推出自己的商业代表构建与上层权力的关系。

三是发动街头革命破坏选举程序。2012年10月25日哈萨克斯坦通过一项立法，要求国内宗教团体在一年之内重新注册登记。当时对哈4500多个社会团体进行检查后，最终有上千个宗教团体未能再次登记注册，成为非法团体。很多团体也拒绝这项要求，活动转入地下，并难以受到检查监督。塔吉克斯坦2015年将塔伊斯兰复兴党排挤出议会，剥夺其参与政治斗争的合法途径，将使该党成为非法政党，活动转入地下，成为潜在威胁力量。一旦中亚国家公开选举结果难以满足这些潜在反对派别势力的要求，他们就可能利用其影响力，发动民众进行游行抗议示威，妄图改变选举结果。

吉、塔是中亚地区安全的薄弱环节。吉南部地区伊斯兰宗教氛围浓厚，伊斯兰解放党等组织均能找到立足之地。如果其在外部势力支持下能够建立宗教体制，就会与世俗的北部政治体制格格不入。塔吉克斯坦某些地区中央政权软弱，对地区形势缺乏监督，也可能为宗教极端和恐怖组织所利用。

（三）中亚国家经济改革和发展面临更多阻碍的可能性增多

一般认为，经济落后和民生困难会滋生和促进宗教极端和恐怖主义发展，但实际上这是一个问题的两个方面。宗教极端和恐怖组织的活跃，也会影响和制约经济的正常开展和人们的生产生活。当前，哈萨克斯坦制定了

---

① 杨倩：《当前中亚地区宗教极端势力活动的主要特点、趋势及影响》，《和平与发展》2011年第4期。

《哈萨克斯坦2050发展战略》，执行"光明道路"计划，优化投资环境，调整经济改革；乌新总统上任后进行经济改革，大力促进经济发展。经济发展需要一个稳定的环境，如果安全得不到保障，就没有人愿意投资，投资环境恶化会使必要的资金投入减少，阻碍经济的恢复和发展，阻碍经济计划的落实。

一是暴力恐怖活动会带来严重经济和财产损失及人员伤亡。塔吉克斯坦内战造成6万人丧生，80万人沦为难民，国民经济损失高达100亿美元，这还不包括战后重建经济所需要的支出。

二是地区动荡不利于加强经济合作。经济合作，看重的是利益长期稳定的获取。如果不能保障长期稳定的利益获取，投资风险高于获利预期，资本就不会主动进入。中亚国家正处于经济改革的关键时期，经济结构调整、设备更新、技术创新等需要大规模的外部投资支持，一旦恐怖活动多发，则难以启动或难以为继。

三是局势动荡不定的间接影响，表现在发展民生与加强国防军队建设之间的两难选择。恐怖主义威胁加深，需要加强军队等强力部门建设的资金投入，使原本国库空虚、经济发展捉襟见肘的中亚国家雪上加霜。投入巨额资金进行恐怖活动的打击和防范，如购买新式的武器装备、为军队和警察部门配备更多的人员、在社会公共场所增加必要的安全防范设备等；为提高军警部门的战斗打击和防范能力，必须在平时进行更多的军事训练和教育。如果军费不足、官兵生活困难，不但会使必要的训练任务难以完成，也可能助长贪污腐败，更有可能使部队官兵成为宗教极端和恐怖组织拉拢的目标。

（四）中亚国家社会思想进一步激进化的可能性加大

中亚地区长期受苏联世俗化教育，形成具有当地民族文化特色即本土化的伊斯兰教信仰，坚持政教分离，信仰泛化成一种普遍的生活方式。20世纪70年代中东的伊斯兰复兴尤其是极端思想的传播渗透并未波及中亚。苏联解体初期虽有所反弹，但经过独立二十多年的经历和见闻，特别是阿富汗塔利班和"伊斯兰国"实行伊斯兰教法进行残暴统治，均使中亚普通民众和教徒对极端宗教思想高度警惕。中亚国家政府注重搞好宗教教育，指导人们注意甄别和防范极端思想。而中亚地区宗教极端和恐怖组织，为达到夺权专政目的，与国际恐怖组织密切勾连，广泛运用现代新技术媒介，进行极端思想意识形态的传播，这与当地民心思定的意愿背道而驰，扰乱了社会思想。

一是进行宗教极端思想宣传。当前时代技术发展日新月异，宗教极端和恐怖组织熟练利用国际互联网，宣传宗教极端思想，进行人员招募，甚至直接控制网络实施破坏活动。其中宗教极端思想传播最为主要，还极为重视对年轻人和妇女的宣传渗透。有观点认为，"伊解党"和"乌伊运"利用乌、塔两国部分居民的支持，极端思想的宣传取得了初步效果，在乌首都塔什干和塔库里亚布均出现悬挂"伊斯兰国"黑旗现象。[1] 吉尔吉斯斯坦内务部通告2016年吉在互联网上共发现宗教极端思想和恐怖主义的270个链接，57个网站，68张照片和19个视频。[2] 网络恐怖主义会使越来越依赖于网络运行的银行体系、油气开采运输等管控体系电子操作系统等面临攻击。

二是利用全球"圣战"思想观念煽动恐怖破坏活动。"达瓦宣教团"在伊斯兰教义的传播方面，曲解伊斯兰圣战概念，把理应针对个人的心灵净化活动歪曲成了信仰而对异教徒展开战争；另外，在传教过程中，过于强调个人对于穆斯林社团的宗教职责和义务。这种意识形态的洗脑，很容易被恐怖组织利用。[3]

三是挑唆和利用民族间隔阂和仇恨。伊解党是哈境内具有宗教性质的主要恐怖组织，它大肆挑拨民族偏执和宗教差别，促使关注社会经济问题，企

---

[1] Дмитрий Плотников: "Узбекистан и Таджикистан под ударом кому: Кому угрожает религиозный экстремизм", 2016年4月8日, http://www.iarex.ru/articles/52487.html。

[2] "В Кыргызстане заблокировали 21 экстремистский сайт в 2016 году — МВД", 2017年1月5日, https://ru.sputnik.kg/Kyrgyzstan/20170105/1031128831/21-ehkstremistskij-sajt.html。

[3] Мария Яновская: "《Таблиги Джамаат》: Скрытая угроза мирной проповеди", 2009年2月11日, http://www.fergananews.com/articles/6065。

图推翻现行政治体制。为此，他们可能利用主体民族间矛盾引发国家间冲突，挑起类似2010年吉乌民族冲突，从而威胁地区整体稳定。

四 对"丝绸之路经济带"的主要影响

地区安全既是执政当局与极端势力和恐怖组织的较量，也要受到地区大国关系和国际形势的制约和影响。在中亚有重大地缘战略安全意义的中俄等国，需要一个安全稳定的周边环境，而围绕地区安全，将产生新一轮的大国博弈态势。中亚国家本身正成长为一个重要维度，其安全政策选择，将从根本上影响未来地区安全形势的发展。

未来，中亚地区的安全形势决定于三大因素影响：一是执政当局防范打击能力；二是地区经济形势的发展；三是反恐共识认识层次（国际合作的认同建构）。防范打击严密，措施得当，就难以掀起巨大风波，如果地区和国家内部仍然存在诸多漏洞，则恐怖活动会趁机再一次泛滥。这些因素，均会对"丝绸之路经济带"构想产生重大影响，应未雨绸缪，提早应对。

（一）制约我战略构想的具体落实

"丝绸之路经济带"是21世纪中国国家战略构想的重要组成部分，为中国进一步提升国际威望、塑造良好的周边环境提供依据和遵循。"丝绸之路经济带体现中国的全球定位理念，客观地反映出中国不断增长的世界影响力、巨大的经济发展成就以及实现中华民族伟大复兴的远大抱负。这一理念合乎中国历史发展的内在逻辑。"①

战略构想要求在丝绸之路沿线国家，以"和平合作、开放包容、互学互鉴、互利共赢"的理念，以"政策沟通、设施联通、贸易畅通、资金融通、民心相通"为主要内容，打造政治互信、经济融合、文化包容的利益共同

---

① 〔俄〕A.阿姆列巴耶夫：《上海合作组织与丝绸之路经济带建设前景》，《俄罗斯研究》2015年第6期。

体、责任共同体和命运共同体。

为达成这些目标，要与中亚国家密切合作，进行战略筹划和计划的对接，要与地区大国协调关系，增强互信，防止误读误判，要实施具体的合作项目，谋求互利共赢。而地区宗教极端和恐怖组织，恰如地区发展与合作的安全毒瘤，使地区国家之间的互融互通目标难以达成。特别是围绕打击和防范，可能会使地缘关系产生微妙变化，甚至可能成为某些势力的利用工具，对我战略构想形成阻遏之势；或被某些国家在合作中提高要价，增大我实现战略构想的成本。

（二）威胁我国家海外利益

交通、能源、通信等基础设施的互联互通是丝绸之路经济带建设的优先领域，密切贸易合作是重要内容。我国已对此投入巨额资金，与中亚及相关国家进行战略计划的对接，上马数个基础设施投资项目。地区宗教极端和恐怖组织的活跃，可能使中亚地区成为国际安全的凹地和薄弱环节，难以避免造成地区暴力恐怖活动升级，从而恶化投资环境，对我投资项目安全、人员和财产安全产生威胁，对我直接海外投资、地区经济合作和能源需求安全产生影响，使我战略合作项目、投资风险和实施及维护风险加大。

（三）刺激"疆独"势力的分裂情绪

受"伊斯兰国"全球"圣战"激进思想影响，作为与中亚和周边宗教极端和恐怖组织有密切联系的"疆独"势力，只会意识形态更加激进化和极端化，借鉴和学习其暴力恐怖手段，严重威胁我西部边疆等地区稳定和经济发展。

五 对策建议

根除恐怖主义，从长期来看，仍要解决社会治理、经济发展和认同建构这三个层面的问题。而就短期而言，各国应放弃双重标准，以普遍安全和基本安全的原则建构国际合作机制；同时加强对互联网的监管和引导，以应对恐怖组织全球化、多维化的挑战。①

上合组织是中国实施"丝绸之路经济带"构想的主要依托和重要平台。为打击和防范中亚地区宗教极端和恐怖组织活动，应在上合组织框架下，关注以下问题。

（1）尽力促使中亚国家间弥合内部分歧，加强政治互信，齐心协力打击恐怖活动，防止由于中亚国家在打击宗教极端和恐怖组织方面的分歧而使其有机可乘。

（2）针对中亚地区特殊地理条件加强反恐演练，克服由于中亚地区特殊的地理条件带来的彻底清剿的难度，防止宗教极端和恐怖组织利用复杂的山区地型，进可攻，退可守，与政府当局展开对峙，特别是要密切边界管控合作，使其无法自由潜进潜出。

（3）加强金融领域合作，截断其资金流向，对其恐怖活动釜底抽薪，成为无源之水，无本之木，无法运作。

（4）完善和统一司法合作机制和程序，营造统一的司法环境，将其暴力恐怖活动进行依法打击和处理，使之在行使犯罪活动后无处可逃。

（5）加强武装力量职能部门之间的合作，完善情报共享和交流机制，加大军事培训、军事演练和合作机制，提高有效应对恐怖主义活动的执行和防范打击能力。

---

① 康杰：《2016年世界反恐形势盘点》，《中国国防报》2016年12月30日。

Y.12 上海合作组织的警务合作

张 杰[*]

摘 要： 上合组织地区的跨国犯罪形势变得日趋复杂，犯罪分子跨越中亚地区与外部的联系在增强，给上合组织地区安全提出了挑战。上海合作组织地区警务合作在维护地区治安秩序与安全上发挥越来越积极的作用；同时它审时度势，采用的开放灵活的合作形式，诸如地区组织＋的合作，加强了与组织外国家和国际组织的合作，这无形地扩大了上海合作组织警务合作的空间和范围，从而丰富了警务合作的内涵，在应对地区恐怖主义、毒品犯罪、走私武器、贩卖人口、有组织犯罪等非传统安全问题上获得了更多元的策略和路径，同时也为解决世界范围的非传统安全问题探寻了多元化的对策。

关键词： 上海合作组织 警务合作 中亚安全 反恐 宗教极端

上海合作组织已成为当前国际关系体系的重要组成部分之一，在世界舞台上具有显著的影响力。它作为一个多元的国际组织，其框架下运行着28个实际合作机制，并已经成为一带一路沿线国家交流合作的重要平台。

上海合作组织地区警务合作以地区反恐机构为平台，已经形成一个地区警务合作的轴心，成员国间双边警务合作与上合组织框架内的多边合作相互促进。地区组织框架内的多边警务合作建立在双边警务合作基础上，在双边

---

[*] 张杰，中国人民公安大学国际警务执法学院教授。

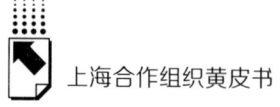

警务合作发展的初期阶段，地区组织的警务合作推动和促进了双边警务合作。上海合作组织成员国凭借彼此具有的地理相邻的地理空间特征，加深了双边警务合作基础。

一 跨国犯罪形势

上合组织国家中跨国犯罪形势比较严峻。跨国犯罪比较突出的种类表现为走私、贩卖人口、毒品犯罪、恐怖主义犯罪等。它们有以下特点：首先，犯罪发生在边境地区。边境地区的犯罪增长迅速。例如，俄罗斯10%~40%的跨国犯罪发生在58000公里的边界地区。其次，中亚国家的走私犯罪更多地表现为走私毒品、武器等。此外，中亚的跨国犯罪体现出强烈的各种犯罪交织在一起的特征：

第一，中亚国家的跨国犯罪带有较强的组织性特征，一些犯罪团伙试图打入政权内部，给自己的武装组织提供保护伞。

第二，同一犯罪群体和组织伴随着有组织犯罪的发生和极端主义犯罪行为，有时会有其他极端主义团伙参与进来。

第三，跨国犯罪发生地不同，表现特征也不相同。中亚地区是恐怖主义犯罪和毒品犯罪交织在一起。这和其他地区的跨国犯罪特征有所区别。在北高加索和高加索一般以跨境走私武器和弹药为主；波罗的海的国家则主要以非法外汇走私和原油等产品的走私为主；俄罗斯跨国犯罪地域性特征也比较显著，走私、非法贸易、诈骗等犯罪是俄罗斯边境地区的主要跨国犯罪形态，近年发生了新的走私犯罪，例如，走私原油、能源、有色金属、稀有金属和其他自然资源；俄远东则主要为从国外走私进口汽车、诈骗、向国外走私俄罗斯自然资源等跨国经济犯罪。

2016年，中亚国家还有比较严重的犯罪是贩卖人口。最近几年中亚国家这一问题非常严重。哈萨克斯坦是被贩卖人员的中转国家。哈萨克斯坦每年案件不少于400起。被贩卖的中亚人口，妇女和儿童从事性活动，男性则作为户外工作的苦力。他们一般都是国内无稳定的工作和收入、未受过高等教育、生活在偏远地区而被迫去做苦力的人。

从性别比例看，中亚国家的男性公民 18～34 岁的风险比较大，联合国打击有组织犯罪和贩卖毒品局的资料显示，2016 年在中亚发现的被贩运的人力 63% 是男性，31% 是女性，女孩和男孩分别是 4% 和 2%。他们一般先会被送到哈萨克斯坦、俄罗斯和乌克兰等国从事建筑、石油、农业、贸易和食品加工、森林作业、工业和纺织品工作等。中亚国家目前也在积极打击跨国犯罪，2016 年 5 月乌兹别克斯坦斯坦特种部队惩处运送女性到土耳其从事卖淫的团伙，并通过国际合作，2016 年同马来西亚警察一起解放了 17 名被贩卖的乌兹别克斯坦女性。

针对贩卖人口，所有中亚国家在立法上都把贩卖人口行为作为一种犯罪。同时，中亚国家都是《联合国打击跨国有组织犯罪公约》（2000 年 11 月 15 日通过）的参加国，除了哈萨克斯坦以外的中亚国家都批准参加了联合国大会 2000 年通过的《联合国打击跨国有组织犯罪公约关于防止、禁止和惩治贩运人口特别是妇女和儿童的补充议定书》。①

跨国贩毒问题一直也是中亚比较关注的问题。这首先受到阿富汗的影响，阿富汗的鸦片走私不仅戕害本国，还危害了过境国中亚国家，使其非法贩卖毒品犯罪呈现扩大化，给社会带来负面影响，吸毒、艾滋病感染现象也因此变得令人担忧，这些影响着中亚社会的稳定。经过乌兹别克斯坦和塔吉克斯坦的边境上有一个所谓的北部运送毒品的路线，专门是从阿富汗到达俄罗斯，以及到达欧洲的贩运线路，每年运送高达 100 吨的硬毒品。

2017 年塔吉克斯坦和乌兹别克斯坦的领导人在 2016 年 12 月 27 日会谈时，阿奇莫夫和拉赫蒙专门讨论了两国加强地区和平，加强打击恐怖主义、极端主义、非法走私毒品和其他跨国犯罪的问题。在上合组织第 11 次理事会上，塔吉克斯坦领导人拉赫蒙提到，现在上合组织在安全领域的合作主要是军演和信息互换，但这对打击犯罪是不够的。他建议建立一个在中东地区

---

① На таджикско-афганской границе уничтожены наркодилеры с 28 кг гашиша，2017.02.08，http：//ru.sputniknews－uz.com/incidents/20170208/4768536/narkodiler－28－kg－gashisha.html.

作战的恐怖分子的名单，加强网络打击激进主义和极端主义，同时他和一些专家都提到了，建议上合组织和集体安全条约组织联合开展反恐演习等。①

塔吉克斯坦内务部分析中心的领导苏和洛浦·卡兰达洛夫也认为必须加强地区的边境防恐安全保护和严打毒品跨境走私。上合组织成员国的立法应该逐渐一致，否则很多极端分子和恐怖分子以在某些国家的组织名称为掩盖继续活动。②

二 警务合作

警务合作主体包含广义上的警察、秘密警察。上海合作组织警务合作指成员国公安、内政、安全主管机关根据本国法律，或所签订的条约、参加的国际公约及本组织相关法律，或在协商一致的基础上，在本组织框架内，为打击地区跨境犯罪而开展的跨国侦查、演习、情报信息交流与互换、人才培养与培训的双边或多边合作、交流与研讨活动，还包括在本组织框架下与非成员国、国际组织等在惩治国际犯罪、跨国犯罪等事务中，为维护国际社会秩序、国家秩序而相互提供援助、协助、配合的行为，它是跨越国界的警察事务的交流。

上海合作组织的警务合作不仅包括就各类案（事）件本身而采取的共同行动和联合措施，还包括为此而使用武装力量、技术问题、战略与战术等问题进行的磋商、人才互换、交流、培训等事项。通过各国警务合作实现打击犯罪的目标，越来越被各国、各地区组织和联合国认可，并在实践中开始大量尝试。

警务合作任务随着地区治安形势和跨国犯罪形势而不断发生变化。上海合作组织是最早打出反恐旗帜的国际组织之一，但目前其成员国已不限于成

---

① Рахмон：ШОС стала действенным механизмом регионального сотрудничества，http：//ru. sputniknews - uz. com/world/20160429/2659116. html，29. 04. 2016.

② Рахмон：ШОС стала действенным механизмом регионального сотрудничества，http：//ru. sputniknews - uz. com/world/20160429/2659116. html，29. 04. 2016.

立之初的反恐目的，而是扩大到禁毒、打击武器走私、有组织犯罪等领域的合作，而这些日渐被成员国认为是关乎反恐成败的领域。因此，相关事务纳入本组织框架内的趋势在增强，成员国充分利用该反恐机构平台治理跨国犯罪的意愿凸显。

目前，上合组织框架内的警务合作目标任务已经从反恐合作为第一要务逐步发展为在反恐目标下的禁毒、打击走私、非法移民活动的综合的多元化的国际警务合作，并在保护信息安全、打击网络恐怖主义、开展边防合作、国际安保等敏感而重要的领域中开始合作。也就是说，成立于2004年的上海合作组织地区反恐机构作为警务合作的重要载体，其合作形式与该组织能源、经贸等合作形式不同。

地区反恐机构作为若干国家警察的联合体，便利了跨国侦查、取证、缉拿逃犯及预防犯罪等事务的开展。至此推动了各国间警察机关就警务情报、案件合作、追捕犯罪嫌疑人等事务的密切合作。就打击犯罪、维护地缘安全秩序的目标和任务而言，上海合作组织地区反恐机构是上述责任框架内的常务机构，是该地区安全体系的重要框架。

地区反恐怖机构是保证本组织范围内的社会、经济、文化、人道主义和其他领域活动顺利开展的重要平台，已经建立了成熟的国际警务合作机制。它主要是上海合作组织成员国主管部门彼此间进行多边和双边合作的基础。无论多边还是双边合作机制的内容一般由上合组织地区反恐怖机构理事会批准而确定。这一过程中伴随着上合组织框架下法律基础的不断完善。国际警务合作已经成为本组织活动的重要内容，并逐渐成为该地区打击非传统安全的重要基石，在地区非传统安全治理方面发挥着不可或缺的作用。

三 警务合作的优先方向和领域

所谓优先方向，是指上合组织为加强地区警务合作，根据形势而确定的重点合作内容和领域，以便高效地开展合作。地区反恐机构根据不同阶段和时期，确定不同的满足形势需要的合作内容和优先合作方向及领域。

例如，在上海合作组织地区反恐机构建立的初级阶段，上海合作组织成员国主管（各成员国的内政部门、公安部门、安全部门等）部门的国际合作主要集中在：①理事会和执委会的稳定运作；②协调和核准决策机制和它的执行；③互动协调功能的形成；④制定开展国际执法安全合作的相关的必要的法律基础，以建立必要的打击非传统安全领域犯罪的执法依据，为后续的地区警务合作铺垫道路。这些是国际社会为打击一切形式的国际恐怖主义而有效地整合资源的必要做法。例如2001年通过的《上海公约》①，2009年确定了恐怖主义、恐怖行为、恐怖组织等关键概念的规范性法律文件无疑为警务合作建立了前提和基础。为落实《上海公约》，2009年6月15~16日成员国元首峰会签署了《上合组织反恐怖主义公约》，2016年成员国重点致力于上海合作组织《反极端主义公约》的制定和国内程序，这是继反恐公约之后的又一落实《上海公约》的分解动作。上述协议规定是地区反恐机构得以开展警务合作的基础，是促使成员国警务部门在这一框架内共同采取行动、开展侦查活动、采取预防犯罪的协同工作的必要条件。

2016年对于上海合作组织的警务合作发展来说，是重要的时间窗口。这一年《2016至2018年上合组织合作纲要》开始生效，地区反恐怖机构在未来时间内要在该纲要框架下协调上合组织成员国的反恐合作。2016年也是上合组织成立15周年。上海合作组织地区反恐怖机构在这重要的时间窗口证明其通过了时间的考验，证明其可行性和有效性，它有足够的能力采取有效措施。本组织所确定的优先合作方向可以充分说明这一点。

2016年确定的一系列优先合作方向总体说来包括：①继续打击恐怖主义、分裂主义和极端主义，并遏制毒品犯罪，武器、弹药和爆炸物、核材料和放射性材料的非法贩运问题；②打击跨境有组织犯罪活动；③治理非法移

---

① 除此而外，与警务合作有着密切关系的法律协定包括："关于上海合作组织成员国组织和举行反恐共同行动和演习的程序协定"；"关于在上海合作组织成员国境内参与恐怖主义、分裂主义和极端主义活动人员渗透渠道的协同查明和切断协定"；"关于合作在边境问题上培训干部方面协定"等。

民和贩卖人口、洗钱、经济犯罪和腐败活动,并加强边界安全合作。上述目标的实现主要是通过各国公安、内政、安全主管机关的合作和采取联合措施完成。

为了能在打击恐怖主义犯罪、网络犯罪、毒品犯罪和跨国有组织犯罪等共同关切的重大问题上的警务合作更加顺畅,各成员国2016年表示将在优先方向内共同采取应对之策,加强警务部门的情报交流与共享,并深入开展执法培训交流与合作,不断完善警务合作机制,协调联合执法行动,更加务实高效地推动上海合作组织维护地区秩序与安全的进程。

具体而言,2016年的警务部门的工作重在:①预防和阻止网络的恐怖主义、分裂主义和极端主义活动;②查明和切断赴恐怖主义活跃地区参加恐怖活动的人员的回流渠道;③确定和追究参与武装冲突并返回上合组织成员国境内的国际恐怖主义、分裂主义和极端主义组织的成员;④对跨国石油天然气管道实行国际安全保卫;⑤打击招募服刑人员参加恐怖主义和极端主义组织活动的行为。后续将围绕制定的优先方向深入开展合作。

四 打击网络犯罪

现代警务理念中,预防犯罪比打击犯罪更加重要,这一理念越来越成为现代警务的新标准,国际警务执法合作之目的不仅是打击发生的犯罪活动,更是预防犯罪行为的发生。对一个警务性质的国家组织或者联合体来说,情报和信息的交流是一切警务合作的开端。本组织地区反恐合作初期至今,始终围绕着情报事务展开合作。

无论是上合组织的安秘会还是反恐理事会,抑或是上合组织与其他组织和国家的合作,所涉及的相关问题主要包括打击恐怖主义、走私、贩毒、网络空间犯罪。上面已提到,打击网络恐怖主义被确定为优先合作方向之一。这也是上海合作组织过去一年乃至今后的重点,即在信息安全领域内开展打击网络恐怖主义、打击利用互联网和信息通信技术从事恐怖主义的活动,各成员国就相关问题提供协助、积极对话。

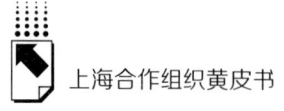

具体而言，2016年4月13~14日上海合作组织成员国安全会议秘书第11次会议就本组织所在地区安全与稳定形势、反恐、打击非法贩运武器和禁毒合作、完善协作机制等问题进行了讨论。

2016年9月13日上海合作组织地区反恐怖机构理事会第29次例会批准了地区反恐怖机构执委会及有关专家组进一步加强各领域务实合作的工作计划，此次确定的核心目标是共同打击威胁成员国安全的"三股势力"组织和团伙，应对"三股势力"利用因特网开展破坏活动，并加强边防合作。

此次理事会还批准了《防范恐怖主义行为联合措施》和《极端宗教意识形态在成员国境内传播联合措施》。这促进了地区反恐怖机构执委会组织、干部、财务以及上合组织成员国打击恐怖主义、分裂主义和极端主义领域法律基础的进一步完善。此外，在2016年12月14日，上海合作组织成员国主管机关代表在打击"三股势力"情报交流会上也专门表达了应在边防、打击利用互联网从事恐怖主义、分裂主义和极端主义活动方面提高情报交流和合作效率的意思。

在落实打击网络恐怖主义的优先方向的工作领域，上合组织积极开展了国际合作。2016年9月7~8日，上海合作组织地区反恐怖机构执委会代表参加欧安组织专家研讨会。主题为"关于网络自由以及打击导致恐怖主义的暴力极端主义和激进主义"，两个组织彼此就打击互联网上的暴力极端主义和激进主义的先进做法交流了意见，确定了进一步在打击可能导致恐怖主义的暴力极端主义和激进主义领域加强合作的重点领域。

执委会还在2016年10月21日派代表参加了在北京举行的"全球反恐论坛"框架下第二次打击网络恐怖主义研讨会，会中强调进一步加强有关打击网络威胁的国际合作、反互联网恐怖主义的暴力极端主义、激进化等问题、依法执法问题。上合组织地区反恐怖机构执委会副主任 У. Ч. 阿布德克里莫夫发表了题为"关于上合组织地区反恐怖机构执委会在打击网络恐怖主义领域活动主要方向、本组织成员国主管机关取得的联合成果和存在问题"的报告。

2016年12月14日上海合作组织成员国主管机关代表在"打击恐怖主

义、分裂主义和极端主义情报交流会"上专门就南亚和中东形势对上海合作组织成员国安全影响以及国际恐怖主义、分裂主义和极端主义组织非法活动有关情报进行了交流。这可以看出，情报信息交流的合作中，上合组织在积极吸取各个成员国、其他国际组织的警务情报交流经验，同时，也为全球和各国打击犯罪的情报交流提供了经验和资源。

五 警务对外交往

2016年上海合作组织与国际社会就保持地区安全和稳定而进行积极对话和密切合作。交流与合作的形式包括会晤、研讨会、签署合作协议与决议等，注重和不同国际组织的合作。

首先，在与其他国际组织的合作上上合组织采取了更加开放的做法，所涉及的合作组织包含联合国毒品和犯罪问题办公室、联合国安理会反恐委员会、国际刑警组织、欧亚反洗钱和反恐怖主义融资小组、集体安全条约组织、独联体反恐中心、独联体边防军司令部委员会、中亚地区禁毒信息协调中心、东南亚国家联盟、欧安组织。未来还计划与亚洲相互协作与信任措施会议秘书处签订合作协议。

2016年上合组织继续与联合国保持密切联系。早在2010年4月5日，上海合作组织和联合国秘书处之间已就双方《联合宣言》事项开始合作，2016年11月21日，联合国大会以口头表决的方式，通过了《关于联合国与上合组织合作的决议》。2010年12月13日由联合国大会通过了A/RES/65/124关于"上海合作组织和联合国合作"决议，其中宣布："上海合作组织已成为该地区各方面解决安全问题的重要组织"，这将允许上合组织更积极地利用联合国的平台，解决上海合作组织面临的问题，并在其范围内推广成员国利益。这份决议通过的重要意义在于它意味着联合国与上合组织伙伴关系的发展进入了新阶段。

上合组织与联合国的合作形式主要是参加研讨、签署法律文件、落实联合国有关战略与决议等。2016年3月29～31日，上海合作组织地区反恐怖

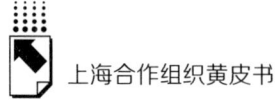

机构执委会参加了由联合国中亚地区预防性外交中心和联合国反恐执行工作队在阿拉木图市（哈萨克斯坦共和国）举办的以"查明线索和应对由中亚公民激进化导致的暴力极端主义和恐怖主义"为主题的地区研讨会。中亚国家的政府机构和非政府组织、观察员国以及国际和地区组织的代表参加了会议，会议就公民激进化产生的原因及后果交换了意见，对中亚国家在该领域的相关立法作了简要介绍，明确了消除该社会现象的办法，研究了制定战略对策所依据的新立场和新机制。

2016年11月22日，在纽约联合国总部经济和社会委员会会议厅举行的高级别专门会议旨在讨论联合国与上海合作组织联合反恐的问题。这次是上合组织历史上首次在联合国总部举办此类会议。此次会议达成一致认识，阿富汗局势的发展对整个地区的安全与稳定具有重要影响。未来增进与联合国的警务合作空间在危机早期预警和快速反应方面。

此外，上合组织还积极支持落实联合国中亚反恐战略，在中亚境内维护和平安全以及打击恐怖主义，禁止非法移民和非法贩运阿富汗毒品方面的主要作用，与联合国中亚地区预防性外交中心就打击恐怖主义、极端主义，禁止非法贩运毒品等其他问题定期开展情报交流。

上合组织近年与其他国际性组织开展的重要合作即为与国际刑警组织的联络。上合组织和国际刑警组织均为负责安全保障类的国际组织，彼此间的合作和采取联合措施，对治理非传统安全非常有益。2016年为进一步落实2014年签订的谅解备忘录，扩大两个组织就打击恐怖主义和积极参加各方打击恐怖主义活动等问题开展务实合作，深化信息交流并在专家层面加强合作。

此外，上合组织与地缘重叠的地区性组织的合作也十分密切。其中，比较重要的是集安组织和独联体，二者都在很多方面与上合组织有相同的目的，彼此间的合作对维护地区秩序和治理非传统安全问题非常有益。在维护信息安全的合作方面，2016年6月16~17日，关于上海合作组织地区反恐怖机构执委会参加由独联体反恐中心会同吉尔吉斯共和国政府举办的"开展现代通信技术中打击恐怖主义和极端主义组织活动国际合作"国际研讨会，就应对相关国际恐怖主义组织利用信息通信技术的新威胁的措施举行了讨论。2016年12月7日上海合作组织地区反恐怖机构执委会参加独联体成员国安全机关及情报部门反恐实战部门区域专家第6次会商时，讨论了独联体成员国主管机关在外国恐怖分子向成员国回流情况下的合作现状和合作前景，以及查明和阻止国际恐怖组织通过社交网络和潜入中亚国家的秘密人员从事招募活动等问题。

与欧洲的合作呈更加密切和多元化的趋势。欧洲国家和相关组织近年表现出了对上合组织地区反恐机构的兴趣。早在2007年6月欧盟理事会曾在通过了《欧盟与中亚：新伙伴关系战略》，期待与中亚有系统性的应对共同威胁的对话。① 叙利亚冲突、阿富汗动荡，促使欧洲伙伴把上合组织作为一个越发成功的地区反恐平台，发出了和上合组织成员国主管机关积极对话与合作的意愿和声音。应该说，欧盟在寻求和上合组织共同打击中亚地区的毒品走私和人口贩卖的合作的必要性和空间渐显巨大。欧安组织在2016年6月7日的预防中亚地区暴力极端主义及协调国际组织开展行动地区会议上就建议立足于合作原则和情报交流，进一步协调地区组织在下列事务上的合作：开展打击暴力极端主义、激进化问题，提高反极端主义的预防措施效率、有针对性地评估本地区涉嫌招募参与恐怖主义活动组织的情况，追溯暴力极端主义源头以及加强社会和国家的预防性合作，视情况制定相应的公民反激进化战略等。

2016年9月7~8日，上海合作组织地区反恐怖机构执委会代表参加欧安组织"关于网络自由及打击导致恐怖主义的暴力极端主义和激进主义"专家研讨会。当然，上合组织打击犯罪的警务合作经验来自于与不同组织的合作，其自身发展是不同国际组织的支持和帮助的结果。例如，在反洗钱和反融资方面，2016年6月和11月，上合组织地区反恐怖机构执委会代表分别参加欧亚反洗钱和反恐融资小组第24和第25次全体会议，了解到最新洗钱办法、欧亚反洗钱和反恐融资小组成员国及观察员国财务侦查活动以及取

---

① 在此框架建立之前，欧盟是通过欧盟理事会和欧盟委员会直接与中亚地区开展合作。

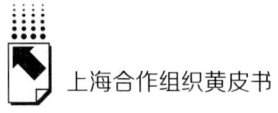

得的相应成果、欧亚反洗钱和反恐融资小组成员国财务侦查活动经验以及恐怖主义融资计划，为确立与欧亚反洗钱和反恐融资小组的合作建立了基础。

2016年上合组织还与东南亚国家联盟总部开展联系，加强反恐合作，并继续讨论上海合作组织地区反恐怖机构与东南亚国家联盟秘书处合作议定书相关问题。东盟秘书处建议，为更好落实具体反恐措施，可考虑上合组织地区反恐怖机构与东南亚国家联盟打击跨国犯罪的官员理事会和位于吉隆坡的东南亚国家联盟刑警组织建立工作联络。

与重要国家的合作也成为上合组织近年合作的重要方向。例如，上合组织与印尼就2017年初尽快在塔什干市签署更新后的反恐谅解备忘录草案达成一致，并继续交流经验和信息。与斯里兰卡讨论有关与斯里兰卡国防部合作议定书相关问题以及有关各方参加反恐演习和打击"三股势力"国际研讨会等问题。

经济合作

Economic Cooperation

Y.13
世界经济形势变化对上合组织成员国经济的影响

郭晓琼[*]

摘 要: 2016年世界经济面临的不确定因素明显增多,全球经济增长进一步放缓,分化出现逆转;大宗商品价格低位运行;全球贸易疲软,贸易保护主义和去全球化趋势抬头;美元加息,全球金融市场波动加大。上合组织成员国经济均受到外部世界的影响,在这样的背景下,上海合作组织应加强自身凝聚力,为应对不断变化的国际经济形势,上海合作组织各国在改革国内经济结构的同时,还应加强成员国间的务实合作,推动"一带一路"与上海合作组织各国发展战略对接。

---

[*] 郭晓琼,中国社会科学院俄罗斯东欧中亚研究所俄罗斯经济研究室副研究员。

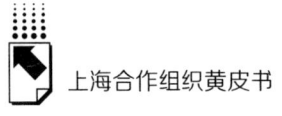

上海合作组织黄皮书

关键词： 上海合作组织 "一带一路"

2016年世界经济形势纷繁复杂，英国公投赞成脱离欧盟，美国经济增长弱于预期，全球贸易疲软，贸易保护主义和去全球化趋势抬头。在这样的背景下，上海合作组织更应加强自身凝聚力，弘扬"上海精神"。为了应对世界经济形势的新变化，一方面，上海合作组织各国应加快国内结构改革的步伐。另一方面，在区域内也应加强成员国间务实合作，推动"一带一路"与上海合作组织各国发展战略对接。

一 国际经济形势的新变化

2017年1月16日，国际货币基金组织发布《世界经济展望：转变中的全球经济形势》[①]，根据该报告，2016年全球经济增长率低于预期，与2015年相比增速又有所下降。2016年世界经济增长率为3.1%，与2015年相比，经济增速下降0.1%，预计2017年和2018年世界经济增长率分别为3.4%和3.6%。总体上，世界经济形势在2016年出现了一些新的变化，主要表现在以下四方面。

第一，世界经济增长进一步放缓，分化出现逆转。与2015年相比，世界经济增速进一步放缓。2015年世界经济增长趋势出现分化，发达经济体经济复苏，但新兴市场和发展中经济体增速明显下降。2016年这一分化趋势出现逆转，主要发达经济体增长回落，而新兴市场及发展中经济体的经济增速则出现回升趋势。

世界主要发达经济体中，美国经济复苏进程受阻，2016年经济增长率为1.6%，与2015年相比，增速下降0.5个百分点，未来预期整体向好，

---

① IMF World Economic Outlook Update, January 2017, "A Shifting Global Economic Landscape", http://www.imf.org/external/ns/cs.aspx? id = 29

2017年和2018年美国经济增速将逐步提高至1.9%和2%；欧元区经济复苏仍然乏力，2016年，欧元区国家经济增速为1.7%，与2015年相比下降了0.3个百分点，未来经济增速将继续下降至1.6%；日本经济持续低迷，2016年经济增长率与2015年持平。

新兴市场和发展中经济体增长率有望结束下跌趋势实现回升。独联体国家经济形势趋于好转，俄罗斯经济下滑趋势放缓，2016年经济下降0.8%，预计2017年经济实现1.1%的增长；除俄罗斯外的独联体国家经济止跌回升，2016年经济增长率为0.9%，2017年和2018年将进一步提高至2.3%和3.3%。

新兴和发展中亚洲国家在全球经济低迷的背景下仍保持强劲增长，增幅略有下降。2016年中国经济增长率为6.6%，与2015年相比下降了0.3个百分点，预计2018年经济增速将下降至6%；2016年印度经济增长率为7.6%，与2015年持平，未来印度经济增长动力仍然强劲，预计2018年经济增幅达到7.7%（见表1）。

表1 世界经济发展及预测

单位：%

	2015年	估计 2016年	预测 2017年	预测 2018年
世界经济增长率	3.2	3.1	3.4	3.6
发达经济体	2.1	1.6	1.9	2.0
美国	2.6	1.6	2.3	2.5
欧元区	2.0	1.7	1.6	1.6
日本	0.5	0.5	0.6	0.5
新兴市场和发展中经济体	4.1	4.1	4.5	4.8
独联体	-2.8	-0.3	1.4	1.8
俄罗斯	-3.7	-0.8	1.1	1.2
除俄罗斯外	-0.5	0.9	2.3	3.3
新兴和发展中亚洲	6.6	6.5	6.3	6.3
中国	6.9	6.6	6.2	6.0
印度	7.6	7.6	7.2	7.7

续表

	2015年	估计 2016年	预测 2017年	预测 2018年
新兴和发展中欧洲	3.6	3.3	3.1	3.2
拉美和加勒比	0.1	-0.6	1.6	2.1
中东、北非、阿富汗和巴基斯坦	2.3	3.4	3.4	3.5
低收入发展中国家	4.6	3.7	4.9	5.4

资料来源：IMF World Economic Outlook（WEO）Update, January 2017, "A Shifting Global Economic Landscape", http：//www.imf.org/external/ns/cs.aspx? id=29。

第二，大宗商品价格低位运行。从2014年下半年起，在供需逆转、地缘政治等多重因素的影响下，石油价格持续大幅下跌，2016年1月降低到10年以来的最低水平29.9美元/桶，此后逐步反弹，到2016年8月石油价格反弹至45美元/桶，价格反弹的主要原因是非自愿生产中断使得石油市场供需关系趋于平衡，与2014年6月下跌前的价格108.4美元/桶相比，2016年石油价格处于低位运行状态。非燃料大宗商品价格虽有小幅上涨，但总体价格不高，截至2016年10月，金属和农业大宗商品价格分别上涨了12%和9%。

第三，全球贸易疲软，贸易保护主义抬头。2012年以来，全球贸易增长速度显著下降，从2014年第四季度开始，在经济活动总体疲软、投资不振、需求缩减、地缘政治等多重因素叠加作用下，世界货物出口总额开始出现下降，新兴市场与发展中国家出口额下降的幅度高于发达国家，到2015年第三季度，世界货物出口总额达到最大下降幅度，同比下降15.4%，此后下降趋势逐渐放缓。全球贸易下降放缓的主要原因是大宗商品价格下降幅度收窄，排除价格因素的进出口实物量仍进一步下降。在国际贸易疲软的背景下，贸易保护主义和去全球化趋势有所加强。

第四，美国货币政策正常化，全球金融市场波动性加大。为应对金融危机，2008年以来，美联储一直将联邦基金利率维持在接近于零的水平。随着美国经济温和复苏，美联储加息预期增强。据美联储预计，未来美国经济将继续温和扩张，就业市场将持续改善，考虑到影响美国经济的国内外因素，美联储决定启动加息进程。2015年12月16日，美联储宣布将联邦基金利率上调25个基点，到0.25%至0.5%的水平。

2016年上半年，美国经济低迷不振并持续存在通缩压力，因此美联储加息日期一再拖延。2016年12月14日，美联储公开市场委员会又将联邦基金利率上调了25个基点，达到0.5%至0.75%的水平。这是美联储自2006年以来的第二次加息，加息后美联储将继续保持宽松的货币政策，支持就业市场进一步改善，并让通胀向目标值迈进。鉴于美国在世界经济中发挥的核心作用，美联储加息对世界经济将带来以下重要影响。

其一，对于本币对美元贬值的发达经济体而言，这些国家将从美国增长加快和汇率竞争力提高中获益。由于大部分发达经济体正面临通胀低于目标的难题，本币对美元贬值带来的通胀压力有利于这一难题的解决。

其二，对于本币相对美元贬值的新兴经济体而言，货币竞争力提高和美国需求上升有利于这些国家提振出口，但在美元利率上升和本币贬值的共同作用下，可能导致流动性减少，资产负债表恶化。此外，美联储加息也加大了新兴市场及发展中经济体货币政策制定的难度，如何在应对资本外流和国内经济下行压力之间进行权衡成为货币政策的两难选择。

其三，美元汇率如果出现大幅度震荡将引起全球资产价格和资本大规模异动，从而引发国际金融市场和部分国家国内金融市场的动荡。

二　世界经济形势变化对上合组织成员国经济的影响

世界经济形势变化主要通过以下四个渠道传导至成员国：

第一，贸易渠道，近年来世界经济复苏乏力，全球贸易疲软，对成员国出口造成影响。

第二，价格渠道，国际大宗商品，尤其是能源类商品价格保持低位运行，对出口国而言，价格因素是导致出口不振的主要原因。

第三，汇率渠道，美国货币政策正常化和原油等国际大宗商品价格变动对成员国汇率造成影响，此外全球资产价格震荡和资本大规模流动对成员国金融体系也会造成一定冲击。

第四，投资渠道，国际投资低迷，投资者信心不足。

这些因素通过这四个渠道传导至成员国国内，在经济体系中相互交织，对成员国经济将产生多方面、深层次的影响。但也应注意，由于上海合作组织成员国经济发展现状各不相同，各国受世界经济影响的程度也会有所不同。

（一）国民经济

2012年后，世界主要发达经济体经济缓慢复苏，而新兴市场及发展中经济体中的结构性矛盾逐渐凸显，上海合作组织成员国经济普遍出现增速放缓趋势。2014~2015年，受国际能源价格暴跌、欧美国家经济制裁等外部因素的影响，俄罗斯经济陷入衰退，作为石油出口国的哈萨克斯坦经济增速也明显下滑，吉尔吉斯斯坦和塔吉克斯坦两国经济规模较小，但由于与俄罗斯经济联系密切，国内经济也表现出增速下降趋势。进入2016年，上合组织成员国经济形势整体好转，中国经济仍保持较快增速，俄罗斯经济下降趋势放缓，吉尔吉斯斯坦、塔吉克斯坦和乌兹别克斯坦三国经济增速加快，哈萨克斯坦经济增速小幅下降。

2015年，俄罗斯经济陷入危机，GDP增长率为-3.7%，对外贸易大幅缩水。国际能源价格下跌和欧美制裁延期等因素固然是俄罗斯经济衰退的重要外因，但导致俄罗斯经济陷入危机的深层次原因则是俄罗斯经济的结构性失衡。危机中，俄政府一方面制定反危机计划应对经济衰退，另一方面推行结构改革，力图降低对能源出口的依赖性。2016年，俄罗斯经济下跌趋势放缓，前三个季度GDP同比下降幅度分别为1.4%、0.6%和0.7%，8月环比下降幅度为0，2016年全年GDP下降幅度为0.2%，经济逐步企稳。农业继续保持增长势头，增长率从2015年的2.6%提高至4.8%。工业中的大多数行业实现增长，工业生产同比增长1.1%，加工工业同比增长0.1%。

俄罗斯政府大力推行进口替代政策，这一政策在食品工业、轻工业及化工业等行业取得了一定成效。2016年，俄罗斯食品工业生产同比增长

2.4%，牛等牲畜的肉类产品产量增长幅度高达12.2%；纺织和缝纫业同比增长5.3%，皮革制品及制鞋业同比增长5.1%；化工业作为俄罗斯政府实施进口替代的重点部门，2016年同比增长5.3%[1]。进口替代的政策效果在食品工业、轻工业等部门最先显现，这是由于这些部门技术含量相对较低，实行进口替代的难度较小，同时，卢布贬值后俄罗斯本地产商品与进口商品相比具有比较明显的价格优势。与之相比，机器制造业和高新技术产业的进口替代需要建立在技术进步的基础之上，短时期内很难取得进展。

哈萨克斯坦的产业结构与出口结构都与俄罗斯相似，因此，在国际能源价格大幅下滑的2015年，哈萨克斯坦经济增速也明显下滑，2015年GDP增幅下降至1.2%，2016年哈萨克斯坦经济没有出现明显好转，全年GDP增长率为1%，其中增长较快的行业为建筑业增长7.9%、交通业增长3.8%。加工制造业增长率低于GDP水平，仅为0.7%。

吉尔吉斯斯坦和塔吉克斯坦两国经济规模较小，市场开放程度不高。2016年前7个月，吉尔吉斯斯坦经济一直处于负增长，2016年1~7月，吉尔吉斯斯坦经济同比下降2%，从2016年9月起，经济逐渐恢复增长，2016年全年GDP增幅为3.8%。2016年1~9月，塔吉克斯坦经济同比增长6.7%。从贸易角度看，俄罗斯和中国是这两国最主要的贸易伙伴，吉、塔两国对外贸易逆差，与俄罗斯的贸易联系更多为进口。

俄罗斯经济危机的负面效应主要通过侨汇的渠道传导至吉、塔两国。吉、塔两国中大量的青壮年劳动力在俄罗斯务工，并将收入汇回祖国，俄罗斯陷入经济危机后，侨民收入的减少和卢布贬值导致侨汇大幅缩水。根据俄罗斯央行的数据，2014年，从俄罗斯汇往吉尔吉斯斯坦和塔吉克斯坦的汇款分别为20.62亿美元和38.54亿美元，至2016年分别减少至5.44亿美元和6.52亿美元。侨汇的大幅减少对两国经济增长造成了一定消极的影响。

---

[1] Министерство экономического развития российской федерации：《Об итогах социально-экономического развития РФ в 2016 году》. http：//economy.gov.ru/minec/activity/sections/macro/2017070204.

2016年乌兹别克斯坦GDP增长率为7.8%①，与2015年相比增速加快。乌兹别克斯坦同样受到棉花和黄金价格走低、包括俄罗斯在内的主要出口市场经济疲软、侨民汇款大幅下降②等外部因素的影响。乌政府为降低侨汇收入减少和务工人员返乡造成的负面影响，一方面推行就业保障计划，鼓励私营企业和小企业发展以促进就业，另一方面，鼓励出口来弥补移民收入减少造成的外汇短缺。近年来该国还实行了出口多元化和扩大内需的经济措施促进经济增长，因此，乌兹别克斯坦经济始终保持快速增长。

2010年中国经济增长率仍保持两位数，为10.4%，此后经济增速持续放缓，2011年为9.2%，2012年为7.7%，到2016年，中国GDP增长率下降为6.7%。这主要是因为结构性放缓与周期性放缓相叠加，外部需求疲软、投资拉动乏力、人口红利逐渐消失等多种因素导致的。但这并不意味着中国经济进入持续衰退阶段，中国经济在"新常态"下主动出击，有所作为，相应地提出了城镇化、供给侧结构性改革和"一带一路"倡议，在这三大举措引领下，中国经济更加注重发展质量：经济驱动由投资、出口更多转向消费拉动，经济投入更强调创新要素的投入，经济发展更注重以人为本。

表2　2012~2016年上海合作组织成员国GDP增长率

单位：%

	2012年	2013年	2014年	2015年	2016年
中国	7.7	7.7	7.3	6.9	6.7
俄罗斯	3.5	1.1	0.7	-2.8	-0.2
哈萨克斯坦	4.6	5.8	4.1	1.2	1
乌兹别克斯坦	8.2	8	8.1	7	7.8
吉尔吉斯斯坦	-0.9	10.5	4.0	3.5	3.8
塔吉克斯坦	7.5	7.4	6.7	6	(1~9月)6.7

资料来源：各成员国统计局网站。

---

① 中国驻乌兹别克斯坦共和国大使馆经济参赞处：《乌兹别克斯坦2016年经济增长7.8%》，2017年1月16日，http://uz.mofcom.gov.cn/article/jmxw/201701/20170102508564.shtml。
② 根据俄罗斯央行统计数据，2014年，在俄罗斯的乌兹别克斯坦侨民汇款为56.53亿美元，2015年下降至30.59亿美元，2016年进一步减少至9.39亿美元。

（二）对外贸易

在全球贸易疲软的国际背景下，2016年上海合作组织成员国对外贸易仍大多表现为负增长，与2015年相比，下降的速度有所减缓。

中国对外贸易进一步缩减。2016年，中国对外贸易总额为3.7万亿美元，同比下降7.3%，其中出口额为2.1万亿美元，同比下降7.7%，进口额为1.6万亿美元，同比下降5.5%[①]。中国出口的前两大贸易伙伴为欧盟和美国，2016年欧美两大经济体经济增速进一步放缓，需求下降，中国对这两大经济体的出口额分别下降4.7%和5.9%，人民币相对美元贬值不利于进口，中国自美国进口下降9.1%。

俄罗斯和哈萨克斯坦对外贸易额下降幅度收窄。2016年俄罗斯对外贸易总额为4706亿美元，同比下降12%，其中出口额为2792亿美元，同比下降18.2%，进口额为1914亿美元，同比下降0.8%。2016年1~11月，哈萨克斯坦对外贸易总额为553亿美元，同比下降21.3%，其中出口额为327亿美元，同比下降22.2%，进口额为226亿美元，同比下降20.1%。

2015年，导致俄、哈两国出口额大幅下降的最主要原因是价格因素，能源出口在这两国出口额中的比例在60%~70%，国际能源价格的下降导致出口额大幅减少。2016年原油价格仍保持低位运行，全年平均价格仅为41.7美元/桶。俄、哈两国出口降幅的收窄主要得益于出口实物量的增长。从进口方面看，卢布升值、经济形势整体回暖、内需扩大都有利于进口形势的好转。

吉尔吉斯斯坦和塔吉克斯坦两国为外贸逆差。2016年，这两国外贸仍为负增长，但下降的速度有所减缓。2016年1~11月，吉尔吉斯斯坦对外贸易总额为48.89亿美元，同比下降0.5%，其中出口额为12.69亿美元，同比下降1.5%，进口额为36.2亿美元，同比下降0.1%。2016年塔吉克斯

---

① 中国海关总署，http://www.chinacustomsstat.com/aspx/1/NewData/Stat_Class.aspx?state=1&t=2&guid=7407。

坦对外贸易额为39.3亿美元,同比下降9.2%,其中出口额为9亿美元,同比增长0.9%,进口额为30.3亿美元,同比减少11.7%。

表3 2014~2016年上合组织成员国对外贸易增幅

单位:%

		2014年	2015年	2016年
中国	出口	6.1	-2.8	-7.7
	进口	0.4	-14.1	-5.5
俄罗斯	出口	-5.7	-31.8	-18.2
	进口	-9.8	-37	-0.8
哈萨克斯坦	出口	-6.2	-42.5	-22.2
	进口	-15.4	-26.9	-20.1
乌兹别克斯坦	出口	10.9	-4.8	12.1
	进口	7.7	-19.8	-7.2
吉尔吉斯斯坦	出口	-4.2	-10.7	(1~11月)-1.5
	进口	-5.8	-27.4	(1~11月)-0.1
塔吉克斯坦	出口	-15.9	-8.9	0.9
	进口	3.5	-20.1	-11.7

资料来源:俄罗斯数据来源为俄罗斯海关,中国数据来源为中国海关,其他成员国数据为作者根据Wind数据库中相关数据计算得出。

(三)汇率变动

上海合作组织成员国在2015年都经历了货币贬值,进入2016年,上海合作组织成员国中中国、塔吉克斯坦和乌兹别克斯坦三国货币对美元继续了贬值趋势,而俄罗斯、哈萨克斯坦和吉尔吉斯斯坦三国货币则出现了不同程度的升值。

从2015年1月1日至2016年12月31日,人民币兑美元汇率由6.119RMB/USD跌至6.918RMB/USD,贬值幅度为13%[①]。2015年,人民币最大幅度贬值发生在8月11日汇率改革之后。2015年8月11日,中国人

---

① 根据Wind数据库相关数据计算。

民银行宣布进一步完善人民币兑美元汇率中间价报价，增强其市场化程度和基准性。

实际上，汇率贬值在"8·11"汇改中只是表象，其真意在于让市场化机制在人民币汇率形成机制中发挥决定作用。在"8·11"汇改声明中，人民银行取消了中间价的波动区间，同时也取消了参考一篮子货币定价的表述。这一转变在理论上实际上是对"蒙代尔不可能三角"的重新选择，即由过去的"有管理浮动+部分独立的货币政策"转向"完全市场的浮动汇率+独立的货币政策"。"不可能三角"的转变目的就是让对外部门完全由汇率调节，货币政策只着眼于国内利率。汇改后，人民币汇率连续3日下跌，幅度达到4.7%。

2016年，人民币延续上一年贬值趋势，先后出现三轮贬值。第一轮贬值出现在2016年开年，在离岸人民币汇率大幅下跌的拖累下，在岸人民币汇率从6.49下跌至6.52。第二轮贬值则是在6月24日受到英国脱欧黑天鹅事件的影响，英镑暴跌致使美元被动升值，导致人民币相应贬值。第三轮贬值出现在2016年10月之后，美元加息预期增强，美元指数不断走高，人民币兑美元汇率进一步贬值。

2015~2016年，塔吉克斯坦与乌兹别克斯坦两国货币也呈持续贬值态势。2015年1月1日至2016年12月31日，塔吉克斯坦索莫尼兑美元汇率由5.19TJS/USD跌至7.88 TJS/USD，贬值幅度为51.8%；乌兹别克斯坦苏姆兑美元汇率从2413.08UZS/USD跌至3210.67UZS/USD，贬值幅度为33.1%[①]。塔、乌两国汇率下跌的主要原因在于侨汇收入的大幅减少，2014年，从俄罗斯汇往塔吉克斯坦和乌兹别克斯坦的汇款分别为38.54亿美元和56.53亿美元，至2016年分别减少至6.52亿美元和9.39亿美元。此外，2016年塔吉克斯坦政府增发了本币，这也是促使塔吉克斯坦索莫尼兑美元贬值的主要原因之一。

2015~2016年，俄罗斯、哈萨克斯坦和吉尔吉斯斯坦三国汇率经历了

---

① 根据Wind数据库相关数据计算。

先贬值后升值的过程。这三个国家均为大宗商品（原油、黄金）出口国，其汇率变动受国际市场大宗商品价格变动影响。

俄罗斯卢布汇率与国际油价一直存在着同向变动的相关关系，即国际油价上涨则卢布汇率升值，国际油价下跌则卢布贬值。2015年1月1日至2016年1月31日，俄罗斯卢布兑美元汇率由55.77RUB/USD跌至77.934RUB/USD，贬值幅度为39.74%①。卢布贬值最主要的外因就是国际油价下跌。2016年1月后，俄罗斯卢布变动趋势仍然与原油价格紧密相关。2016年1月，布伦特原油价格在跌至29.31美元/桶的低点之后触底反弹，呈整体回升趋势，全年平均价格为41.7美元/桶，2016年12月平均价格达到51.9美元/桶。在原油价格回升的条件下，俄罗斯卢布也相应升值。2016年1月31日至2016年12月31日，俄罗斯卢布兑美元汇率由77.934RUB/USD升至62.091RUB/USD，升值幅度为20.33%②。

2015~2016年，哈萨克斯坦坚戈兑美元汇率也经历了先贬值后升值的过程。2015年以前，哈一直实行外汇走廊制度，央行对超过外汇走廊浮动区间的汇率波动进行干预，因此，在实行新汇率政策之前坚戈汇率一直维持在185KZT/USD上下。哈也是重要的原油出口国，其产业结构和贸易结构与俄罗斯相似，因此，坚戈汇率也与国际油价高度相关。2015年国际原油价格大幅下跌使哈本币坚戈面临巨大贬值压力，哈为维持外汇走廊需耗费大量外汇储备干预汇市，而截至2015年8月哈萨克斯坦外汇储备规模仅为290亿美元，国家基金规模为687.76亿美元③，在干预手段难以为继的情况下，2015年8月20日，哈政府宣布取消汇率波动区间限制，采取自由浮动汇率，由供需决定汇率水平，货币政策也向通货膨胀目标制迈进。坚戈兑美元

---

① 根据Wind数据库相关数据计算。
② 根据Wind数据库相关数据计算。
③ Национальный банк Казахстана. http：//www.nationalbank.kz/？finalDate = 5.01.2014&finalDate2 = 25.12.2016&dates = + % D0%92% D1%8B% D0%B2% D0%B5% D1%81% D1%82% D0%B8 + % D0%B8% D0%BD% D1%84% D0%BE% D1%80% D0%BC% D0%B0% D1%86% D0%B8% D1%8E&tab_ id = 15&lang = rus&docid = 285&arch_ show = on&ch_ date = on&switch = russian.

汇率当日从 197 KZT/USD 贬至 256 KZT/USD，贬值幅度将近 30%。贬值趋势一直持续至 2016 年 1 月，2016 年 1 月 31 日，坚戈兑美元汇率为 362.38KZT/USD，与实行新汇率政策之前的水平相比，贬值幅度达到 94%。2016 年 1 月之后，在国际原油价格回升的条件下，坚戈汇率也小幅升值，截至 2016 年 12 月 31 日，坚戈汇率为 334.19KZT/USD，升值幅度为 7.8%①。

从 2015 年 1 月 1 日至 2015 年 12 月 31 日，吉尔吉斯斯坦索姆兑美元汇率由 58.048KGS/USD 跌至 75.863KGS/USD，贬值幅度为 30.6%，2016 年 1 月后，索姆汇率开始升值，2016 年 1 月 1 日至 2016 年 12 月 31 日，吉尔吉斯斯坦索姆兑美元汇率由 75.863KGS/USD 升至 69.273 KGS/USD，升值幅度为 8.69%②。

（四）债务风险

近年来，上海合作组织中大多数成员国债务风险保持在较高的水平。一般而言，国际公认的外债负债率（外债总额与 GDP 之比）的安全线为 20%。《俄罗斯联邦经济安全指标清单》中也规定，外债占 GDP 比重的临界值为 25%。一些俄罗斯学者认为，企业外债的合理范围应在 GDP 的 20%~25% 之间。《马斯特里赫特条约》规定，国家公共债务总额不超过 GDP 的 30%。

2015 年，哈萨克斯坦外债总额为 1535 亿美元，外债负债率高达 83%，远远超过国际公认标准。此外，2015 年 8 月哈萨克斯坦外汇制度改革后，坚戈的大幅贬值产生货币错配风险，以美元计值的外债要以更多坚戈进行偿还。吉尔吉斯斯坦和塔吉克斯坦两国也存在外债负债率超标的问题。截至 2016 年 11 月底，吉尔吉斯斯坦外债总额为 37.65 亿美元，与 2015 年底相比又增长 1.64 亿美元，外债负债率高达 57.3%。2016 年，塔吉克斯坦国家外

---

① 根据 Wind 数据库相关数据计算。
② 根据 Wind 数据库相关数据计算。

债为 23 亿美元，占当年 GDP 的 32.7%。

近两年，俄罗斯外债规模逐渐缩减，2014 年 7 月 1 日，俄罗斯外债总额高达 7327.79 亿美元，此后，在欧美对俄实施经济制裁的影响下，俄罗斯企业新增外债减少，外债总规模有所缩减。截至 2016 年 7 月 1 日，俄罗斯外债总额逐渐下降至 5234.37 亿美元，约占该年 GDP 的 37%，其中企业外债额为 4778.25 亿美元，约占该年 GDP 的 34%。与哈、吉两国相比，债务风险相对较低，但外债负债率也远超国际公认安全线。

三 新形势下"一带一路"同各国发展战略对接

（一）应弘扬"上海精神"，加强上合组织凝聚力

成立 15 周年以来，上海合作组织已跻身具有威望和影响力的国际和地区组织之列，各成员国在应对全球威胁和挑战过程中相互支持、团结协作，各成员国对上海合作组织的认同感明显增强。"互信、互利、平等、协商、尊重多样文明、谋求共同发展"的"上海精神"更加深入人心。2008 年国际金融危机以来，欧美等发达经济体复苏乏力，新兴市场及发展中国家面临着周期性与结构性危机叠加的风险，上海合作组织面临的不确定性因素和不可预见性风险明显增多，面对更加复杂严峻的国际形势，上合组织各国团结携手，弘扬"上海精神"，共同应对挑战的决心加强了上合组织的凝聚力。在推进"一带一路"建设过程中，秉持已经深入人心的"互信、互利、平等、协商、尊重多样文明、谋求共同发展"的"上海精神"，有利于提高中国与俄罗斯及中亚国家的政治互信，避免因国家间缺乏信任造成不必要的误解，对"一带一路"中政策沟通和民心相通建设都起到促进作用。

（二）上合组织应成为"一带一路"同各国发展战略对接的平台

上海合作组织所在的欧亚地区是"一带一路"建设的核心区域，上合组织国家均为"一带一路"沿线国家，"一带一路"的原则、目标、思路与

上海合作组织相一致，"一带一路"建设符合上合组织国家发展的长远利益，应充分发挥上合组织的积极作用，推动"一带一路"同各国发展战略相对接。

第一，"一带一路"的原则、目标、思路都与上海合作组织相一致。根据 2015 年 3 月 28 日发布的《推动共建丝绸之路经济带和 21 世纪海上丝绸之路的愿景与行动》（以下简称《推动共建"一带一路"的愿景与行动》），"一带一路"的共建原则为恪守联合国宪章的宗旨和原则，遵守和平共处五项原则，即尊重各国主权和领土完整、互不侵犯、互不干涉内政、和平共处、平等互利，坚持开放合作，坚持和谐包容，坚持市场运作，坚持互利共赢。① 这与上海合作组织的原则高度一致。"一带一路"的框架思路为秉持和平合作、开放包容、互学互鉴、互利共赢的理念，全方位推进务实合作，打造政治互信、经济融合、文化包容的利益共同体、命运共同体和责任共同体。它也与上海合作组织的任务相一致。

第二，"一带一路"建设符合上海合作组织国家未来可持续发展的长远利益，受到广泛欢迎。《推动共建"一带一路"的愿景与行动》中明确提出，"一带一路"致力于亚欧非大陆及附近海洋的互联互通，建立和加强沿线各国互联互通伙伴关系，构建全方位、多层次、复合型的互联互通，实现沿线各国多元、自主、平衡、可持续的发展。"一带一路"的互联互通项目将推动沿线各国发展战略的对接与耦合，发掘区域内市场的潜力，促进投资和消费，创造需求和就业，增进沿线各国人民的人文交流与文明互鉴，让各国人民相逢相知、互信互敬，共享和谐、安宁、富裕的生活。"一带一路"建设能够带动沿线国家共同发展，符合这些国家的长远利益，因此获得了各国的广泛欢迎和积极响应，尤其是上合组织成员国均已明确表示支持并积极参与"一带一路"建设。

第三，上合组织已成立 15 周年，已经建立起比较成熟的合作机制及制

---

① 新华网：《推动共建丝绸之路经济带和 21 世纪海上丝绸之路的愿景与行动》，http://news.xinhuanet.com/2015-03/28/c_1114793986.htm。

度框架，能够为"一带一路"建设提供良好的制度保障。目前，上海合作组织机制建设已基本完成，建立起涵盖不同层次、不同领域的比较完善的机构体系，具体包括国家元首、政府总理、总检察长、安全会议秘书、外交部长、国防部长、经贸部长、文化部长、交通部长、国家协调员等会议机制。上合组织还设有两个常设机构：秘书处和地区反恐怖机构。为深化经贸领域的合作，上海合作组织还建立了上合组织银联体和上海合作组织实业家理事会。这些机制的建立及运行可以为"一带一路"建设提供良好的机制保障。

（三）基础设施建设和产能合作是对接的优先方向

基础设施互联互通是"一带一路"建设的优先领域。俄罗斯和中亚等国基础设施严重落后，"一带一路"在与上海合作组织各国发展战略对接的过程中，应加强基础设施建设规划、技术标准体系的对接，抓住关键通道、关键节点和重点工程，优先打通缺失路段，畅通瓶颈路段，配套完善道路安全防护设施和交通管理设施设备，还应加强油气、电网等能源基础设施的互联互通。近年来，中国参与的莫斯科—喀山高铁项目、中吉乌铁路、比什凯克热电厂改造、比什凯克市政路网改造等基础设施建设项目正在推进中。

由于上合组织成员国大多处于工业化、现代化和产业转型升级的关键时期，中国"一带一路"建设及开展国际产能合作的战略与各国的经济发展战略及诉求高度契合。因此，欧亚地区成为我国开展产能合作较早且推进比较顺利的地区。中国已与哈萨克斯坦签署了总金额超过300亿美元的产能合作协议。2016年4月，中国又与俄罗斯签署了多项在俄罗斯远东地区建厂的谅解备忘录，中方提出了将12个先进经济行业的产能转移到俄罗斯的倡议，包括造船、化工、冶金、建筑、能源、机械制造、纺织、水泥、通信、农业等。吉尔吉斯斯坦也正在积极研究将就42个工业项目与中国开展产能合作。

目前，关于与中国进行产能合作的问题，俄、哈等国中存在一些反对的声音，认为中国企业的产能输出将会挤压当地产业发展空间并造成环境污染。针对这些反对声音，中国应加强对外宣传的力度，强调中国推动的国际产能合作是先进产业和产能的输出,技术和环保指标不达标的落后产能不具备国际产能合作的条件,中国先进产能的"走出去"能够帮助引进国家完善其工业体系,提高其制造能力,这是顺应经济规律的创新和共赢之举,避免在"一带一路"沿线国家产生中国输出落后产能的误解。

(四)金融合作是对接的重要保障

金融合作是上海合作组织经济合作的重要组成部分,也是"一带一路"建设中保障资金融通的必要之举。金融合作为区域经济合作的拓展和深入创造了良好的条件,同时,成员国间贸易、投资规模的不断扩大也对上海合作组织金融合作提出了更高的要求。

第一,应加强上合组织各国金融机构间的交流与合作,密切银行间业务往来。

第二,银联体作为上合组织重要的融资平台,为区域内经济合作项目提供了数百亿美元的融资,对成员国间经济合作项目的落实起到了重要的促进作用,应继续加强银联体合作,并在此基础上成立上海合作组织开发银行。

第三,在美元加息预期下,各成员国货币出现大幅波动,跨境贸易本币结算、货币互换等合作方式有利于规避汇率风险。

第四,上海合作组织成员国还可以通过丝路基金、亚洲基础设施投资银行等金融机构加强金融合作。

(五)农业合作是对接的重要内容

上合组织各成员国在农业发展方面各有所长,中国气候条件优越,有利于农业全面发展,农作物产品种类繁多,俄罗斯幅员辽阔,拥有肥沃的土地和丰富的水资源,土地规模大,适合大面积机械作业,哈、吉、塔、乌等国农业发展也各有特色。因此,积极开展农业合作,发挥各国在农业领域的比较优势,应成为"一带一路"建设与各国发展战略对接的重要内容之一。在农业合作对接过程中,宜注意以下四个方面。

一要逐步完善农业合作机制,各国定期就农业合作问题进行广泛、深入的交流，并加强各国间检验检疫相关部门的合作。

二要促进农产品贸易的增长，上合组织各国农产品各有特色，俄罗斯和中亚等国对农药化肥的使用相对谨慎，近年来，来自俄罗斯和中亚国家的绿色有机的农产品受到中国消费者的好评，农产品进口呈快速增长态势。

三要扩大农业领域的相互投资，建立农业专项投资基金，支持上合组织各国农业项目，促进各国在农业种植、土地管理、通关程序、食品物流及销售等方面的合作。

四要促进农业合作多元化，除农产品贸易和投资之外，还可以开展农业自贸区、农牧业产业园区、农业技术等多方面的合作。

Y.14
上海合作组织自由贸易区前景展望

刘华芹[*]

摘　要： 本文回顾了2016年上合组织区域经济合作取得的成效。采用GTAP模型对于扩员后的上合组织，包括印度和巴基斯坦在内8个成员国推进贸易便利化与自由化前景进行了预测，结果显示，推进区域贸易便利化将使成员国普遍受益，中亚国家和巴基斯坦尤其突出。而建立上合组织自由贸易区将产生更为可观的经济效益。因此，各成员国应摒弃偏见，携手推动区域贸易投资自由化进程，使区域经济合作的成果造福各国百姓。

关键词： 上合组织　区域经济合作　贸易便利化　自由化　自由贸易区

2016年，上海合作组织（以下简称上合组织）区域经济合作历经15年发展进入一个新阶段。面对世界经济复苏乏力，国际市场大宗商品价格持续低迷的严峻形势，各成员国期冀上合组织发挥更大作用，借助于区域经济合作平台拉动自身经济发展。中方提出的"一带一路"国际经济合作倡议为此注入了新动力。2016年上合组织成员国元首理事会第十六次会议和政府首脑（总理）理事会第十五次会议成功举行，以共建丝绸之路经济带为契

---

[*] 刘华芹，商务部国际贸易经济合作研究院研究员。

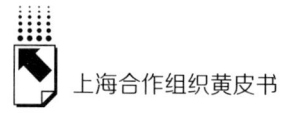

机,积极深化上合组织区域经济合作,明确了未来合作的发展方向及近期主要任务,将该组织区域经济合作提升到崭新水平。

一 区域经济合作全面推进

2016年,在极为复杂的国际经济形势下上合组织成员国同心协力,共渡难关。各国政府积极协调政策,工商界通力合作,区域经济合作取得显著成效。

(一)夯实区域经济合作的法律基础

2016年上合组织元首峰会上签署了关于给予阿塞拜疆共和国、亚美尼亚共和国、柬埔寨王国和尼泊尔上合组织对话伙伴地位备忘录,使上合组织伙伴网络进一步扩大,为在更广泛区域内开展经贸合作创造了有利条件。此外,元首会晤批准了《2017~2021年上合组织进一步推动项目合作的措施清单》和《上合组织成员国旅游合作发展纲要》。总理会晤批准了《上合组织成员国政府间科技合作协定》的《2016~2020年落实措施计划》和《上合组织科技伙伴计划》,并责成成员国继续制订《上合组织成员国海关关于商品估价和审价信息交换的议定书》,加紧制订《上合组织公路协调发展规划》草案,尽快商定《上合组织成员国环保合作构想》等,为深化区域经济合作奠定了坚实的法律基础。

(二)区域贸易发展态势良好

1. 中国与成员国总体贸易止跌回升

受全球经济增长缓慢、国际市场需求萎缩以及俄罗斯遭受西方经济制裁等多重因素的综合影响,俄罗斯、哈萨克斯坦的对外贸易持续下滑,中国的对外贸易依然延续下行态势,但是中国与上合组织成员国的对外贸易却触底反弹,实现了正增长。

根据中国海关统计,2016年中国与成员国的进出口总额达到937亿美元,同比增长1.8%。同期中国、俄罗斯和哈萨克斯坦三国的对外贸易则分别下降

6.8%、13.1%和21.4%，① 俄罗斯和哈萨克斯坦参加的欧亚经济联盟对外贸易下降13.9%，就此，中国与成员国总体贸易增幅不仅高于中国对外贸易增幅，也高于俄罗斯和哈萨克斯坦对外贸易增幅，更好于欧亚经济联盟对外贸易发展状况。其中中方对各国出口总计549.6亿美元，同比增长6.6%，② 大大高于同期中国出口 -7.7%增幅，成为区域贸易发展的一大亮点。

与上合组织成员国的贸易额占中国对外贸易总额的比重由2015年的2.3%升至2.5%，提高0.2个百分点。在全球贸易增速放缓，大部分成员国对外贸易下滑的背景下这一成就来之不易。

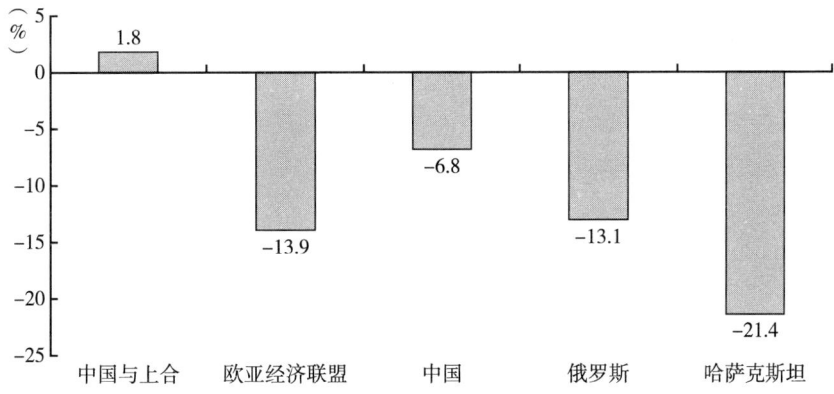

图1 中国、俄罗斯、哈萨克斯坦贸易增幅对比

资料来源：中国海关统计月报，2016年12月；www.eurasiancommission.org."статистика"。

2. 中国与成员国贸易发展不平衡

尽管中国与成员国总体贸易发展呈现积极趋势，但受内外多重因素影响中方与各成员国的双边贸易发展水平参差不齐，其中中俄、中吉和中乌双边贸易呈正增长态势，而中哈和中塔双边贸易继续下行趋势。中吉贸易实现了进出口双向增长，增幅分别为21.6%和30.9%。中国对俄出口同比增长

① www.eurasiancommission.org."статистика"，Об основных социально-экономических показателях Евразийского экономического союза.
② 中国海关统计月报，2016年12月。

7.4%，中国自乌兹别克斯坦进口同比增长26.8%。中国仍为俄罗斯第一大贸易伙伴，以及哈萨克斯坦、吉尔吉斯斯坦、塔吉克斯坦和乌兹别克斯坦的第二大贸易伙伴。

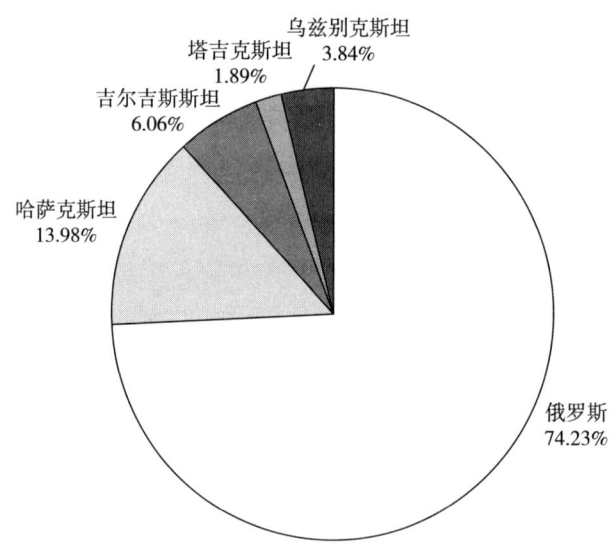

图2　中国与上合组织其他成员国国别贸易结构图

资料来源：中国海关统计月报，2016年12月。

（三）投资成为区域经济合作的助推器

1. 中国对上合组织成员国直接投资规模迅速扩大

在共建丝绸之路经济带倡议的推动下，中国对上合组织成员国的直接投资实现快速增长。根据《2015年度中国对外直接投资统计公报》的数据，截至2015年底，中国对成员国对外直接投资存量达到219.8亿美元，同比增长19.8%，占同期中国对外投资存量的2%左右①（参见图3）。

---

① 国家统计局、外汇管理局、商务部联合出版《2015年度中国对外直接投资统计公报》，中国统计出版社，2016。

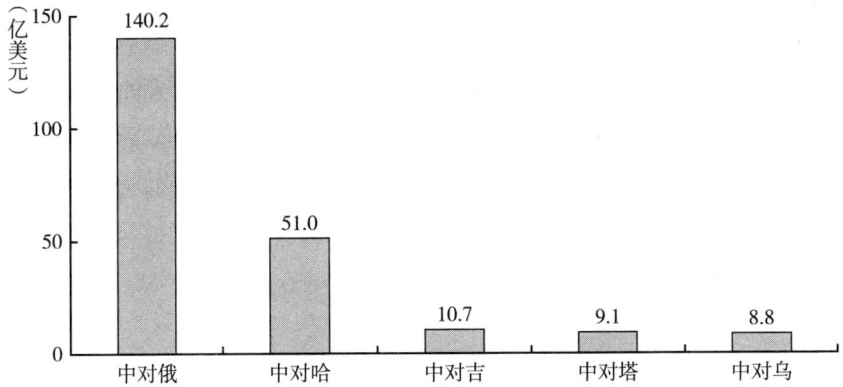

图3　中国对上合组织成员国直接投资存量情况

资料来源：国家统计局、外汇管理局、商务部联合出版《2015年度中国对外直接投资统计公报》，中国统计出版社，2016。

在上合组织区域内，俄罗斯是中国的第一大投资对象国，截至2015年底中国对俄罗斯直接投资存量达140.2亿美元，占同期中国对外直接投资存量的1.5%，在我国对外直接投资存量前20个主要国家中位列第9。

哈萨克斯坦是中国第二大投资对象国，截至2015年底，中国对哈萨克斯坦直接投资存量达51.0亿美元，占中国对外直接投资总额的0.5%，在中国对外直接投资存量前20个主要国家中位列第16。2015年，在中国对"一带一路"国家直接投资存量排名上，俄罗斯和哈萨克斯坦分列第2和第4位，成为在"一带一路"区域投资的重点国家。

2016年以来，中国继续扩大对成员国的投资。根据吉财政部统计，截至2016年11月底，在吉外债总额中中方的贷款余额为15.0亿美元，占其外债总额的39.9%，成为吉第一大债权国①。根据塔吉克斯坦财政部统计，截至2017年2月7日，中国对塔政府的贷款占塔外债总额比重超过50%，成为塔最大债权国②。根据乌兹别克斯坦对外经济联系、投资和贸易部的统

---

① 《中方贷款在吉尔吉斯斯坦外债占比不断上升，已近40%》，《经贸新闻》2017年1月10日，kg.mofcom.gov.cn。
② 《2017年塔政府计划还贷1.38亿美元》，《经贸新闻》2017年2月8日，tj.mofcom.gov.cn。

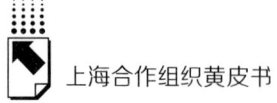

计，2016年上半年，中国成为乌吸引外资最大来源国①。在乌兹别克斯坦新增的503家外资企业中中资企业占比达18.9%②。

2. 融资方式日趋多样化

中国与欧亚地区国家的金融和保险机构签署多项合作协议，为项目提供有力融资支持。人民币正式加入国际货币基金组织特别提款权货币篮子为各方进一步加强本币互换和结算合作创造了新契机。截至2016年，中方与上合组织成员国之间有效的双边本币互换协议总规模达1600亿元人民币。成员国还就建立上合组织开发银行相关事宜展开进一步磋商。

此外，亚投行、丝路基金和中国-欧亚经济合作基金开始项目遴选，为区域项目建设提供新的融资渠道。杜尚别-乌兹别克斯坦边界道路塔吉克斯坦境内路段改善项目是本区域内首个由亚投行参与融资的项目，贷款总额度为2750万美元，由亚投行和欧洲复兴开发银行联合融资。中哈产能合作基金正式成立，为推动产能合作提供了商业化的融资渠道，也为本区域内创新融资方式做了有益探索。

中国华信能源有限公司与哈萨克斯坦国家石油天然气公司组建的合资企业进行了改组，华信以51%实现控股。中信银行牵头的中方投资人拟从哈萨克斯坦人民银行购买其全资持有的Altyn银行60%的股权。中信银行成为在哈萨克斯坦收购银行的首家中国股份制商业银行。以并购方式进行直接投资为本区域推动市场化融资模式开辟了先河。

3. 基础设施及产能合作成为重点投资领域

在推动共建丝绸之路经济带过程中产能合作逐渐成为区域经贸合作的重要方向之一。加强产能合作有利于各国产业结构调整，拉动各国经济增长。目前，中俄、中哈之间分别签署关于加强产能与投资合作的谅解备忘录，中吉也签署了产能合作的相关文件。中哈产能合作早期收获项目顺利推进，中国企业在乌兹别克斯坦承建的电站、在吉尔吉斯斯坦承建的炼油厂、在塔吉

---

① 《статистика》，www.mfer.u/ru/export/statistiks.
② 《乌兹别克斯坦2016年新增外企503家》，《经贸新闻》2017年1月12日，uz.mofcom.gov.cn。

克斯坦承建的水泥厂等大型民生项目运行良好,中乌联合建立工业园区。

与此同时,基础设施项目建设也得到快速发展。2016年,中俄同江铁路桥双方均已开工,预计2018年建成。中国企业在乌兹别克斯坦承建的"中亚第一长隧"安帕铁路甘姆奇克隧道正式通车,在吉尔吉斯斯坦承建的输变电项目助力吉国实现能源独立,在塔吉克斯坦承建的热电厂项目成为首都杜尚别的"生命线",这些项目极大改善了中亚各国基础设施落后状况,为促进当地经济发展、改善人民生活创造了便利条件,取得了互利双赢的效果。

(四)次区域经济合作成为新亮点

在中国"一带一路"倡议的带动下各成员国积极将本国经济发展规划与丝绸之路经济带建设对接,形成了多种对接合作模式,为区域经济合作搭建了新平台,欧亚经济联盟建设与丝绸之路经济带建设对接、中蒙俄经济走廊建设成为良好合作范例。

1. 积极磋商《中国与欧亚经济联盟经贸合作协议》

2016年6月,中国商务部与欧亚经济委员会共同签署《关于正式启动协议谈判的联合声明》。欧亚经济联盟成员国都是丝绸之路经济带重要的沿线国家,启动中国和欧亚经济联盟经贸合作协议谈判,是开展"一带一路"建设和欧亚经济联盟建设对接合作的重要内容。2017年1月,中国与欧亚经济联盟经贸合作协议第二轮谈判在北京举行。双方就海关程序和贸易便利化、技术性贸易壁垒、卫生与植物卫生措施、贸易救济、竞争、知识产权、政府采购、法律与机制条款以部门合作议题进行了深入磋商,取得实质性进展。

2. 中蒙俄经济走廊建设取得突破

2015年7月,中蒙俄三国元首会晤达成共识,签署了《关于编制建设中蒙俄经济走廊规划纲要的谅解备忘录》,明确了三方联合编制《建设中蒙俄经济走廊规划纲要》的总体框架和主要内容。经过多轮磋商,2016年6月,三国元首见证《建设中蒙俄经济走廊规划纲要》合作文件的签署。同年9月,中方正式公布《建设中蒙俄经济走廊规划纲要》(以下简称《纲要》),标志"一带一路"框架下的第一个多边合作规划纲要正式启动。《纲要》将促进地区经济一体化，促进三方发展战略对接，为基础设施互联互通、贸易投资稳步发展、经济政策协作和人文交流奠定坚实基础。同时积极利用国际经济合作平台，为有效实施合作项目创造条件。《纲要》确定了经济走廊建设的七大合作领域，即促进交通基础设施发展及互联互通，加强口岸建设和海关、检验检疫监管，加强产能与投资合作，深化经贸合作，拓展人文交流合作，加强生态环保合作和推动地方及边境地区合作。

二 区域经济合作亟待突破制度瓶颈

当前提升上合组织区域经济合作水平是各成员国极为关切的问题。目前各方将关注焦点集中到大型基础设施和产能合作项目上，与项目建设密切相关的区域贸易投资规则协调问题还未提上议事日程。各成员国现行贸易与投资制度存在诸多障碍，若不能有效解决，将制约项目合作，也难以拉动区域经济发展。

（一）贸易便利化水平低严重影响区域经济合作进程

根据世界经济论坛发布的《2016年度全球贸易便利化报告》，在全球136个经济体"贸易便利化指数"排名中，中国处于中等水平，其他国家处于中下水平，其中俄、吉、塔三国处于较低水平，总体来看，上合组织成员国的贸易便利化状况亟待改善。

表1 2016年上合组织部分成员国贸易便利化指标

国别	便利化指数排名	对内市场开放	对外市场开放	交通基础设施	交通服务
中	61	101	124	12	32
俄	111	112	129	37	82
哈	88	111	116	67	68
吉	113	122	91	132	123
塔	114	97	119	89	127
乌	—	—	—	—	—

资料来源：*The Global Enabling Trade Report 2016*，World Economy Forum。

目前各成员国异常关注推动本国交通基础设施互联互通项目建设。表1显示，在"交通基础设施"指标排名上，除吉尔吉斯斯坦外，其他国家的交通基础设施硬件处于全球中或中上水平，但在"交通服务"指标上，除吉尔吉斯斯坦外，其他国家的排名均落后于其基础设施排名，因而提高各国交通服务水平相对于改善硬件而言更为迫切。2016年10月24日，美国战略与国际问题研究中心出版的《"一带一路"倡议的新兴政治经济学》中，美国哥伦比亚大学哈里曼研究所所长Alexander Cooly特别指出，"没有伴随的'软件'改革，基础设施的改善不会带来效率的提高和变革性效果。决策者应避免将硬件联通性作为预期发展目标。"① 由此映衬了旁观者对于提升便利化水平的高度关注。

表2 2017年上合组织成员国营商环境指标排名

国别	营商环境	获得建筑许可	跨境贸易
中	84	176	96
俄	51	119	170
哈	41	92	122
吉	67	20	83
塔	132	152	132
乌	87	151	159

资料来源：Doing Business 2017, World Bank Group。

表2显示，根据世界银行集团发布的《2017全球营商环境报告》，在全球190个经济体"营商环境"指标排名中，除塔吉克斯坦外，其他国家营商环境均位于中等或中上等水平，但在影响区域贸易与投资的关键性指标，即"获得建筑许可"和"跨境贸易"指标上各国的排名并不乐观。在"获得建筑许可"指标上，除吉尔吉斯斯坦外，其他国家均位于中等或中下等水平，且四个国家排名位于119名之后，水平较低。而在"跨境贸易"指

---

① Alexander Cooley, The Emerging Political Economy of OBOR, www.csis.org/analysis-emerging-political-economy-obor.

标上，成员国均位于中等或中下等水平，其中俄、哈、塔、乌四国处于较低水平。获得建筑许可时间过长以及跨境贸易成本过高已严重影响各国营商环境的改善。

提升交通服务水平，便利跨境贸易将极大地降低贸易与投资成本，为项目建设提供必要保障，这也是便利化的任务。否则，只谈项目建设，不重视制度环境的改善，也难以达到预期目标。

（二）成员国需进一步扩大市场开放

表 1 显示，上合组织成员国市场开放度的排名大大滞后于其便利化指数排名，因而市场开放度低是影响各国贸易便利化的最大障碍。相对于对内市场开放度而言，对外市场开放度低对各国便利化的影响则更为突出。

表3　上合组织成员国对外市场开放度指标排名

国别	对外市场开放	面临关税	国别	对外市场开放	面临关税
中	124	114	吉	91	111
俄	129	133	塔	119	112
哈	116	127	乌	—	—

资料来源：*The Global Enabling Trade Report 2016*，World Economy Forum。

表 3 显示，在全球 136 个经济体中，成员国在"面临关税"指标排名上均处于末端，关税水平过高影响各国市场开放，制约区域贸易发展。根据中方《2015 年关税实施方案》，目前，中方的平均进口关税税率为 9.8%。[①]据欧亚经济委员会的估计，俄方平均进口关税税率为 5.2% ~ 5.3%，[②]哈萨克斯坦和吉尔吉斯斯坦同为欧亚经济联盟成员国，与俄罗斯关税税率相同。鉴于上合组织成员国之间存在较高关税壁垒，推动区域内贸易自由化进程，降低关税意义非凡，潜力巨大。

[①]《海关总署解读2015 年关税实施方案》，海关总署，2015 年 1 月 26 日，www.mofcom.gov.cn。
[②]《欧亚经济委员会降低 1780 种商品进口关税税率》，驻俄罗斯联邦经商参处，2016 年 5 月 19 日，www.mofcom.gov.cn。

三 上海合作组织自由贸易区前景展望

因印度和巴基斯坦已启动加入上合组织进程,着眼于未来发展,从更广阔区域研究该组织贸易投资便利化与自由化前景具有较强的现实意义。

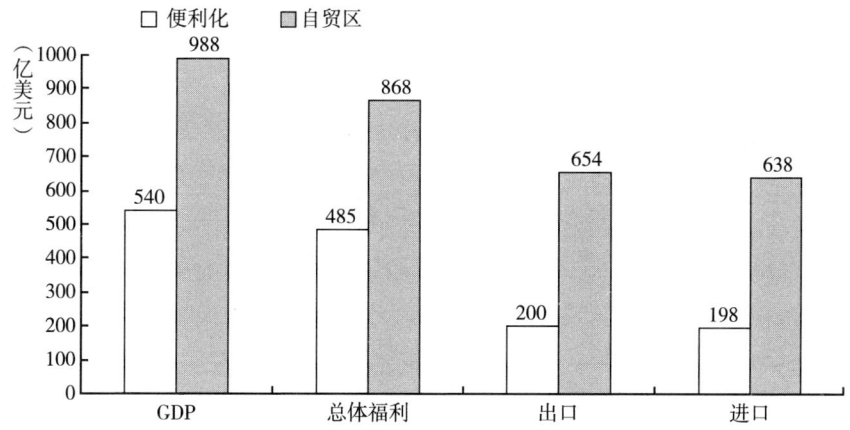

图 4 扩员后上合组织贸易便利化与建立自由贸易区效益比较

资料来源:作者利用 GTAP 模型预测。

(一)推进贸易便利化可使成员国普遍受益

2017 年 2 月 22 日,世界贸易组织《贸易便利化协定》正式生效。该协定的实施将提高跨境贸易的效率,降低成本,促进产品出口并营造便捷的通关环境,从而普遍提高各国贸易便利化水平。上合组织大部分成员国已加入世界贸易组织,实施 WTO《贸易便利化协定》可进一步深化区域经济合作,为区域整体以至各成员国带来直接的经济效益。

我们利用 CGE 模型对未来上合组织以至每个成员国(包括印度和巴基斯坦在内)推进贸易便利化的经济效果进行了分析,预测结果显示,假设各国进出口通关时间在现有基础上降低25%，那么区域整体GDP总量将增加540亿美元，总体福利增加485亿美元，出口增加200亿美元，进口增加198亿美元。表4显示，中亚国家以及巴基斯坦获益更大，这些国家的GDP增幅、出口与进口增幅均超过了中国、俄罗斯和印度三国。若各国在现有基础上进一步缩短通关时间、提高通关效率，那么无论上合组织区域经济，还是各国经济发展均将受益更大。为此，各国应加强政策沟通，加强贸易便利化相关领域的合作，力争在较少投资、较小风险的情况下使区域经济合作取得明显效益。

表4 扩员后上合组织成员国推进贸易便利化效果预测

单位：%

	中	俄	哈	吉	塔和乌	印	巴
GDP	0.19	0.39	2.42	18.70	1.37	0.72	1.29
出口	0.38	0.38	2.33	7.74	1.83	1.19	2.00
进口	0.42	0.45	2.23	14.61	1.87	0.96	1.56

资料来源：作者根据CGE模型计算结果。

（二）建立上合组织自由贸易区前景广阔

上述分析显示，高关税是制约区域贸易与投资发展的主要障碍，为此将自由贸易区列为上合组织区域经济合作的目标将产生深远影响。我们采用GTAP模型对扩员后的上合组织成员国，包含印度和巴基斯坦在内，建立自由贸易区前景进行了预测，得出如下结论。如果各成员国将本国进口关税降至零税率，那么上合组织区域整体GDP将增加988亿美元，总体福利增加868亿美元，出口规模增加654亿美元，进口规模增加638亿美元，成效远远超过贸易便利化措施的效果（参见图4）。表5显示，哈萨克斯坦、吉尔吉斯斯坦、印度和巴基斯坦无论在经济增速上，还是在进出口增速以及扩大就业方面均将获得更大利益，高于中国和俄罗斯等国家。

表5 扩员后上合组织成员国建立自由贸易区前景预测

单位：%

	中	俄	哈	吉	塔和乌	印	巴
GDP	0.53	0.63	2.38	4.07	0.13	1.12	1.99
出口	1.20	1.59	2.91	17.45	0.74	4.62	12.36
进口	1.57	2.30	3.62	1.41	0.91	3.20	6.03
非熟练劳动力就业	0.5	0.9	3.09	4.76	0.06	0.96	2
熟练劳动力就业	0.5	0.93	3	3.52	0.29	1.02	1.72

资料来源：作者根据GTAP模型计算结果。

2016年，G20贸易部长会议批准《二十国集团全球贸易增长战略》，共同表达了支持多边贸易体制与反对贸易保护主义的立场，号召各国不采取新的贸易保护主义措施并取消有关措施。同年11月，李克强总理在上合组织成员国政府首脑（总理）理事会第十五次会议上发表讲话，指出："中方对建设上合组织自贸区等倡议持开放态度，愿与各方开展自贸区可行性研究，充分考虑各方利益关切和地区特点，积极探索更加全面、紧密、高效的区域经济合作架构"。尽管目前上合组织成员国对建立区域FTA仍持不同意见，甚至心存疑虑，但实证分析已表明，自由贸易区将真正惠及各国人民，为此各国应摒除偏见，携手合作。

（三）发展议题应成为未来区域合作的重要方向

上合组织成员国均为发展中国家和新兴经济体，积极落实联合国《2030年可持续发展议程》对于拓展区域经济合作具有重大现实意义。G20杭州峰会制定《二十国集团落实2030年可持续发展议程行动计划》，将相关领域引入上合组织将提升区域经济合作水平，为此上合组织政府首脑（总理）理事会第十五次会议强调，未来将在文化、教育、科技、环保、卫生、体育、旅游领域开展双多边合作。

1. 加强科技文化领域合作

各方将积极落实《上合组织科技伙伴计划》，成员国有关部门、团体

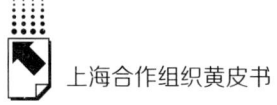

和企业将在信息通信领域开展合作，包括就推广和运用国家管理自动化技术交流经验等。加强落实《上合组织成员国政府间文化合作协定》，推动上合组织地区包括丝绸之路沿线地区文化和自然遗产研究及保护领域合作，积极参加在成员国境内举办的各类文化、体育交流活动，以巩固人民传统友谊、弘扬各国文化。进一步加强和扩大上合组织地区教育领域互利合作。

2. 加强国际旅游合作

《上合组织成员国旅游合作发展纲要》为构建上合组织地区统一旅游空间，促进跨境旅游业的发展奠定了法律基础。中国新疆与哈萨克斯坦的阿拉木图市签署旅游合作协议，计划每年从新疆赴哈萨克斯坦阿拉木图市的游客达到20万人。中、哈、吉三国正在联合制定霍尔果斯—阿拉木图—比什凯克—喀什公路旅游线路，并将向中国游客和欧美游客进行推介。

3. 加强环保领域合作

各方应采取措施保护自然环境，加强上合组织框架内环保合作，尽快商定《上合组织成员国环保合作构想》。中国—上海合作组织环境保护合作中心是中国环境保护部搭建的上合组织环保交流及能力建设平台。中方依托该中心同成员国开展环保政策研究和技术交流、生态恢复与生物多样性合作保护，协助制定上合组织环保合作战略以提升区域环保能力。

4. 加强疫病防治领域合作

成员国切实落实《上合组织成员国传染病疫情通报方案》，在上合组织成员国卫生防疫部门领导人会议机制框架内交流经验，继续在防控和应对传染病领域开展合作。2016年12月，来自俄罗斯、哈萨克斯坦、乌兹别克斯坦、塔吉克斯坦、吉尔吉斯斯坦、巴基斯坦等7个国家畜牧领域的20多位领导、专家、企业家参加了在乌鲁木齐举办的上合组织国家畜牧业创新人才培训班，共商区域畜牧业发展大计，以提高各国畜牧业科技创新交流，促进合作。

5. 加强减灾防灾领域合作

各方切实落实《上合组织成员国政府间救灾互助协定》2016~2017年

行动计划，共同减轻灾害损失。展望上合组织区域经济合作愿景，贸易与投资结合，规则协调与项目建设双轮驱动，不断拓展发展议题可为区域经济合作构建新框架，也将区域经济合作提升到一个全新阶段，助力区域以及各国经济可持续、健康发展。中国有句古语：精诚所至，金石为开。只要各成员国同心协力，推动区域合作，必将为提高各国人民福祉，以至于整个区域的发展开创新局面。

Y.15
上合组织运输便利化合作：成就、问题与前景

付佳伟[*]

摘　要： 运输便利化合作，是上合组织政府间合作的工作重点。本文通过对上合组织成立以来在交通运输领域合作历史的梳理，重点归纳整理了在合作机制、制度建设、国际通道规划和交通基础设施建设等方面的合作成就，并据此分析了存在问题及未来发展前景。

关键词： 上海合作组织　运输便利化　合作机制　国际通道

上海合作组织建立的宗旨是加强成员国之间的互相信任与睦邻友好；鼓励成员国在多领域开展全方位的有效合作；维护和保障地区安全秩序；建立民主、公正、合理的国际政治经济新秩序。十余年来，各国正是秉承此宗旨，在上合组织框架内进行了积极的努力和实践，在和平友好的基础上，持续加强政府间合作，谋求共同发展。这其中，促进国家间的运输便利势必成为组织内合作发展的基础。因此，从上合组织成立之初，运输便利化便成为一个各国重点关注的议题。时至今日，上合组织成员国之间的运输便利化合作成就主要体现在合作机制的建立和运行、合作制度的完善和发展、国际通道规划以及交通基础设施建设合作等方面。

---

[*] 付佳伟，中交公路规划设计院有限公司国际一部总工程师、高级工程师。

一 上合组织国家的运输便利化合作需求

区域的共同发展,最好的方式是融合联通、合作共赢。这也是"一带一路"倡议在中亚地区广为接受的原因。"一带一路"建设初期,重点是基础设施的建设,其中以道路联通为代表的基础设施的互通是贸易畅通的基础,也是体现"一带一路"价值的关键环节。在"一带一路"建设中,道路联通方面包括铁路、公路、水运以及边防海关等交通基础设施的联通以及有关制度规则的制定与融合,是要从硬件和软件两方面进行"联通"。交通基础设施建设是必备条件,而相关制度规则的制定和融合则是发挥硬件设施作用的重要保证。

交通运输的便利化,是上合组织成员国的共同目标。但对于交通便利化,各国的需求也不尽相同。

1. 中国

对中国而言,首先,运输便利化将极大加强中国与中亚、俄罗斯乃至西亚间的沟通与联系,促进与"丝绸之路经济带"沿线的经贸往来和社会文化交流,有利于我国经济发展和边疆的稳定,有利于我国对外战略的落实。

其次,区域内的运输便利化将直接促进我国在建设领域的产能输出,带动中国企业"走出去"。实现运输便利,必须针对现有交通基础设施进行必要的建设,打通缺失路段,改建瓶颈路段,升级落后装备。在此过程中,可充分发挥我国的资金、人才、技术优势,积极走出去,与所在国进行充分的合作,消化过剩产能,开拓国际市场。

2. 中亚诸国

对于中亚国家而言,交通便利化有着格外特殊的意义。中亚五国,同属于内陆国,其中乌兹别克斯坦更是世界仅有的两个双重内陆国之一。没有直接的出海口,远离海洋运输,严重地妨碍了该地区参与全球经济一体化的进程,在全球化分工中处于不利的位置。内陆运输的不便,高昂的运输费用,导致资源出口的支柱产业成本更高,出口利润大幅降低,进口生活必需品成

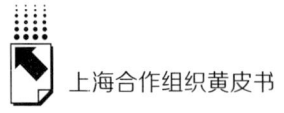

了非常沉重的负担。如何建立顺畅的交通，使用便捷可行的出海口，是中亚国家发展中格外关注的问题，运输便利化为此提供了更多的机会。

其次，中亚加强与中国和俄罗斯间的运输便利，更有地区安全和在大国间寻求平衡和支持的考虑。历史的原因，使中亚国家与俄罗斯间保持了自然的亲近，但中国的支持给了他们更大的发展空间。选择适合的发展战略，保持与大国间的便利沟通和平衡，成为中亚国家发展的必然选择。

再次，中亚国家已建立了通道国的观念。中亚地居要冲，从两千多年前的丝绸之路至今，一直是东西方沟通往来的必经之地，对此，该地区国家已有充分的认识。因此，中亚国家发展交通便利化，自身的便捷联通只是其中一方面，他们更是希望立足于通道国家的身份，获取特有的发展机遇。

3. 俄罗斯

在上合组织中，俄罗斯占据着重要的位置。不论从进口还是出口角度，俄罗斯都是中亚各国以及中国的主要贸易伙伴。加强运输便利化，保持与中亚地区乃至中国的便捷联通，对于俄罗斯的经贸发展，吸引国际物流，加强国际通道建设，都将起到重要的作用。

其次，规划和建设中的多条国际通道，进一步加强了俄罗斯与中国间的联系。这将不仅仅是经济上，同时还在政治上对世界格局产生深远的影响。

再次，作为传统势力范围，俄罗斯希望能够维持并加强自身在中亚地区和上合组织内部的影响力，这就必须要保持和加强便捷的交通联系。

二 交通合作机制

交通合作的机制，可以分为上合组织框架下的合作机制和双边合作机制两个层次。

（一）上合组织框架下合作机制

为确保交通运输合作有效展开，在中国和吉尔吉斯斯坦两国共同倡议下，上合组织交通部长会议机制于2002年创立，现已成为上合组织交通运输领域的主要沟通合作机制。从创建至今，历次交通部长会议形成主要成果如下。①

一是形成定期会晤的机制，建立重大问题和协调发展的沟通渠道。从2002年创立此会谈机制至今，交通部长会议已举行7届。除第4届因主办国特殊原因导致延误外，总体保证了两年一次的频率，基本形成定期沟通、关注重大问题解决、共同协商发展方向的良好态势。

二是关注运输协定的制定，推动区域内交通便利化的实施。作为区域合作，制定统一、协调的区域运输协定，对于区域内的交通便利至关重要。这个问题，从上合组织成立之初便成为各方关注的焦点。历次交通部长会议上，也都着力促进运输协定的签署。

第一次交通部长会议，明确提出将首先在过境运输领域加大合作力度。应将有效使用交通运输领域内现有基础设施、完善成员国的过境潜力，作为本组织现阶段交通领域区域合作的重要任务。

第二次交通部长会议，已提出开始研究制订多边公路运输协定、各成员国加入《欧洲综合运输重要干线协定》等问题。

从第三次交通部长会议开始，《上海合作组织成员国政府间国际道路运输便利化协定》（以下简称《协定》）的制定工作，即成为历次会议讨论的重点。直至第六次会议，基本完成了《协定》的定稿，确保了在下一年度峰会上的签署。从第七次会议开始，围绕《协定》的工作，转到落实实施层面。

三是关注重点项目的建设，促进交通基础设施建设合作。交通基础设施是发展的基础，基础设施的建设合作，也是历次会议关注的热点，每次都会结合当前重点建设内容加以讨论。

第二次会议上，重点讨论了国际公路运输线路的建设，主要针对欧洲E－40线中，乌克兰边界－伏尔加格勒－别伊涅乌－塔什干－比什凯克－阿拉木图－中国边界霍尔果斯口岸段。此外需完善的路段为塔什干－安集延－

---

① 会议内容根据会议纪要和相关新闻报道整理。

奥什－萨雷塔什－伊尔克什坦－喀什路线的公路。

从第三次会议开始，各方开始探讨区域交通走廊建设，并建议在交通部长会议框架内建立经常性的"发展交通走廊工作组"和处理有关问题的临时工作组。

第四次会议，重点讨论了制订上合组织成员国公路协调发展规划、确定新的公路基础设施示范项目的问题。

第五次会议，明确提出各方应本着相互理解、互利互助的精神，按照先易后难的原则，先把已经具备国际运输条件的道路连接起来，形成本组织初步的道路运输网络。

第六次会议上，各方就继续推动交通领域互利合作、高度重视交通基础设施建设达成共识，包括实施和运营铁路交通项目、最大限度地为提高过境运输量创造条件等议题。

第七次会议上，各方就建立上合组织区域运输通道、实现运输便利化以及交通对相关国家发展战略对接的引领作用达成了以下重要共识：一是交通设施互联互通是共建"丝绸之路经济带"的优先领域和重要基础；二是继续扩大交通运输互利合作，制定公路发展规划，推进重点项目实施；三是建设和运营铁路交通基础设施项目；四是开展航空领域合作，研究在上合组织成员国间开通新的更具经济性航线的前景；五是发展区域国际多式联运物流中心；六是加强在交通安全保障、环保节能及智能化方面的交流与合作。

四是倡导开放包容的理念，加快国际融合和组织区域扩展。上合组织不是一个封闭的、排他的组织，从上合组织创立至今，一直秉持着开放的理念。最初的几次会议上，与国际通道的联通，一直是会谈的重点，包括加快与欧洲公路网的衔接、亚洲公路网的建设开通，以及互相敦促加入国际交通运输协议等。后期开始重点关注覆盖周边的国际通道建设，明确提出吸引观察员国和对话伙伴国参与上合组织交通领域合作。在上合组织扩容后，合作区域将更为广泛。

五是关注国家战略的实施，积极推动政策对接和共同发展。在发展进程中，各国逐渐形成结合本国特色的发展理念。"丝绸之路经济带""欧亚经济联盟""光明之路""草原之路"等一系列国家战略纷纷提出。第七次会议上，各方达成共识，作为国家战略实施的基础和优先领域，交通领域应做好不同战略的对接，深入开展交通领域各专业的合作。

（二）双边合作机制

为更好地促进交通领域的合作，上合组织国家均建立了政府间会晤机制，以更好地协调解决交通运输领域存在的问题，促进交通运输合作的进一步加强。相比于组织框架下的多边机制，双边机制操作更为灵活，议题更为集中，也更有成效。

中国-俄罗斯：两国间的会晤机制是中俄总理定期会晤委员会运输合作分委会，至2016年已举办了20期。定期会晤的历史，集中体现了两国互通、协作、战略对接的发展历程。近期会谈的焦点问题是进一步提高口岸开放水平，密切口岸各层级的协作，加强口岸跨境基础设施互联互通建设，进一步提升边境口岸的通行能力和通关服务保障水平，推进"丝绸之路经济带"建设与"欧亚经济联盟"建设对接务实合作。

中国-哈萨克斯坦：两国间的会晤机制是中哈合作委员会交通合作分委会，至2016年已举办了10期，推进"丝绸之路经济带"建设与哈萨克斯坦"光明之路"新经济政策的协调对接是近期双方重点关注的内容。

中国-乌兹别克斯坦：中乌政府间合作委员会交通合作分委会会晤机制建立于2012年，至2016年已举办了4期，重点讨论了两国间铁路、民航、发展过境运输潜力、开展交通运输基础设施合作等议题，达成了一系列共识。

中国-吉尔吉斯斯坦：两国间的会晤机制是在中吉经贸合作委员会项下进行。

中国-塔吉克斯坦：两国间的会晤机制是在中塔经贸合作委员会项下进行。

此外，上合组织其他成员国之间也建立了相应的政府间经贸合作委员会，协调交通运输领域合作问题。

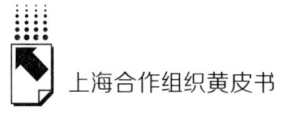

三 运输便利化制度建设成果

制度建设是政府间交通合作的基础和保障,从上合组织成立至今,各方在制度建设方面做出了积极努力,也取得了很好的成果,表现在组织内多边运输协定、双边交通协定、国际通道规划、交通基础设施建设、口岸建设等五大方面。具体如下。

(一)完成组织内政府间运输协定的签署,合作已初见成效

2014年9月12日,上海合作组织成员国元首理事会第十四次会议在塔吉克斯坦首都杜尚别举行。会议期间,中国、哈萨克斯坦、俄罗斯、塔吉克斯坦、乌兹别克斯坦、吉尔吉斯斯坦六国代表共同签署了《上海合作组织成员国政府间国际道路运输便利化协定》(以下简称《协定》)。本《协定》的签署,是上合组织国家间交通运输合作的里程碑事件,各成员国为此《协定》最终定稿,进行了十年的艰苦努力。

《协定》的主要目标,是创建上海合作组织成员国政府间的国际道路便利条件,缔约方共同努力协调发展国际道路运输,简化和协调国际道路运输文件办理程序、流程和要求。

《协定》由正文和三个附件组成。在《协定》规定下,各成员国道路运输承运人和车辆在许可证制度下,拥有按商定的线路从事跨境和过境运输的权利。《协定》明确了对运输所使用的车辆及相关证件、标识的要求,明确了对加强便利性必要的税费应免除,倡导各方协调和简化国际道路运输文件、程序和要求,并成立国际道路运输便利化联合委员会,协调处理合作中出现的问题。《协定》对非成员国开放,规定非上合组织成员国也可申请加入,这将惠及其他周边国家,为整个中亚、东亚、南亚及周边地区国家开展国际道路运输合作提供了有效的法律基础和保障。

《协定》有三个附件。

附件一明确了本《协定》框架内的国际运输线路和过境通关节点,列

出了六条国际运输路线：

一是巴尔瑙尔市－韦谢洛亚尔斯克市（俄）/阿乌恩尔（哈）－赛梅伊市－巴赫特（哈）/巴克图（中）－塔城－奎屯－乌鲁木齐。本条线路的开通不晚于 2020 年。

二是圣彼得堡市－奥伦堡市－萨加尔钦（俄）/扎伊山（哈）－阿克托别市－克孜勒奥尔达市－吉姆肯特市－塔拉兹市－阿拉木图市－卡尔喀什（哈）/霍尔果斯（中）－乌鲁木齐市－连云港市。本条线路的开通不晚于 2020 年。

三是乌鲁木齐市－喀什－卡拉苏（中）/阔勒买山口（塔）－穆尔加布－霍罗格－杜尚别（瓦赫达特）。霍罗格－杜尚别（瓦赫达特）线路的开通不晚于 2018 年。

四是乌鲁木齐－霍尔果斯（中）/卡尔喀什（哈）－阿拉木图－塔拉兹－希姆肯特－科耐斯巴耶瓦（哈）/雅拉玛（乌）－钦纳兹市。本条线路的开通不晚于 2020 年。

五是坎特－阿克·吉列特（吉）/卡拉苏（哈）－塔拉兹－希姆肯特－克孜勒奥尔达市－阿克托别市－扎伊山（哈）/萨加尔钦（俄）－奥伦堡市－圣彼得堡市。本条线路的开通不晚于 2020 年。

六是阿特巴希－吐噜噶尔特山口（吉）/吐尔尕特（中）－喀什－乌鲁木齐市－连云港市。本条线路的开通不晚于 2020 年。

附件二对国际道路运输许可证的格式和使用进行了明确的规定。

附件三明确了国际道路运输便利化联合委员会的职权范围。

（二）双边交通协定逐步完善，有力地推动政府间合作的正常发展

在《协定》签署甚至提出之前，各成员国之间就一直为交通便利化而进行着不懈的努力。先后签署一系列多边或双边的促进交通运输合作的协议。其中多边协议一般不超过四个国家。这些协议通常针对某一专一领域，如汽车运输、铁路或民航运输等，可操作性更强，可直接应用于实践。[①]

---

① 协定内容根据政府间协定文本及相关新闻报道整理。

第一，公路运输。中国与俄罗斯、哈萨克斯坦等上合组织国家，就公路交通运输领域的合作，均较早就签署了相关运输协定。公路领域的运输协定，重点结合陆路交通运输线的开通、口岸的便利通关及国际运输许可证的发放等事宜进行。

《中俄汽车运输协定》：本协定于1992年12月在北京签署。根据协定，双方国际道路运输实行许可证制度，这为开展两国间国际道路运输提供了法律保障。

《中俄关于中俄货运车辆经哈萨克斯坦领土临时过境货物运输协议》：本协议的签署，为中国西部通往俄罗斯的国际道路交通提供了很大的便利。此前中国经新疆运往俄罗斯的货物必须在哈萨克斯坦进行转运，以转口贸易的方式送达目的地，严重影响运输效率，大幅提高运输成本。协议签署后，使用两国通行的运输许可证后，中俄货运车辆由新疆吉木乃口岸或巴克图口岸出关，经过哈萨克斯坦不再需要卸车报关，只需进行简单的转关登记就可直达俄罗斯口岸。

《中哈吉巴四国过境汽车运输协定》：1995年8月，中国、哈萨克斯坦、吉尔吉斯斯坦、巴基斯坦四国在伊斯兰堡就加强交通运输合作，实现多种形式便利过境运输共同签署了协议。1998年11月，四国又在伊斯兰堡签署了《中哈吉巴四国过境汽车运输协定实施细则》和《关于建立国际汽车运输行车许可证制度的协议》。根据协定，四国开通过境运输线路为：霍尔果斯口岸（中）—霍尔果斯口岸（哈）—阿拉木图（哈）—库尔塔伊口岸（哈）—阿克卓尔口岸（吉）—比什凯克（吉）—吐尔尕特口岸（吉）—吐尔尕特口岸（中）—喀什（中）—红其拉甫口岸（中）—苏斯特口岸（巴）—吉尔吉特（巴）—布达尔（巴）—哈森纳（巴）—伊斯兰堡（巴）—白沙瓦（巴）—拉瓦尔品第港（巴）—卡拉奇港（巴）。成员国车辆可在上述过境运输线路上进行全程运输或部分区段运输。

《中吉乌汽车运输协定》：1998年2月，中国、吉尔吉斯斯坦和乌兹别克斯坦三国就加强交通运输合作，实现多种形式便利过境运输共同签署了协议。1998年9月，三国又签署《中吉乌汽车运输协定实施细则》和《关于建立国际汽车运输行车许可证制度的协议》。

除以上协定外，中国与上合组织所有成员国都签署了双边的汽车运输协定。

第二，铁路运输。除中乌、中俄就铁路相关合作问题签署了协定外，主要协议有：

《中哈铁路运输合作协定》：本协定签署于2004年。根据协定，中哈双方将在平等互利的基础上，按照各自国家的法律和双方国家均参加的国际公约，发展铁路运输领域的合作。中哈双方同意今后在进一步发展两国间的直通国际铁路旅客和货物联运及过境两国的旅客和货物运输、促进两国间及过境两国的铁路集装箱运输，包括开行集装箱列车、研究制定和协调两国间铁路口岸发展规划等。根据协议，双方互设代表处，并建议定期会晤机制。

《关于加强和改善新亚欧大陆桥国际物流运输框架协议》：本协议于2014年12月由中国连云港港口集团与哈铁快运股份公司共同签署，根据此协议，双方将充分利用连云港新亚欧大陆桥东方桥头堡和"一带一路"陆海交汇点区位优势，以及哈铁快运在货物运输和货源组织等方面的优势，共同促进新亚欧大陆桥物流运输发展，推动两国经济的互联互通。根据协议，连云港将被打造成哈萨克斯坦货物过境到韩国、日本、东南亚国家以及环太平洋地区和国家的唯一港口。

第三，航空运输。1993年，中哈签署《中哈航空运输协定》；1994年，中乌签署《中乌民用航空运输协定》；1996年，中吉签署《中吉民用航空运输协定》；2007年，中塔签署《中塔民用航空运输协定》；2010年，中俄签署《中俄民用航空运输协定》。这些协议的签署为经营两国间航班奠定法律基础。

（三）国际通道规划成果

从一个松散的国家集合，发展到一个有序有机的合作组织，通道的规划和建设就是其中连接的纽带。在上合组织发展过程中，在各方的重点关注下，国际通道的规划和建设已取得了不小的成绩。

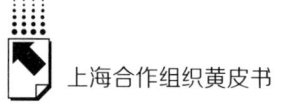

第一,《上海合作组织成员国政府间国际通道运输便利化协定》。这是上合组织交通运输合作的重要成果,其中确定的六条通道的开通,将是今后一段时间内组织内部交通运输合作的重点。这六条通道,做到了对成员国的全覆盖,部分节点有多条路线通过,既考虑全局,又有所侧重。

六条通道情况如下:

通道一:起于俄罗斯东部巴尔瑙尔市,终于我国乌鲁木齐市,穿过俄罗斯—哈萨克斯坦—中国(经巴克图口岸)三国,路线总里程约 1650 公里。

通道二:起于俄罗斯西部圣彼得堡市,终于我国连云港市,穿过俄罗斯—哈萨克斯坦—中国(经霍尔果斯口岸)三国,路线总里程约 8500 公里。

通道三:起于我国乌鲁木齐市,终于塔吉克首都杜尚别市,穿过中国(经卡拉苏口岸)—塔吉克斯坦两国,路线总里程约 2400 公里。

通道四:起于我国乌鲁木齐市,终于乌兹别克斯坦东部钦纳兹市,穿过中国(经霍尔果斯口岸)—哈萨克斯坦—乌兹别克斯坦三国,路线总里程约 1750 公里。

通道五:起于吉尔吉斯斯坦北部坎特市,终于俄罗斯西部圣彼得堡市,穿过吉尔吉斯斯坦–哈萨克斯坦–俄罗斯三国,路线总里程约 4300 公里。

通道六:起于吉尔吉斯斯坦东部阿特巴希市,终于我国连云港市,穿过吉尔吉斯斯坦—中国(经吐尔尕特口岸)两国,路线总里程约 4900 公里。

第二,第二亚欧大陆桥。亚欧大陆桥是指横贯欧亚大陆,利用铁路把两侧的海上运输线联结起来的便捷运输通道,目前已有三条路径,从北向南依次排布。经过中亚地区的是第二亚欧大陆桥,东起我国东部沿海港口,向西经过新疆,联通中亚、俄罗斯(西亚)、东欧,终点位于欧洲西部荷兰及比利时港口。1990 年,兰新铁路与原苏联土西铁路在阿拉山口口岸实现连接,标志着我国与这条亚欧大陆桥的正式贯通。

相比于经行西伯利亚的第一亚欧大陆桥,这条大陆桥具有明显的长度优势,是目前欧亚陆路运输最便捷的通道。由于第二亚欧大陆桥联通了上合组织所有成员国,因此,围绕其展开的运输合作便一直是各方关注的热点。近年来,多条基于第二亚欧大陆桥的国际班列开通。首条班列"渝新欧"从

2011年开通至2016年底已开行超900班，2016年全年开行420班，已形成巨大的经济效益。

第三，中蒙俄经济走廊。2014年，习近平主席向俄、蒙两国提出了建设"中蒙俄经济走廊"的倡议，获得了两国积极的响应。2016年6月，中蒙俄三国在塔什干共同签署了《建设中蒙俄经济走廊规划纲要》。此经济走廊的建设，旨在通过增加三方贸易量、提升产品竞争力、加强过境运输便利化、发展基础设施等领域实施合作项目，进一步加强中国、蒙古国和俄罗斯三边合作。

根据《纲要》，三国将重点针对以下领域展开合作：一是促进交通基础设施发展及互联互通；二是加强口岸建设和海关、检验检疫监管；三是加强产能与投资合作；四是深化经贸合作；五是拓展人文交流合作；六是加强生态环保合作；七是推动地方及边境地区合作。其中，交通基础设施发展及互联互通建设是基础，也是合作重点。

第四，中国－中亚－西亚经济走廊。中国－中亚－西亚经济走廊，是"一带一路"框架下我国提出的六大经济走廊带之一，是"丝绸之路经济带"的重要组成部分。该走廊带覆盖区域极大，从中国东部经中亚向西直到阿拉伯半岛，沿线包含中亚国家五个，西亚国家包括伊朗、土耳其在内十余个。建设中国－中亚－西亚经济走廊，对于亚洲经济协同发展、加强区域经济一体化建设具有重要意义。而中亚国家，将在此走廊带建设中发挥更为重要的作用，在发展自身交通基础设施的同时，同时承担好国际交通走廊的作用。铁路的建设和运营，将在这个走廊带建设中占有至关重要的位置。

第五，其他相关公路网规划。

一是《亚洲公路网政府间协定》划定的亚洲公路网。2004年4月26日，在上海举办的联合国亚太经济社会委员会第60届会议上，与会各国共同签署了《亚洲公路网政府间协定》。2005年7月，该协定正式生效，标志着亚洲公路交通领域合作进入了一个崭新的阶段。上合组织成员国均是该协议的缔约国，在协议签署后，第三次上合组织交通部长会议及时提醒各方尽快完成各国国内批准手续，并保障在各成员国领土内执行该协定。在本协定

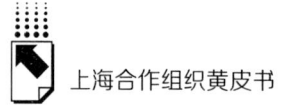

划定的亚洲公路网中，有三条跨区域的路线经过中亚地区，包括AH4、AH5、AH7。

AH4：从俄罗斯新西伯利亚出发，经哈萨克斯坦、中国、巴基斯坦，终点位于卡拉奇。

AH5：从中国上海出发，经新疆，穿行哈萨克斯坦、吉尔吉斯斯坦、乌兹别克斯坦、土库曼斯坦、高加索地区，终点与欧洲路网连接。

AH7：从俄罗斯叶卡捷琳堡出发，经哈萨克斯坦、吉尔吉斯斯坦、乌兹别克斯坦、塔吉克斯坦、阿富汗、巴基斯坦，终点位于卡拉奇。

AH60 - AH70部分路线对中亚及相关地区的路网进行了更细致的划分。

二是欧洲公路E-40线。成立于1947年的联合国欧洲经济委员会，对欧洲及周边地区的公路进行了总体规划，建立了欧洲公路网。其中，最长的一条即为E-40线公路。最初的E-40公路仅限于欧洲，2001年将中亚国家规划于其中。该路起于法国加来，向东依次经过比利时、德国、波兰、乌克兰、俄罗斯、哈萨克斯坦、乌兹别克斯坦、土库曼斯坦、吉尔吉斯斯坦，终点位于俄哈边境的里德尔。

E-40公路路线一经公布，立刻得到了当时刚刚成立的上合组织的重视。在2003年举行的上合组织第二次交通部长会议上，各方对发展E-40公路建设进行了积极的讨论，重点研究了该路线上相应段落的发展建设问题。

第六，其他国际铁路通道构想。

一是俄哈吉塔铁路。这是由俄罗斯主导的、没有中国参与的一条中亚地区铁路通道构想，特点是南北贯通，向北与俄罗斯西伯利亚铁路联通，向南经阿富汗、巴基斯坦，直通印度洋，形成一条中亚地区新的出海通道。目前在俄罗斯的带领下已着手进行前期研究工作。

二是泛欧亚铁路大干线。这条干线的构想是2004年由哈萨克斯坦政府提出，期望"铺设一条横穿哈萨克斯坦全境、连接中国与欧洲的欧亚铁路，这将是一条符合国际标准的全新的铁路"[①]。相比于第二欧亚大陆桥和其他

---

① 2004年8月，哈萨克斯坦总统纳扎尔巴耶夫在庆祝哈铁路运行100周年的讲话

的连接方式，这条干线设想有以下优势：一是全部采用国际标准轨铺设，实现铁路的真正直通；二是不经过俄罗斯领土，减轻了对俄罗斯的依赖；三是直接把中亚、中国与欧洲联通起来，实现能源产出区与需求区的直通。这条干线的设想虽然合理，然而由于国际政治的多方面影响，实施起来难度很大。

三是亚欧高速铁路。这是中国方面提出的构想，目前还在与相关国家协商。该构想计划在十年内修建三条贯穿南北、连通欧亚的高速铁路，运行时速超过200英里。这三条计划线路分别为：一条向北延伸经俄罗斯到德国，与欧洲铁路系统会合；一条向南延展连接越南、泰国、缅甸以及马来西亚等东南亚国家；另有一条线路将连接中国、中亚及南亚地区。亚欧高速铁路规划是一个庞大的项目，如若付诸实施，需切实解决融资、技术及管理机制等多方面问题。

（四）交通基础设施建设

第一，双西公路建设。双西公路即"西欧—中国西部"国际公路，它的全称是"西欧—俄罗斯—哈萨克斯坦—中国西部"国际公路运输走廊。这条运输走廊东起中国的连云港，西至俄罗斯的圣彼得堡，途经中、哈、俄三国十多座城市。上述《上海合作组织成员国政府间国际通道运输便利化协定》中确定的六条通道中，第二条通道即依托于双西公路，第四条、第五条通道主要部分也在这条公路上。

双西公路是中国与上合组织其他国家在交通基础设施建设领域合作的典范。这条路全长8445公里，其中3425公里位于中国境内，2787公里位于哈萨克斯坦境内，2233公里位于俄罗斯境内。其中，哈萨克斯坦境内路段路况最差。哈国内对该路改建项目也极为关注，称其为"世纪工程"。道路改建从2009年开始，目前已完成大部分，预计2017年将实现全线通车。

在哈萨克斯坦境内的双西公路改建中，中资企业不仅积极通过项目竞标参与项目建设，同时，还利用当地丰富的石油资源为双西公路加工筑路的沥青材料。合作建设的沥青加工厂，填补了哈萨克斯坦没有自产沥青能力的空白。

第二，中吉乌公路建设。中吉乌公路，是横贯中亚的东西向的重要干线公路。该路东起我国伊尔克什坦口岸，穿过吉尔吉斯斯坦南部主要城市奥什，终点位于乌兹别克斯坦首都塔什干，路线全长959公里。

这条连接了三个国家的公路地位虽然重要，但是由于年久失修，路况极差，路面坑洼不平，相当多的段落只是由碎石铺筑。这种路面状况极大地削弱了该路作用的发挥。

从2004年开始，中国政府采取多种方式，积极提供资金、人员和设备，协助吉尔吉斯斯坦进行境内路段的改建工作。经过八年的努力，2012年，中吉乌公路实现了全线高等级路面的贯通，交通运输效率大为提高，极大地促进了三地经贸合作的发展。

第三，中塔公路建设。中塔公路，西起塔吉克斯坦首都杜尚别，经丹加拉、霍罗格，东至塔国边境阔勒买口岸（中国卡拉苏口岸），全长1009公里。

中塔公路是中国与塔吉克斯坦陆路交通的唯一直接通道，该路的顺畅联通对于两国的互联互通关系重大。因此，两国政府一直都高度重视中塔公路的建设工作。从2006年开始，中国政府通过提供援助或优惠贷款资金，鼓励中国企业积极参与，大力支持中塔公路的改建升级。目前该路从塔吉克斯坦首都杜尚别至卡拉伊霍姆段，已完成道路改建工作。下一步，两国将重点探讨从卡拉伊霍姆至中塔边境口岸段落600余公里的建设。

第四，中吉乌铁路和中吉塔阿伊铁路规划研究。中亚地区的铁路建设，一直处于一个比较落后的状态。拥有一条现代化的便捷的铁路运输通道，一直是中亚国家，尤其是吉、塔等国的期盼。而对于中国而言，修建一条联结中亚主要国家、与通往西亚的铁路交通网络相连的铁路干线，对于发展与中亚的交通、贸易合作，建设中国－中亚－西亚经济走廊带建设，具有重要的意义。在此情况下，中国与中亚国家重点就中吉乌和中吉塔阿伊两条铁路干线进行了探讨。

一是中吉乌铁路。该项目最早提出于 1997 年。规划起点位于中国新疆南疆铁路的终点喀什站，经中国与吉尔吉斯斯坦边境的伊尔克什坦或吐尔尕特山口，再经吉尔吉斯斯坦的卡拉苏或贾拉尔拉巴德，至乌兹别克斯坦的安集延，全长约 500 公里。该项目的规划，连接了中国、吉尔吉斯斯坦和乌兹别克斯坦三个国家的铁路网络，形成了一条横贯东西的铁路通道。同时，通过乌兹别克斯坦国家铁路网与阿富汗、伊朗、土耳其和欧洲铁路网络连接在一起，促成第二欧亚大陆桥南线的贯通。虽然中、吉、乌三国对修建该条铁路对经济的促进作用没有异议，但是由于多方面原因，该项目还一直处于停滞状态。

二是中吉塔阿伊铁路作为与中吉乌铁路的对比方案，该条铁路路线也得到了多方关注。这条路线连接了中国、吉尔吉斯斯坦、塔吉克斯坦、阿富汗、伊朗，是中国通往西亚交通走廊建设的另一选择。

对于修建这条铁路，塔、阿、伊态度非常积极。塔吉克斯坦明确表态希望中国能够实施该项目，2015 年 10 月，除中国外的四个国家召开了会议，一致同意可以采用标轨实施该项目。由于中国和伊朗使用的都是国际标准铁路轨距，而伊朗和土耳其的铁路早已经建立连接，因此如采用标轨建成本项目，也就意味着建立起了无须换轨的亚欧运输铁路通道。

对中国而言，打通中国—中亚—西亚国际运输走廊意义固然重大，但同时也需要考虑巨大的投入、政治风险、地区局势等问题。因此，未来一段时间，中国可就上述方案与沿线国加强沟通，在合理可行的情况下谨慎决策。

第五，俄罗斯铁路项目。2015 年，我国设计公司成功中标俄罗斯莫斯科－喀山段高铁项目，实现了中俄两国高铁合作的重要进展。早在 2014 年 10 月 13 日，国务院总理李克强在莫斯科同俄罗斯总理梅德韦杰夫共同主持中俄总理第十九次定期会晤中即对此项目进行了交流。李克强总理表示，中方愿与俄方加强经贸合作，推进构建北京至莫斯科的欧亚高速运输走廊，优先实施莫斯科至喀山高铁项目。在会议中俄方与中方签署了"莫斯科－喀山"高铁发展合作备忘录，双方有意共同发展这一项目，最终将"莫斯科-喀山"高铁延伸至北京。

莫斯科-喀山段高铁项目的设计与建造，开启了中俄在高铁建设领域深度合作的大门。双方已开始探讨北京至喀山段的后续实施和两国边境省州间的跨境高铁建设，中俄高铁合作前景广阔。

第六，其他建设合作。除以上重点项目外，在近十余年的时间里，中国与中亚国家在交通建设领域展开了大量的卓有成效的合作。中方资金、人才、技术和装备，已成为中亚国家交通基础设施发展的重要助力。

一是瓦赫达特—亚湾铁路项目。中资企业在塔吉克斯坦进行的最大的铁路项目，采用我国政府优惠贷款资金建设。塔吉克斯坦国家既有铁路分为北、中、南三段，不成系统。该项目的实施，将塔境内中段和南段铁路成功连接，极大地提升了该国铁路运输效率。目前该段铁路已建成通车，投入运营。

二是中亚地区公路建设。中资企业在中亚地区进行了大量的公路建设。包括塔吉克斯坦塔乌公路、沙尔—沙尔隧道、吉尔吉斯斯坦南北公路、比什凯克市政道路改建、乌兹别克斯坦 A-380 国道改建等一大批重点项目的建设，中资企业都在其中发挥了重要的作用。

（五）口岸建设

第一，口岸开通情况。口岸的开通和建设，是交通运输合作最为重要的一环，上合组织成员国中，除乌兹别克斯坦外，其他四国均与我国接壤，我国与几国均在边境设立了口岸。

中俄边境口岸：我国在东北和西北均与俄罗斯接壤，不过在西北地区未设立边境口岸。东北地区口岸主要集中在内蒙古、黑龙江和吉林三省。其中内蒙古共设5处。满洲里口岸历史悠久，是对俄最大的边境口岸，站内设准轨、宽轨线路200余条，可同时进行木材、矿粉、煤炭、化肥、化工、机械、建材、军用物资和日用百货等进出口货物的换装工作，年换装能力达3000万吨。黑龙江省15处口岸中，绥芬河、黑河等口岸发展较好，其中绥芬河包含公路和铁路两处口岸，铁路年过货能力达500万吨，公路年过货能力达100万吨，对外贸易量占黑龙江省总量的2/3。吉林省设置珲春公路和铁路两处口岸，该口岸位于中、俄、朝三国交界之处，近年来发展势头较好。

中哈边境口岸：我国与哈萨克斯坦间的口岸都集中在新疆，共设置5处，其中阿拉山口、霍尔果斯两处规模较大，均已实现公铁联运，同时也是我国西进最重要的两处关口。阿拉山口历经27年的建设，出口量、贸易额和海关税收已连续9年位居全国陆路口岸第一位。

中吉边境口岸：共有两处，分别为吐尔尕特和伊尔克什坦口岸。两国进出口货物主要通过这两处口岸进行。随着中吉两国经贸往来的快速提升，口岸发展迅速。

中塔边境口岸：与中塔公路相衔接的卡拉苏口岸，是我国联通塔吉克斯坦的唯一的边境口岸。之前由于自然环境恶劣、设施落后，口岸只能在每年4月20日至11月30日开放。经过多年努力建设，从2016年12月1日起，卡拉苏口岸终于实现全年正常开放。

第二，口岸交通。在对俄罗斯边境口岸中，满洲里、绥芬河和珲春三处均已形成公路、铁路与俄罗斯的联通，交通较为顺畅。其他口岸中，中方一侧一般已做到了高等级公路或沥青路面的联通，口岸设施相对完善。反观俄罗斯一侧，态度相对不够积极，设施较为落后，黑河、同江、饶河等多处可以通过建设跨境大桥促进通关便利的口岸，都因俄方的消极滞后而无法实施。

在对哈萨克斯坦的口岸中，阿拉山口、霍尔果斯、巴克图三处口岸都已做到高速公路连接，吉木乃口岸为一级公路连接，阿黑土别克口岸为三级公路连接。而对向哈萨克斯坦一侧，均只做到三级公路标准，其中阿拉山口对侧多斯蒂克口岸公路通行条件很差，对交通便利通行影响较大。

在对吉尔吉斯斯坦的口岸中，两个口岸在我国一侧均已实现高速公路连接。而吉尔吉斯斯坦一侧的道路仅相当于三级公路，且路况很差。

对塔吉克斯坦的卡拉苏口岸，我国境内已通三级公路，通行条件较好，而塔吉克斯坦一侧路况极差，难以实现有效交通运输。

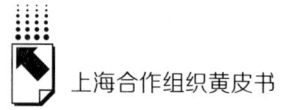

四 存在问题

总结上合组织十几年来发展的历程,在国际通道规划及交通基础设施建设方面的成就有以下五个特点:一是从与其他国际通道衔接,向组织内自身通道建设发展;二是从小范围的双边互通,向多边的交通便利化发展;三是从低层次的道路连接,向国际通道建设发展;四是交通基础设施建设力度日渐增强,产能合作渠道进一步拓宽;五是口岸交通发展迅速,连接道路有待进一步完善。

当前交通领域合作存在的问题主要如下。

第一,合作机制尚需进一步完善。《上海合作组织成员国政府间国际通道运输便利化协定》的签署,是上海合作组织在交通运输领域的一项重要成果,为此,各方付出了十年的努力。本《协定》生效后,成员国间的便利化交通具备了法律基础,各方可在此框架下推动实施。

但是,应该看到,目前签署的这个《协定》,还只是一个框架性的、总纲性的文件。对合作方向、基本思路做了相应规定,但是还缺乏具体实施细节,如对车辆的具体要求、减免费用的具体要求、流程和手续简化的具体规定等。由于中国和中亚国家及俄罗斯的国情差异较大,在以往的客货运输中,已存在大量的因不同国情、不同法律制度导致的分歧和纠纷。因此,如果不及时推出《实施细则》,对《协定》进行细化和解释,将很大程度上影响制度的实施,导致运输便利化无法真正实现。

此外,需做好其他多边及双边协议的更新和完善。由于近年来世界及区域政治经济局势的急剧变化,如欧亚经济联盟的成立和扩大,国际油价的跌宕起伏,国家间政治外交局势的动荡,原有合作协议很多已不适合新的发展,这种情况下需要各国重新审视原有协议的适用性,进行必要的修改和更新。由于各成员国在组织框架下合作逐步增强,口岸和运输领域合作不断扩展,针对新的领域,也需要及时沟通和制定新的协议。

第二，现有制度有待切实执行。制度的签署和完善是基础，更重要的是落实执行，而这也正是我国与其他成员国在运输领域合作中的短板。上文中已对我国与相关国家的运输协议进行了梳理，应该说协议的覆盖面已相对较全，涵盖了公路、铁路、民航等各方面。但是实践中的落实很不尽人意。如《中哈吉巴四国过境汽车运输协定》《中吉乌汽车运输协定》等，签署之后即被束之高阁，因种种原因始终无法执行。十余年过去，即使再拿出来，也已是物是人非。

双边运输协定基本还可以执行，但也还是存在大量的问题。交通运输中时常遭遇协议之外的不必要的制度限制或人为阻碍，这些弊病制约着合作的发展和便利化的实现。总体而言，中方抱着更多的诚意和热情，但并没有得到足够的回应。

作为对《协定》的落实，六条国际通道的开通意义重大。《协定》中对通道开通已规定了期限，应该看到，这个时间是很紧迫的。各成员国要尽早着手，从本国相应制度层面做好《协定》的落地实施衔接，做好必要的基础设施建设，确保通道的按期开通。

第三，基础设施建设需进一步加强。成员国内部的基础设施还存在很多不足之处，亟待加强。国际通道开通，包含基础设施建设和制度联通两个方面。目前在六条通道上，还有多处道路无法达到顺畅交通要求，如中塔公路、中吉公路等，路面破损严重，沿线地质灾害频发，如不加以整治，将对交通安全造成巨大隐患。在哈萨克斯坦即将结束双西公路建设的时候，俄罗斯又宣布从2017年开始进行该路的改建。这些工程能否及时实施和交付，都将对通道的开通产生重要的影响。

此外，一些对区域联通有重要促进作用的项目，如中吉乌铁路，由于项目融资及各国的意见分歧而难以实施；境外边境口岸的连接道路总体等级相对较低、路况较差；境外边境口岸总体设施相对落后，尤其是铁路换装能力不足、设施陈旧，这些都需逐步加强。

第四，标准差异影响合作效率的发挥。在交通基础设施标准问题上，中国与上合组织成员国间的最大差异是铁路路轨标准的差异。中国的标

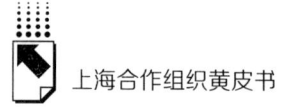

轨和独联体国家的宽轨难以融合，使得口岸处的铁路换装必不可少。在境外换装能力不足的场站，列车更多的时间是消耗在了等待上。至于依托第二亚欧大陆桥、经行中亚的国际班列，必须进行两次换装，效率大打折扣。

由于中国、西亚以及欧洲国家普遍采用标轨，同时考虑融资的因素，在新近规划的区域铁路项目中，中亚国家已开始考虑接受中国的标准，但目前，还没有项目真正实施。

第五，各国发展战略的分歧。与中国积极开放、合作的态度不同，中亚国家和俄罗斯在合作中，都有其基于自身特殊需求的考虑。其中的一些政策、措施，对合作形成掣肘。

在与中亚国家的交通建设合作中，遇到的最大问题是对境外人员签证的限制，一方面是数量的限制，一方面是漫长的签证办理周期。这有其保护本国就业、保护本地市场的考虑。但是对于合作项目，往往因必要的技术和管理人员无法按时到场而受到延滞，影响项目实施。

从俄罗斯的角度，上合组织框架下的合作是要和欧亚经济联盟框架共同考虑的，合作的目的更多的是加强独联体国家的联结和自身的控制力。这也是俄罗斯倡导南北向铁路通道的原因。近期中俄双方合作会谈的重点，是促进"丝绸之路经济带"与"欧亚经济联盟"的对接，正是为了消除分歧，努力寻求最大的利益共同区域。

五　合作前景

问题和分歧的存在是必然的。但回首看看，成立十余年来上合组织取得的辉煌成就，我们有理由对未来的发展前景充满信心。虽然路途可能曲折，前进可能缓慢，但是方向注定向前。

第一，经济发展的共同需求促进合作趋向加强。上合组织国家中，各成员国在经济体量、政治体制、产业结构、文化宗教等各方面都存在很大的差异，各国的发展战略不尽相同甚至有抵触。但是，有一点是相同的，就是都是要大力促进本国经济的发展。而有一点也是有共识的,就是交通发展必然对经济发展起积极的促进作用。

加强交通运输领域的合作,引领带动本国经济发展,国家实力增强、民众获利,政府也就越有动力。因此,促进合作的意愿将逐渐加强。

第二,多极世界的竞争加速区域的合作互助。2016年,世界格局纷乱变幻。每个国家都已认识到,仅仅靠自身的力量,已经难以维护自身的利益。抱团取暖、合作发展,已成为世界各国的战略认同。特别是同属一个区域的国家,相同区域的自然地理环境、社会环境和文化历史,成为天然连接的纽带。在共建"丝绸之路经济带"的倡议下,在合作保护区域社会局势和国家安全的需求下,在发展经济的压力和动力下,上合组织国家势必将越走越近。加强互联互通、消除以邻为壑,合作共赢,将是未来合作的主题。

第三,相对向好的区域社会局势为合作提供良好的发展环境。20世纪90年代以来,中国和上合组织其他成员国家,共同迎来了难得的发展机遇。这20多年来,整个区域内总体稳定,基本没有发生战争和动乱,各国可以一心一意搞建设,这也是区域经济迅速发展的原因。展望未来一段时间,除非外力的强力影响,区域内应该还是会维持相对向好的社会局势,这为经济和交通运输合作提供了良好的发展环境。

第四,优势互补促进合作的可持续发展。对合作而言,仅靠诚意是不够的,必须保证需求的满足。目前,中国与上合组织成员国间,业已形成油气矿产资源输入和产出互补、轻工业品产出和输入互补、基础设施设计和建造产能输出和输入互补、投融资互补等,共同的利益,使各方连接更为紧密,这为各方共同发展交通运输合作、实现可持续发展奠定了良好的基础。

第五,上合组织的影响扩大为合作提供更大的发展空间。成立15余年来,上合组织的影响力在逐年扩大,上合组织成员国在"互信、互利、平等、协商、尊重多样文明、谋求共同发展"的"上海精神"指引下,积极合作,脚步稳健,成为国际政府间合作的典范。

正是有这样的积极意义，更多的国家申请加入作为新的成员国。2014年9月杜尚别峰会上，上合组织打开了扩员的大门，2016年6月塔什干峰会上，印度和巴基斯坦签署加入上合组织义务的备忘录。随着组织成员的不断增多，未来组织的发展也将面临更大的机遇和挑战，同时也为组织内部交通运输发展提供了更为广阔的空间和前景。

Y.16
上海合作组织金融合作的新进展与新挑战*

张恒龙 匡紫航**

摘 要： 本文探讨了上海合作组织金融合作的现状以及近两年来的新进展。"成员国扩容"和"既有融资平台建设"已成为近两年来上合组织金融合作中最值得关注的新情况。上海合作组织在金融合作领域仍然面临诸多挑战。中国作为上合组织金融合作最重要的推动力量，应充分发挥有利条件和"一带一路"建设带来的历史机遇，结合亚投行、金砖银行的成功经验，把握人民币国际化的努力方向，推进上海合作组织金融合作深入发展。

关键词： 上海合作组织 金融合作 人民币国际化

2016年是上海合作组织成立15周年。15年来，上海合作组织已跻身具有威望和影响力的国际和地区组织之列，成为当代国际关系体系中保障安全、稳定和可持续发展的有效因素。[1] 在这15年中，参与上合组织发展的

---

* 本文系教育部2016～2017年度"国别和区域研究"指向性课题《未来10～15年上海合作组织金融合作的前瞻性研究》（17BQY077）阶段性成果。
** 张恒龙，上海大学经济学院教授、上海合作组织公共外交研究院副院长；匡紫航，上海大学经济学院世界经济专业硕士研究生。
[1] 《上海合作组织成立十五周年塔什干宣言（全文）》，http://www.fmprc.gov.cn/web/gjhdq_676201/gjhdqzz_681964/lhg_683094/zywj_683106/t1375252.shtml。

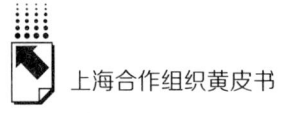

国家在数量上不断扩大,各国在各个领域的合作也在不断加深。截至2016年底,上合组织的成员国、观察员国和对话伙伴国总数已经达到19个。这些国家在政治、经济、人文、安全领域开展系统性合作,为各自的发展创造了良好的外部条件。

随着上合组织各成员国合作广度与深度的推进,上合组织不再仅仅致力于解决区域安全的问题,也开始逐渐寻求解决合作发展的问题。近年来,中国新一届政府领导人对上合组织金融合作领域的交流展现出更加务实和积极的态度,多次在上合组织首脑峰会上提出具体的中国主张。在新形势下,结合上合组织区域经济合作的深入以及中国"一带一路"倡议的实施,进一步阐明上合组织金融合作的新现状、新挑战以及中国应予以坚持的主张,是实现上合组织更成功的发展所必须思考的课题。

一 金融合作具有很大潜力

不论是从基础位置条件来看,还是从经济条件及政策平台的角度来看,上合组织区域都具有深化区域金融合作的较大潜力。

1.上合组织成员国之间的地理位置优势为上合组织金融合作提供了便利条件

上合组织是一个地处亚太和中亚的国际性组织。从地理位置的角度来说,上合组织成员国基本都是彼此接壤的邻国,彼此接壤的地理关系缩短了上合组织区域内贸易的运输距离,降低了贸易成本,为区域经济合作的顺利开展提供了便利条件。

2.上合组织成员国特有的地缘经济利益为区域金融合作提供了强大的内在动力

上合组织成员国中的中亚国家(哈、吉、塔、乌)均属于内陆国家,缺少直接出海口,多年来,这已经成为各国谋求对外经济发展的最大障碍。通过开展上合组织区域经济金融合作,形成第二座欧亚大陆桥,中亚国家可以直接延伸到太平洋沿岸的各大口岸,并进入东亚和东南亚各国。同样,俄罗斯可以借道中国将其丰富的油气资源销售到东亚和东南亚市场。此外，通过开展上合组织区域经济金融合作可以帮助俄罗斯解决资金、人力不足等阻碍经济发展的主要问题。对于中国，不论是为了帮助周边国家实现经济增长以提升在国际社会中的地位，还是为了降低货物进入欧洲的运输成本等，都有必要加强上合组织区域经济金融合作。

3. "一带一路"倡议的实施将推动上合组织金融合作

"一带一路"倡议旨在同中亚各国实现区域经济合作的基础上，向中东地区延伸，扩大区域经济合作范围，形成新的连接亚太经济圈和欧洲经济圈的欧亚区域经济合作模式。上合组织成员国所在区域是连接欧亚大陆的主要通道，是"一带一路"运输网络建设的重点所在。可以说，上合组织是"一带一路"建设的重要平台。资金融通是建设"一带一路"的重要内容与支撑，仅仅依靠中国的金融支持是远远不够的，此时，就要求充分利用上合组织这一重要平台，将"一带一路"建设的金融需求与上合组织金融合作相结合，发挥上合组织金融合作对"一带一路"建设的推动作用。

二 金融合作机制的新发展

2016年6月，中国外交部长王毅在谈及上合组织峰会成果时指出：3年来"一带一路"国际共识日益增多，金融支撑机制开始发力，互联互通网络逐步成型，产能合作加快推进，经济走廊建设取得重要进展，中欧班列品牌业已形成，贸易投资大幅增长。[1] 王毅外长所言"金融支撑机制开始发力"，比较准确地描述了现今上合组织金融合作机制的态势，在一些金融合作机制亟待建立和完善的同时，现有的一些金融合作机制已经开始发挥作用。

目前，上合组织的金融合作机制的发展主要体现在：①国家和政府首脑

---

[1] 《外交部长王毅谈习近平主席出席上海合作组织成员国元首理事会第十六次会议》，http://www.fmprc.gov.cn/web/gjhdq_676201/gjhdqzz_681964/lhg_683094/xgxw_683100/t1375253.shtml。

定期会晤机制；②成员国财长和央行行长会议机制；③上海合作组织银行间联合体；④丝路基金、亚投行、中国-欧亚经济合作基金、金砖国家新开发银行等既有的投融资平台的建设；⑤本币互换和结算合作的延续和扩展；⑥有待建立的上合组织开发银行和发展基金专门账户；⑦金融机构跨境合作的推进等。

这些金融合作机制有些是上合组织早期建立时就有的，有的则是近年来兴起的，也有的是一直试图建立并有待建立的。近年来，这些机制在前期发展基础上有了更新的进展，"一带一路"倡议的提出为这些合作机制提供了有益的帮助和补充，上合组织成员国的扩容也为这些机制的发展提供了更多的合作空间。

1. 国家元首和政府首脑定期会晤机制

在顶层设计领域，每年定期举行的元首理事会会议将发布《上海合作组织成员国元首宣言》，宣言将就当时区域和国际上发生的重大事件表达看法，对上合组织区域金融合作会提出方向性的指导意见。近年来，随着上合组织经济合作的深入发展，元首们关于金融领域合作的设计与安排也朝着更加务实具体的方向发展。

在金融合作领域合作初期，各国元首关注的主要是改革国际金融体系和各国间的金融监管合作。比如在2011年由胡锦涛主席签署的上合组织元首宣言曾写道，成员国支持进一步改革国际金融体系，在金融监管领域加大政策与合作协调力度，将继续就有效维护成员国金融体系稳定问题进行对话。①

2013年以来，上合组织推进金融合作的主张发生了一些务实性变化，主要集中在建立上海合作组织开发银行和成立上合组织发展基金（专门账户）等方面，中方相关主张被记入历次的元首宣言中。2013年9月、2014年9月习近平主席和与会元首共同签署并发表的成员国元首宣言中都指出：

---

① 《胡锦涛在上海合作组织成员国元首理事会第十一次会议上的讲话（全文）》，http：//www.fmprc.gov.cn/web/gjhdq_676201/gjhdqzz_681964/lhg_683094/zyjh_683104/t830978.shtml。

"为研究成立上合组织发展基金（专门账户）和上合组织开发银行问题所做的工作十分重要，责成继续努力以尽快完成这项工作。"2015年《乌法宣言》指出，成员国将就成立上合组织开发银行和发展基金（专门账户）继续工作，以促进本地区贸易和投资联系。2016年的《塔什干宣言》指出，充分利用上海合作组织实业家委员会和银行联合体具有重要意义，为保障项目融资，成员国将继续研究建立上海合作组织开发银行和发展基金（专门账户）问题。

上海合作组织还有成员国政府首脑理事会，上海合作组织成员国总理会议（又称上海合作组织成员国政府首脑理事会）的地位仅次于国家元首理事会，是上海合作组织框架下政府首脑间的定期性会晤机制。总理会议每年举行一次，也可以根据规定召开非例行会议。总理会议的职能在于贯彻和落实成员国元首理事会的精神和决议；研究本组织框架内发展多边合作的战略、前景和优先方向；解决宪章确定的现实领域，特别是经济领域发展合作的原则问题，包括在本组织框架内缔结相关政府间多边条约和文件。

2. 成员国财长和央行行长会议机制

金融合作领域还有一项重要的会议机制是成员国财长和央行行长会议，该机制是推进成员国财政金融主管部门沟通的重要平台，但并非定期会晤。

2016年9月，上海合作组织第三次财长和央行行长会议在吉尔吉斯斯坦首都比什凯克举行，这是时隔四年之后上合组织再度召开成员国财长和央行行长会议。上海合作组织第一次和第二次财长和央行行长会议分别召开于2009年12月和2012年5月。

上海合作组织第三次财长和央行行长会议由中国财政部副部长史耀斌和人民银行行长助理张晓慧率中国代表团出席。会议主要就上合组织成员国经济中期发展和加快经济增长政策、成立上合组织开发银行和发展基金（专门账户）等议题进行了讨论。会议发表了联合公报。[①] 上海合作组织秘书长

---

① 《史耀斌出席上海合作组织第三次财长和央行行长会议》，http://www.mof.gov.cn/zhengwuxinxi/tupianxinwen1/201609/t20160929_2430670.htm。

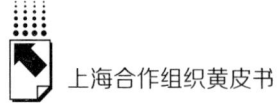

拉希德·阿利莫夫于2016年10月对该次会议评论表示,在(第三次)上海合作组织成员国财长和央行行长的会晤期间,领导人共同作出重要决议,即上合组织将邀请相关研究部门来参与制定金融领域加强合作的有效模式和方法。

3. 上海合作组织银行间联合体

在目前既有的融资平台中,上海合作组织银行间联合体(以下简称"银联体")是上合组织框架内最为重要的投融资平台。银联体于2005年10月26日上合组织成员国共同签署《上海合作组织银行联合体(合作)协议》之后,正式成立于莫斯科。由上合组织成员国政府推荐一家具有开发性银行或履行政策性融资的国有商业银行成为银联体成员行,并在持续建设中,推进银联体扩员,吸收上合组织伙伴国、观察员国授权的其一家银行以"伙伴行"地位加入银联体。银联体的成立是近年上合组织经济合作的突出进展。

银联体的成立顺应了上合组织国家经济发展及金融合作的需要,以开发性金融为特征,以市场化商业准则,以多样化的融资模式,提供中长期资金,解决区域经济发展"瓶颈"问题,助推区域各国发展政策和战略目标。经过十几年的发展,银联体已成为上合组织金融合作领域重要组成部分。

在2011年,上海合作组织成员国政府首脑(总理)第十次会议上各方一致通过了上海合作组织银行间联合体2012～2016年发展战略。战略旨在优先支持基础设施、创新、节能技术等领域的合作项目,并旨在扩大成员国间的本币结算和利用上海、香港、莫斯科的证券交易所吸引投资。①

2016年6月,上海合作组织银行联合体理事会第十二次会议在塔什干举行。与会人员讨论了《上合组织银联体中期(2017～2021年)进一步发展战略》草案。理事会成员签署了《关于给予蒙古开发银行上合组织银联体伙伴行地位的决议》。② 这是继2012年白俄罗斯银行、2015年巴基斯坦哈

---

① 《上海合作组织银行间联合体2012～2016年发展战略批准通过》,http://www.mofcom.gov.cn/aarticle/i/jyjl/m/201111/20111107821915.html。
② 《上海合作组织银联体理事会举行第十二次年度会议》,http://chn.sectsco.org/news/20160623/104934.html。

比卜银行获得该地位后,又一家上合组织域内金融机构获得该地位,标志着银联体在持续吸纳域内具有合作潜力的金融机构加入,扩大和发展银联体的合作空间。

4. 既有的投融资平台建设进展

中国提出的"一带一路"倡议推动了上合组织成员国的互联互通与产业合作,区域内国家的融资需求愈发迫切。在上合组织专门的融资平台尚未建立时,域内现有的投融资平台为上合组织提供了重要的资金来源。除银联体之外,目前上合组织域内主要有丝路基金、中国-欧亚经济合作基金、亚投行、金砖国家新开发银行等融资平台,这些投融资平台基本都由中国发起并主导推进,是近年来区域金融合作取得效果最明显的部分,也为中国领导人在许多场合所推荐。

(1)丝路基金。由中国外汇储备、中国投资有限责任公司、中国进出口银行、国家开发银行共同出资,依照《中华人民共和国公司法》,按照市场化、国际化、专业化原则设立的中长期开发投资基金,重点是在"一带一路"发展进程中寻找投资机会并提供相应的投融资服务。首期资本金100亿美元。

虽然丝路基金的投资范围不仅限于上合组织区域内,但其首个专项基金就是用于上合组织成员国。2015年12月,丝路基金与哈萨克斯坦出口投资署签署框架协议,并出资20亿美元,建立中国-哈萨克斯坦产能合作专项基金,这是丝路基金成立以来设立的首个专项基金。[1] 2016年11月发布的《中华人民共和国政府和吉尔吉斯共和国政府联合公报》特别提出,支持吉方按规定程序积极申请丝路基金等机构的融资。[2] 丝路基金的特征类似PE的属性,主要针对有资金且想投资的主体加入,且股权投资可能占更大比重。

---

[1] 《丝路基金出资20亿美元设立中哈产能合作专项基金》,http://finance.ifeng.com/a/20151215/14124366_0.shtml。

[2] 《中华人民共和国政府和吉尔吉斯共和国政府联合公报》,http://www.gov.cn/xinwen/2016-11/03/content_5127853.htm。

(2) 中国－欧亚经济合作基金。中国－欧亚经济合作基金由中国国家主席习近平在2014年9月上合组织元首峰会上宣布启动筹建，由中国进出口银行和中国银行共同发起，总规模50亿美元。目标行业包括农业开发、物流、基础设施、新一代信息技术、制造业等。基金将在推动"丝绸之路经济带"建设、深化与欧亚国家投资合作、促进欧亚地区经济社会发展方面发挥积极作用。

2015年12月，中国－欧亚经济合作基金分别召开普通合伙人公司和基金管理公司第一次董事会，正式投入运营。① 同月中国－欧亚经济合作基金与俄罗斯外经银行（VEB）、俄罗斯直投基金（RDIF）签署合作协议；与华为、俄罗斯I-Teco公司签署关于就莫斯科数据和云服务中心项目开展投资合作的战略合作协议。②

(3) 亚洲基础设施投资银行。2015年6月，《亚洲基础设施投资银行协定》签署仪式在北京举行。2015年12月25日，时任中国财政部部长楼继伟在北京宣布，《亚洲基础设施投资银行协定》正式生效，标志着亚投行在法律意义上正式成立。

自成立以来，亚投行投资的项目有印尼国家贫民窟改造项目、塔吉克斯坦边境道路改善计划、巴基斯坦国家高速公路M-4（Shorkot-Khanewal部分）项目、孟加拉国配电系统升级和扩建工程、巴基斯坦德尔贝拉水电扩展项目、缅甸敏建电厂项目、阿曼铁路系统准备项目、阿曼Duqm港商业终端和操作区域开发项目。涉及上合组织区域的投资主要集中在2016年7月，投资的方向是巴基斯坦和塔吉克斯坦。③

(4) 金砖国家新开发银行。俗称金砖银行，是由金砖国家共同倡议建立的国际性金融机构。倡议建立的金砖国家组织成员［巴西（B）、俄罗斯（R）、印度（I）、中国（C）、南非（S）］宣称金砖国家新开发银行建立的

---

① 《中国-欧亚经济合作基金投入运营》，http：//www.eximbank.gov.cn/tm/Newlist/index_343_27951.html。
② 《中国-欧亚经济合作基金与俄罗斯外经银行、俄罗斯直投基金、华为、俄罗斯I-Teco公司签署合作协议》，http：//www.eximbank.gov.cn/tm/Newlist/index.aspx?nodeid=343&page=ContentPage&categoryid=0&contentid=27648。
③ 数据引用自亚投行官网，http：//www.aiib.org/html/NEWS/。

目的是，方便金砖国家间的相互结算和贷款业务，从而减少对美元和欧元的依赖，有效保障成员国间的资金流通和贸易往来。金砖国家新开发银行总部设在上海，核定资本为1000亿美元，初始认缴资本为500亿美元并由5个创始成员平均出资，金砖国家应急储备安排初始承诺互换规模为1000亿美元。各国最大互换金额为中国410亿美元，巴西、印度和俄罗斯各180亿美元，南非50亿美元。银行主席将在五国之间轮值，五年为一个任期。①

金砖五国中有三国是上合组织成员国或即将成为成员国。金砖银行副行长、首席运营官祝宪介绍，2016年，金砖银行第一年批准的项目达到7个，已覆盖所有（金砖组织）成员国。2017年新开发银行的投资项目将达15个，投资总额将达25亿美元。②

5. 本币互换和结算合作

主要有本币互换和本币结算。

（1）本币互换。2008年以来，中国不断推动对外货币合作，与境外央行或货币当局的本币互换合作成效显著。截至2016年6月，中国已与香港、韩国、马来西亚、欧央行、瑞士、俄罗斯等32个国家和地区的中央银行或货币当局签署了双边本币互换协议，总金额超过3.1万亿元人民币。双边本币互换安排是经济金融领域合作深化的表现，有利于便利双方贸易投资中使用本币，规避汇率风险。央行间本币互换也对维护金融市场稳定，为金融市场提供紧急流动性支持方面发挥了重要作用。

截至2016年6月，中国已经同包含上合组织成员国、观察员国以及对话伙伴国〔白俄罗斯、乌兹别克斯坦（已失效）、蒙古国、哈萨克斯坦、巴基斯坦、土耳其、斯里兰卡、俄罗斯、塔吉克斯坦〕在内的9国签署过双边本币互换安排，最大的互换安排是与俄罗斯的合作金额，涉及1500亿元人民币。③

---

① 数据引用自金砖国家新开发银行官网，https：//www.ndbbrics.org/cn.html。
② 《金砖银行批准的项目已达7个投资覆盖所有成员国》，http：//intl.ce.cn/sjjj/qy/201611/28/t20161128_18192919.shtml。
③ 数据引用自中国人民银行官网，http：//www.pbc.gov.cn/huobizhengceersi/214481/214511/214541/2967384/index.html。

受制于区域经济金融发展水平,中国同上合组织其他成员国间的双边本币互换安排在近年来虽然得到快速发展,但是,同其他国家和地区相比仍有不小差距,中方与上合组织其他成员国之间有效的双边本币互换协议总规模在1600亿元人民币左右,在中国双边本币互换协议3.1万亿元人民币的总金额中占比有限。

上合组织成员国范围内,中国最大的互换安排是与俄罗斯的合作,金额涉及1500亿元人民币。据央行公布的截至2016年数据,中国签署的超过该金额的货币安排有：香港（4000亿元人民币）、韩国（3600亿元人民币）、马来西亚（1800亿元人民币）、新加坡（3000亿元人民币）、澳大利亚（2000亿元人民币）、英国（3500亿元人民币）、加拿大（2000亿元人民币）、欧央行（3500亿元人民币）等。可见,中国与上合组织国家间的双边本币互换还有很大合作空间。

（2）本币结算。2009年4月,中国正式启动跨境人民币结算试点,标志着人民币在国际贸易中地位从计价货币向结算货币转变。2008年8月中俄两国开始在双边贸易中采用人民币结算,中俄双边贸易本币结算试点工作正式启动。2010年11月,两国宣布全面取消人民币与卢布之间的贸易结算限制,中俄双边贸易本币结算由试点转为全面开展。2011年6月23日,中国人民银行与俄罗斯联邦中央银行签订了新的双边本币结算协定,中俄本币结算扩大至一般贸易。①

2010年10月,中国新疆凭借毗邻哈萨克斯坦、塔吉克斯坦、吉尔吉斯斯坦的区位优势,开展跨境贸易与投资人民币结算试点,鼓励企业使用人民币计价结算,规避汇兑风险。2014年12月,中国与哈萨克斯坦签订使用人民币与坚戈进行跨境贸易结算的协议,并将本币结算从边境贸易拓展到一般贸易领域。2015年12月,中国与塔吉克斯坦正式启动跨境结算业务,两国个人、企业及银行可使用人民币和索莫尼进行支付结算。此外,中国正积极与吉尔吉斯斯坦、乌兹别克斯坦等国开展金融、投资等领域合作,洽谈跨境

---

① 任飞：《上海合作组织区域人民币国际化研究》,《欧亚经济》2016年第4期,第90~99页。

贸易本币结算事宜,力图建立覆盖全中亚的支付结算系统。①

6. 有待建立的上合组织开发银行和发展基金专门账户

建立上合组织开发银行和发展基金专门账户倡议为中国领导人在历次上合组织领导人峰会提及,是中方在金融合作领域最明显的诉求之一。在2010年上合组织成员国第九次总理会议上,时任中国总理温家宝提议成立上合组织开发银行。上海合作组织开发银行若能建立,将是继金砖国家新开发银行、亚投行之后中国提倡并主导建立的又一国际开发银行。

2016年中,至少三个重要场合又提到了上合组织开发银行和发展基金(专门账户)的建设工作。5月,上合组织开发银行和发展基金(专门账户)专家会议在北京上合组织秘书处举行,各方就落实2015年12月15日在郑州举行的上合组织成员国政府首脑(总理)理事会会议关于《上合组织开发银行和发展基金(专门账户)下一步工作》的决议及对建立上述两个金融机制的立场交换了意见。9月,上海合作组织第三次财长和央行行长会议就上合组织成员国经济中期发展和加快经济增长政策、成立上合组织开发银行和发展基金(专门账户)等议题进行了讨论。11月,中国总理李克强在上合组织成员国政府首脑(总理)理事会第十五次会议同与会成员国领导人共同签署并发表联合公报,批准《关于成立上海合作组织开发银行和发展基金(专门账户)下一步工作》。② 除上述上合组织框架内的机制之外,许多上合组织域内国家的双边合作也有助于提升本地区金融合作水平。

7. 金融机构跨境业务

2014年底,中国国务院工作会议强调,加大商业银行支持"走出去"的力度。明确支持中资商业银行在风险可控、商业可持续的前提下加快海外机构布局,建立健全境外分支机构和服务网络。受政策刺激影响,各个主要商业银行也在近两年加快了上合组织区域内的分支机构设立。

---

① 程贵、姚佳:《"丝绸之路经济带"战略下人民币实现中亚区域化的策略选择》,《经济纵横》2016年第6期,第95~100页。
② 《李克强出席上合组织成员国政府首脑(总理)理事会第十五次会议》,http://cpc.people.com.cn/n1/2016/1104/c64094-28833845.html。

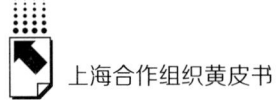

截至2016年底,上合组织内部的金融机构跨境合作主要以商业银行和开发性银行为主。多家中资银行都已经在俄罗斯设立分支机构,然而,受制于成员国有限的经济体量,除哈萨克斯坦外的中亚地区上合组织成员国中,中资银行较少设立分支机构。中国工商银行在上合组织两个准成员国印度和巴基斯坦布局较早。同时,俄罗斯、印度也在中国境内设立了分行级别的银行分支机构。

(1) 中资银行的海外拓展。中国农业银行:莫斯科子行于2014年12月获得俄罗斯央行批准设立,2015年初对外营业。①

中国银行:截至2016年底,在俄罗斯拥有俄罗斯中国银行、中国银行(俄罗斯)哈巴罗夫斯克分行、中国银行(俄罗斯)滨海分行三个分支机构,②在哈萨克斯坦拥有哈萨克中国银行、亚联分行两家分支机构,在蒙古国设有乌兰巴托代表处。③

中国工商银行:在巴基斯坦卡拉奇、伊斯兰堡和拉合尔分别设立了三家机构。首家分支机构卡拉奇分行成立于2011年5月。中国国家主席习近平和巴基斯坦总理谢里夫2015年4月曾亲自为中国工商银行拉合尔分行揭牌。在哈萨克斯坦于1993年成立全资子行,于2007年在俄罗斯设立了全资子行,于2011年5月在印度设立印度首家中资银行。④

中国建设银行:在俄罗斯拥有全资子行——中国建设银行(俄罗斯)有限责任公司,2015年11月获得永久全牌照营业许可。2016年5月获得贵金属业务许可。2016年12月获得债券市场专业参与者牌照。⑤

中信银行:2016年11月,与哈萨克斯坦人民银行(Halyk)在哈萨克

---

① 《中国农业银行莫斯科子行对外营业》,http://www.ru.abchina.com/cn/news/201512/t20151209_812545.htm。
② 数据引自中国银行官网,http://www.boc.cn/aboutboc/ab6/200812/t20081211_143776.html。
③ 数据引自中国银行官网,http://www.boc.cn/aboutboc/ab6/200812/t20081211_143775.html。
④ 数据引自中国工商银行官网,http://www.icbc-ltd.com/ICBCLtd/关于我行/全球分支网站/。
⑤ 数据引自中国建设银行官网,http://ru.ccb.com/russia/cn/gywm.html。

斯坦总理府签署股权买卖备忘录，拟从哈萨克斯坦人民银行购买其全资持有的 Altyn 银行 60% 股权。中信银行成为国内首家在哈收购银行的股份制商业银行。①

除商业银行之外，中国国家开发银行在莫斯科设有代表处，中国进出口银行设有圣彼得堡代表处。

（2）中国境内外资金融机构设立情况。上合组织成员国和准成员国目前在中国境内也设立了一些金融机构，据银监会截至 2016 年 6 月底统计的外国及港澳台银行分行名单②，目前上合组织成员国和准成员国中，印度在华设立了印度国家银行上海分行、印度国家银行天津分行、印度银行深圳分行等 8 家银行分行，其数目是上合组织域内国家中最多的。俄罗斯在华设立的银行分行只有俄罗斯外贸银行公开股份公司上海分行 1 家。

此外，2016 年 3 月，巴基斯坦哈比银行有限责任公司筹建乌鲁木齐分行已经获得中国证监会的批复。③ 俄罗斯储蓄银行公开股份公司、俄罗斯工业通讯银行开放式股份有限公司在华设有代表处。

三 金融合作存在的挑战

1. 上合组织的多重职能，对域内国家金融合作的深化既有推进又有限制

上合组织的出现是中、俄、哈、塔、吉、乌六国发展本国经济、维护国家安全、促进地区合作等共同利益取向的结果。"上海五国"进程最初是中国、俄罗斯、哈萨克斯坦、吉尔吉斯斯坦和塔吉克斯坦五国为解决中国与原苏联历史遗留下来的边界问题以及加强边境地区的信任和安全而发展起来的。在上合组织初期运作中，上合组织承担的使命主要通过各国合作，力图

---

① 《中国企业首次在哈萨克斯坦收购银行股份》，http：//world.people.com.cn/n1/2016/1104/c1002-28834880.html。
② 数据引自银监会官方网站，http：//www.cbrc.gov.cn/govView_483694E21BF546CF86C0A77AE4B5409B.html。
③ 数据引自银监会官方网站，http：//www.cbrc.gov.cn/interviews_8002.html。

有效打击形形色色的分裂势力、极端势力、恐怖势力,以巩固地区安全与稳定。在国际事务中加强合作,坚决反对霸权主义和强权政治,反对任何形式的"新干涉主义"。

然而随着域内政治情势的不断变化,在各国的努力下,上合组织形成了既有政治功能和安全功能,也有促进区域合作的经济功能的一种新型国际组织。各国在打击"三股势力"等安全合作上有着较为一致的立场。但政治功能、安全功能和经济功能在上合组织功能需求中的比重在不断发生变化。近年来,特别是在中国的大力推动下,上合组织逐渐承担起越来越大的经济合作功能,与"一带一路"相结合的经贸人文领域的合作不断加深。

"乌克兰事件"后欧美制裁俄罗斯事态的发展,俄罗斯明显更希望上合组织承担起某种国际政治职能。与此同时,中亚地区面临的安全形势并未完全好转,三大功能的并存情况,导致了各国在上合组织框架内合作过程中利益诉求不一,各国在合作领域形成既有合作,又有利益交换的折冲关系,金融合作的议题很难成为上合组织内的突出议题。

2. 上合组织域内国家的发展水平参差不齐,经济一体化水平不高

(1) 经济总量差异。图 1 显示了上合组织 8 国(包括 6 个成员国和印巴两国)2001~2015 年度 GDP 总量情况。可以清楚地发现,中国、俄罗斯和印度在上合组织 8 国中占据 GDP 的前三位,特别是中国,在 2001 年之后经过 15 年的快速发展,GDP 水平已经远远超过了上合组织的其他成员国。俄罗斯和印度基本处于同一水平,2015 年印度 GDP 总量与俄罗斯有拉开差距的趋势。而上合组织内的其他成员国与这三个国家 GDP 规模差距较大。

(2) 经济增速差异。图 2 显示了上合组织 8 国 2001~2015 年度 GDP 增长率情况。可以清楚地发现,仅有中国、印度、塔吉克斯坦、乌兹别克斯坦在 2010 年以来能保持 5% 以上的 GDP 增速,而除巴基斯坦以外的其他国家近两年经济增速有明显的下滑。

各成员国经济发展水平的差距在金融合作的具体运作中也有所体现。中国作为上合组织域内经济规模最大的经济体,一直是上合组织金融合作、开发银行设立和发展基金的最重要推动者。在印度未加入上合组织之前,俄罗

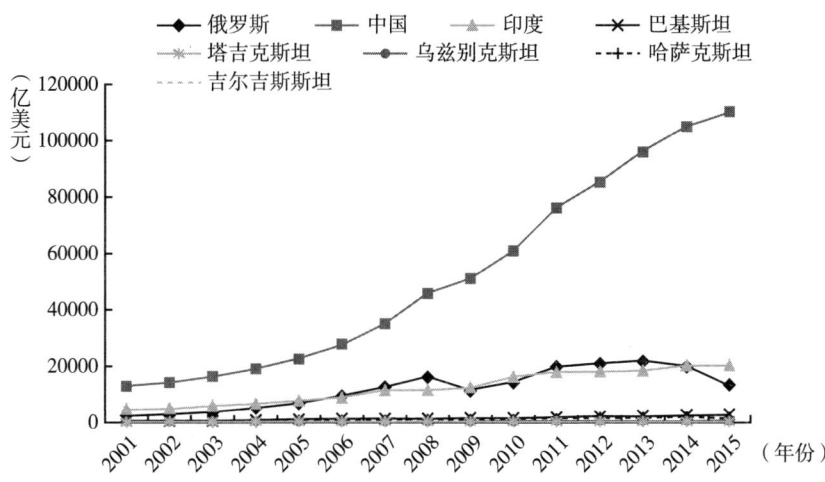

图 1　2001～2015 年上合组织 8 国年度 GDP 总量

数据来源：世界银行 WDI 数据库，http://data.worldbank.org/indicator/NY.GDP.MKTP.KD.ZG?contextual = region&end = 2015&locations = CN&name _ desc = false&start = 2005&view = chart。

斯是上合组织的第二大经济体，也是中方最大的合作者和掣肘者。各国经济水平差距制约了各项金融合作的规模，也使得许多国家对最大经济体——中国所提出的合作方案采取谨慎的态度。此外，在经济增速变动方面，由于俄罗斯和部分中亚国家近两年经济和汇率波动巨大，也导致上合组织域内的项目融资面临更大的风险。

（3）区域经济一体化水平的制约。2003 年，时任中国国务院总理温家宝提出建立上合组织自贸区的设想。然而一直以来，这个倡议并没有得到上合组织成员国的积极响应，进展缓慢，举步维艰。[1] 区域经济一体化难以推进，使得各国无法在区域经济一体化的基础上推进金融领域的合作。

区域经济一体化建立的难点在于域内多种经济合作组织并存，区域内存在如中亚统一经济空间、中亚区域经济合作组织、欧亚共同体、欧亚经济联

---

[1] 张恒龙：《组建上合组织自贸区，推进"一带一盟"对接》，《欧亚经济》2016 年第 5 期，第 58～60 页。

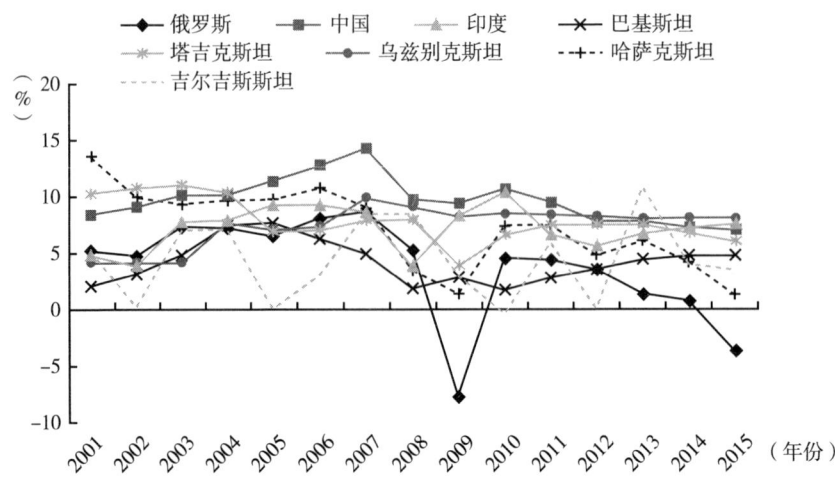

图 2　2001～2015 年上合组织 8 国年度 GDP 增速（%）

数据来源：世界银行 WDI 数据库，http://data.worldbank.org/indicator/NY.GDP.MKTP.KD.ZG?contextual=region&end=2015&locations=CN&name_desc=false&start=2005&view=chart。

盟等地区组织。目前上合组织内的中亚国家基本都参与了俄主导的独联体自贸区和欧亚经济联盟，这对上合组织区域经济一体化的发展形成了阻力。多种经济合作组织并存，一定程度上减弱了区域经济金融合作的基础，可能会造成成员国所担任角色的冲突。[1]

3. 上合组织扩容对上合组织形成新挑战

2016 年上合组织最重要的变化是印度和巴基斯坦作为两个新成员即将加入上合组织，自乌法峰会启动上海合作组织扩员进程后，伊朗、阿富汗等观察员国也在申请成为上合组织成员国。这对上合组织以及中国提出了新的挑战。一方面，通过扩员，上合组织可以扩大组织规模，提升组织的影响力和话语权。如果吸纳印度、巴基斯坦和蒙古国等加入该组织，上合组织便可将其成员范围扩展至南亚及西亚地区。[2] 但自成立以来，为了追求成员国之

---

[1] 肖德：《上海合作组织区域经济合作问题研究》，人民出版社，2009，第 146～147 页。
[2] 曾向红、李廷康：《上海合作组织扩员的学理与政治分析》，《当代亚太》2014 年第 3 期，第 120～160 页。

间的平等，避免出现"大国欺压小国"的现象，上合组织采用协商一致的决策机制。印度、巴基斯坦的加入有可能为上合组织决策形成和执行能力带来新挑战。

具体到金融合作领域，长期以来，上合组织开发银行推进速度缓慢，其中俄罗斯的担忧是阻碍开发银行组建的重要原因。在俄罗斯看来，中亚区域经济合作的组织形态选择有很多，同时，也不愿意上合组织成长为由中国主导的经济合作联盟。印度的经济体量与俄罗斯相当，且一直在追求区域乃至世界大国地位，如果中方不能同时取得这两个大国的一致同意，在现有的上合组织决策机制下，中方的诉求将难以实现。同时，印度和中国、印度和巴基斯坦同时存在领土争端，能否在协调好这些国家间关系的基础上，扩展金融合作将成为上合组织的新挑战。伊朗、阿富汗等国的加入会为上合组织金融整合带来更多不确定性。

四 结论与政策建议

我们认为上合组织的金融合作领域在2015~2016年取得了较为明显的进展：

(1) 顶层设计持续推动。2015年召开的元首理事会会议启动了上合组织扩容进程，在上合组织发展过程中有重要意义。印度作为南亚地区大国和经济强国的加入，对上合组织金融合作的范围和规模有积极影响。

2016年11月，上海合作组织成员国政府首脑理事会，中国总理李克强同与会成员国领导人共同签署并发表联合公报，批准《2017~2021年上海合作组织进一步推动项目合作的措施清单》《上海合作组织科技伙伴计划》和《关于成立上海合作组织开发银行和发展基金（专门账户）下一步工作》等涵盖贸易、投资、金融、海关、农业等领域多项合作文件和决议。

2016年9月，上海合作组织第三次财长和央行行长会议时隔四年在吉尔吉斯斯坦首都比什凯克举行，对各国推进上合组织开发银行和发展基金（专门账户）的建立有一定推动作用。

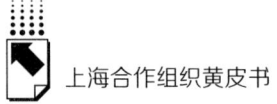

（2）既有合作平台成果进一步显现。2016年，上合组织银行联合体理事会会议讨论了《上合组织银联体中期（2017～2021年）进一步发展战略》草案。理事会成员签署了《关于给予蒙古开发银行上合组织银联体伙伴行地位的决议》。2015年12月，丝路基金与哈萨克斯坦出口投资署签署框架协议，并出资20亿美元，建立中国—哈萨克斯坦产能合作专项基金。2015年12月，中国—欧亚经济合作基金分别召开普通合伙人公司和基金管理公司第一次董事会，正式投入运营。2015年12月25日，《亚洲基础设施投资银行协定》正式生效，2016年已经有合作项目在巴基斯坦和塔吉克斯坦等上合组织域内国家实施。2015年7月，金砖国家新开发银行开业，金砖五国其中有三国是上合组织成员国或即将成为成员国。

截至2016年11月，中方与上合组织成员国之间有效的双边本币互换协议总规模在1600亿元人民币左右。此外，2014年以后中国主流的商业银行也开始逐步在上合组织成员国布局分支机构。

与此同时，作为新型国际组织，上合组织金融合作也面临不少既有和新出现的挑战，主要是合作议题泛化、成员国互相博弈掣肘等。成员国间经济发展水平不一，经济一体化程度较低也制约了上合组织金融合作的推进。区域内的其他经济合作组织对上合组织的金融合作功能拥有一定的替代作用。同时，面临组织扩容，多边组织的治理问题也为上合组织金融合作带来新挑战。

结合上合组织金融合作的发展路径和近年来的发展趋势，我们认为，中国应充分把握上合组织扩员的历史机遇，对接"一带一路"建设，结合亚投行、金砖银行的成功经验，把握人民币国际化的努力方向，在上合组织金融合作领域继续推进，对此，我们提出以下建议。

（1）结合"一带一路"建设，丰富融资种类和融资渠道。为促进本地区经济整体发展，中方应在上合组织平台内大力推动"一带一路"建设同各国发展战略对接。上合组织域内国家大多处于"丝绸之路经济带"上，"一带一路"建设为上合组织的经济发展提供了新的机遇，上合组织也可以为推进"一带一路"建设提供平台。在上合组织开发银行成立之前，上合组织内部的融资项目的落实都需要资金支持，目前可以借助围绕原本为"一带一路"建设建立的多个融资平台为上合组织的经济发展提供融资支持。

同时，长期来看，建立属于上合组织本身的专门融资平台同样很有必要，中方应结合亚投行、金砖银行的成功经验，继续推进包括上合组织开发银行和发展基金在内的融资平台建设。在不同融资平台互相合作、互为补充的基础上，构建股权融资和债权融资等多种融资形式，以达到风险共担、利益共享。

此外，中方要利用好上合组织银联体等上合组织框架下的金融合作组织，积极总结给予巴基斯坦哈比卜银行、蒙古开发银行上合组织银联体伙伴行地位的成功经验，积极吸纳更多的域内国家开发性金融机构加入银联体，并为其开展业务创造便利。

（2）结合人民币国际化的努力方向，推动资源能源和经常项目领域的本币结算。目前，中国同上合组织域内国家的本币互换规模总体较小，同新兴大国印度目前尚未达成货币互换安排。中方应当在风险控制的基础上，扩大与上合组织域内国家货币互换协议的规模，完善货币互换机制。

中方应在与上合组织域内国家开展合作的过程中，积极探索拓展人民币的跨境使用领域，在资源能源领域摆脱对美元计价的过度依赖，扩大人民币跨境业务创新，扩大人民币跨境贸易计价和货币的规模和范围，探索经常项目的自由兑换、计价和结算，探索资本项目可兑换。

此外，中方应在上合组织域内国家积极设立金融机构，鼓励人民币借贷，扩大国内企业以人民币计价实行走出去的跨国并购和项目投资。同时积极吸纳上合组织域内国家以人民币合格机构投资者的身份投资中方国内项目，以同上合组织成员国分享中方发展成果为因，种出人民币国际化之果。

（3）利用好上合组织扩容，加强团结，重视制度建设。由于中国和新加入的成员国印度目前也存在领土争议，中方应充分利用上合组织的平台，加强两国经济金融领域的合作，稳定两国关系，为两国在其他领域的合作提供有利条件。对于其他的准成员国和潜在成员国，中方应在其成为正式成员

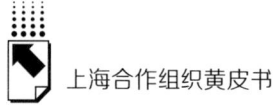

国前就加强各项领域的合作,确保中方不会因为上合组织扩容而导致话语权的丧失。

一直以来,上合组织金融合作无法快速深入推进除了经济因素的制约以外,同时存在利益的冲突和制度因素的制约。上合组织的扩容为金融领域的深化合作提供了机遇与挑战,从长期来看,随着上合组织成员国的不断增加,目前的决策体制明显无法因应未来面临多国协调的复杂形势,其结果将使得上合组织作为国际组织的反应能力和行为有效性遭受制约。中方应以成员国扩容为契机,积极推动上合组织经济合作领域决策机制的建设,探索各国消弭分歧的制度性方法,在上合组织层面上利用组织框架形成顶层设计。

Y.17
上合组织开发性金融合作的探索与展望*

阿拉坦图胡日**

摘　要： 本文探讨了在当前经济与金融形势下，上合组织国家明显加大政府干预，实施"反周期"政策，破解经济发展中的难题，寻求突破。开发性金融定位于服务国家及区域发展目标，在薄弱环节、关键时期的功能和作用必不可少，以区域开发性金融合作增强区域金融体系的稳定，实现经济增长、可持续发展目标。

关键词： 上海合作组织　开发性金融　市场培育

　　世界经济复苏乏力，新兴经济体整体疲软，国际经济环境困顿低迷。上合组织国家经济遇到新的困难：内需和投资缺乏新动力、对外贸易规模下降、资本外流加剧、货币持续贬值以及大宗商品价格低迷。在地缘政治等不利因素的叠加作用下，一些国家的经济指数显现经济危机特征。受外部经济的冲击，上合组织国家经济结构缺陷及发展经济的"瓶颈"，致使一些宏观政策无从发力，政策措施成效难以达到预期。

　　在时艰逆境中，上合组织国家寻求突破，政府对经济活动的干预明显加强，越来越倚重开发性金融。运用开发性金融理念和方法，逆周期调节来加

---

* 本文系教育部2016~2017年度"国别和区域研究"指向性课题《未来10~15年上海合作组织金融合作的前瞻性研究》（17BQY077）阶段性成果。
** 阿拉坦图胡日，上海大学上海合作组织公共外交研究院研究员。

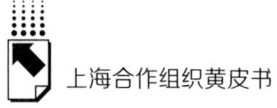

强政府对经济的干预，推进发展战略实施，保障金融体系的稳定，实现经济增长、可持续发展目标。

事实上，自国际金融危机以来，上合组织国家经济发展、金融稳定很大的程度上受益于开发性金融以及在上合组织框架下的区域开发性金融的合作，上合组织区域经济金融活动中开发性金融的分量越来越重。在当今国际经济形势和上合组织国家发展阶段特征下，开发性金融在薄弱环节、关键时期的功能和作用将会得到更大的发挥，上合组织开发性金融合作将更加活跃。

一 上合组织国家开发性金融机构的状况

在20世纪90年代和21世纪初的这16年里，上合组织国家陆续通过新建或重组改制建立国家开发性金融机构（银行），满足经济发展需要和解决经济发展的"瓶颈"。20年来，区域内开发性金融机构（银行），结合本国政治制度、法律体系、经济政策和优先发展目标，形成了各自运营模式、实践经验和业务优势，在各自国家经济发展中发挥了举足轻重的作用。开发性金融机构（银行），自身也得到成长壮大。具有代表性的有哈萨克斯坦开发银行（DBK）、中国国家开发银行（CDB）、乌兹别克斯坦国家对外经济活动银行（NBU）、俄罗斯发展与对外经济事务银行（VEB）、吉尔吉斯斯坦RSK银行、塔吉克斯坦国家储蓄银行（赋予开发性金融功能的国有商业银行）。上述六家银行以创始行的身份于2005年成立了上合组织银行联合体，开启上合组织开发性金融合作的实践，为上合组织经济领域的务实合作提供了资金支持，现已成为上合组织区域金融合作的重要机制和投融资平台。

上合组织国家加入与上合组织区域相关的多边开发性机构——欧亚开发银行（EDB）、亚洲基础设施投资银行（AIIB）、金砖国家新开发银行（NDB）等。上合组织国家开发性金融迅速发展，开发性金融成为上合组织国家金融体系举足轻重的力量。

1. 上合组织成员国的主要开发性金融机构[①]

哈萨克斯坦开发银行（DBK）2001年成立，目前由Baiterek国家管理控股股份公司全资控股。DBK是Baiterek管理的10家开发性机构中最大的一家开发性金融机构（占控股总资产的58%）。依据《哈萨克斯坦开发银行法》，DBK改善和提高公共投资活动的效率、发展工业基础设施和加工业、通过内外部投资来促进国家经济发展。DBK是哈萨克斯坦重大项目的组织协调机构，负责基础设施和非能源领域发展的开发性金融机构。作为《加速工业创新发展国家纲要》（FIID）的关键执行机构，DBK第一阶段的首要任务是为国家重点项目下的战略投资项目和贸易融资提供贷款；第二阶段将着重在非项目领域吸引社会资本，组织融资交易，以及建议客户进入资本市场、作为政府代理为政府和商业银行的工业项目吸引"廉价"贷款。

中国国家开发银行（CDB）成立于1994年，政策性金融机构，2008年12月改制为国家开发银行股份有限公司，中国国务院于2015年3月批准为开发性金融机构，于2016年批准了《国家开发银行章程》。它受中国人民银行和中国银行监督管理委员会监管。股东包括：中国财政部、中央汇金投资有限责任公司和中国社会保障基金理事会。主要开展中长期信贷与投资等金融业务，为国民经济重大中长期发展战略服务。国家开发银行贯彻国家宏观经济政策，筹集和引导社会资金，缓解经济社会发展的瓶颈和薄弱环节，支持国家基础设施、基础产业、支柱产业以及战略性新兴产业等领域发展和国家重点项目建设；促进区域协调发展，支持城镇化、中小企业、"三农"、教育、中低收入家庭住房、医疗卫生以及环境保护等领域的发展；支持国家"走出去"战略，积极拓展国际合作业务。

俄罗斯发展与对外经济事务银行（VEB），依据2007年6月4日生效的俄罗斯联邦法律《发展与对外经济事务银行法》，由对外经济银行与俄罗斯进出口银行、俄罗斯发展银行合并成立。VEB通过融资具有国家意义的投

[①] 中国开发性金融促进会、北京大学国家发展研究院联合编写组编著《全球开发性金融机构发展报告（2015）》，中信出版集团，2016，第76、83、88、131页。

资项目，刺激投资活动，通过增强并推动俄罗斯经济竞争力的多样化，以创新方式实现现代化来贯彻政府的社会经济政策，是俄罗斯发展的重要推动力。业务涉及外资，基础设施，创新，经济特区，环保，支持俄罗斯产品、工程和服务出口以及支持中小企业。贷款投向以工业和基础设施领域为主（占贷款的90%以上）。在当前俄罗斯资本外流和银行业减缓流动性水平的条件下，它的任务是满足实体经济对长期融资的需求，增加大规模投资项目，以及满足创新、进口替代、基础设施融资需求。

乌兹别克斯坦对外经济活动银行（NBU）1991年依据乌兹别克斯坦总统法令成立，主要任务是"服务外贸业务、增加国家出口潜力和吸引外国投资，支持国家导向型经济的发展和改革"。提供批发银行和零售银行业务，投资银行业务。在支持中小企业上尤为见长。

2. 吉尔吉斯斯坦和塔吉克斯坦赋予开发性金融功能的国有商业银行

吉尔吉斯斯坦储蓄结算银行（以下简称"RSK银行"）成立于1996年，吉尔吉斯斯坦政府100%控股。成立的目的在于进一步满足居民存贷款需求，保证经营实体的结算需要，激活国内货币流通，稳固货币市场，从金融领域支持国家财政政策和规划的实施。RSK银行总资产逐年增加，资产规模在吉尔吉斯斯坦列第一位，受到吉尔吉斯斯坦政府的高度重视。

塔吉克斯坦国家储蓄银行（以下简称"塔储蓄银行"）是塔财政部出资的全资国有银行，是塔吉克斯坦唯一一家国有商业银行。塔储蓄银行信贷政策以政府社会政策为基本方针，保障国家经济结构调整、企业的重组改制，保障贫困山区低收入民众生产生活，支持农业和中小企业发展。直接参与国家公共事务规划和预算，为提高服务国家经济发展的能力，塔储蓄银行大力开展与国际金融机构的合作。

3. 与上合组织区域相关的多边开发性金融机构[①]

欧亚开发银行（EDB），依据《欧亚开发银行成立协定》于2006年成

[①] 中国开发性金融促进会、北京大学国家发展研究院联合编写组编著《全球开发性金融机构发展报告（2015）》，中信出版集团，2016，第29、139、141页。

立，现有6个成员（俄罗斯、哈萨克斯坦、塔吉克斯坦、亚美尼亚、白俄罗斯和吉尔吉斯斯坦）。EDB的任务是通过投资活动促进市场经济发展，拉动经济增长，扩大贸易以及加强国家的经济一体化。贷款投向发电项目、运输以及市政基础设施建设项目、提高能源效率项目、利于贸易和经济联系的项目追加融资等。贷款有批发贷款和零售贷款，实体经济可以获得3000万~1亿美元的贷款，在项目上的平均投资额约为5000万美元，专注于国家境内项目融资。

亚洲基础设施投资银行（AIIB）。2015年12月《亚洲基础设施投资银行协定》正式生效，亚投行正式成立运营。目前，亚投行涉及上合组织区域的投资为巴基斯坦（国家高速公路M-4-Shorkot-Khanewal部分）项目和塔吉克斯坦（边境道路改善计划）项目。

金砖国家新开发银行（NDB），由金砖五国（巴西、俄罗斯、印度、中国、南非）共同管理的一家多边开发性金融机构。金砖银行"将为金砖国家和其他新兴经济体和发展中国家的基础设施和可持续发展项目筹集资金，并对现有多边和区域金融机构促进全球增长和发展做出有益的补充"。2016年NDB开始运营批准融资项目7个，覆盖金砖五国。2017年的投资项目将达15个，投资总额将达25亿美元。其中涉及上合组织区域的投资为俄罗斯和中国项目。

二 开发性金融合作的探索

上合组织国家国情、发展道路、发展水平各异，其开发性金融的规模、目的、功能、模式表现为多样化，形成了各自的运营模式、实践经验和业务优势，服务国家的经济发展战略以及应对国际经济金融形势的变化。近年来，受金融危机的冲击，经济与金融周期叠加下行的时期，上合组织各国政府在推进社会经济发展战略目标上，更加倚重开发性金融，支持经济转型、结构调整、产业升级以及重大项目融资等。开发性金融机构承担着长期规划制定者、市场培育者，以及聚合市场与社会资本合作的组织协调者的角色①，在国家的不同发展阶段，弥补市场机制的不足、弥补长期转型投资的巨大缺口，赋有疏浚阻碍经济发展瓶颈、推进经济发展进程的使命。在这变革与转折的时代，上合组织开发性金融及合作，既孕育着崭新的机遇，又潜伏着诸多挑战。在发展中求索，创新发展，与时俱进，服务社会经济稳定和可持续发展。

1. 倚重开发性金融，推动上合组织国家基础设施建设

基础设施建设是上合组织开发性经济和金融合作的重要领域。大规模的基础设施建设是上合组织国家经济发展的内在需要，也是推进上合组织区域互联互通，联动发展的需要，需要聚合各方的力量。基础设施建设需要金融支撑必不可少。基础设施建设投入的资金量大，建设周期长，回报周期较长，基础设施建设需要长期、大额、稳定的资金支持。同时上合组织国家基础设施建设资金需求缺口大，也缺乏长期融资渠道，资金成为制约上合组织国家基础设施建设的"瓶颈"。

基础设施是阻碍上合组织国家社会发展的最大瓶颈。基础设施的落后，严重制约着上组织国家经济发展和民生的改善。哈萨克斯坦、乌兹别克斯坦、塔吉克斯坦、吉尔吉斯斯坦等国家的基础设施建设存在巨大需求，改变基础设施现状的需求紧迫。在运输领域基础设施方面，公路、铁路、机场等国际国内运输网路滞后。哈萨克斯坦贯穿东西方向通道薄弱，吉尔吉斯斯坦和塔吉克斯坦城市、农村道路状况恶化，缺少通往国外市场的运输通道。能源领域基础设施方面，乌兹别克斯坦电力设施陈旧、低效高耗，难以支撑社会经济发展，需要新建或升级。塔吉克斯坦电力供给状况严峻，缺口严重，每年短缺20亿千瓦时，以至于工农业、日常生活用电都得不到保障。农业领域基础设施方面，农产品物流落后，农用机械设备不足，农业产业链不健全，水利灌溉设施短缺，以农业作为各国重要经济支柱优势没能够充分发挥，严重影响社会发展目标。基础设施项目建设关系到民生大计和国家经济

---

① 中国开发性金融促进会、北京大学国家发展研究院联合编写组编著《全球开发性金融机构发展报告（2015）》，中信出版集团，2012，第203页。

社会发展总体目标。上合组织国家需要进行较大规模的基础设施项目建设，特别是关键、紧迫的基础设施项目建设，以满足发展经济中公共服务需求的变化，扭转内部发展动力不足，为带动区域整体经济的快速提升创造条件。

发展中国家面临的主要约束之一是有限的资本积累。作为发展中国家，上合组织国家经济基础普遍薄弱，资本短缺制约包括基础设施在内的经济建设。在国际市场能源和大宗商品价格持续低位徘徊，需求减弱的形势下，俄罗斯、哈萨克斯坦和乌兹别克斯坦能源原材料出口，塔吉克斯坦铝出口，吉尔吉斯斯坦黄金出口减弱，创汇大幅下降，经济财政状况遭遇到不同程度的困难。而俄罗斯经济的衰退又更为直接地影响哈萨克斯坦、乌兹别克斯坦、塔吉克斯坦、吉尔吉斯斯坦等四国的财源（如侨汇、双边贸易额等），原本资金短缺局面更是"雪上加霜"。未来十年，哈萨克斯坦将吸收1000亿美元的外资，塔吉克斯坦"五年中期发展计划（2016～2020年）"至少需资金250亿美元[①]。

国家财政预算和本国金融市场，不足以为基础设施提供大额资金支持。商业资本出于风险规避和收益率、短期行为、资金期限错配制约等因素，不愿意涉足基础设施等投资大、期限长、收益慢的领域，特别是经济下行时期。当地发展需要的长期资金需要"短借长贷"，期限错配易引发金融风险。而国际发展援助资金也无法满足所需：额度上小，结构上零散，不足以解决大规模开发性融资、产业结构转型所需资金需要。

开发性金融具有的中长期、大额融资的业务优势，能够为基础设施建设提供资金保障。以开发性金融合作，填补上合组织国家基础设施建设、工业化和城乡建设的大型项目所需的长期融资缺口，同时以示范作用和先导作用，引导社会资金，利用全球及区域金融资源来发展经济。

上合组织区域内开发性金融的合作日趋蓬勃。乌兹别克斯坦对外经济活动银行（NBU）运用欧洲复兴开发银行（EBRD）、亚洲开发银行（ADB）提供的信贷额度，开展中小企业、工农业等多领域项目投资；塔吉克斯坦利

---

① 塔吉克斯坦 Avestan 网站，2016年2月7日，tj.mofcom.gov.cn/。

用亚洲基础设施投资银行（AIIB）贷款支持边境道路改善计划项目；哈萨克斯坦开发银行（DBK）使用欧亚开发银行（EDB）资金进行铁路行业融资项目；俄罗斯与中国之间的原油贸易及输油管道项目采取能源金融优势互补合作。

2. 以开发性金融推动经济结构调整

世界经济长期低迷，能源和大宗商品价格大幅下跌，外部总体需求下降，上合组织国家经济社会发展受到巨大冲击。经济结构单一、依赖能源出口、依赖外部市场的经济结构的弊端凸现：俄罗斯经济停滞、衰退、陷入危机；哈萨克斯坦经济出现较大的波动，进入低速增长态势；塔吉克斯坦和吉尔吉斯斯坦经济下行压力还在持续。

与此形成鲜明对比的是，乌兹别克斯坦经济在经济危机时持续保持稳健增长，这得益于乌兹别克斯坦对当前世界和地区经济形势的准确判断①，相对独立自足的经济环境，以及较为健全的产业分工体系和多年的布局。乌兹别克斯坦在整个金融危机期间的经济表现也最有力地诠释了建立合理经济结构、产业布局、经济多元化在抵御外部冲击、保持国家经济稳定增长上的重要性，值得借鉴。

从全球经济发展趋势和区域经济形势看，在相当长的时期内，国际经济危机将持续影响，需求减弱，竞争加剧，经济低速运行。加快结构调整、产业升级、经济多元化、扩大内部需求，是保持经济企稳回升的关键所在，势在必行。"现代经济增长的本质是技术、产业、基础设施和社会经济体制的持续结构变迁过程。"② 经济增长来自结构性改革，关系到未来可持续发展。

结构性改革是一个长期的过程，依赖与之适应的社会经济体制变革，结构性改革包括产业和技术升级以及经济多样化，需要引进外部先进的技术、新兴产业、资金，需要与之相适应的基础设施建设为结构性改革创造空间。在传统财政融资力量和作用有限，商业金融不愿涉足转型创新领域，开发性

---

① 张宁：《2015年中亚国家应对经济危机的措施》，《中亚国家发展报告（2016）》，社会科学文献出版社，2016，第137页。
② 林毅夫：《繁荣的求索》，张建华译，北京大学出版社，2012，第279页。

金融以长期规划、项目融资、协调组织功能，为结构性改革带来稳固的金融资源，同时带来先进的技术、管理方法和理念，加快结构性改革进程。

由于中国的经济实力以及全球经济金融进程的参与度越来越高，对他国而言，中国是日益重要的资金来源。近年来，上合组织国家开发性金融机构与中国国家开发银行等中国银行开展信贷业务，获得贷款，开展转贷本国重点项目和优先发展领域的项目。来自中国国家开发银行、中国进出口银行等信贷资金，支持乌兹别克斯坦对外经济活动银行（NBU）、塔吉克斯坦国家储蓄银行、吉尔吉斯斯坦RSK银行，开展中小企业的发展项目融资，支持哈萨克斯坦开发银行开展电力、冶金、炼油项目以及非能源领域项目融资。上合组织区域结构性改革、经济多元发展进程在开发性金融和区域开发性金融机构的合作中得以加速，取得了明显的社会效益和经济效益，助力上合组织区域经济合作的务实发展。

3. 以开发性金融，增强政府干预成效

在当前上合组织国家发展阶段，开发性金融是经济稳定、发展、改革中举足轻重的力量。

一是开发性金融的应用是在出现"市场失灵"和"政府失灵"时，协助政府干预经济的政策实施，以跨周期优势及逆周期调节作用，贯彻政府的反周期措施，对宏观经济进行逆周期治理，平抑经济周期波动。依托政府信用支持，融集大额资金，通过培育项目、培育市场、培育金融，孕育经济发展后劲。

二是开发性金融定位于长期性融资领域和项目融资业务的引领者，通过发起、牵头、安排、贷款，引导社会资源，为基础设施等项目提供长期、稳定的融资，为客户创造价值及管理风险，实现良性互动，具有社会责任性和商业可行性。

三是开发性金融涵盖了广泛的金融工具[①]，担当长期规划、市场培育，

---

① 中国开发性金融促进会、北京大学国家发展研究院联合编写组编著《全球开发性金融机构发展报告（2015）》，中信出版集团，2016，第3页。

以及聚合市场与社会资本合作的战略角色。开发性金融在政府与市场、公共部门与私营部门间担当桥梁，建立建设性互动关系，实现政府与市场、公共部门与私营部门间的协同增效，突破经济发展的瓶颈制约。以示范作用、先导作用，向经济发展释放商机，增强投资者信心，创造投资机会，以一定规模的投资吸引更大规模的社会资源的投资，释放国家社会经济的巨大潜能。

上合组织国家从过去高速的增长阶段步入低速增长的调整阶段。在当前经济和金融叠加下行的态势下，政府的作用凸现，政府干预对发展经济尤为重要。上合组织国家随势出台了一系列的刺激经济发展的措施，并倚重开发性金融功能，干预经济。哈萨克斯坦政府制定《哈萨克斯坦——2050》，随势出台了《光明大道计划》《国家建设"百步计划"》《2016~2018年反危机计划》。《光明大道计划》实现交通、物流、通信的互联互通，基础设施领域项目；《加速工业创新发展国家纲要》指导落实工业创新发展，产业结构调整，多元化发展。乌兹别克斯鉴于当前世界和地区经济形势的基本判断，出台乌最为系统的综合性的"五年规划"《2015~2019年深化改革、结构调整和经济多元化国家纲要》和一系列行业性发展纲要，包括《生产性基础设施现代化纲要》《农村舒适型住宅建设纲要》《2015~2019年道路运输基础设施现代化纲要》等，着重经济结构、国企改革、基础设施、农业、中小企业、投资环境的发展，大力吸引外资、加强金融稳定和实现经济多元化。吉尔吉斯斯坦制定实施的《2013~2017年可持续发展国家战略》，着重发展工农业和基础设施，增强固定资产投资，通过刺激经济政策，带动经济发展。塔吉克斯坦《至2030年塔吉克斯坦国家发展战略》和《五年中期发展计划（2016~2020年）》重点发展工业，能源独立，向水利高效利用过渡，交通向建设枢纽国家过渡等。

从上合组织各国发展战略和措施来看，具有明显的"反周期"特征，政府干预，加大基层设施等领域的建设和结构性调整的力度，增强内部发展动力，抵消外部冲击，保障经济的企稳回升。国家发展战略的实施需要金融基础，需要货币政策、财政政策及开发性金融机构的有效组合、优化运用，形成最大的合力，作用于经济活动。

上合组织国家具有较明显的政府主导经济的性质，政府具有组织协调优势，能在更大程度上调动各领域资源，集中力量办大事。开发性金融作为政府的重要金融工具，能够通过融资推动，将政府、市场、金融等力量结合起来，将各种资源合理高效配置，平抑周期期波动，以市场化方式，建设市场和制度，实现政府的发展目标。

三　开发性金融合作展望

上合组织国家经济持续感受外部经济环境变化的压力，内需和投资增长、出口增长关系上合组织国家稳定发展。结构性改革、开放程度将关系到上合组织国家整个经济发展未来。随着"一带一路"建设倡议与各国发展战略的融合，在上合组织框架下，区域国家间经济金融领域合作将不断深化发展，建立与之适应的开发性金融及开发性金融合作，促进实现各国多元、自主、平衡、可持续的发展目标。

1. 全球经济长期趋势和上合组织国家发展阶段需要开发性金融继续发挥积极作用

尽管各国采取有力的政策，取得一些成效，可系统性风险、结构性等潜在问题尚未得到解决，危机的持续时间以及严重性不容低估。旧秩序困顿，新秩序尚未构建，不确定因素增加，可能发生新一轮更深、更持久的下滑甚至引发局部危机。未来经济发展中，政府干预经济不可或缺，发挥开发性金融的功能和作用，维护金融市场安全和经济稳定发展非常必要。开发性金融在区域重大的经济与社会发展活动中的参与度进一步提高，将会在上合组织经济中发挥更大的作用。

2. 开发性金融要通过加强合作以满足长期融资需求

上合组织国家瓶颈领域、薄弱环节广泛存在，基础设施、工业化和城乡建设决定了区域各国对长期性投资有较大的需求，需要吸引外部资金供给，决定开发性金融相互加强合作；经济发展是一个连续性的结构变化过程①，是一个长期的过程，新一轮技术创新和产业升级将引领世界经济走上新的发展轨道，新一轮产业分工和产业转移为上合组织实现跨越发展提供了机遇，也为开发性金融及合作提供了新的发展空间和实践探索，由此，上合组织开发性金融及合作将会更加活跃。

3. 上合组织区域多边金融机制的重要性将不断增强

伴随金融格局向多中心金融结构发展的趋势，区域开发性金融机构地位和作用将得以加强。将以上合组织《关于加强金融合作、促进区域发展措施计划》为基础，逐步完善上合组织多边金融合作机制。另外，倡议建立的上合组织开发银行将在国际货币金融体系的稳定性程度、过度依赖美元和欧元的负面影响以及区域内本币的新结算体系需求等环境因素影响下有所推进。其实现尚需更长的时间，要付出更高的智慧和开放的思想。亚投行的多边金融机制的优势在上合组织区域逐步产生效果。

4. 以培育项目为核心，培育和挖掘可持续发展潜在动力

区域开发性金融合作要把握宏观经济周期、投资时机和资金投向，做到标本兼治，辨证施治，提升整个经济发展。

（1）项目融资是开发性金融的主要业务。以培育项目为核心，以银行授信转贷、联合融资、银团贷款、担保、本币贷款、规划咨询等多样化融资合作模式为项目融资，创建更多优质项目，创造投资机会，引导社会资金，激发经济发展潜力，带动众多经济效益的项目。

（2）注重提高资金使用效率。投向国家优先发展领域项目，化解制约"瓶颈"和"薄弱环节"中的重要节点，以紧迫性、时效性、重要性等纬度来筛选项目，确定投向。比如塔吉克斯坦受制交通和电力基础设施"瓶颈"，相对于交通，电力基础设施更为迫切，应把资金优先用于电力设施的建设，保障经济活动的正常运转。

（3）基础设施投资要倾向生产性项目建设或增效大见效快项目配套的基础设施，如围绕资源能源项目的配套的基础设施项目，现有工业设施的减

---

① 林毅夫：《繁荣的求索》，张建华译，北京大学出版社，2012，第9页。

耗增效项目等。

（4）注重本国当前和潜在的比较优势的产业上的投资，最大限度地释放潜力，迅速形成国内与国际竞争力。发展与一个国家比较优势相一致的产业不仅是增强国家竞争力的最好方式，也是该国发展经济、增加收入的最快方式。[①] 支持发展比较优势的产业领域的高附加值的产业链，改变上合组织国家依赖初级产品的生产和出口，并以此换取高附加值的成品的进口的状况，生产矿产资源、冶炼、畜牧、农副产品等领域高附加值产品，提高产品竞争力，开拓国际市场，出口创汇。

（5）支持进口替代，促进产业发展，提振实体经济，实现经济多元化。进口替代是每一个低收入的农业经济体在国际市场上的新产业中变得具有竞争的必要步骤。[②]

（6）培育前沿市场方面主动作为，重视鼓励中小型创业企业、新兴产业发展，设立中小企业发展基金或专项开发性贷款，培育中小企业项目，提高盈利能力，改善民生。

（7）新技术试点项目进行商业规模扩展，进行产业升级。

（8）支持单一能源经济向现代能源经济转型。能源资源是上合组织国家经济支柱，是区域合作核心。在各国资源开发利用总体规划框架下，协助各国政府实现自然资源向基础设施建设等领域所需资金的转化。

（9）多边、双边开发性金融机构合作，推动跨境互联互通领域项目、跨境工业园区产业集群开发，提高区域经济优势互补及便利化，促进联动发展。

5. 加强开发性金融机构自身建设

上合组织各国家开发性金融发展呈现差异化、多样化，创新发展，丰富了开发性金融实践。相互借鉴吸收最佳实践，优势互补，共同促进上合组织开发性金融合作创新发展。

[①] 林毅夫：《繁荣的求索》，张建华译，北京大学出版社，2012，第130页。
[②] 林毅夫：《繁荣的求索》，张建华译，北京大学出版社，2012，第46页。

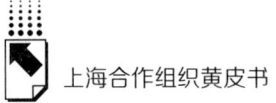

上合组织国家开发性金融机构普遍规模较小，资本基础相对薄弱，业务类型比较单一，欠缺融资实力，综合化经营能力还不强，以待持续改善。向国际标准靠拢，有效的公司治理，建立完善的投融资机制和微观制度、基础制度，推动向市场化投融资体制的转变，经营业务的商业化运作，优化业务发展模式和盈利模式，带动资产升级，注重金融资产管理和稳健运营。

加强开发性优势与政府组织协调优势融合的能力，增强培育项目、建设市场的运作能力，将未发育的市场作为自己的发展空间，创造投资机会和为经济发展释放商机。

Y.18
上海合作组织金融合作与其他区域金融合作的比较

王国松　张克琪*

摘　要： 区域经济组织的建立给各国带来很多发展与挑战。本文选取具有代表性的亚太经合组织、非洲开发银行和亚洲基础设施投资银行等区域经济组织与上海合作组织作比较，主要分析它们在经济贸易、金融合作和区域制度等方面对上合组织的可借鉴性。最后，在比较分析的基础上，提出对上合组织金融合作的展望与政策建议。

关键词： 上海合作组织　金融合作　上合组织开发银行

上海合作组织（以下简称"上合组织"）经过15年的发展，在维护地区安全、联合反恐、推动睦邻友好等方面发挥了重要的作用，同时，成员国之间的合作不断深化，金融合作的机制建设日趋成熟，已经在贸易、金融和政治等方面取得重大成果。为进一步推进上合组织经济与金融的深入合作，有必要深入而系统比较分析上海合作组织与其他区域经济组织在经济与金融领域合作方面存在的差距及可借鉴的宝贵经验。

为此，本文将上合组织与亚太经合组织、非洲开发银行以及亚洲基础设施投资银行等区域经济组织进行了比较分析。区域金融合作源自于区域

---

* 王国松，上海大学经济学院金融系教授；张克琪，上海大学经济学院研究生。

经济合作的需要,区域经济合作的深度决定了区域合作的模式和深度。基于此,本文在简要比较分析上海合作组织经济合作方面的差异基础上,剖析上海合作组织金融合作的差异,由此提出上海合作组织经济与金融合作应采取的政策建议。

一 经济贸易方面的比较差距

第一,贸易壁垒依然存在。不管是关税还是非关税贸易壁垒,一直是区域经济组织讨论的中心话题。上海合作组织成员国的关税水平不尽相同,由于俄罗斯、哈萨克斯坦、吉尔吉斯斯坦、塔吉克斯坦属于欧亚经济共同体的成员,它们之间建立了关税同盟,彼此之间贸易实行零关税,但对外约60%~70%的商品实施了统一关税;同时乌兹别克斯坦与俄罗斯、哈萨克斯坦、吉尔吉斯斯坦等独联体国家又签订了自由经济区协定,相互之间也免征进口关税,由此导致上海合作组织框架内关税壁垒主要存在于中国与其他五国之间。[①] 由此制约了中国与其他成员国间贸易往来的深度与规模。

相比上合组织,亚太经合组织成员间在过去的二十多年通过实施关税多边减让、单边行动和放松管制等各项措施,使各自平均关税有较大的削减。基于成员间的横向比较,亚太经合组织发达成员间的关税水平普遍低于发展中成员间;但是,如果比较关税降低的幅度,APEC发展中成员则显著超过发达成员。非洲开发银行的各成员国力图与世界贸易体系步伐一致,并且配合结构调整,完善经济贸易政策,提高产品质量标准,希望可以达到非洲各国减少贸易壁垒,促进货物、资本和资源的自由流动的目的。

由比较可知,其他区域经济组织在消除贸易壁垒上态度与措施积极,

---

① 郑雪平、米军:《上海合作组织(SCO)区域经济合作发展模式研究》,《徐州师范大学学报》2006年第2期,第106~111页。

上合组织应基于互惠互利原则削减关税水平，促进区域内经贸的深度合作。

第二，海关检验手续复杂。尽管上合组织各成员国积极建立起双边或多边的海关合作机制，但依然存在政策变动频繁、执法口径不一且随意、货物滞留等突出问题，从而影响成员国间经贸合作的可持续和深度。例如，在哈萨克斯坦，进口赋税调整频繁，有些商品几乎每年调整一次。许多海关港口仍存在各部门职能不清晰、协作效率低下的问题，如报关报检等进出口贸易程序颠倒、边检国检职责不清、同一批货物须由多个部门重复查验等问题，既增加了交易成本，又延误了通关时间。①

相比上合组织，亚太经合组织现保留的非关税措施是依据合理互利的原则，并且五个发达国家成员在这方面透明度比较高，其非关税措施与WTO和其他国际协定的原则基本保持一致，甚至有所削减。而北美自由贸易区采用风险管理系统，电子系统早已取代了人力工作，大大提高进出口通关效率，并且报关程序和申报内容进行了极大的简化，由此实现了生产要素和商品在自贸区内的自由流动，很多海关口岸开放时间较长甚至达到了24小时开放；美、加、墨三国还签订了一系列海关、口岸方面的协议为快速通关和贸易自由提供了制度上的保证。由此可见，如何削弱上海合作组织的非关税壁垒是亟待解决的重要问题。

第三，基础设施建设有待加强。在历史上，中亚是伟大的"丝绸之路"的中心地带，是古代连接东西方的重要商道，以长安（今西安）为起点，经甘肃、新疆，到中亚、西亚，并连接地中海各国。然而，在上合组织区域内，中亚地区的跨国交通运输问题非常严峻，因为中亚处于欧亚腹地，离海洋很远，所以交通运输特别是海运十分落后。而在公路方面，由于经济发展和历史原因，中国与中亚国家在道路等级、公路标志标线、行车标准等上也存在很多问题。在铁路运输方面，通道运力不足，从而导致

---

① 牛风君：《丝绸之路经济带建设中上合组织贸易便利化发展研究》，《合作经济与科技》2014年第18期，第82~83页。

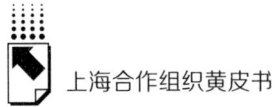

中国出口商品经常无法顺利出境，同时技术标准的不统一即铁路轨距不同严重制约了铁路的通畅，严重制约了中亚地区的贸易往来，阻碍了各国的繁荣和发展。

亚洲基础设施投资银行在此方面所作出的努力值得上合组织借鉴。亚洲基础设施投资银行在道路、桥梁、水运、港口、航空等交通领域的基础设施建设与互联互通的相关领域上给以资金投入和相应扶持，对实体性基础设施和智能化改造项目均给予支持。①

二 区域经济一体化的制约因素分析

当前世界经济呈现全球经济一体化和区域经济一体化之态势，上合组织区域经济合作也是顺应这一时代潮流的产物。区域经济一体化，不仅符合各成员国的利益，也为各成员国的经济繁荣发展创造一个良好的国际环境。Freund & Ornelas（2010）指出，特殊利益集团、外部最优关税、国内政治等诸多因素，都将会对区域经济一体化产生重要影响。②

第一，成员国间悬殊的经济实力。中国和俄罗斯作为两个大国，相对其他中亚四国，经济发展水平较高，是上海合作组织中的核心力量，哈萨克斯坦、塔吉克斯坦、吉尔吉斯斯坦、乌兹别克斯坦四国经济基础薄弱，且经济结构单一，独立性差。从各国 GDP 来看，上海合作组织各成员国的经济实力差距较大。表1显示，中国的 GDP 增长率远远超过大多数成员国家，俄罗斯等国家 GDP 增长率呈现多年负增长的局面。因为各个成员国的经济实力不一样，所以在合作中所期待的收益也不一样，而又都会从自身利益出发，这就为区域经济合作增加了难度。

---

① 金立群：《亚投行：国际经济金融合作发展"推进器"》，《人民日报》2016年1月5日。
② Caroline Freund, Emanuel Ornelas, "Regional Trade Agreements", *Annual Review of Economics*, 2010, 2 (2), pp. 139–166.

表1 2008～2015年上合组织各成员国GDP增长率

单位：%

年份 国别	2008	2009	2010	2011	2012	2013	2014	2015
中国	9.6	9.1	10.4	9.2	7.7	7.7	7.4	6.9
俄罗斯	5.2	-7.8	4.3	4.3	3.4	1.3	0.6	-3.7
塔吉克斯坦	8	3.5	6.5	7.4	7.5	7.4	6.7	6
哈萨克斯坦	3.3	1.2	7.3	7.5	5	6	4.3	1.2
乌兹别克斯坦	9.5	8	8.5	8.2	8.2	8	8.1	8
吉尔吉斯斯坦	8.4	2.3	-0.5	5.7	1	10.5	3.6	4.5

资料来源：中国国家统计局，http：//data.stats.gov.cn/；中国商务部，http：//www.mofcom.gov.cn/article/；世界银行WDI数据库，http：//data.worldbank.org/。

北美自贸区多年来坚持求同存异、共赢发展的原则。在成员国中，发达国家和发展中国家之间经济实力也存在较大差距，美国与加拿大不仅经济实力而且经济体制、经济结构的差异性都较大。由此，北美自贸区呈现以美国为主导的、求同存异、优势互补的两种合作模式，即美加之间的"水平形态"的经济合作与竞争和美墨、加墨之间的"垂直形态"的经济合作与竞争并存。[1]

第二，区域内相对偏低的贸易依赖度。上合组织区域内贸易规模较小，各国对该区域贸易依存度不是很高。从表2可以看出，上合组织其他成员国都不是中国的主要贸易伙伴国。2015年与俄罗斯的贸易额为4227.3亿元，下降27.8%，其中，对俄罗斯出口下降34.4%，自俄罗斯进口下降19.1%。[2] 俄罗斯与中亚四国贸易往来也不是很高。中亚四国对俄罗斯和中国的贸易依存度较高，但是除了哈萨克斯坦是其他三国主要贸易国外，中亚四国之间的贸易合作还是比较欠缺。

---

[1] 李者聪：《跨国贸易"自由"形态研究——北美自贸区对中日韩自贸区的启示》，《人民论坛》2015年第5期，第230～232页。

[2] 数据引自俄罗斯卫星通讯社，http：//sputniknews.cn/economics/201601131017674123。

表2 上海合作组织各成员国2015年主要贸易伙伴国（地区）

国别	主要贸易伙伴国（按贸易额大小排序）
中国	欧盟、美国、东盟、日本、韩国
俄罗斯	中国、德国、荷兰、意大利、土耳其
塔吉克斯坦	俄罗斯、中国、哈萨克斯坦
哈萨克斯坦	意大利、中国、荷兰、俄罗斯、德国
乌兹别克斯坦	俄罗斯、中国、哈萨克斯坦、韩国
吉尔吉斯斯坦	俄罗斯、中国、哈萨克斯坦、瑞士、土耳其

资料来源：中国商务部，http：//www.mofcom.gov.cn/article/i/jyjl/e/201601/；俄罗斯国家统计局，http：//www.gks.ru/wps/wcm/connect/；中国驻塔吉克斯坦大使馆经济商务参赞处，http：//tj.mofcom.gov.cn/；中国驻吉尔吉斯共和国大使馆经济商务参赞处，http：//kg.mofcom.gov.cn/。

据统计，目前亚太地区的经济总量已经占据世界经济总量的50%以上。在过去的十几年里，根据统计数据，亚洲区域内的贸易总额从1万亿美元增长到3万亿美元，占贸易总额的比例由30%上升至50%，呈现上升态势；自贸区内亚洲国家贸易依存度在不断提高，目前贸易依存度指数已经接近60%，彼此间的投资也在不断增加，旅游依存度指数和工场依存度指数也呈现不断上升的趋势。①

第三，次区域经济组织对上合组织的竞争与挑战。上合组织区域内存在多个次区域经济组织和论坛，这将从一定程度上削弱上合组织的合作吸引力和作用。其中，由亚行资助的中亚区域经济合作机制和欧亚经济共同体是上合组织区域内影响较大的两个组织，由这两个组织的实际运作效果来看，的确已经对上合组织产生了一定影响。此外，上合组织区域内的六个国家中，除乌兹别克斯坦外，其他五个成员国全部加入了WTO，由此导致WTO的有些贸易规则无法在区域内通行，使得上合组织经济与金融合作增添复杂性。

相比上合组织，其他区域合作组织更加注重于区域经济一体化。亚洲开

---

① 应倩：《为何中国现在积极推进亚太自贸区的建设》，《经贸实践》2015年第13期，第46~48页。

发银行放弃了原有的注重政治差异性的观点，转而以更加开放的视角来考虑区域合作的问题，不再区别对待成员国，而是更加包容地积极发展多边合作，并为区域内的开发合作项目制定实用的政策、提供合理的发展方向和资金支持。非洲开发银行自建立以来就一直很关注区域经济一体化，非洲开发银行在最初的10年里主要是通过投资基础社会项目来促进非洲各国的区域一体化；从20世纪60年代至80年代，非洲先后建立了多个区域一体化组织，包括西非经济共同体、东非共同体、南部非洲发展协调会议等，综合起来有20多个。① 由此可见，上合组织应积极借鉴其他区域性组织在促进区域经济一体化方面的成功经验，求同存异，消除障碍，促进上合组织内经济一体化。

二 上合组织金融合作的比较

（一）资金融通与货币合作的比较分析

第一，资金融通制度安排方面的差异。上合组织成员国在2005年成立了对上合组织通过的区域合作项目组织银团贷款的"上海合作组织银行联合体"，并由各国指定的开发性或商业性银行组成，并于2006年6月签订了《银联体成员关于支持区域经济合作的行动纲要》。②

非洲开发银行的资金分为普通资金来源和特别资金来源。其中普通资金来源主要有：①核定资本认缴额，最初为2.5亿非洲开发银行记账单位，每记账单位价值0.88非洲开发银行8671克纯金，核定资本分为2.5万股，每股1万记账单位；②自行筹措资金；③用实收资本或筹措资金发放贷款所获的还款资金。特别资金来源主要有：①捐赠的特别资金和受托管理资金；②为特别资金筹措的专款；③用上述任何一项特别基金或资金从事营业活动

---

① "African Development Bank Record Best Performance in Ten Years," *African Business*, Vol. 210, 2005, p. 32.
② 《上海合作组织》，百度百科，http://baike.baidu.com/。

获得的收入。① 非洲开发银行的贷款期限一般是 12～20 年，包括展延还款期 5 年。向成员国提供贷款包括普通贷款和特别贷款，普通贷款业务包括用该行普通资本基金提供的贷款和担保贷款业务；特别贷款业务用该行规定专门用途的"特别基金"开展贷款业务。②

亚投行的法定资本为 1000 亿美元，中国为最大股东，出资 50%。中国初始认缴资本目标为 500 亿美元左右，其他各国股份分配的原则是以各国国内生产总值（GDP）衡量的经济权重作为基础。2015 年试运营的一期实缴资本金为初始认缴目标的 10%，即 50 亿美元，其中中国出资 25 亿美元。③ 亚投行的贷款根据贷款组织对象不同，有软贷款和硬贷款之分。软贷款是指银行利用自身筹集到的注册资本金（股本），以长期优惠的方式发放低息或者无息贷款，还款期长，且申请时必须要符合国家发展规划以及相关政策，往往只对发展中国家或贫穷国家提供，有严格的量化考核标准；硬贷款是指银行利用自身负债（如发行外债、借入资金等）筹集到的资金发放贷款，根据贷款协议到期收回本息，其贷款利率相对较高。④ 在运营初期，亚投行将主要向主权国家的基础设施项目提供主权贷款，针对不能提供主权信用担保的项目，引入公私合作伙伴关系模式。⑤

由此可见，与其他区域性组织相比，上合组织缺少专门服务于区域经济发展的开发银行以及服务于区域基础建设的专项基金，由此制约了区域经济与金融合作的广度与深度。

第二，货币合作方面的差异。根据中国人民银行《人民币国际化报告》（2016 年）显示，2015 年，人民币跨境收支占本外币跨境收支的比重上升至 28.7%。据环球银行金融电信协会（SWIFT）统计，2015 年 12 月，人民币是全球第三大贸易融资货币、第五大支付货币、第五大外

---

① 数据引自《非洲开发银行》，百度百科，http://baike.baidu.com/。
② 数据引自《非洲开发银行》，百度百科，http://baike.baidu.com/。
③ 《亚投行》，《天津经济》2015 年第 5 期，第 84 页。
④ 黄琼孟、禹彤：《基于"亚投行"的 GMS 国家基础设施建设项目投融资模式研究》，《项目管理技术》2015 年第 13（09）期，第 17～21 页。
⑤ 王丽颖：《亚投行路线图猜想》，《国际金融报》2014 年 11 月 24 日，第 24 版。

汇交易货币。① 近几年，本币结算和本币互换在跨境贸易投资中发挥着越来越重要的作用。中国与上合组织其他成员国分别签署了一系列金融合作协定，为合作创造了制度基础和政策环境。

（1）本币结算。早在 2005 年，中国人民银行与哈萨克斯坦中央银行就签署了双边本币结算协议。2010 年 10 月，新疆地区凭借毗邻中亚四国的地理优势，开展跨境贸易与投资人民币结算试点，鼓励企业使用人民币计价结算，规避汇兑风险。② 2011 年 6 月 23 日，中国人民银行与俄罗斯中央银行签订了新的双边本币结算协定，规定两国经济活动主体可自行决定兑换货币。这将中俄本币结算从边境贸易扩大到一般贸易，并扩大了地域范围。2016 年 6 月，中国人民银行与俄罗斯中央银行签署了人民币清算安排的合作备忘录。

由此可见，在上合组织区域内，中国与中亚国家已经在不断开展跨境贸易人民币结算业务，但目前仍然存在制约因素，使得跨境贸易人民币结算发展比较缓慢。主要有两个因素：第一，中国与其他成员国的跨境贸易人民币结算量与跨境贸易量失衡。近几年，中国与中亚四国间贸易增长较为迅速，在 2015 年中国已经成为哈、塔、乌和吉的第二大贸易伙伴，然而巨大的贸易量并没有带来本币结算的快速发展。第二，中国与中亚四国跨境贸易结算货币主要为美元，这会增加贸易的兑换成本和汇率风险。

（2）本币互换。双边本币互换是国家间经济金融领域合作深化的表现，有利于双方在贸易投资中使用本币，规避汇率风险。③ 截至 2015 年末，中国人民银行已与 33 个国家和地区的中央银行或货币当局签署了双边本币互换协议，协议总金额超过 3.31 万亿元人民币。④

---

① 数据引自《人民币国际化报告》（2016），中国人民银行，http：//www.pbc.gov.cn/huobizhengceersi/214481/214511/214695/3223865/index.html。
② 段秀芳、黄茜：《中国在上海合作组织区域经济合作中的地位》，《新疆社科论坛》2013 年第 4 期，第 24~30 页。
③ 中国人民银行，《央行本币互换定义》，http：//www.pbc.gov.cn/huobizhengceersi/214481/214511/214541/2813814/index.html。
④ 数据引自中国人民银行《人民币国际化报告》（2016），http：//www.pbc.gov.cn/huobizhengceersi/214481/214511/214695/3223865/index.html。

2011～2014年，中国先后与哈萨克斯坦（70亿元人民币）、乌兹别克斯坦（7亿元人民币）和塔吉克斯坦（30亿元人民币）签订了人民币的货币互换协议，力争深化上合组织区域内货币金融合作，发挥人民币在贸易投资与维护金融秩序等方面的重要作用。2014年12月，我国与哈萨克斯坦续签了双边本币互换协议，并且经中国人民银行批准，中国外汇交易中心正式推出人民币对哈萨克斯坦坚戈的银行间区域交易。2014年10月，中国人民银行与俄罗斯中央银行签署规模为1500亿元人民币/8150亿卢布的双边本币互换协议。2015年9月，中国人民银行与吉尔吉斯斯坦央行签署了包括加强货币互换、本币结算、金融合作等方面的意向协议。① 其中，与俄罗斯签署的互换协议是成员国中最大的，涉及金额达到1500亿元人民币左右。但是，与中国双边本币互换协议3.1万亿元人民币的总金额相比，上合组织的本币互换整体上规模较小②。中方应当在控制风险的基础上，扩大与上合组织区域内货币互换的规模，并完善货币互换机制。

（二）投资能力方面的比较分析

第一，对外投资方面的差异。因为投资环境开始完善，最近几年上合组织成员国之间的投资金额也越来越大。但是整体上看，投资规模并不是很大，对外投资能力较弱，投资经验不足，这将制约相互投资的发展，影响区域投资促进措施的效果。

中国近几年对外直接投资稳步增长，2013～2015年分别为1187.21亿美元、1197.05亿美元和1262.67亿美元。③ 从中国对俄罗斯的对外直接投资在中国对外投资额中所占比重来看，投资水平一直不高，2010年中国对俄罗斯直接投资达到历史新高，但也仅占中国对外直接投资总额的0.95%。

---

① 程贵、姚佳：《"丝绸之路经济带"战略下人民币实现中亚区域化的策略选择》，《经济纵横》2016年第6期，第95~100页。
② 数据引自中国人民银行官网，http://www.pbc.gov.cn/huobizhengceersi/214481/214511/214541/2967384/index.html。
③ 数据引自东方财富网，http://data.eastmoney.com/cjsj/fdi.html。

可见，目前中国对俄罗斯直接投资规模与两国日益增长的进出口贸易速度不匹配，对在上合组织区域内地缘优势利用以及资源互补起到的作用非常有限。

俄罗斯的对外直接投资在2012年和2013年连续两年快速增长，但在近几年大幅下滑，2015年更是降到了2584.02亿美元（见图1）。而其他中亚四国对外投资规模很小，2014年和2015年对外直接投资分别为：哈萨克斯坦75.4107亿美元和50.9546亿美元；乌兹别克斯坦3.9209亿美元和8.8204亿美元；吉尔吉斯斯坦9.8419亿美元和10.7059亿美元；塔吉克斯坦7.2896亿美元和9.0909亿美元。① 在中亚四国，只有哈萨克斯坦具备一定的对外投资能力。

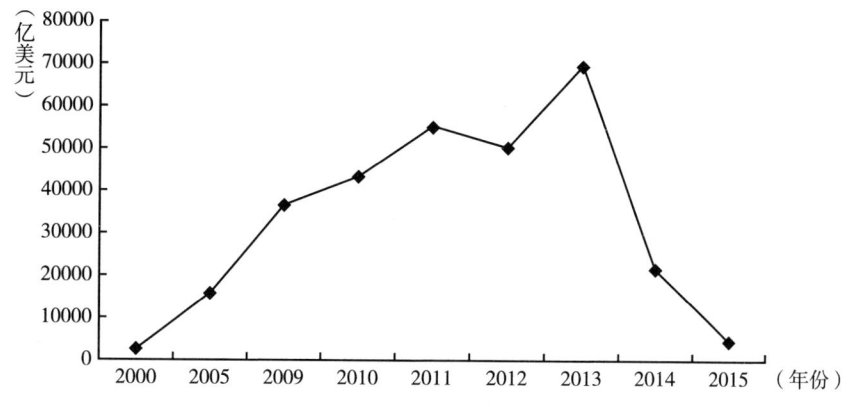

图1　2000～2015年俄罗斯FDI走势图

数据来源：万德数据库Wind。

在投资方面，亚太经合组织以及非洲开发银行的做法值得上合组织借鉴。亚太经合组织实行非约束性自由型外资政策，在发达成员国间，总体上透明度和稳定性较高，引进外资的政策限制较少，政府在这方面起了积极作用；在发展中成员国，外资政策的选择性较强，在不同的时期，政府配合区域发展、税收政策等，制定不同的有针对性的优惠政策，有目的、有步骤地

---

① 数据引自《2015年世界投资报告：国际投资治理的改革》，http://wenku.baidu.com/。

吸引外资，同时，对外资的引进加以限制和引导。①

非洲开发银行首先支持区域性的项目，但对于能促进区域经济发展的国内项目，非开行仍会全力给予帮助。通过投资这些国内项目，能帮助经济发展落后的国家建立起区域一体化所必需的基础设施从而缩小国家间的贫困差距，使非洲国家在经济上有互补优势，促进区域间合作。

由此可见，上合组织成员国间投资能力差异较大，和其他区域组织相比，上合组织区域内投资占其对外比重相对偏低，亟待建立长效的发展基金，以此帮助经济发展落后的国家建立起区域一体化所必需的基础设施从而缩小国家间的贫困差距。

第二，发展与合作基金方面。上海合作组织目前没有自己创立的基金项目，这使得贷款扶持等优惠项目处于劣势。亚洲开发银行的基金种类很多，包括亚洲开发基金、亚洲开发银行研究所特别基金、技术援助特别基金、区域经济一体化基金和气候变化基金等。2008年亚行向亚太地区的开发项目提供多笔贷款，总金额达105亿美元，技术援助资金达2.745亿美元，赠款总金额为8亿美元。②

非洲开发银行目前有非洲共同增长基金和非洲开发基金。2014年5月22日中国与非洲开发银行在卢旺达首都基加利签署规模为20亿美元"非洲共同增长基金"，这既是对原来融资渠道的一个补充，也是一个新尝试，更是支持非洲国家经济发展的创新方式。③ 非洲开发基金于1972年开始运作，最初的资金规模为8700万美元，其中500万是由非开银行提供，其余资金是由13个其他国家提供。此基金允许其他地区的资本进入，所以非洲开发基金的发展速度非常快。

第三，教育领域投资。上合组织已经成立"上海合作组织大学"，各成

---

① 占禄：《亚太经合组织（APEC）贸易投资自由化进程及中国的政策选择分析》，外交学院2015年毕业论文。
② 陈美彤：《论亚洲开发银行在东亚区域开发中的作用》，黑龙江大学2010年度毕业论文。
③ 人民网：《中国与非洲开发银行共同成立"非洲共同增长基金"》，http://world.people.com.cn/n/2014/0522/c1002-25053384.html。

员国协商后共同确定区域学、生态学、能源学、IT 技术和纳米技术等五个专业为优先合作方向,并按照基本的标准选出本国的合作院校。

非洲开发银行曾于 2004 年向非洲 10 国提供 768 万美元的赠款,用于发展现代远程教育。这笔资金将通过世界银行资助创立的网上"非洲虚拟大学"向一些国家提供现代远程教育服务,并在这些国家建立远程教育中心。充分发挥远程教育的方便快捷、生动直观、信息量大、覆盖面广、教育资源共享等优势。①

三 推进经济与金融深度合作的政策建议

(一)加强经贸合作,推进经济一体化的政策建议

由前文比较分析可知,目前上合组织在经贸合作与经济一体化方面存在一定程度的关税壁垒与非关税壁垒,与经贸合作相关的基础设施相对较差,成员国间贸易依存度以及区域经济一体化程度相对较低。为此,上合组织应该把握住中国政府当前倡导的"丝绸之路经济带"这个千载难逢的历史契机,本着"互惠互利、互相尊重"的原则,从以下几个方面推进经贸合作与经济一体化进程。

第一,进一步消除贸易壁垒,实现贸易多样化。中国政府应大力发展与其他成员国政府经贸部门的联系,争取对中国有利的经贸政策。各成员国应继续降低关税,消除非关税壁垒,简化海关手续,降低贸易成本,增进相互贸易,力争签署双边自由贸易协定,积极进行政策改革,继续放松服务贸易领域的管制并继续推动经济改革,推动区域内资本、人员、货物、技术和信息的自由流动。同时,需要引进更多的先进设备、技术和管理方法,增强人员培训。加大宣传,通过与政府和企业的沟通,消除对降低贸易壁垒的疑虑。

---

① 新华网,《非行资助非洲 10 国发展远程教育》,http://news.xinhuanet.com/world/2004-12/16/content_2344106.htm。

第二，加强推进海关、检验检疫等合作。由前文分析可知，削减非关税壁垒并改善贸易投资环境是上合组织未来经贸与金融合作必须解决的关键问题之一。由于目前上合组织成员国间的非关税壁垒领域涉及广而且种类繁多，可借鉴北美自由贸易区的成功经验，将标准一致化、海关程序、电子商务和交通运输基础设施等经贸措施的确立作为上海合作组织贸易便利化与一体化的主攻领域。同时，各成员国要努力提升关口的服务质量，在大数据时代，建立互联互通的电子信息平台，实现数据和信息的共享交换。同时可通过培训、考试等途径加大边检人员的职业技能，提高人员的办事效率和部门的沟通协作，减少不必要的、重复性的检查检验环节，缩短通关流程和时间。此外，应该制定严格的标准和法律法规，举行定期交流会，拓宽沟通渠道，求同存异，为加强海关边检的合作提供制度保障。

第三，加快基础设施建设。中亚各国作为内陆国家，落后的交通阻碍着中亚国家经济复兴的脚步，开通海外交通路线应提上中亚各国经济发展的重要议程。上合组织应加快公路、铁路、信息高速公路等基础设施建设，稳步推进地区互联互通。一是要拓宽欧亚大陆桥，重塑昔日"丝绸之路"的辉煌，使中亚成为连接欧洲和亚洲的枢纽；目前现实及构想中的欧亚大陆桥有三条，分别为"西伯利亚大陆桥"、"新欧亚大陆桥"和"欧洲—高加索—亚洲交通走廊"（TRACECA），上合组织应充分利用这一枢纽设施，建立起一个安全的经济交通网，基于各成员国间的能源资源优势和互补性的原则加强合作，促进区域经济的共同发展。二是应加大对交通领域工作人员的培训，定期举行官方研讨会，增进成员国相互之间的了解，提高交通领域工作人员的职业技能，促进国家的交通管理水平的提升。最后，政府间应加强联系，利用好各种交通和经贸会议，积极开展合作，整合资源，实现区域交通发展便利化。

第四，求同存异。优势互补，扩大区域内贸易合作。上海合作组织成员国间经济发展水平差距较大，但是可基于求同存异、包容并蓄的原则，加深区域经济与金融合作，促进区域内经济繁荣。中亚各国拥有丰富的能源资源并且生产相对较多，加大能源合作是上合组织的重要课题。据统计，上合组织成员国和观察员国大约拥有世界25%的石油储量和产量,近50%的天然气储量和30%以上的天然气产量,约50%的煤炭储量和煤炭产量,以及50%已探明的铀矿储藏量。①能源资源的互补可以带动各国经济发展和基础设施建设、交通运输、能源消费结构以及人民生活的改善。为此,上合组织可以借鉴北美自由贸易区的垂直分工合作,创新原有模式理念,利用成员国经济实力和发展水平的差异,发挥它们之间的互补优势和比较优势,可采取区别对待的措施,扩大区域内的双边贸易和多边贸易,加强贸易联系,改善贸易结构,增强成员国之间彼此的信任,对差距大的产业逐步实现贸易便利化和自由化。同时,中国政府应充分借助上合组织这一平台,积极推进与该区域内的成员国在提高能源利用率、开发清洁能源和技术、利用可再生能源、保障能源安全等方面的双边及多边的能源合作。此外,中国政府可考虑多在这些国家的贸易上给予适度的扶持,充分利用"一带一路"的政策品牌效应,广泛开拓经贸与金融合作领域,促进区域经济与金融合作向纵深发展。

第五,组建上海合作组织自由贸易区,加快区域一体化步伐。如何确立上合组织区域经济合作的目标并准确定位其功能,将以往的以政治话题为主要议程的区域组织转向区域性政治经济合作组织,使其能够超越次区域经济组织的作用,增强对其成员国合作的吸引力,是上海合作组织今后顺利发展的关键性问题。早在2011年9月,中国商务部副部长钟山在上海合作组织商务日上就提出"上海合作组织成员国可以适时考虑建立自由贸易区问题"这一设想,但是时至今日,这一设想依旧停留在设想层面。上合组织可以借鉴中国(上海)自由贸易试验区 [China (Shanghai) Pilot Free Trade Zone] 的成功经验,积极推进以自由贸易区建设为代表的区域经济合作。此外应该帮助乌兹别克斯坦加入WTO,在区域内实行统一的贸易规则,以消除区域内贸易规则的不一致性、多变性与复杂性,加速上合组织的贸易便利化和区域一体化,建立具有共同法律效力的自由贸易区。

---

① 《上合组织开发银行》,百度百科,http://baike.baidu.com/。

（二）加强金融领域深度合作的政策建议

目前上合组织在金融合作方面存在成员国间投资能力差异大，缺少区域性金融机构和专项合作基金，货币金融的合作程度相对偏低等问题，它们制约了区域内经贸合作和经济一体化的深度。为此，上合组织可以从以下几方面加强区域金融合作。

第一，加速人民币国际化进程和人民币结算体系建设，强化人民币为区域性关键货币地位。人民币国际化是指人民币跨越国界，在境外流通，在国际上成为普遍认可的计价、结算和储备货币，从周边化到区域化再到国际化是一个长期、分阶段和渐进的过程。2015年11月，国际货币基金组织决定将人民币纳入特别提款权（SDR）货币篮子，这是人民币国际化道路上的里程碑。人民币将发挥国际货币功能，进而加速推进人民币国际化步伐。

首先，需进一步拓宽人民币流出与回流渠道。由于中国目前资本与金融账户尚未开放，使得境内人民币流出与境外人民币回流失衡，主要表现为人民币回流渠道不畅。为此，需要拓宽合格境内机构投资者（QDII）、合格境外机构投资者（QDFI）的投资范围和规模；对于上合组织而言则需要有条件地放宽人民币在上合组织区域内的境外投资限制，制定有效的投资激励政策，促进本币境外投资。另外，中方需要批准成员国可用人民币计价和支付中国商品，以及在中国境内的直接投资和政府债券的投资。

其次，健全金融市场基准利率体系。上海合作组织是唯一一个以中国城市命名的组织，应该基于上海这个国际大都市给上合组织提供一些发展空间。所以，进一步加强银行间同业拆借利率（Shibor）和贷款基础利率（LPR）建设，完善金融市场基准利率体系。创新金融产品，推动银联体框架内的合作，拓宽商业融资渠道。扩大贷款规模，进一步推行本币结算和本币互换，减少成本和风险。

同时，增强人民币结算话语权，提高人民币区域影响力。自中国同中亚国家建交来，政治经济关系有了较快发展。近年来，中国和各成员国进一步加强和巩固已有的合作，拓展新兴的合作领域，如科技、教育、文化等。同时，提升出口企业的竞争力，增强人民币结算话语权，在贸易中积极推进人民币的国际化，提高影响力。

此外，加速推进与完善跨境人民币清算支付体系与代理清算网络的建设。人民币跨境支付系统（Cross-border Interbank Payment System，CIPS）是为境内外金融机构人民币跨境和离岸业务提供资金清算、结算服务的重要金融基础设施。2015年9月8日上午，跨境银行间支付清算（上海）有限责任公司成立；同年10月，CIPS一期成功上线运行；2016年12月30日圆满完成CIPS的年终决算，31日圆满大额支付系统（HVPS）年终决算；截至目前，CIPS共有28家直接参与者，544家间接参与者（其中亚洲391家，欧洲78家，北美洲22家，大洋洲14家，南美洲16家，非洲23家）。[①] 为人民币国际化提供安全、高效、便捷的清算结算渠道，CIPS二期系统也正在加速推进。同时，应加快中资金融机构在中亚国家建立分支机构，并在中亚国家扩大与境外参加行的代理清算网络。

第二，加速组建上合组织开发银行。类比非洲开发银行和亚洲开发银行等地区性国际开发银行，上合组织可以组建上海合作组织开发银行，帮助各成员国增强投资能力和拓宽投资渠道，扩大本币结算和货币互换，营造更好的投资贸易环境，提供更稳定的资金支持，积极应对国际金融危机，也可以更好地发挥中国的重要作用。

在建立上合组织开发银行的时候，可以借鉴非洲开发银行，将资本分为普通资金和特别资金。普通资金方面，因为中俄两国在区域内经济发展水平最高，而中国又是上合组织开发银行的倡导者，所以应该合理地多占一些股份。并且可以参考其他开发银行，采用组织内外的国家共同参股的方式，吸纳一些发达国家的资金注入，更好地为上合组织成员国服务。在贷款制度方面，上合组织开发银行可以借鉴IMF以及其他区域组织的做法，设置10～30年的普通贷款和优惠贷款。其中，普通贷款的利率比优惠贷款高，并赋予一定期限的延期偿还期；优惠贷款则来源于特别资金，使用优惠利率，重

---

① 跨境银行间支付清算（上海）有限责任公司，http：//www.cips.com.cn/。

点支持区内贫困地区的发展。

第三，积极拓展融资渠道，设立独立的发展合作基金，增强区域内投资能力。近几年上海合作组织成员国依据签署的一系列协议，在海关程序、商品检验检疫、过境运输、电子商务和通信等领域都不同程度地落实了各项便利化措施，各成员国以及区域整体的贸易投资便利化程度不断提高，对于改善各成员国的贸易和投资环境，促进区域内贸易和投资发展发挥了积极作用。

但是上合组织目前没有设立独立的发展基金项目，中亚国家希望可以利用中国的资金优势。作为一个区域性经济合作组织，仅仅依赖中国的资金难以满足区域经济发展的长期需要，一个长效久治的措施是参考其他区域合作组织的做法，建立一个促进区域经济发展的特别发展基金，为成员国的经济困境与发展停滞提供本币贷款。

近年来，中国政府正在积极鼓励与引导中国资本走出去，中国资本海外投资的规模呈现上升的态势，上合组织应该充分利用中国资本海外拓展上升这一趋势。一方面，上合组织可以在中国金融市场发行人民币债券，筹措基金，设立专项特别发展基金，用于支持区域内经济欠发达的成员国的基础设施建设；另一方面，上合组织应鼓励其成员国充分利用中国金融市场，发行人民币债券，满足成员国经济发展与建设的资金需求。

当然，上合组织也可以充分利用俄罗斯等成员国金融市场，发行外国债券；鼓励成员国积极开展签署"互惠信贷协议"等资金融通工具，拓展融资渠道，提升投资能力。

Y.19
人民币在上合组织的区域化进展与前景

尹应凯 蒋志慧*

摘　要： 人民币国际化进程是一个渐进长期的过程，上海合作组织作为区域间的重要经济合作组织，其为人民币国际化搭建了由区域化向国际化迈进的重要平台。本文首先分析了人民币国际化的发展现状；进而通过分析上合组织成员国、观察员国和对话伙伴国的经济、金融以及中国与其贸易投资现状，进一步考察人民币在上合组织区域内的跨境贸易结算、投融资交易、国际使用情况；在此基础上分析人民币在上合组织区域化所面临的机遇和挑战，进而对人民币在上合组织区域化的发展前景进行展望，并提出对策建议。

关键词： 人民币国际化　上海合作组织　区域化

一　人民币国际化背景

1. 人民币国际化发展现状

人民币国际化进程是一个渐进长期的过程。从目前来看，在东南亚的一些国家和地区人民币已经发展成为硬通货，而人民币国际化进程的最终目标

---

* 尹应凯，上海大学经济学院副教授、上海合作组织公共外交研究院研究员；蒋志慧，上海大学经济学院金融系硕士研究生。

应该是在国际货币体系中能够与中国的经济地位相适应，拥有与美元、欧元"三足鼎立"的地位，并共同构建一个三元的国际货币体系格局。

从 2009 年我国开始试点跨境贸易人民币结算业务算起，人民币的国际化进程之路已经走过了 7 个年头。根据 SWIFT 统计，截至 2015 年 12 月，人民币已经成为全球第三大贸易融资货币、第五大支付货币、第五大外汇交易货币。尤其在 2016 年 10 月，IMF 将人民币正式纳入 SDR 货币篮子，更是为人民币的国际化拓宽了新路径。①

目前随着中国经济的持续稳定发展，再加上对外开放程度的不断提高，人民币在国际上的使用也越来越广泛，正沿着周边化、区域化逐渐向国际化拓展。而伴随着上海自贸区的金融开放、亚投行发展壮大以及"一带一路"倡议实施，人民币国际化的进程将不可阻挡。

2. 上合组织金融发展现状

上合组织多数成员为新兴经济体和发展中国家，仍处于工业化进程之中，发展潜力巨大，合作前景广阔。上合组织自成立以来，各成员国、观察员国和对话伙伴国之间的经济、金融合作不断加强。在金融合作领域，成员国之间积极构建合理优越的经贸制度、拓宽区域内投资渠道、推动金融创新发展，并充分发挥上海合作组织银联体的作用，把握丝路基金、亚洲基础设施投资银行、金砖国家新开发银行以及"一带一路"建设的契机，深化国与国之间金融领域的合作。目前金融合作已取得了明显成效，各国的金融市场相较于上合组织成立之初已有了很大的进展。

衡量一国金融市场发展水平的指标有很多，本文选取"银行存款占 GDP 百分比"作为衡量指标之一，考察一国金融市场在整个国民经济发展中所占的比重。图 1、图 2、图 3 分别是上海合作组织成员国、观察员国和对话伙伴国 2001~2014 年银行存款占 GDP 的百分比。从图中可以看出，2001~2014 年，各成员国这一百分比总体呈现逐年小幅增长。

---

① 数据引用自中国人民银行《人民币国际化年报（2016）》。

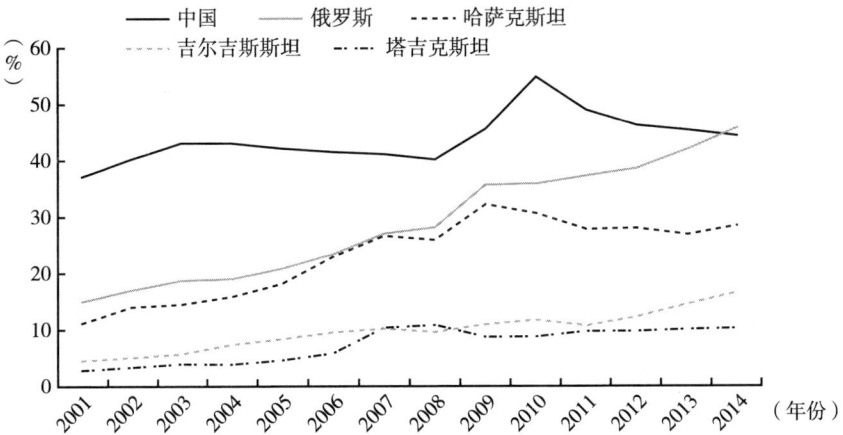

图 1　上海合作组织成员国 2001～2014 年各国银行存款占 GDP 百分比

数据来源：世界银行 WDI 数据库，其中乌兹别克斯坦数据缺失。

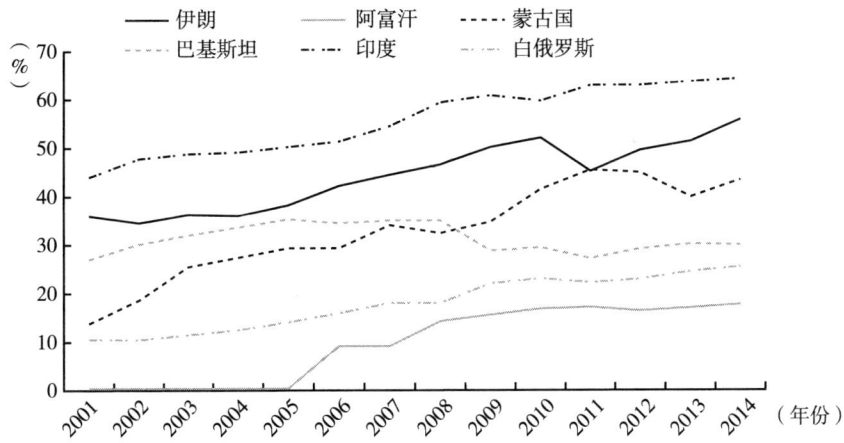

图 2　上海合作组织观察员国 2001～2014 年各国银行存款占 GDP 百分比

数据来源：世界银行 WDI 数据库。

3. 中国与上合组织其他国家的贸易投资现状

上海合作组织对接"一带一路"建设，为成员国提供了便利、快捷的贸易往来新模式，各国之间贸易互通不断加强。据有关数据统计，2015年上海合作组织成员国、观察员国和对话伙伴国的国内生产总值为21万亿美

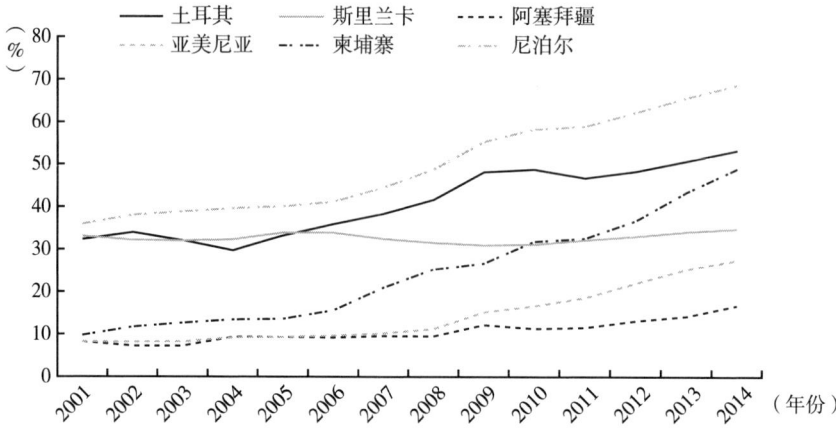

图 3　上海合作组织对话伙伴国 2001~2014 年各国银行存款占 GDP 百分比

数据来源：世界银行 WDI 数据库。

元，占世界的 21.7%，而成员国之间的贸易总额则超过了 6 万亿美元，占世界贸易总额的 18.3%。①

通常用进出口总额来观察一个国家在对外贸易方面的总规模，图 4、图 5、图 6 分别是中国同上合组织其他成员国、观察员国和对话伙伴国在 2014~2016 年各月进出口金额。从中可发现中国同上合组织其他组成成员之间的贸易往来比较频繁，反映了上合组织的内在活力。

二　人民币在上合组织区域化的进展

1. 人民币在上合组织区域跨境贸易结算现状

近年来，我国进出口贸易规模逐年扩大，在世界贸易总量中所占比重持续上升，再加之人民币保持相对稳定的汇率，人民币的国际地位总体不断提高。截至 2016 年末，已有 101 个国家将人民币作为其贸易货币之一，人民币跨境贸易结算被广泛地应用到国际对外贸易往来之中，尤其是在中国与周

---

① 数据引用自《上海合作组织发展报告（2016）》。

人民币在上合组织的区域化进展与前景

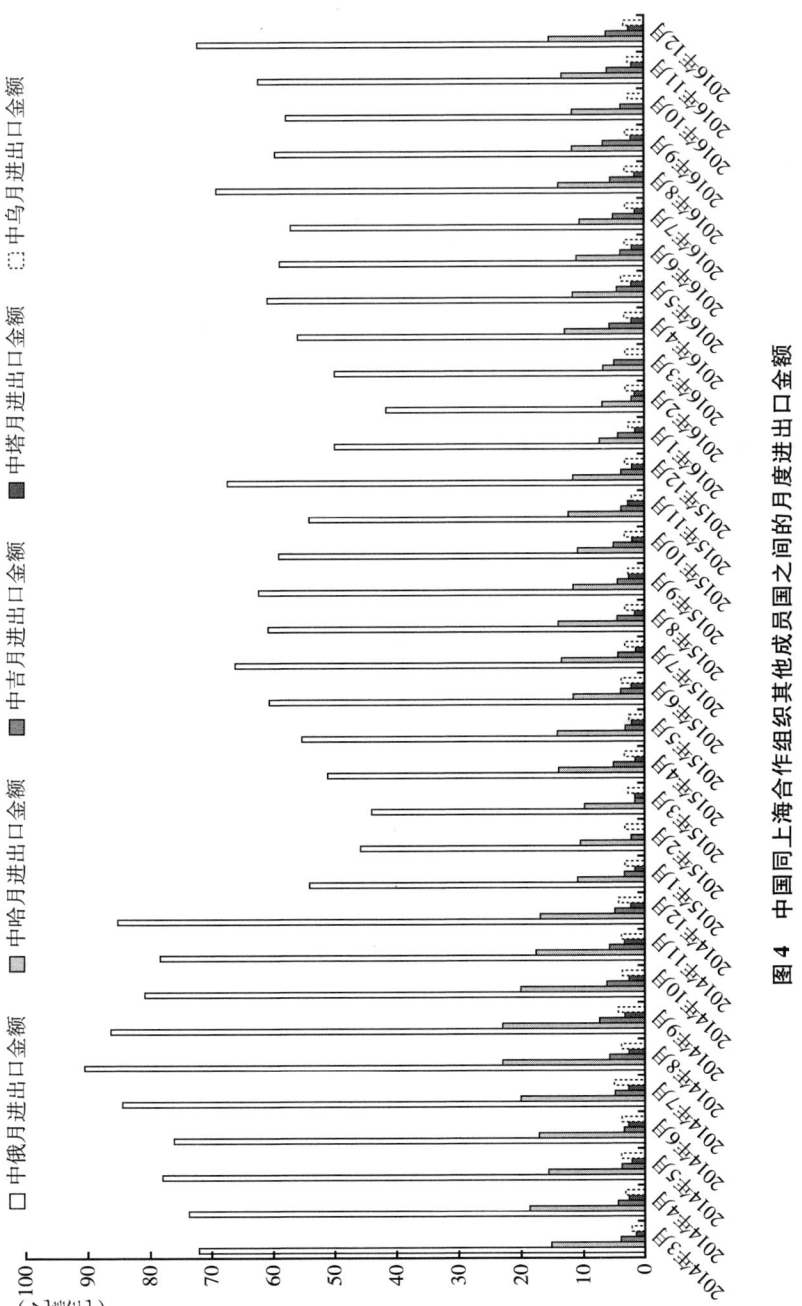

图4 中国同上海合作组织其他成员国之间的月度进出口金额

数据来源：Wind 资讯。

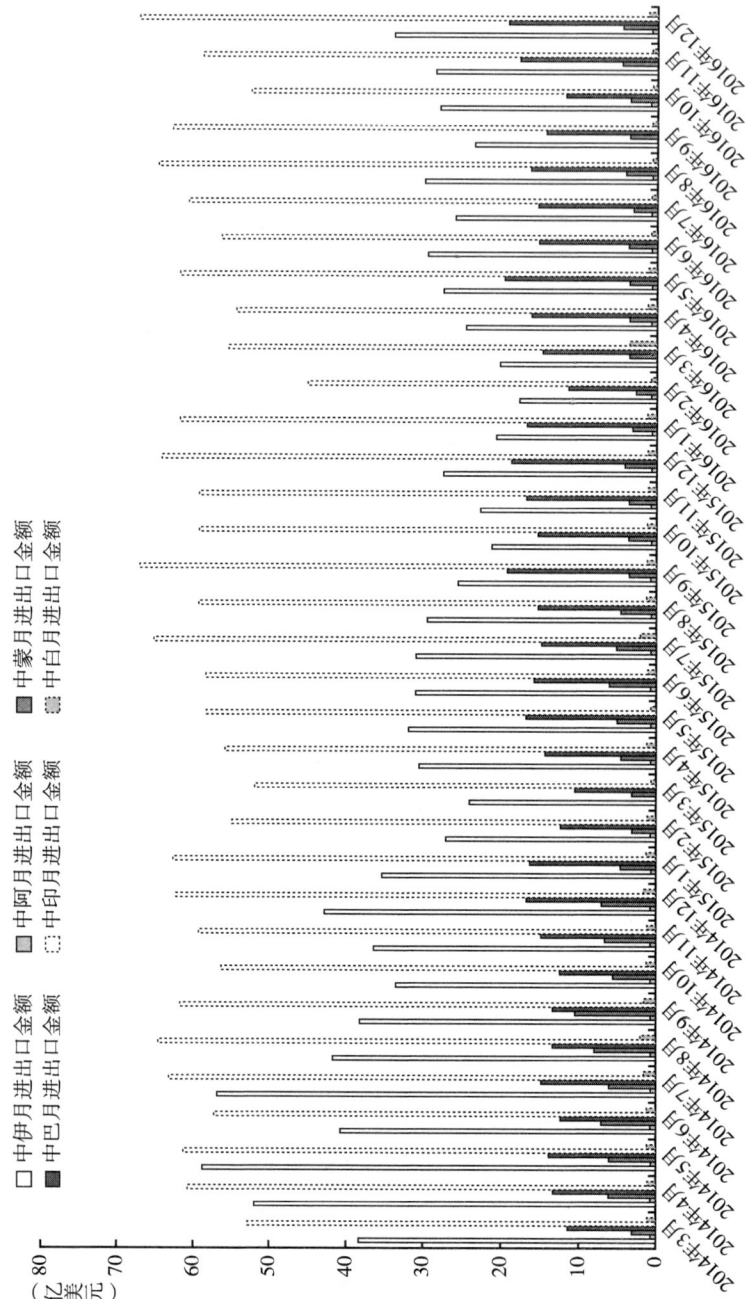

图 5 中国同上海合作组织观察员国之间的月度进出口金额

数据来源：Wind 资讯。

人民币在上合组织的区域化进展与前景

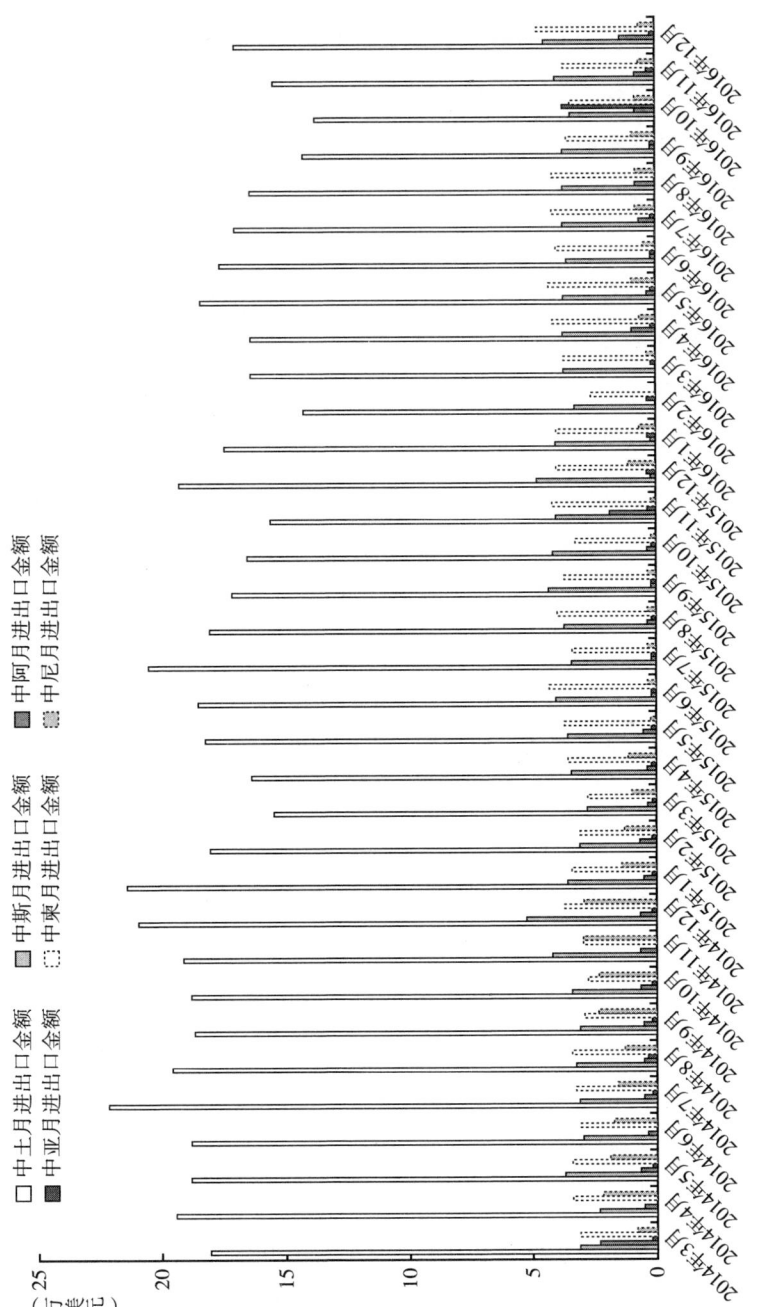

图 6 中国同上海合作组织对话伙伴国之间的月度进出口金额

数据来源：Wind 资讯。

265

边国家中，人民币作为结算货币受到了越来越多的欢迎。

上海合作组织作为区域内成立的永久性政府间国际组织，其成立15多年来始终秉承"上海精神"的内涵，组成成员在双边和多边积极开展经贸、金融、能源、交通、通信、农业等领域的合作往来，并取得了系列成果。如今各方更是确立了新的合作方向，积极创建新型的国际关系，为地区稳定和繁荣做出重要贡献。

中国作为目前上海合作组织中经济规模最大的国家，其与区域内国家之间的贸易往来更是日益紧密。回顾人民币的跨境贸易结算之路，2009年仅实现结算金额36亿元；2012年6月，随着央行等六部委共同下发出口货物贸易人民币结算重点监管企业的名单，人民币跨境贸易结算业务开始全面推开；到2013年结算金额达到了4.63万亿元之多。据SWIFT统计，截至2015年底，人民币已跃升成为全球第五大支付货币，因此可以预期在此背景下人民币在上海合作组织区域内跨境贸易结算中所发挥的重要作用。

20世纪90年代，中国就开始与周边邻国在边境贸易中使用人民币进行结算。迄今为止，已经和越南、蒙古国、老挝、尼泊尔、俄罗斯、吉尔吉斯斯坦、朝鲜、哈萨克斯坦8个国家的中央银行签署了有关边境贸易使用人民币结算的协定。

(1) 中国与上合组织其他成员国间的人民币跨境贸易结算现状

中国于2009年4月8日在上海和广州、深圳、珠海、东莞等城市开展跨境贸易人民币结算试点。2016年跨境贸易人民币结算业务发生5.23万亿元；2016年12月，中国总体贸易中以人民币结算的比例为11.5%。跨境贸易是跨境贸易人民币结算的基础，因此下文从中国与上合组织相关国家的双边贸易来分析中国与这些区域的跨境贸易人民币结算情况。

①中国与俄罗斯

中国与俄罗斯的经济、贸易合作自1999年开始进入了一个快速发展的时期，至2010年中国更是成为俄罗斯的第一大贸易伙伴。2010年11月，中俄双边贸易人民币结算开始由试点转为全面开展。2011年6月，中俄签订了新的双边本币结算协定,这也使得中俄两国的本币结算扩大到了一般贸易。图7是2003~2016年中俄双边贸易额情况。③

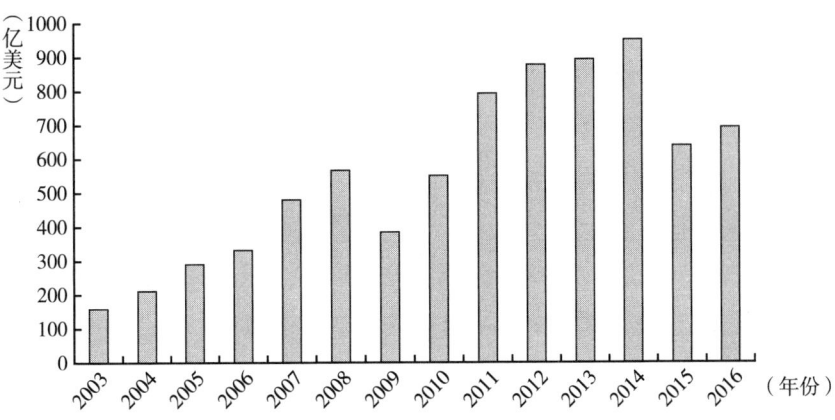

图7　2003~2016年中俄双边贸易额

数据来源:世界银行WDI数据库。

从图7可以看出,中俄双边贸易额整体呈现较为稳定的增长态势,尤其在2016年全球经济增长乏力的大背景下,中俄双边的经贸合作亮点纷呈,双边贸易额逆势增长,达到695亿美元,比2015年增长2.2%,在中国前十位贸易伙伴当中率先实现了正增长。

②中国与哈萨克斯坦

上海合作组织是哈萨克斯坦对外关系的重要平台之一,2000年中国成为哈萨克斯坦的主要贸易伙伴国之一,双边贸易发展进入了一个"快车道"。按贸易额计算,2012年中国成为哈萨克斯坦第一大贸易伙伴国。此外,在2014年12月,中哈签订使用人民币与坚戈进行跨境贸易结算的协议,将人民币结算从边境贸易拓展到一般贸易领域。图8是2001~2015年中哈双边贸易额。

从图8可以看出,自上海合作组织成立以来,中哈双边贸易额相较于成立之初已有了很大的提高。虽然受到全球经济复苏乏力的影响,2015年双边贸易额为105.67亿美元,同比下降了38%,但这一数值仍然占哈萨克斯

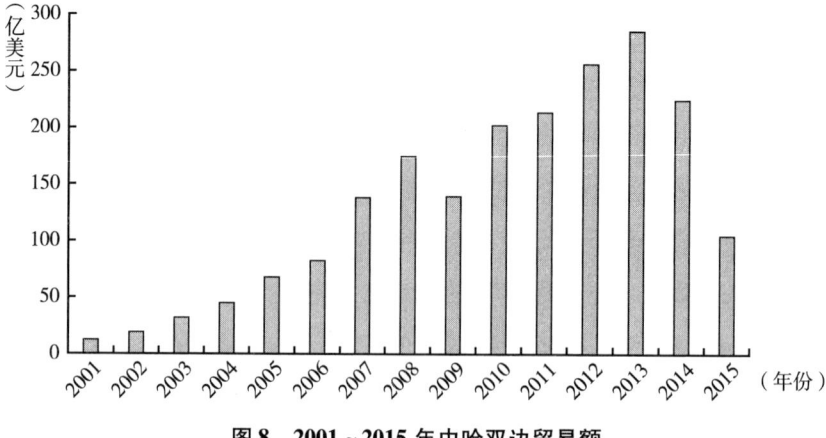

图 8　2001～2015 年中哈双边贸易额

数据来源：世界银行 WDI 数据库。

坦外贸总额的 14%。中国提出的"丝绸之路经济带"建设的倡议，又为两国的经贸合作提供了新的契机。

③中国与吉尔吉斯斯坦

吉尔吉斯斯坦自加入上海合作组织以来，积极参与上海合作组织框架内的各项合作协议，承担了重要角色。截至 2015 年底，中国与吉尔吉斯斯坦两国双边贸易额为 10.65 亿美元，占吉尔吉斯斯坦外贸总额的 18.5%。图 9 是 2014～2016 年中吉双边贸易额月份统计，从中可以看出，中国同吉尔吉斯斯坦的双边贸易额基本保持逐月平稳增长态势，双方经贸保持良好往来。不仅如此，吉尔吉斯斯坦还是亚洲基础设施投资银行的发起成员之一，并着力实施中国关于建立"丝绸之路经济带"的倡议，不断加强在上合组织空间内的经贸合作。

④中国与塔吉克斯坦

上海合作组织成员国俄罗斯、中国、哈萨克斯坦是塔吉克斯坦的前三大贸易伙伴。2015 年 12 月，中国与塔吉克斯坦正式开始启动跨境结算业务，自此两国的个人、企业和银行可以使用人民币和索莫尼直接进行支付结算。据统计，2015 年中国和塔吉克斯坦的双边贸易总额达到了 18.47 亿美元。中塔双方在能源、交通、粮食三大发展战略领域密切合作，积极参与"丝

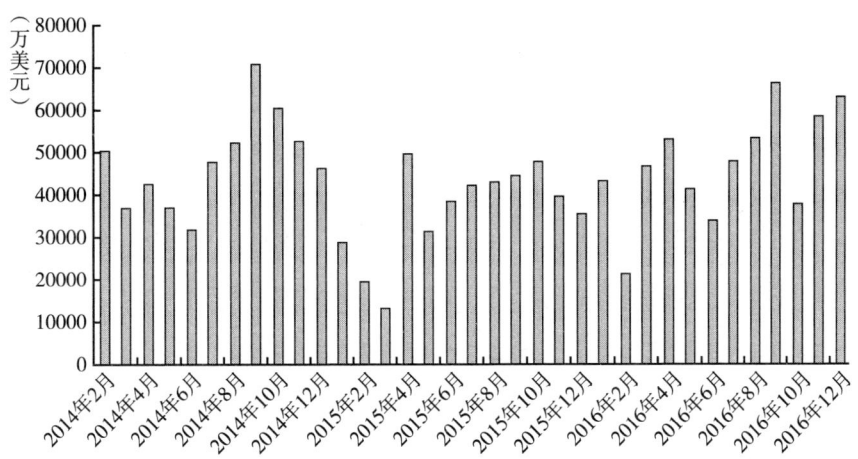

图9　2014～2016年中吉双边月度贸易额

数据来源：Wind资讯。

绸之路经济带"建设，各大项目顺利开展。塔吉克斯坦作为上海合作组织的创始国之一，始终坚定支持上合组织区域发展战略，尤其加强与中国的贸易往来，双边贸易额近年来总体保持平稳快速增长。图10是2014～2016年中塔双边的月度贸易额。①

⑤中国与乌兹别克斯坦

自中国同乌兹别克斯坦1992年建交以来，随着乌兹别克斯坦国内经济持续快速的增长，中乌双方经贸合作规模不断扩大。图11是2001～2015年中乌双边贸易额的统计情况，可知两国的经贸合作发展较为快速，贸易规模总体呈扩大的趋势。2015年，中国和乌兹别克斯坦的双边贸易额有所下降，这主要是受国际经济形势的影响。

（2）中国与观察员国间人民币跨境贸易现状

上海合作组织观察员国包括伊朗、阿富汗、蒙古国、巴基斯坦、印度、白俄罗斯六国。近年来，中国同观察员国之间的双边贸易不断加强，区域内经济共同发展。

---

① 《上海合作组织发展报告（2016）》

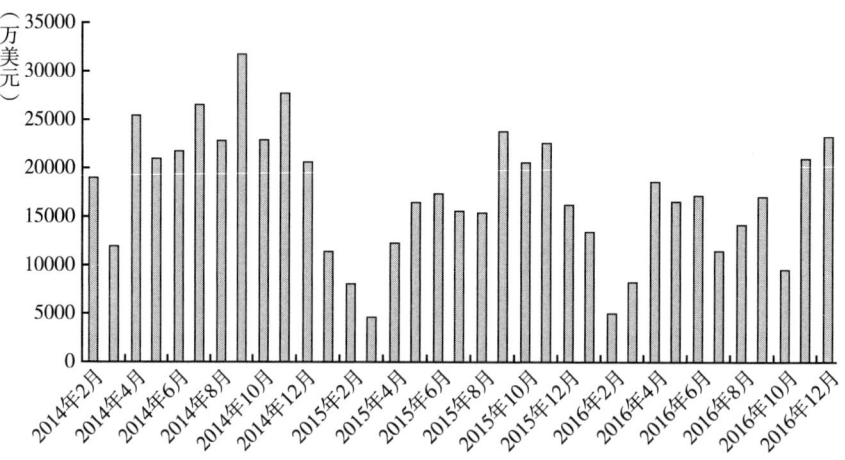

图 10　2014～2016 年中塔双边月度贸易额

数据来源：Wind 资讯。

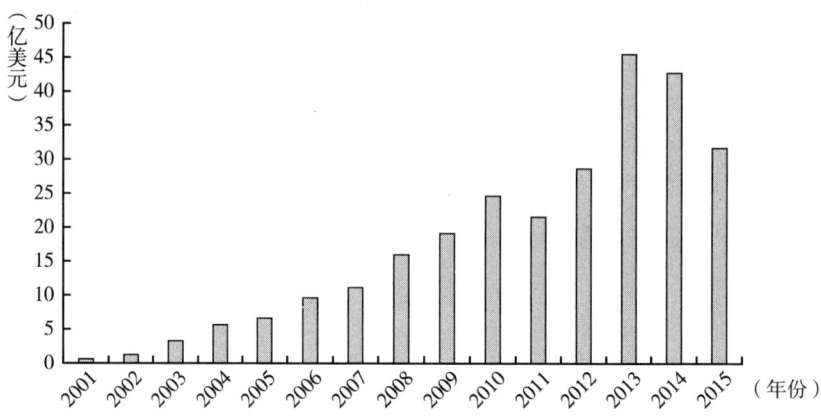

图 11　2001～2015 年中乌双边贸易额

数据来源：Wind 资讯。

伊朗是世界石油主要输出国之一，与中国在石油贸易方面合作发展迅猛，中伊双方未来合作前景值得期待。据中国海关统计，2015 年由于受全球经济不景气影响，中伊双边贸易额 338.42 亿美元，同比下降 34.7%。

阿富汗是亚欧两大陆的联通走廊，其作为中国的邻国之一，双边经贸关系和经济技术合作一向较为密切。近年来由于阿富汗长期战乱,中阿两国间经贸交往和经济技术合作受到了部分影响,但贸易额仍较大。据商务部统计,2015年中阿两国的双边贸易额3.76亿美元。

蒙古国作为上海合作组织的第一个观察国,一贯积极参与上合组织的各项活动,目前正在积极筹备成为东亚唯一的永久中立国。中国是蒙古国最大的贸易伙伴国、最大的出口市场和最大的进口市场,到2015年,中国已经连续17年成为蒙古国最大的贸易伙伴国,两国的贸易额占蒙古国对外贸易总量的50%以上,2015年蒙古国对华贸易总额为53亿美元,虽然较2014年同比减少了22.5%,但仍然占其贸易总额的62.6%,足见中蒙经贸对蒙古国的重要性。

巴基斯坦是"海上丝绸之路经济带"的重要一环。随着我国"一带一路"倡议的提出和中巴经济走廊建设的全面推进,巴基斯坦与中国的双边贸易合作受到了越来越多的关注,双方之间的经贸联系更为紧密。据海关统计,2015年,中巴双边贸易额189.27亿美元,同比增长18.2%。

印度与中国存在着诸多共同点。作为世界上最大的两个发展中国家,又同是金砖国家的重要成员,中国和印度两国在经贸领域可以相互学习,相互借鉴,共同发展。自20世纪90年代以来,中印双边贸易呈现加速发展的势头,到2008年中国更是成为印度第一大贸易伙伴国。据商务部统计,2015年印度对中国双边货物贸易额高达708.3亿美元。

中国同白俄罗斯在1992年建交,两国建交之初的双边贸易额仅为3390万美元,而近年来随着两国贸易结构不断优化,各个领域的合作不断加强,中白双边贸易额稳步增长,到2014年更是达到了40亿美元。图12是2014～2016年中国同上合组织观察员国双边贸易额月份统计图。①

(3)中国与对话伙伴国间人民币跨境贸易结算现状

目前,上海合作组织的对话伙伴国包括土耳其、斯里兰卡、阿塞拜疆、亚美尼亚、柬埔寨、尼泊尔六国。2015年,受国际能源价格以及全球经济

---

① 《欧亚经济:欧亚经济联盟为人民币走出区域化困境带来转机》。

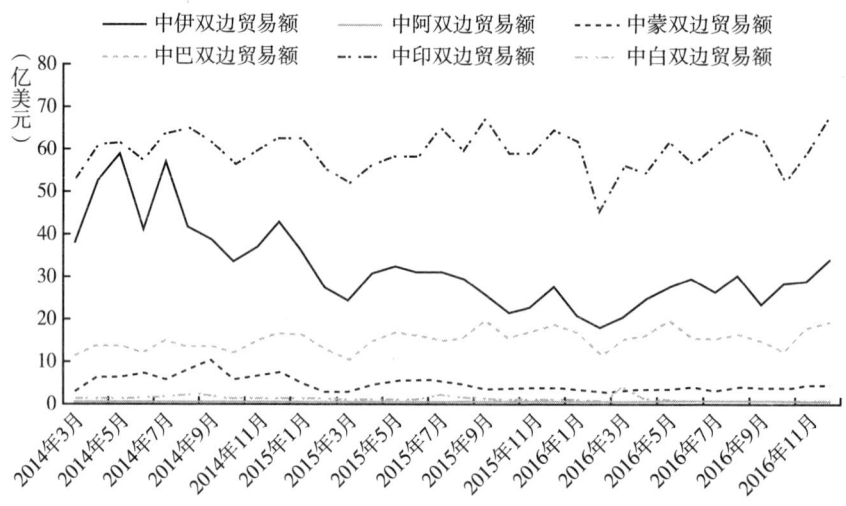

图 12　2014~2016 年中国同上合组织观察员国双边月度贸易额

数据来源：Wind 资讯。

总体走势下滑的影响，除了柬埔寨以外，上合组织各个对话伙伴国的经济增长速度均处于中低位水平，但中国与对话伙伴国之间的贸易往来仍然较为紧密，呈现较好发展势头。图 13 是 2014~2016 年中国同上合组织观察员国双边贸易额月份统计图。

2. 人民币在上合组织区域的投资和金融交易现状

近年来，随着中国经济稳步回升以及企业"走出去"的步伐不断加快，人民币在世界范围的使用稳步发展，在对外投资中的使用规模持续上升。据央行统计，到 2015 年，对外直接投资（ODI）人民币收付金额为 7361.7 亿元，同比增长 228.1%。在金融交易方面，2014 年人民币国际债券和票据发行达到了 475.78 亿美元，同比增长 104.68%，这些都大力推动了人民币国际化在金融交易方面的进程。总体看，人民币在世界范围内的投资和金融交易呈现逐年增加的旺盛需求，在上合组织区域范围内亦是如此。

3. 人民币在上合组织区域的国际使用

据中国人民银行统计，截至 2015 年末，中国境内银行的非居民人民币

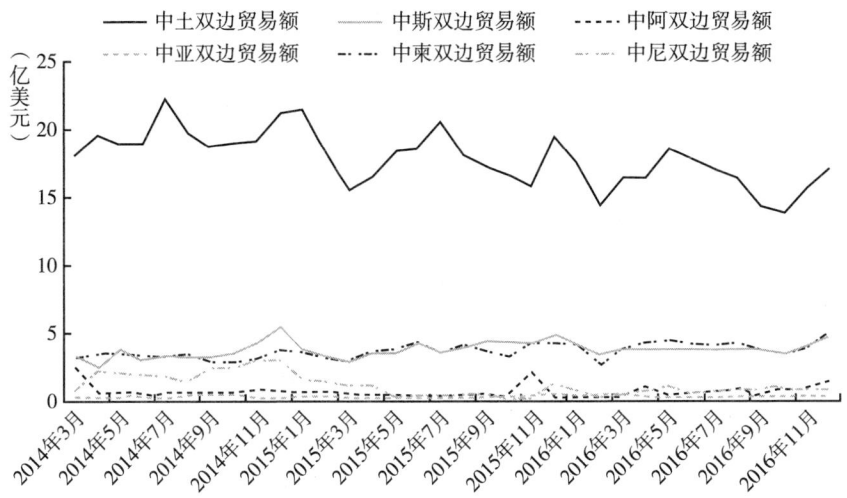

图 13 2014～2016 年中国同上合组织对话伙伴国双边月度贸易额

数据来源：Wind 资讯。

存款余额为 1.54 万亿元，主要离岸市场人民币存款余额约为 1.45 万亿元，人民币国际债券未偿余额为 5900.7 亿元。此外，非居民持有境内人民币金融资产为 3.74 万亿元；境外机构对境内机构的贷款余额为 8515.6 亿元；非居民在境内银行的人民币存款余额为 1.54 万亿元。表 1 为非居民持有境内人民币金融资产情况（亿元），从中不难发现人民币的国际持有呈现稳步递增态势，在上合组织区域内同样呈现这一趋势。

表 1 非居民持有境内人民币金融资产情况

单位：亿元

时间 项目	2013.12	2014.03	2014.06	2014.09	2014.12	2015.03	2015.06	2015.09	2015.12
股票	3448.4	3192.9	3462.0	4624.8	6420.6	7384.1	7844.0	5285.2	5986.7
债券	3989.8	5123.5	5593.1	6341.4	6715.8	7128.0	7640.8	7645.8	7517.1
贷款	5309.8	7468.4	8938.2	8604.7	8190.5	8769.2	9242.1	9357.1	8515.6
存款	16049.1	19839.8	20451.3	222371.5	23721.8	20248.0	21203.5	16641.8	15380.7
合计	28797.1	35624.6	38624.6	41942.5	45048.6	43529.3	45930.4	38929.8	37400.0

数据来源：中国人民银行。

4. 人民币在上合组织区域储备货币现状

据统计，截至2015年12月末，境外央行和货币当局在境内外持有人民币债券、股票和存款等人民币资产余额约8647.0亿元。例如，中俄在金融合作方面取得显著进展，2015年末，俄罗斯央行宣布将人民币纳入国家外汇储备，使得人民币成为俄罗斯的储备货币。

尤其是在2016年10月，人民币被正式纳入SDR货币篮子后，国际金融市场将出现越来越多的人民币金融产品，从而进一步增加外国投资者对人民币的信心，他们更愿持有人民币资产，并将其作为储备货币。人民币加入SDR意味着在上合组织区域内和世界范围更为广泛地发挥人民币国际储备货币的职能。

5. 人民币在上合组织区域货币互换现状

货币当局之间的双边本币互换是货币国际化的重要环节，通过货币互换有利于双方在贸易投资中使用本币，规避汇率风险，同时还可以为金融市场提供紧急的流动性支持。中国人民银行自2008年开始同世界各经济体的货币当局陆续开展本币互换业务，截至2016年底，中国人民银行共与36个经济体签署过互换协议。

作为重要的区域性政府间国际组织，上海合作组织在区域范围内扮演着越来越重要的角色，成员之间的贸易规模更是逐年扩大。为了降低交易成本，规避交易风险，各成员国之间经过磋商，逐步开展货币互换合作。

截至2016年6月，中国已经同上合组织成员国、观察员国以及对话伙伴国在内的9个国家签署了双边本币互换协议［具体包括白俄罗斯、乌兹别克斯坦（已失效）、蒙古国、哈萨克斯坦、巴基斯坦、土耳其、斯里兰卡、俄罗斯、塔吉克斯坦］，其中最大的互换安排是与俄罗斯，合作金额涉及1500亿元人民币，具体见表2。③

6. 人民币在上合组织区域货币清算现状

据中国人民银行统计，截至2015年末，中国人民银行已经在20个国家和地区建立了人民币清算安排，范围覆盖东南亚、西欧、中欧、中东、北美、南美、大洋洲、非洲等地。

表2 中国与上海合作组织成员签署货币互换协议情况

序号	国别	成员国资格	协议签署时间	互换规模	期限
1	白俄罗斯	观察员国	2009.3.11 2015.5.10(续签)	200亿元人民币/8万亿白俄罗斯卢布 70亿元人民币/16万亿白俄罗斯卢布（续签）	3年
2	乌兹别克斯坦(已失效)	成员国	2011.4.19	7亿元人民币/1670亿乌兹别克苏姆	3年
3	蒙古国	观察员国	2011.5.6 2012.3.20 2014.8.21(续签)	50亿元人民币/1万亿蒙古图格里克 100亿元人民币/2万亿蒙古图格里克（扩大） 150亿元人民币/4.5万亿蒙古图格里克（续签）	3年
4	哈萨克斯坦	成员国	2011.6.13 2014.12.14(续签)	70亿元人民币/1500亿哈萨克坚戈 70亿元人民币/2000亿哈萨克坚戈	3年
5	巴基斯坦	观察员国	2011.12.23 2014.12.23(续签)	100亿元人民币/1400亿巴基斯坦卢比 100亿元人民币/1650亿巴基斯坦卢比（续签）	3年
6	土耳其	对话伙伴国	2012.2.21 2015.9.26(续签)	100亿元人民币/30亿土耳其里拉 120亿元人民币/50亿土耳其里拉（续签）	3年
7	斯里兰卡	对话伙伴国	2014.9.16	100亿元人民币/2250亿斯里兰卡卢比	3年
8	俄罗斯	成员国	2014.10.13	1500亿元人民币/8150亿卢布	3年
9	亚美尼亚	对话伙伴国	2015.3.25	10亿元人民币/770亿亚美尼亚德拉姆	3年
10	塔吉克斯坦	成员国	2015.9.3	30亿元人民币/30亿索摩尼	3年

数据来源：中国人民银行。

在上合组织区域内：2016年6月25日，中国人民银行与俄罗斯中央银行签署了在俄罗斯建立人民币清算安排的合作备忘录，这一决定将有利于中俄两国企业和金融机构使用人民币进行跨境交易，从而进一步促进双边贸易、投资便利化；2012年6月18日，中国工商银行与哈萨克斯坦BTA银行签署了"中哈双币通"清算系统合作协议，这标志着中哈两国资金清算的"双向"高速公路已经开通，未来不再需要以第三国货币作为媒介，不仅可以减少换汇次数，还可以降低换汇成本。[①]

---

① 引自中国人民银行官网，http://www.pbc.gov.cn/。

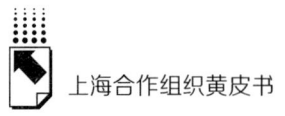

未来随着中国金融市场的进一步开放,加之人民币汇率和利率的市场化推进,人民币在上合组织区域内的清算使用预期将更为频繁。

三 人民币在上合组织区域化的前景分析

1. 机遇

在新时期的背景下,中国作为目前世界上第二大经济体、第二大贸易国[①],人民币的使用受到了越来越多的关注。2017年政府工作报告首次提出"保持人民币在全球货币体系中的稳定地位",稳步推进人民币国际化进程被认为对这一目标的实现具有重要意义。人民币国际化正朝着周边化、区域化、世界化的路径"齐头并进"式往前推进。

而中国作为上海合作组织中最大的经济体,最大的多边贸易国,人民币在区域内的使用越来越频繁,人民币在上合组织的区域化面临良好的机遇。

(1) 中国积极参与上合组织各方建设,奠定人民币国际化外部基础

中国在上合组织各项问题上,积极主动承担起力推区域战略互赢的新周期任务,在维护区域内安全问题上,中方提出要完善上合组织的法律基础,加强与其他各国在打击恐怖主义、宗教极端主义方面的协作,中方积极援助阿富汗,旨在促进阿富汗民族和解、经济重建;在推动区域内贸易便利化问题上,中方表示会在2017~2019年为成员国培训1000名贸易便利化专员,为各国提供海关设备和相应的技术支持,另外在经贸倡议上中方还提出要积极促进区域内的互联互通、加强国家之间的产能、能力建设以及投融资方面的合作;在加强区域内交通基础设施建设问题上,中方表示会积极推动"中国—吉尔吉斯斯坦—乌兹别克斯坦"铁路等重大交通互联互通项目的发展,带动所在国交通基础设施发展,同时加大区域内贸易便利程度;在区域内人文合作建设问题上,中方积极为各国开展修复古迹提供

---

① 2016年,美国货物贸易总额初值为37059.78亿美元,高出中国204.05亿美元,意味着美国重新夺回世界第一大货物贸易国桂冠,但领先优势极小。

资金和技术的支持,还积极同成员国开展青年交流项目,加强各国文化之间的合作与交流;在构建区域内医疗服务中心方面,中方积极开展与其他各国医疗卫生领域的合作,旨在利用区位优势,共同打造范围内的医疗中心共享体系。

(2)"一带一路"、亚投行和丝路基金建设将加速人民币国际化进程

人民币国际化进程与"一带一路"建设正相关,二者相辅相成,相互促进。尤其是"一带一路"建设所提出的"五通"目标,强调要在政策沟通、设施联通、贸易畅通、资金融通和民心相通方面加强中国同沿线各个国家的区域经济合作,进而形成一个区域深化合作的大格局。"五通"目标的实现离不开人民币的全方位支持,货币相通是一个不可忽视的方面。当前,我国正在积极推进人民币国际化进程,这将直接加强"一带一路"沿线国家的货币互通,也将对上合组织成员之间的区域经济合作带来契机。此外,我国已与上合组织多数国家达成了双边合作机制,将开展系列基础设施建设、工程投资、产能投资和共建项目,这些都为人民币"走出去"奠定了基础。在"一带一路"建设背景下,中国同沿线各国的区域经济合作不断加强,为人民币开拓了区域发展的新方向和新动力,通过发展大宗商品的人民币期货市场、完善构造基础设施建设、构建以人民币为主流货币的投融资体系、以人民币作为计价货币的电子商务系统,有利于助推人民币成为"一带一路"沿线的关键货币。中国与"一带一路"沿线国家在贸易、投资领域的发展也为人民币国际化提供了良好基础:2016年我国与"一带一路"沿线国家进出口总额6.3万亿元人民币,增长0.6%,增速远远超过我国与其他国家的增速;同时,双向投资也在不断增长,沿线国家已经成为中国对外投资的重要目的地,2016年中国对沿线国家直接投资145亿美元,占中国对外投资的8.5%;截至2016年我国企业已在"一带一路"沿线20个国家建立了56个经贸合作区,累计投资超过185亿美元。亚洲基础设施投资银行成立于2014年10月,旨在重点支持亚洲区域范围内的基础设施建设,加强国家之间相互合作,从而促进亚洲区域内互联互通建设。而"丝路基金"项目的设立则是在"一带一路"的发展进程中寻找投资机会并为其提

供相应的投融资服务。亚投行和丝路基金的成立不仅有利于拉动中国的经济增长，还可以通过金融支持，引导国内的企业加大对"一带一路"沿线国家和地区的投资，加速启动区域内重大合作项目，通过各国相互合作建设一个共同受益的"丝绸之路经济带"。

"一带一路"的建设便利了沿线国家的贸易、金融和投资，而亚投行和丝路基金将加快中国资本账户开放和人民币国际化的进程，这些都为上合组织区域内人民币国际化带来前所未有的历史新机遇。

（3）人民币国际化基础设施不断完善，有利于推进人民币国际化进程

随着人民币国际化发展，包括支付体系、清算体系、征信系统在内的金融基础设施建设作用凸显。2012年中国启动了跨境人民币系统建设，2015年人民币跨境支付系统（CIPS）一期建成并顺利上线运行。人民币跨境收付信息管理系统（RCPMIS）继续完善。未来，中国将加快推动CIPS二期系统建设，继续优化完善跨境人民币清算安排，为人民币国际化提供安全、高效、便捷的清算结算渠道；继续完善RCPMIS；构建全方位跨境资金流动宏观审慎政策框架。加快完善与人民币跨境使用、金融市场双向开放相适应的会计准则、评级制度[①]。此外，近年来境外人民币清算行加速布局，截至2016年9月人民币清算行已遍及全球21个主要国家和地区。2017年3月22日，中国工商银行在莫斯科正式启动人民币清算行服务，这是人民币国际化进程的又一重要里程碑，标志着中俄金融合作迈向新的历史阶段。基础设施不断完善，将进一步推进人民币国际化进程。

2. 挑战

（1）人民币国际地位的提升面临国际政治层面的风险

随着人民币国际化进程的加速，来自国际政治层面的压力越来越大。当前中国经济稳步发展并且实力日益增强，而欧美日等发达国家的经济则呈现不景气或复苏缓慢的形势，再加之国际社会围绕系列问题对俄罗斯进行制裁，使得上合组织成员俄罗斯和哈萨克斯坦加速了"去美元化"的进程，

---

① 中国人民银行：《人民币国际化报告（2016）》。

增加了对人民币的使用。人民币在上合组织的区域化进程成为推动人民币国际化的重要力量。

但同时应看到，人民币国际地位的提升会影响美元在国际储备货币领域的"奶酪"，因此人民币的崛起必然会遭到美国的阻挠与反对，从而使人民币国际互换面临国际政治层面的压力与风险。

（2）上合组织成员国、观察员国等国家自身经济发展成为制约因素

按照目前国际上公布的发达国家标准来看，上海合作组织的成员国、观察员国和对话伙伴国都处于发展中国家行列，国家的自身建设发展仍面临诸多问题和挑战，一些国家更是频繁受到战乱、极端主义和宗教主义的影响，国内形势不容乐观。再加上近年来全球经济增长速度下降、国际经济复苏不景气，这些都成为制约国内经济、金融发展的影响因素，也不可避免地减缓了人民币国际化在这些国家的发展进程，为人民币国际化在上合组织区域内的发展带来了挑战。

图14是上海合作组织成员国、观察员国和对话伙伴国2015年的GDP增长率，从图中可以看出，大多数国家的经济增长形势不容乐观，俄罗斯和白俄罗斯甚至出现了经济负增长，上合组织成员国的经济平均增长率仅为3.15%，整体呈现国内经济"慢步增长"，复苏动力不足，这也会对人民币在这些国家的国际化进程带来影响。

（3）经济逆全球化带来的挑战

当前，世界经济复苏势头仍然不强，全球贸易和投资低迷，大宗商品价格持续波动，引发国际金融危机的深层次矛盾远未解决。一些国家政策内顾倾向加重，保护主义抬头，"逆全球化"思潮暗流涌动[1]。

"逆全球化"具体体现在贸易、资本、政策等层面。一是贸易层面的表现。一方面贸易增长率下降（IMF《世界经济展望》显示：从1960年到2015年，按实际值计量世界贸易年均增长率达到6.6%；从2008年到2015

---

[1] 习近平：《坚定信心 共谋发展——在金砖国家领导人第八次晤大范围会议上的讲话》，2016年10月16日。

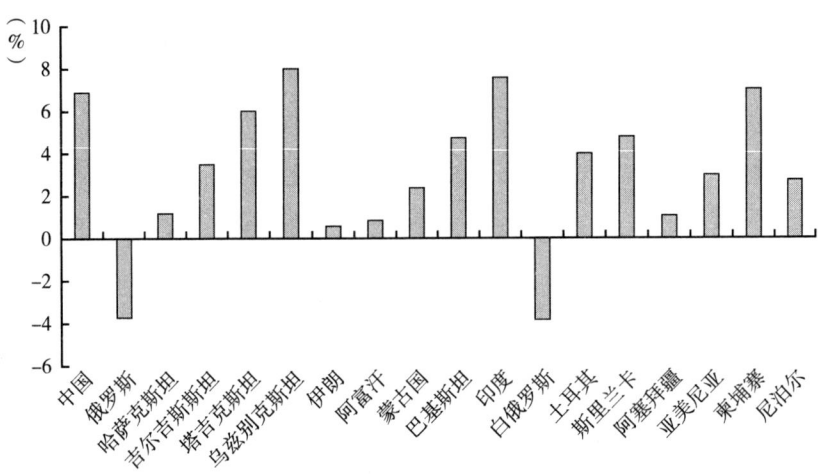

图 14　上海合作组织成员国、观察员国和对话伙伴国 2015 年 GDP 增长率

数据来源：世界银行 WDI 数据库。

年，世界贸易年均增长率按实际值计量仅为 3.4%），另一方面贸易相比 GDP 增速下降（1990~2007 年全球贸易增速是全球产出增速的两倍；而 2008 年以来，全球贸易增速却落后于全球产出增速）。二是资本流动层面的表现。近年来新兴市场净资本流入大幅减少，2010 年以来新兴市场净资本流入占 GDP 比重持续大幅下降，2015 年全球新兴市场净资本流入由正转负，新兴市场外汇储备也于 2015 年由升转降。三是政策层面的表现。近年来贸易、投资保护限制措施有所抬头。世界贸易组织 2016 年 6 月发布的报告显示：2015 年 10 月至 2016 年 5 月，二十国集团经济体实施了 145 项新的贸易限制措施，月均新措施数量为 2009 年以来的最高水平。贸易壁垒也成为 2008 年以来全球贸易减少一半以上的重要原因。

中国成为"逆全球化"的最大受害者，根据商务部数据：2016 年我国共遭遇 27 个国家和地区发起的 119 起贸易救济调查案件，涉案金额 143.4 亿美元。案件数量和涉案金额同比分别上升了 36.8% 和 76%。2016 年 12 月，美、欧、日针对中国掀起了一波"逆全球化"浪潮：美国表示特朗普上台之后可能对中国产品征收 40% 惩罚性关税，欧盟宣称要维持"替代国"

的做法，而日本正式宣布不承认中国的市场经济地位。

在"逆全球化"背景下，中国的出口需求下降、人民币汇率也面临来自国际社会的更大压力，这将对人民币国际化进程带来一定冲击。

（4）人民币汇率双向波动

近年来，随着国内外经济金融形势的频繁变化、人民币汇率形成机制改革的不断推进，人民币汇率的双向波动趋势与幅度日益显现。汇率双向波动幅度的加大可能从贸易与投资两个方面影响人民币在上合组织的区域化进程。一方面，汇率波动幅度加大，可能使进出口商面临更大的汇率风险，如果没有效的风险应对手段，可能导致进出口商的收益下降，从而对贸易产生影响；另一方面，汇率双向波动带来的不确定性，可能引发国外投资者对在华投资收益人民币的担心，进而减少外商直接投资额。

从实际情况看，人民币汇率的双向波动，特别是在某一时段面临的贬值压力，可能会对人民币国际化进程带来一定的冲击。例如，受2016年人民币汇率经历一段贬值时段等因素的影响，人民币国际化受到了一定的冲击，人民币在SWIFT（环球同业银行金融电讯协会）的国际交易货币排名也在8.11汇改当月触及第四名的历史最好成绩之后，回落到2016年的第六位（2016年人民币的全球支付额同比下降29.5%，占比从2015年12月的2.31%降至2016年12月底的1.67%）。另据中国银行国际金融研究所测算，受制于人民币贬值压力，货物贸易中人民币结算占比由2015年8月（汇改当月）33.96%降至2017年1月的11.94%，创2013年10月以来新低。

总的说来，虽然人民币在国际化进程中会面临诸多挑战，但从长期看，人民币国际化是必然趋势，尤其是伴随着"一带一路"的推进，中国同上合组织其他成员国之间在经贸、金融、能源、交通领域的合作将不断深入，这些都将推进人民币国际化以及在上合组织的区域化进程。

为了更好地应对人民币在国际化进程中所面临的挑战、更好地推进人民币在上合组织区域化进程、保持并逐步提升"人民币在全球货币体系中的稳定地位"，中国要进一步推进人民币汇率制度改革，稳步有效扩大金融开放，进行金融合作机制创新（如借鉴已有的亚洲区域外汇储备库这一区域货币合作机制，建立上合组织外汇储备合作库，相互之间提供短期资金支持，化解流动性危机）。另外，在与上合组织其他国家达成各类合作机制的基础上，要紧密对接好"一带一路"建设的"五通"目标，加快实现人民币在上合组织区域内的货币互通，推进人民币国际化进程。

人文合作
Cultural Cooperation

Y.20
上海合作组织环保合作回顾与展望[*]

李菲 王玉娟 国冬梅[**]

摘 要: 自2001年成立,上海合作组织就将环保列为重要合作内容。本文回顾了上合组织环保合作历程和取得的成果,并分析了新形势下上合组织环保合作面临的机遇和挑战、推动环保合作的意义,并对上合组织未来环保合作的合作机制、合作领域和合作形式提出建议。

关键词: 上海合作组织 环保合作 绿色丝绸之路

---

[*] 本文仅代表作者个人观点。
[**] 李菲,中国-上海合作组织环境保护合作中心副研究员;王玉娟,中国-上海合作组织环境保护合作中心副研究员;国冬梅,中国-上海合作组织环境保护合作中心研究员。

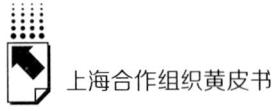

上合组织成员国之间的环保合作一直在持续开展，如中俄、中哈双边合作，中亚国家之间的双多边合作等，也不断取得成果。但上合组织环保专家磋商机制下的环保合作历时十多年，取得的进展却非常有限，近年出现转好趋势。其中，中方在积极推动上合组织环保合作方面发挥了重要作用。目前，上合组织框架下的环保会议机制为上合组织成员国环保部门专家会议（以下简称"环保专家会"），从2005年至今，已成功召开8次会议。本文主要探讨的也是成员国之间的环保合作。

一 合作历程

大体分为四个阶段。

第一，探索阶段（2001~2004年）。上合组织成立初期，各成员国着重于上合组织的机制建设和一系列文件制定，将反恐和安全领域合作列为优先方向，环保合作尚处于酝酿和探索阶段。在该阶段，各成员国强调环保合作的重要性，并把环保合作作为重要合作领域之一纳入上合组织的基础性文件中。

2001年6月15日通过的《上海合作组织成立宣言》和2002年6月15日通过的《上海合作组织宪章》中均明确指出，鼓励开展环保领域合作是上合组织的宗旨和任务之一。2003年9月上合组织成员国总理批准的《上海合作组织成员国多边经贸合作纲要》重申"在区域内自然保护和保持生态平衡方面协调努力"。2004年6月17日，上合组织成员国元首在《塔什干宣言》中提出，"应当将环境保护及合理、有效利用水资源问题提上本组织框架内的合作议程。相关部门和科研机构可在今年内开始共同制定本组织在该领域的工作战略"。同年举行的上合组织成员国政府首脑（总理）理事会会议，再次讨论了环境保护、维护地区生态平衡、合理有效利用水电资源、防治土地沙漠化及其他环境问题恶化现象，并就加强在自然资源开发和环境保护领域的合作达成共识。

第二，起步阶段（2005~2008年）。为落实《塔什干宣言》，2005年启动了上合组织成员国环保部门专家会议，商讨上合组织框架下的环保合作问题，重点磋商俄方提出的《上海合作组织成员国环境保护合作构想（草案）》，并探索建立上合组织成员国环境部长会议机制。2005~2008年间，先后召开了5次环保专家会。但由于各方在水资源利用等问题上立场差异较大，历次会议均未取得实质性成果。

在此期间召开的上合组织成员国元首理事会和政府首脑（总理）理事会，均重申了环保合作的重要性。2005年上合组织成员国元首宣言提出"把成员国环保部门合作引上务实轨道"；2007年8月16日签订的《上海合作组织长期睦邻友好合作条约》中指出，"缔约各方在保护环境、维护生态安全、合理利用自然资源方面开展合作，采取必要措施制定和实施上述领域的专门计划和项目"；2008年上合组织成员国元首理事会会议联合公报中"元首们指出，生态领域合作发展良好，继续制定本组织环保合作构想十分重要"。

第三，停滞阶段（2009~2013年）。2009~2013年，因各方对环保专家会的议题、时间不能达成一致，环保专家会陷入停滞阶段。2010年上合组织成员国政府首脑（总理）理事会联合公报指出"鉴于环保领域合作的重要性，成员国将继续商谈本组织相关构想草案"，随后各方就草案文本进行了多轮的书面磋商，但未有实质进展。

在该阶段，虽然上合组织环保合作整体上停滞不前，但中方已经开始探索上合组织环保合作新形式，时任总理温家宝于2012年提出成立中国－上海合作组织环境保护合作中心的倡议，开始积极推动和促进上合组织环保合作。

第四，发展阶段（2014年至今）。自2014年起，上合组织环保合作步入发展阶段，合作形式、合作内容等有所丰富。这主要得益于：一是随着上合组织成员国经济和社会的发展，各国对环保问题日益重视，环保合作需求加大；二是2014年重启上合组织成员国环保部门专家会议，继续磋商环保合作构想文件草案，沟通机制重新运转；三是中方积极推动上合组织环保合作，领导人先后提出建立上合组织环保信息共享平台、实施"绿色丝路使

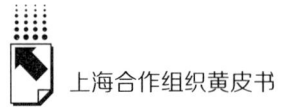

者计划"等重大倡议,并依托中国-上海合作组织环境保护合作中心积极推动落实,丰富了上合组织环保合作成果,增进了各国之间的交流与互信,为开展合作打下良好基础。

二 合作成果

主要表现在三个方面。

第一,环保内容纳入上合组织未来发展文件。经过多年努力,环保合作在上合组织的重要地位和作用得到巩固,并继续成为上合组织未来发展的重要方向。

2015年7月,上合组织成员国元首理事会第15次会议通过的《上海合作组织至2025年发展战略》中指出,"成员国重视环保、生态安全、应对气候变化消极后果领域合作,将继续制定上合组织成员国环保合作构想及行动计划草案,举办成员国环境部长会议,为交流环保信息、经验与成果创造条件。"

2016年11月,上合组织成员国政府首脑(总理)理事会第15次会议强调要高效落实《2017~2021年上合组织进一步推动项目合作的措施清单》,其中包括环保内容。

第二,环保合作文件磋商取得积极进展。自2014年重启《上海合作组织成员国环保合作构想(草案)》的磋商以来,各方积极开展工作,旨在继续推动构想文件草案尽快达成一致。中方在会上介绍了中国-上海合作组织环境保护合作中心和上海合作组织环保信息平台,得到各方认可。

2016年召开的环保专家会上,各方均提出希望尽快就构想草案文本达成一致,以便推动环保领域的务实合作。虽然各方立场仍存在差异,但会上各方将构想草案文本进行简化,删除或弱化一些造成意见分歧的条款,为尽快商定草案文本打下良好基础。

第三,中方在上合组织框架下提出的系列务实合作倡议取得实效。中方一直高度重视并积极推动上合组织框架下的环保合作。2016年6月召开的上合组织成员国元首理事会第 16 次会议上，习近平主席"建议各方共同促进上海合作组织环保领域信息共享、技术交流、能力建设"。近年来，中方致力于推动环保务实合作，效果显著。

（1）成立"中国－上海合作组织环境保护合作中心"作为机构保障。2012 年上合组织成员国政府首脑（总理）理事会第 11 次会议上，中国领导人提出"成立中国上海合作组织环境保护合作中心，中方愿依托该中心同成员国开展环保政策研究和技术交流、生态恢复与生物多样性保护合作，协助制定本组织环保合作战略，加强环保能力建设"。

2014 年 6 月 4 日中心正式启动并对外开放。自成立以来，中心积极推动上合组织框架下的环保合作，先后举办多次研讨、培训活动，并启动联合研究，活动主题涵盖环境政策对话、绿色经济发展、环保信息化、固体废物处理等多个领域，吸引各成员国环保和外交部门官员、专家、企业代表等参与。活动促进了各国之间的环保政策与经验分享、环保技术交流，增进了相互理解和信任，得到秘书处和各成员国的好评，并为中国企业"走出去"提供了更多公共产品。

（2）建立上合组织环保信息共享平台。2013 年 11 月，上合组织成员国政府首脑（总理）理事会第 12 次会议在塔什干召开，李克强总理在会上提出"依托中国－上合组织环境保护合作中心，建立信息共享平台"。习近平主席在出席 2014 年上合组织杜尚别峰会和 2015 年乌法峰会上两次强调"加快环保信息共享平台建设"。国家总理李克强在 2015 年 12 月举行的上合组织成员国政府首脑（总理）理事会第 14 次会议上表示"上合组织环保信息平台将正式投入运营"，并在 2016 年上合组织成员国政府首脑（总理）理事会第 15 次会议上"建议依托上合组织环保信息共享平台，推广生态恢复、清洁能源开发等成功经验"。

2014 年初，上合组织环保信息共享平台启动建设，旨在打造一个环保信息资源共享、政策对话与交流、环保合作试点示范、生态环保联合科学研究、环保能力建设的综合平台。2015 年 12 月和 2016 年 5 月中方举办针对上合组织平台建设的专家研讨会，对平台共建模式等征求各成员国意见。目

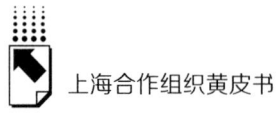

前,平台门户中英俄文网站已完成建设并上线运营,分享各国环保政策、法律法规、环保技术、环保产业等信息。

(3)推动"绿色丝路使者计划"制定实施。2014年12月15日李克强总理在上合组织成员国政府首脑(总理)理事会第13次会议上提出"中国正在制定'绿色丝路使者计划',愿为沿线各国提供环保培训"的倡议,并在2015年12月举行的第14次会议上提出"愿同各方共同推进'绿色丝路使者计划'制定实施"。

2016年初,中方初步制定了《绿色丝路使者计划框架文件(2016~2020)》,并在2016年5月召开"上海合作组织环保信息共享平台与绿色丝路使者计划专家研讨会"上与各成员国进行沟通交流。

三 面临的机遇

2017年上合组织的发展步入第16个年头,在国际和区域形势不断变化的背景下,环保合作逐渐成为上合组织的主要内容之一。对我国而言,推动上合组织环保合作面临着新的机遇和挑战。机遇主要如下。

第一,各成员国对生态环保问题日益重视,环保合作需求不断扩大。"在上合组织成立之初,除中国外的其他成员国在获得独立之后,非常希望本国经济能够在短期内实现转轨成功并正常发展,借以稳定民心和巩固政权",因此,各国把经济发展列为优先目的,环境保护并不是主要发展方向。

随着上合组织各成员国经济的快速发展,地区环境污染和生态破坏加剧,加之中亚国家所处地区生态环境本身相对比较恶劣,各种生态环境问题不断显现,包括大气和水污染问题、生活垃圾处理问题等。各国开始认识到,环境问题会对社会发展和国家安全带来威胁,逐步采取措施解决环境问题,并把环保作为国家发展战略的重要内容。例如,中国正在大力推进生态文明建设,全面推动环境质量改善;俄罗斯积极实施《2012~2020年国家环境保护规划》,并确立2017年为"生态年",全面落实环保领域各项举措;哈萨克斯坦近年来越来越关注绿色经济发展,提出在2050年前实现向绿色经济成功转型;乌兹别克斯坦发布《2016~2020年自然环境监测规划》,加大环境管理力度;吉尔吉斯斯坦与塔吉克斯坦在不断完善本国环境立法,积极寻求其他国家和国际组织的援助。

同时,各成员国也意识到,一些区域环境问题需要各国协同治理,一些共通的环境问题可以通过合作来提高治理效率。因此,加强环境保护合作日益成为各成员国的共同需求和愿望。

第二,"绿色丝绸之路"建设对上合组织环保合作提出新要求。2013年9月7日,中国国家主席习近平在访问哈萨克斯坦纳扎尔巴耶夫大学时发表了题为《弘扬人民友谊,共创美好未来》的重要演讲,提出共建"丝绸之路经济带"的构想。2016年6月22日,国家主席习近平在塔什干乌兹别克斯坦最高会议立法院发表题为《携手共创丝绸之路新辉煌》的重要演讲,提出要着力深化环保合作,践行绿色发展理念,加大生态环境保护力度,携手打造"绿色丝绸之路"。2016年8月17日,中国国家主席习近平发表重要讲话,再次强调,聚焦携手打造"绿色丝绸之路、健康丝绸之路、智力丝绸之路、和平丝绸之路"。

开展上海合作组织区域环保合作是打造"绿色丝绸之路"的要求和重要内容,为"丝绸之路经济带"建设提供服务和保障。上合组织成员国是"丝绸之路经济带"建设的重要伙伴,"绿色丝绸之路"倡议的提出和亚洲基础设施投资银行的成立为上合组织开展环保合作创造了良好条件。

第三,我与各成员国间的互信不断增强,为开展环保合作奠定基础。从国家关系发展来看,目前,中国与上合组织各成员国关系飞速发展,中俄全面战略协作伙伴关系进入新阶段,中哈、中乌建立全面战略伙伴关系,中吉、中塔战略伙伴关系稳定发展。在各种多双边场合下,各国领导人均强调要加强环保领域合作。

从环保合作交流来看,中俄、中哈双边环保合作已有政府间合作机制,跨界环境问题得到妥善解决,合作成果丰硕。中方组织开展的上合组织框架下的专家研讨与交流、联合研究等活动,得到各国积极响应。经过多次沟通

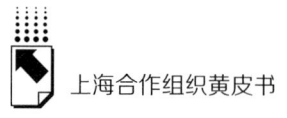

交流，各国政府部门代表和专家之间增进了相互了解，加深了相互信任，达到了增信释疑的效果，为开展合作打下基础。

四　面临的挑战

第一，各国对上合组织的定位不同。从政治角度来看，上合组织各成员国对组织的定位和诉求有所不同。中国把上合组织当作实现对中亚外交政策和满足自身能源需求的媒介；俄罗斯则认为上合组织可以保护其在中亚的原有势力，希望利用组织来削弱西方在中亚地区的影响力，从而实现自己的地缘政治目的；中亚国家则希望借助中俄两国的力量来减弱美国等大国势力对中亚的政治干涉。通常，环境保护是敏感性和冲突性较小的合作领域，但水资源纠纷被中亚成员国看作是环保合作的重要内容，各国对组织定位的差异和这一焦点议题的引入严重影响环保合作的有效和深入开展。

第二，缺乏成熟有效的环保合作机制。当前，上合组织的环保合作机制仍不完善：一是缺乏环保合作的指导文件，《上合组织环保合作构想》磋商了十余年，仍未达成一致；二是上合组织秘书处没有设立环保部门，开展环保合作缺乏机构保障，导致环保合作进展缓慢；三是缺乏资金支持，上合组织没有专门的资金用于支持开展环保合作，各成员国，尤其是经济发展相对落后的国家资金匮乏，参与合作的积极性不高。

第三，水资源问题是环保合作的焦点和难点。上合组织区域的水资源问题十分复杂。中俄、中哈的跨界水问题通过政府间双边合作已基本得到解决，但中亚国家之间水资源矛盾依旧突出，有咸海问题、里海生态危机、跨界水资源分配和利用问题等，主要集中在位于上游的乌兹别克斯坦同位于下游的吉尔吉斯斯坦、塔吉克斯坦之间。三国在水资源问题上缺乏互信与协作，经常引发水资源争端，水资源问题已上升为国家矛盾。未来如何协调各国在水资源问题上的立场，将是开展上合组织环保合作的关键。

第四，上合组织扩员带来新的压力。随着印度和巴基斯坦两个新成员国的即将加入，上合组织各领域合作都将面临新的挑战，其中包括环保合作。

一是印、巴两国的加入势必会改变组织内现有的力量格局，各国又会开始新一轮的利益博弈，环保合作也将会成为利益较量的工具和手段；二是新成员国与旧成员国之间的互信尚未建立，需要一定的时间来磨合，推进务实合作存在一定困难；三是印巴之间本就长期存在水资源争端，其加入上合组织后，将给协调各方立场带来更大困难。

五　环保合作展望

开展上合组织框架下的环保合作是建设"绿色丝绸之路"的重要抓手，对中国具有深远意义。一是宣传我国生态文明和环保理念，服务我国外交大局，服务"丝绸之路经济带"建设；二是开展节能环保合作，提高资源利用效率，减少区域生态环境压力，有利于树立我负责任大国环保形象，减少国际社会关于"一带一路"生态环境影响的担忧；三是开展生态恢复和生物多样性保护合作，有助于改善区域生态环境、促进区域可持续发展；四是通过相互学习借鉴，促进环保技术和设备的"引进来"和"走出去"，促进环保产业发展；五是推动在国际组织和国际履约方面协调立场，以便制定符合中国利益的国际原则、立法或协定等。

目前，上合组织框架下开展的环保合作内容和形式都非常有限，除政府磋商外，主要是中方推动开展的专家研讨和交流活动。上合组织环保合作未来可根据各成员国需求，不断探索开发新的合作模式，拓展新的合作领域，促进务实合作取得成果，服务"绿色丝绸之路"建设。具体建议如下：

第一，合作机制。

（1）尽快出台环境领域的合作文件，商定《上合组织环保合作构想（草案）》和实施计划，制定具体的合作措施；

（2）探索建立上合组织成员国环境部长会议机制，讨论本地区的环境问题，并向领导人会议提供成果；

（3）设立上合组织环境问题工作组或专家组，负责落实合作计划和项目，探讨和交流具体的环境问题及其解决方案；

（4）建立上合组织绿色发展基金，用于开展环保合作；

（5）继续发挥好中国－上海合作组织环境保护合作中心作用，积极开展务实合作。

第二，合作领域。为推进环保合作顺利开展，避免冲突和矛盾，应切实解决迫切的、各方共同感兴趣的、符合各方利益的环境问题，搁置争议问题。建议优先合作领域为：

（1）开展环保政策对话与信息交流，如环保法律法规、政策、标准等方面的信息，增进相互了解；

（2）开展环境污染防治，如大气、水、土壤、固体废物污染防治等方面的交流和合作，共同应对和解决区域环境污染问题；

（3）生态恢复与生态多样性保护，如建立生态监测和修复系统，开展示范项目和联合研究，改善区域生态环境；

（4）推动环保技术交流和产业合作，如分享环保技术和设备，建立区域环境产品和服务市场，推动企业层面的项目合作；

（5）加强环保能力建设，如开展环境管理人员和专家之间的交流，加强能力培训，提升区域环境管理能力。

第三，合作形式。

（1）政府与民间合作相结合。在开展领导人会晤、政府磋商的同时，促进研究机构专家和学者之间的交流，为环保企业合作提供平台。

（2）多边与双边合作相结合。在推动上合组织框架下多边环保合作的同时，积极开拓双边环保合作，探索签署双边环保合作协议，形成多边与双边环保合作相辅相成的局面。

（3）积极推动形成以我为主的合作局面。依托中国－上海合作组织环境保护合作中心，建设领导人倡议的上合组织环保信息共享平台，落实好"绿色丝路使者计划"的制定和实施工作，加强人员交流和培训，形成务实合作的良好局面。

Y.21
上海合作组织的教育合作

任雪梅*

摘 要： 教育合作是最具发展潜力的国际合作领域之一，上海合作组织自成立之日起，教育合作就是其中最重要的组成部分，其肩负着为上海合作组织各领域全方位合作提供技术支持和人才保障的重要使命，是加强各成员国之间相互理解和沟通的重要渠道。近年来，在成员国的共同努力下，教育合作取得了富有成效的进展。但由于各国文化与体制的不同也面临着重重困难与挑战。本文拟从上海合作组织教育合作的现状及成果、方式及内容、问题与难点等几个方面阐述上海合作组织教育合作的总体概况并展望其未来发展方向。

关键词： 上海合作组织 教育合作

上海合作组织自成立之日起，教育领域合作即成为各成员国间合作不可或缺的重要组成部分。2001年上海合作组织成立之初，在其成立宣言中就提到要鼓励成员国在教育领域的合作，2002～2005年历年的上海合作组织成员国首脑会议教育合作均成为重要议题，在历年的上海合作组织成员国元首宣言中均有提及，用词从2002年的"鼓励"到2005年的"积极扩大"，由此可见，各国已意识到教育合作的重要性和迫切性。2006年6月《上海合作组织成员国政府间教育合作协定》的签署意味着上海合作组织成员国

---

* 任雪梅，大连外国语大学研究员、哈萨克斯坦研究中心主任。

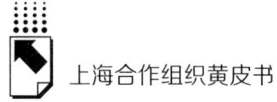

间的教育合作具备了重要法律基础，各成员国政府在上海合作组织框架下的教育合作和教育空间一体化有了实质性发展，教育合作迈向了法制化的新台阶。

虽然各成员国教育体系因历史和文化的不同而不同，每个国家都有自己的形成和发展机制，但各成员国的目的相同，即在上海合作组织框架下建立统一的教育空间并为保障这一教育发展新机制提供必要条件，对上海合作组织统一教育空间的建立和发展给予政策上的支持。

对上海合作组织成员国而言，建立统一的教育空间有助于推动欧亚一体化进程，推动我国的"一带一路"建设以及"一带一路"与"欧亚经济联盟"的对接。成员国间教育领域的紧密合作必将促进各国的经济合作、各国国内的经济发展以及上海合作组织的全方位合作进程。

一 合作历程

2006年上海合作组织成员国正式启动政府间的教育领域合作，逐步形成了政府间教育领域的合作机制，即每两年一次的教育部长会议和每年一次的教育专家工作组会议。在过去的十年间上海合作组织教育合作经历了从尝试到发展的漫长过程，如今呈现出规模性的、行之有效的、有资源保障的、多层面、多平台的国际教育合作项目。

2007年俄罗斯总统普京在上海合作组织比什凯克峰会上提议组建上海合作组织大学并得到了各成员国的一致赞同，2008年该构想在阿斯塔纳上海合作组织教育部长会议上审议通过，签署了《上海合作组织成员国教育部关于为成立上海合作组织大学采取进一步一致行动的意向书》[1]，2009年首届"教育无国界"教育周暨上海合作组织大学校长论坛在莫斯科举行，意味着上海合作组织大学正式启动。上海合作组织大学有效拉近了各成员国高等教育体系，保障了上海合作组织教育资源的一体化，为上海合作组织框

---

[1] 上海合作组织大学（中国）网站，http://www.usco.edu.cn/CHS/dxgk/。

架下深化教育合作打开了新视野。"教育无国界"教育周迄今已举办10届，其作为上海合作组织教育领域合作和上海合作组织大学框架下合作的重要推动力和平台，在上海合作组织教育合作中起着有效的推动作用。

对成员国而言，上海合作组织大学不是孤立存在的，其发展是各成员国共同努力和合作的结果，就其发展历程看，可分为三个不同阶段：理论探索阶段（2008~2012年）、实践磨合阶段（2012~2014年）和稳定发展阶段（2014年至今）。

理论探索阶段（2008~2012年）：该阶段的主要参与者为上海合作组织各成员国政府及其相关教育部门，他们的首要任务是形成建立上海合作组织大学的理论基础和法律基础，确定大学的整体结构和运作模式，形成相关法律文件等。这期间，形成了诸如《上海合作组织教育部关于为成立上海合作组织大学采取进一步一致行动的意向书》《关于成立上海合作组织大学的合作备忘录》《上海合作组织大学章程》《上海合作组织大学硕士研究生联合培养协调方案》等文件。

《章程》规定了上海合作组织大学的目的、任务、基本原则、合作方向、整体结构和运作模式等。按照《章程》规定成立由各成员国教育主管部门领导构成的协调委员会，实行轮值主席制，负责协调上海合作组织大学与各成员国教育部相关机构的联络工作并负责提供法律保障等方面的建议；成立由社会各界代表组成的监察委员会，协助上海合作组织大学树立良好形象，吸引社会各界共同参与人才培养，争取赞助用于上海合作组织大学发展；成立上海合作组织大学校长办公室负责大学日常管理工作；成立各不同方向的专家委员会，负责协助各培养方向的教学和科研。

2012年，第四届"教育无国界"教育周一致通过在莫斯科设立上海合作组织大学国际校办，各国设立本国校办。我国于同年在大连外国语大学设立中方校办。本阶段同时还完成了项目院校的遴选工作，由各教育部门根据基本要求遴选出各国各培养方向的项目院校，共计62所院校，5个优先发展方向：区域学、能源学、生态学、信息技术和纳米技术，2010年区域学方向率先在硕士研究生层面启动招生。

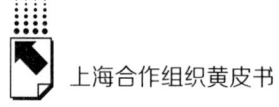

实践磨合阶段（2012~2014年）：本阶段的主要工作为上海合作组织大学框架下人才培养计划的具体实施，即按共同协商一致的教学大纲和人才培养计划联合培养各成员国所需的高水平专业人才，为上海合作组织各领域的全面合作提供人才保障。上海合作组织大学的学生交流此时正式启动，各国政府给予该项目学生奖学金保障，互免学费。我国政府给予派出和来华学习的项目学生国家政府奖学金。

本阶段活动的主要参与者不再是各成员国政府及其教育部门，而是各方向的项目院校，通过伙伴院校间的共同协作来完成联合培养项目。其间，上海合作组织大学项目院校进一步扩大和合作方向得到扩展，项目院校由之前的62所扩大到82所，优先发展方向增设了经济学和教育学，形成了目前相对稳定的7个优先发展方向。

稳定发展阶段（2014年至今）：该阶段是上海合作组织大学发展的新阶段，经过近三年的不断磨合、探索和调整，逐步形成相对稳定的格局。该阶段的基本特征是寻求并证明上海合作组织大学发展的新模式，第七届乌法教育周上就该问题进行了专题讨论。以上海合作组织大学为主要平台的上海合作组织框架下教育合作，由于中国与其他国家的历史、文化差异，固有教育体系的不同，合作中出现很多难以解决的问题。所以，探索中国与其他成员国进行双边和多边交流与合作的有效举措和方法，在上海合作组织大学框架下进行人才的联合培养是本阶段的重要任务。

二　合作成果

历经10年发展，虽然困难重重，但上海合作组织成员国的共同目标使教育合作取得了丰硕成果，上海合作组织大学的成立是最重要的成果之一。这是上海合作组织各成员国在合作发展新阶段人文合作的典范。其取得的成果体现在以下几个方面。

1. 人才培养

上海合作组织大学2010年开始招生，2012年实现项目学生交流。2012~

2016年，中方共派出学生301人，接受来华留学生167人。其中2015年中方共派出学生100人，接受来华留学生52人。2016年派出学生84人，接受来华留学生68人。2012年、2013年中方学生主要派往俄罗斯，来华留学生主要来自吉尔吉斯斯坦和哈萨克斯坦。2014年，派出和来华学生覆盖了除乌兹别克斯坦外的所有上海合作组织成员国。合作方向也从最初的2个方向发展到现在涵盖了所有7个方向。由此可见，联合培养的学生数量逐年增加，高校及学生对上海合作组织大学的认可度逐年上升，合作方向不断扩大，合作区域和国别也不断丰富。

2. 科研合作与学术交流

上海合作组织大学的成立为成员国高校开展与伙伴院校的科研合作及学术交流提供了更为广阔的平台。以中方高校为例，各项目院校在上海合作组织大学框架下探索新的合作模式，扩宽合作领域，深化合作内容，成立科学研究中心及联合实验室，如中俄信息技术联合研究中心、光子和光信息技术研究所等。区域学方向举办的区域学师资培训班以及"一带一路沿线国家青年学术论坛系列活动"、纳米方向举办的"光学之旅""中国之光"以及生态学方向的"草地放牧管理和保护性农业"等青年学术项目增加了国内外各高校青年学者之间的相互了解和认同，推动了彼此之间联系与合作。

3. 打通合作平台，拓展合作领域

在上海合作组织大学框架下的国内外合作与其他国际合作平台联合，进一步加大国内外相关院校之间的联系与合作，为上海合作组织成员国间的教育合作搭建更大平台，如"纳米操作、制造与测量"国际会议、中俄工科大学联盟等。

在教育部的大力支持下，区域学2013年在本科层面试点招生，每年30人，以"2+2"的培养模式完成本科学业，2015、2016年两年共30余人在伙伴院校学习"2+2"区域学课程，首届区域学本科生将于2017年夏季毕业。其中10余人有意向在伙伴院校继续攻读区域学硕士研究生，这填补了我国区域学人才培养的空白，期待区域学本硕博一体化人才培养模式的实现。

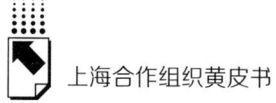

4. 形成不同层面的有效工作机制

政府、教育主管部门以及高校三个不同层面进行定期的交流与会晤，旨在推动上海合作组织成员国间的教育交流与合作。上海合作组织成员国教育部长会议每两年举办一次，专家工作组会议每年举办一次，"教育无国界"教育周和上海合作组织大学校长论坛每年举办 1~2 次。这些已形成的机制成为上海合作组织教育合作的重要推手和平台，为各成员国高校间的多边交流与合作提供了有利契机并取得良好效果。

5. 为上海合作组织框架下建立高等教育国际化机制创造条件

各成员国在扩大交流规模、完善交流机制、举办各种国际交流活动、召开国际研讨会、举办师资国际培训班等方面给予资金、政策和信息资源上的支持和保障。

6. 双边合作成果累累

多边合作是上海合作组织教育合作的重要特征，但双边合作也不可忽视，其为推动多边合作的基础。就双边合作而言，仅与俄罗斯的合作就可以看出，近年来上海合作组织成员国间教育合作的发展速度。从 2011 年始，在中俄两国政府部门的支持下，分别签署协议成立中俄工科大学联盟（ASRTU）、中国东北地区与俄罗斯远东、西伯利亚地区大学联盟，中俄经济类大学联盟，中俄教育类大学联盟，中俄医科大学联盟，中俄艺术高校联盟，中俄交通大学联盟，中俄文化高校联盟，中俄新闻教育高校联盟等。孔子学院建设是上海合作组织双边教育合作的重要成果。目前，在上海合作组织成员国中运行的孔子学院有 24 所孔子学院和 24 个孔子课堂①。由俄罗斯世界基金会在中国高校设立 6 个俄语中心。

三 合作形式及内容

上海合作组织教育合作的主要目的是在上海合作组织内部建立教育的统

---

① 国家汉办/孔子学院总部网站，http：//www.hanban.edu.cn；李永欣：《俄罗斯孔子学院的现状及前景展望》，《西伯利亚研究》2010 年第 6 期。

一空间。该统一教育空间对学生最大限度地开放。处于这种统一教育空间内的上海合作组织成员国间合作的形式与内容必然为多元的。

1. 互认学位、学历证书

建立统一开放的教育空间就是学生可以在国际合作项目中毫无障碍地获取高等教育证书。为此，各成员国签署了相关协议，如：1993年与乌兹别克斯坦签署了《关于相互承认中华人民共和国和乌兹别克斯坦共和国高等院校及其科研机构颁发的高等教育学历证书（文凭）及学位的协议》，1995年与俄罗斯签署了《关于相互承认学历、学位证书的协议》，2002年与吉尔吉斯斯坦签署《关于相互承认学历、学位证书的协议》。中国国家教育部还专门设立机构，根据相关规定对在国外所获教育/专业技能、国外学习经历进行认证。

2. 提升竞争力的网络式合作模式

网络式合作是上海合作组织教育合作的主要特征，是"教育无国界"理念的具体实施形式。高校的网络式合作的经济成效显著，可以为劳动力市场培养有专业优势、创新思维、广博知识、应变能力、竞争力强的国际化人才。对项目院校而言，上海合作组织大学是提升竞争力的有效因素。但上海合作组织大学框架下教育资源一体化应建立在长期有效的机制上，上海合作组织大学各项目院校平等获得该合作模式的优势条件。

3. 学生和学者的交流项目

国家奖学金支持的学生、学者交流合作项目也是上海合作组织成员国合作的重要形式。中方在国家层面设置了十几种合作项目，其中5项是与俄罗斯的合作项目，1项是与哈萨克斯坦的合作项目。在与俄罗斯的双边合作中中方有高层次人才培养的政府奖学金项目，有硕士研究生培养奖学金项目，优秀本科生人才培养奖学金项目，联合培养奖学金项目，还有艺术类学生奖学金项目。与哈萨克斯坦的合作项目中有互派奖学金项目，包括本科生、插班生、硕士研究生、联合培养硕士研究生以及博士研究生和访问学者。

4. 联合培养及双学位模式

联合培养是上海合作组织大学人才培养的主要模式，在此基础上，各项目院校不断探索上海合作组织大学框架下多元化的人才培养模式，特别是双学位人才培养模式，该模式得到了诸多院校的认同并已在部分院校开始实施。目前上海合作大学的人才培养模式主要集中在硕士层面，部分项目院校已完成相关技术性对接工作。本科生"2+2"的试点工作正在进行，博士层面合作有望尽早实施。

5.孔子学院和俄语中心是上海合作组织教育合作的另一重要形式

绝大多数孔子学院和俄语中心由双边国家高校共同参与建设和运作，是上海合作组织高等学校间推进语言教学双边合作的重要平台，为上海合作组织大学项目学生的语言准备提供了有利条件。

由此可以看出，上海合作组织成员国间教育合作形式多样，多边与双边齐头并进，项目种类多元，几乎涵盖了教育合作的所有领域，从人才培养到科研合作，从学生交换到学术交流，包括了从本科到博士的所有层次，培养未来服务于上海合作组织的国际化人才，为上海合作组织的共同发展和全方位合作提供有力的人才保障。

四 合作问题及难点

上海合作组织教育领域的合作非常广泛，为上海合作组织自身建设提供强有力的技术支持和人才保障，为双边关系乃至地区关系的不断改善和稳定发展打下坚实可靠的基础。但是，受历史文化传统和不断变化的国际政治经济环境影响，成员国间教育合作与交流面临着较大的挑战，存在诸多问题和障碍。

1.认同问题

由于历史与文化的不同，上海合作组织成员国间的文化差异、教育水平差异、经济发展水平的差异等使得组织内部认同感偏弱，同时，与西方发达国家相比，该组织大部分成员国为发展中国家，经济不够发达，教育水平不够先进，使参与教育合作的高校及学生个体缺乏认同感。这对上海合作组织教育合作带来了难题。

2. 语言问题

语言是制约上海合作组织教育合作最重要的因素之一。根据《宪章》上海合作组织及其大学的工作语言为俄语和汉语。其中大部分成员国为原苏联体制内国家，对他们而言，学生均具有良好的外语语言基础（俄语），具有统一的语言空间，这是深化上海合作组织教育合作和教育一体化的前提。

近年来，由于中国的经济发展和不断提升的国际地位，汉语热也在上海合作组织成员国内兴起，但由于起步晚，学生的汉语水平很难达到专业学习的水平。而中国学生由于众所周知的原因，其外语学习热情（俄语）不高，这成为中方在上海合作组织框架下进行教育合作所面临的最为棘手的问题。这既不利于建立稳定的学生交流机制，也加大了教学难度，导致效率低下，学生出国学习的热情减退，联合培养之路异常艰难。

虽然中方各校努力克服困难，对上海合作大学项目学生进行语言培训，但由于种种原因收效不大。尽管中方教育部门在学生出国前对其进行语言能力培训，但仍无法满足学生专业学习的语言要求，尽管目前上海合作组织成员国学习汉语的热情大增，但外方来华学生同样存在语言问题。

3. 生源问题

上海合作组织教育合作中的生源问题主要体现在目前上海合作组织大学7个方向的硕士层面的联合培养上。究其原因，语言是其中最重要的原因之一，没有启动本科层面的联合培养计划也是制约生源数量的重要因素。中方在不同层面呼吁上海合作组织教育合作的所有参与方尽快行动起来开放本科人才培养项目，这将便于促进上海合作组织教育合作项目的持续稳定发展，有利于尽快实现本硕博一体化国际人才培养模式，为上海合作组织大学高层次人才培养储备生源。

4. 资金问题

上海合作组织教育领域合作的推进和发展，需要各成员国在财政方面给予更多的支持，需要各国在国家层面建立互利互惠的合作机制。但上海合作组织成员国大部分是发展中国家，各国国情不同，各国对教育领域合作的资金支持力度千差万别，虽有意愿，但尚不能满足上海合作组织教育领域合作以及创建上海合作组织统一教育空间的需求。各国高校有足够的能力服务于地方和本国的发展，但对于上海合作组织教育一体化而言还需要更多的教育资源。这成为制约上海合作组织教育合作发展的另一个难题。

5. 平衡问题

由于受历史因素和经济发展水平的影响，上海合作组织各成员国的教育发展水平不平衡，在教学理念、教学管理、教学质量等方面均存在明显差异。学生交流呈单向化趋势，流向教育水平相对较高的国家和地区，难以做到互惠互利、平等合作。这也是阻碍上海合作组织教育合作的一大因素。

要解决这些问题、克服这些障碍各方就必须保持一致，在国家战略层面和其他各不同层面均达成相互理解与支持，共同克服阻碍上海合作组织统一教育空间发展的瓶颈，推动各国教育体系的高水平发展，满足21世纪对教育和人才的需要。

五 未来合作方向

教育合作被誉为最具发展潜力的合作领域之一，上海合作组织教育领域的合作虽面临诸多挑战和困难，但上海合作组织成员国合作的意愿是肯定的，态度是积极的。因为随着上海合作组织国际地位的不断提升，国际话语权的不断加强，组织内部的全方位合作，特别是安全领域、经济领域的合作愈发紧密，这就需要培养各国自身发展所需人才和上海合作组织全面合作所需的国际化高层次人才。上海合作组织各国自身的进步和发展是推进上海合作组织一体化进程的基础，没有各国自身的进步和发展，上海合作组织一体化进程就无法实现。这就要求成员国对本国的教育体系进行论证和改革，充分利用本国优势教育资源，推动实施高效的现代化教育模式，全面提升教育质量。上海合作组织成员国要加强本国的教育资源建设，可通过上海合作组织统一的教育空间来满足本国社会发展的需求。

同时，欧亚一体化进程要求上海合作组织解决一系列前所未有的复杂问题，人才问题是解决这些复杂问题的关键所在。上海合作组织成员国的共同发展需要大量具有专业知识、专业优势，积极参与国际协作和国际项目的国际化人才。这就需要各方政府、科研机构、教育管理机构的协调努力，需要国际人文合作组织的支持。

因此，未来上海合作组织教育合作应在以下几个方面做好准备。

1. 政府政策支持

未来上海合作组织教育合作期待成员国政府的更多政策支持和保障，尽快签署关于成立上海合作组织大学的政府间协议。上海合作组织大学在各国教育部门以及高校层面的相关法律文件已经签署，期待尽快签署政府间协议，这不仅能为上海合作组织大学新阶段的发展提供更为广阔的空间，同时，也有利于教育领域的其他形式合作。在政府层面给予上海合作组织大学法律层面的认同，将更有利于创建上海合作组织统一教育空间。

2. 加大资金和其他资源支持

当前国际局势下，上海合作组织成员国面临着安全、经济等多重压力，教育合作资金投入严重不足。但缺少资源难以维持上海合作组织教育领域合作的稳步推进和发展，难以尽快建立上海合作组织统一教育空间，难以培养有助于组织内部合作的高层次人才。

3. 创造条件实现上海合作组织框架下教育合作多样化

实践证明，上海合作组织教育合作正处于发展阶段，多样化的教育合作格局更有利于上海合作组织大学的发展，例如现代化的国际远程教育、以人才培养为依托的科研合作等。各国教育部门应摒弃保守思想，积极落实上海合作组织"教育无国界"的新模式、新思路，努力创造更好的条件来实现教育合作，尽早制定并出台相关政策和法律保障，最大限度地保障教育合作的顺利进行，尽快使上海合作组织教育一体化机制的建立与发展从理论过渡到实践。

4. 进一步扩大上海合作组织大学框架下的合作形式，提高一体化建设水平

上海合作组织大学还要进一步提高国际化人才培养质量和国际化教学资料一体化建设。学校层面要共同制定符合国际化人才培养需要的教学计划和教学大纲，深化合作内涵，把人才培养质量放到首位。

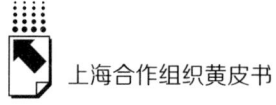

5. 加快解决语言问题

尽快解决严重阻碍上海合作组织大学高层次专业人才培养计划实施的语言问题，推进启动上海合作组织大学本科层面人才培养方案，探索本硕博一体化人才培养模式，力争在本科阶段完成语言准备，使本科层面的联合人才培养成为深化上海合作组织教育领域一体化合作的坚实基础。

结　语

教育合作是上海合作组织三大支柱合作内容，成员国早已意识到教育合作在上海合作组织未来全方位合作中的重要作用，是历年元首峰会的重要内容。教育合作近年来取得了一定成果，但相对于安全领域和经济领域合作，教育合作发展缓慢，历史文化差异、经济发展水平和教育质量是制约其发展的最根本的因素。

当今时代正值上海合作组织成员国人文伙伴关系处于发展的关键时期，是建立"统一的教育空间"和"教育无国界"理念时期，因此只有成员国的共同努力，提供更多政策支持和资金保障，探求教育合作的新渠道、新方向，创建多方合作的新平台，使教育合作长期化、多元化，充分利用现代教育技术，使之为解决更多问题提供有效方法。只有这样，教育合作才能顺利进行，才有可能形成上海合作组织统一的教育空间，为深化上海合作组织合作提供人力资源保障。

域外舆情
Extraterritorial Consensuses

Y.22
美国学界对上海合作组织的看法综述（2011～2016年）

王晨星*

摘　要： 美国是上海合作组织（简称"上合组织"）发展过程中的重要外部因素之一。迄今为止，美国官方尚未发布完整的、系统的对上合组织政策文件，而且政府高层关于上合组织的表态频率不高。美国国内对上合组织的讨论大多集中在学界。尽管学界讨论不能代表美国官方，但也能从一个侧面反映美国对上合组织的基本看法及对策考量。通过对2011年至2016年美国学界成果的考察可知，美国对上合组织的定性仍然是"非敌非友"，更多采取关注、紧盯的做法，在短期内不谋求建立机制化合作关系。值得注意的是，把上合组织放到中国

---

* 王晨星，中国社会科学院俄罗斯东欧中亚研究所战略研究室助理研究员。

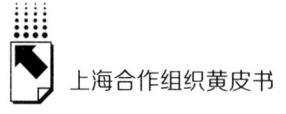

与现行国际体系间关系的视野下去思考是美国讨论上合组织的新角度。

关键词： 美国　上海合作组织　中美关系

一　引言

上海合作组织（简称"上合组织"）是冷战后新成立的集安全、经济、政治、人文功能于一体的，由欧亚中心地区新兴大国主导及转型国家和发展中国家参加的、没有西方发达国家参与的地区性国际组织。就成员国的人口、面积等要素而言，上合组织是目前亚欧大陆上地域范围最广的地区性国际组织，随着印度与巴基斯坦的加入，上合组织的地域范围将进一步扩大。本文把上合组织发展中重要外部因素之一——美国作为考察对象，探析美国对上合组织的认知主要基于以下几点。

第一，从现实意义上看，在上合组织的对外关系中，美国因素不可忽视。从阿富汗反恐战争，到"颜色革命"；从俄格冲突，到"阿拉伯之春"；从"新丝绸之路计划"到乌克兰危机，美国因素在上合组织境内及周边无不存在，并对地区结构产生重要影响。美国对上合组织采取的对策是关注，而不建交，密切注视上合组织动向，但与上合组织并不谋求建立机制化关系。那么，美国采取这样政策的原因是什么？这是值得探究的问题。

第二，从学理意义上看，需弥补国内研究上合组织思维单一的不足。在我国，上合组织是研究中国外交、中俄关系、欧亚战略、"一带一路"等问题所绕不开的重要议题，相关成果层出不穷。然而，纵观研究现状可知，目前我国学界对上合组织问题的研究多从本国视角出发，存在思维单一的情况。随着上合组织不断朝精深方向发展，学界研究应该打破传统本位思维、单一思维，而在坚持"以我为主"的前提下，适当进行换位思考，采取双向和多向思维，做到知己知彼，提高对上合组织问题研究的规范性和战略性。

第三，继续追踪上合组织发展中美国因素的研究。到目前为止，国内学界分析上合组织发展中的美国因素的成果并不多。代表性论文有二：一是郑羽研究员的《美国对上海合作组织的看法及政策》（2007年）；① 二是赵华胜教授的《美国与上海合作组织：从布什到奥巴马》（2010年）。② 以上成果系统分析了2001年至2010年美国政界、学界对上合组织的看法。迄今为止，我国学界对2011年至2016年期间美国与上合组织关系问题的研究较少。③ 因此，本文拟以此为时间段，继续对该问题做一追踪。

二 美国对上合组织的总体定位：是敌是友？

在官方层面，从2001年至今，美国对上合组织的态度经历从忽视到关注的转变，但对上合组织的认知和定位仍然比较模糊，正式表态频率不高，而且还停留在副国务卿层面，在国家外交文件中也是一笔带过。2010年，美国国务院副国务卿斯坦伯格（J. Steinberg）提出，"与上合组织保持互动对美国而言是重要的，存在以非成员国身份进行沟通的途径。"④ 而2011年助理国务卿布莱克（R. Blake）却指出，在上合组织内美国不谋求某种形式的成员地位，但上合组织是维护稳定和繁荣的较好的磋商平台。⑤ 从以上看似自相矛盾的表态中可知，美国官方在如何处理与上合组织关系问题上还未最终决定，还没想好是敌还是友，目前对待上合组织是"面子上过得去"的外交辞令。

---

① 郑羽：《美国对上海合作组织的看法及政策》，《和平与发展》2007年第2期。
② 赵华胜：《美国与上海合作组织合作：从布什到奥巴马》，《国际问题研究》2010年第2期。
③ 其间具有代表性的论文有赵伟明：《上海合作组织与美国关系评析》，《和平与发展》2013年第4期。
④ Boland J., "Eangaging the Anti - NATO", June 10, 2011. http://nationalinterest.org/commentary/engaging - the - anti - nato - 5445.
⑤ Assistant Secretary Robert O. Blake, Jr. Bureau of South and Central Affairs Media Roundtable, Beijing, China, March 18, 2011, http://beijing.usembassy - china.org.cn/032111media.html.

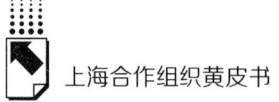

与官方层面相对"冷处理"的立场不同,美国智库界、学界对上合组织已有较多讨论。智库和学界虽然不能代表美国官方,但是也能从一个侧面反映美国对上合组织的定位认知。

第一,"非敌非友"是对上合组织的基本定性。哥伦比亚大学哈里曼研究所所长库利(A. Cooley)认为,上合组织具备三个基本属性:一是反西方集团;二是威权国家俱乐部;三是地区公共产品提供者。① 布鲁金斯学会研究员博兰(J. Boland)也提出类似观点。他指出:上合组织是协调成员国行动、解决历史恩怨、反恐合作的"清谈馆"(a talk shop),它是威权俱乐部,具有反西方和反北约的性质。② 也就是说,在美方看来,上合组织并非是美国的"朋友",因为上合组织作为非西方主导的地区组织或将给美国欧亚利益、民主价值带来冲击。然而,在维护地区稳定、推动地区发展上,上合组织与美国之间有利益交集,因此,从这个意义上看,上合组织也并非是美国的"敌人"。正因为是对上合组织"非敌非友"的定性,至今美国对上合组织的政策仍然模糊不清。

第二,从组织机制建设上看,上合组织仍不完善。2011年布鲁金斯学会在总结上合组织十年发展时提到,上合组织机制建设看似在前进,其实依旧羸弱,运行效果不佳,特别是在经济、能源合作领域。③ 在美方眼中,经过5年的发展,上合组织的机制建设仍未有大起色。正如美国对外关系委员会(CFR)在2015年的一份报告中所指出,上合组织运行类似于论坛(forum),目的是巩固互信和睦邻友好关系,并在政治、经济、贸易、人文、

---

① Cooley A., *Great Games, Local Rules: The New Great Power Contest in Central Asia*, Oxford University Press, 2012, pp. 74 – 96; Cooley A., "The Rise of the SCO as a New Regional Organization: Western Perspectives", March 23, 2011, http://carnegie.ru/2011/03/23/rise-of-sco-as-new-regional-organization-western-perspectives-event-3225.
② Boland J., "Eangaging the Anti – NATO", June 10, 2011, http://nationalinterest.org/commentary/engaging-the-anti-nato-5445.
③ 参见 Boland J., "Ten Years of the Shanghai Cooperation Organization: A Lost Decade? A Partner for the U. S. ?", *Brookings 21st Century Defense Initiative Policy Paper*, 20 June 2011, p. 19; Boland J., "Eangaging the Anti – NATO", June 10, 2011, http://nationalinterest.org/commentary/engaging-the-anti-nato-5445。

能源及交通领域推动合作而已。① 哈德逊研究所研究员韦茨（R. Weitz）也认为，上合组织的组织机制并未健全，其决策力有限。②

第三，从功能领域上看，上合组织在维护地区安全上颇有建树，但在经济领域合作仍然举步维艰，区域经济一体化尚未形成。布鲁金斯学会的报告中指出，安全领域的合作依旧是上合组织的支柱性功能。除了反恐合作，在上合组织框架内，军事演习、武器应用、联合指挥、运输演练、统筹协调等对成员国而言都是有益的。在经济合作领域，上合组织的作用日益显现。但是与安全领域合作相比，上合组织在经济领域的合作运行不理想，金融、能源等合作机制均未正式运转起来。此外，上合组织的软实力不容忽视。通过派遣选举观察员，上合组织在帮助中亚国家建立威权体系合法性上发挥着重要作用。③

对外关系委员会也持类似观点并指出，尽管近年来中国在上合组织框架下力推多边经济合作，但是收效甚微。就拿能源领域来说，由于其他油气出口国（俄罗斯、哈萨克斯坦）更倾向通过国家来控制对外能源合作，因此到目前为止，上合组织框架内的能源合作依旧停留在双边层面。④

第四，扩员对上合组织而言存在利弊两面性。所谓利好，具体有以下方面：

一是有利于推动多边经济合作。美国战略与国际研究中心（CSIS）研究员斯托达特（A. Studdart）认为，印巴即将加入意味着，"一带一路"主要沿线国家都将成为上合组织的一部分，这为中国开展对外经贸合作带来便利。⑤

---

① Albert E., "The Shanghai Cooperation Organization", October 14, 2015, http://www.cfr.org/china/shanghai-cooperation-organization/p10883.

② Albert E., "The Shanghai Cooperation Organization", October 14, 2015, http://www.cfr.org/china/shanghai-cooperation-organization/p10883.

③ Boland J., "Ten Years of the Shanghai Cooperation Organization: A Lost Decade? A Partner for the U. S. ?", *Brookings 21st Century Defense Initiative Policy Paper*, June 20, 2011, pp. 11–19.

④ Albert E., "The Shanghai Cooperation Organization", October 14, 2015, http://www.cfr.org/china/shanghai-cooperation-organization/p10883.

⑤ Studdart A., "Summertime in Ufa: What to Expect from The BRICS and SCO Summits", *CSIS Global Economics Mothly*, June 2015, https://www.csis.org/analysis/global-economics-monthly-summertime-ufa-what-expect-brics-and-sco-summits.

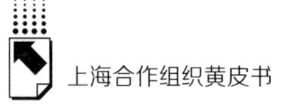

美国对外关系委员会研究员皮耶克斯（W. Piekos）进一步指出，从印巴角度看，两国将获得更多的中国发展红利以及中亚地区丰富的油气资源。① 该委员会研究员艾伯特（E. Albert）分析称，两大南亚国家，特别是印度将借助上合组织加大对中亚地区投资，进而推动上合组织开发银行机制发展。②

二是有利于改变上合组织的"威权国家集团"形象。在美方眼中，上合组织具有天生的反美、反北约、反西方特质。艾伯特指出，正因为当今世界最大民主国——印度的加入，上合组织将提高自身"合法性"。③

三是有利于进一步加强地区安全合作。美国海军战争学院教授格沃斯杰夫（N. Gvosdev）形象地指出，上合组织将可能是防止印巴冲突的"制度防火墙"（an institutional firewall）。④

就负面影响而言，哈德逊研究所研究员韦茨指出：

一是印巴加入上合组织实际上是中俄相互妥协、利益交换的结果；

二是在中俄印巴之间，其余小国成员担心自身影响力下降；

三是印巴加入将进一步拉大上合组织内部成员国间经济、社会、政策等方面差异性，影响组织内部团结和运行效率。⑤

原美国国务院助理国务卿费根鲍姆（E. Feigenbaum）认为，扩员会使上合组织机制变得更弱化、更松散化以及更缺乏连贯性。⑥ 从这个意义上

---

① Piekos W., "The Risks and Rewards of SCO Expansion", July 8, 2015, http：//www.cfr.org/international-organizations-and-alliances/risks-rewards-sco-expansion/p36761.

② Albert E., "The Shanghai Cooperation Organization", October 14, 2015, http：//www.cfr.org/china/shanghai-cooperation-organization/p10883.

③ Albert E., "The Shanghai Cooperation Organization", October 14, 2015, http：//www.cfr.org/china/shanghai-cooperation-organization/p10883.

④ Gvosdev N., "China's Master Plan to Thwart American Dominance in Asia", July 11, 2015, http：//nationalinterest.org/feature/chinas-master-plan-thwart-american-dominance-asia-13310.

⑤ Weitz R., "The Shanghai Cooperation Organization's Growing Pains", *The Diplomat*, September 18 2015, http：//thediplomat.com/2015/09/the-shanghai-cooperation-organizations-growing-pains/.

⑥ Feigenbaum E., "Shanghai Cooperation Organization, Central Asia, and the United States", June 23, 2016, http：//carnegieendowment.org/2016/06/23/shanghai-cooperation-organization-central-asia-and-united-states-pub-63907.

讲，库利消极地认为，上合组织扩员的象征意义要大于推动区域一体化或合作解决具体问题的意义。①

三 上合组织与美国主导国际体系间的关系：参与者还是挑战者？

在美国，讨论上合组织问题大多放置在中国对外战略的视域下，把上合组织看作是中国领导（China-led）的地区性国际组织，而非中俄共同主导。原美国国家安全委员会俄罗斯事务高级主任格雷厄姆（T. Graham）直截了当地提出："美国一般不关注欧亚中心区域的多边机制，但上合组织除外，主要是因为该组织是由中国主导的。"② 上合组织俨然是中国展示自己"魅力"的舞台。③ 伴随着中国强势崛起，上合组织将在中国对外战略中发挥什么样的作用？对当前美国主导的国际秩序产生哪些影响？是加入现行国际体系，还是另起炉灶，谋求构建非西方的国际体系？这是美国方面近年来关注的新焦点。

美国新安全研究中心研究员方旦（R. Fontaine）看到了中国主导地区多边机制对现行国际秩序所产生的双重影响。他认为，中国早已是现行国际秩序中的一员，评估中国与现行国际秩序的关系不能一概论之。总体看，在许多国际机制中，中国还是一个愿意合作的伙伴，并在新建立的国际机制中寻找领导力。在经济方面，通过建立地区性经济机制，中国寻求在国际经济体系中获得更多话语权，或者修改现行国际经济规则。在安全问题上，尤其是涉及中国周边安全问题，中国则排斥现行国际秩序与规则。④ 从这个意义上

---

① Piekos W., "The Risks and Rewards of SCO Expansion", July 8, 2015, http：//www.cfr.org/international - organizations - and - alliances/risks - rewards - sco - expansion/p36761.

② 2015 年 2 月，原美国国家安全委员会俄罗斯事务高级主任格雷厄姆（T. Graham）在美国纽约大学俄罗斯研究中心的学术座谈会。

③ Roney T., "The Shanghai Cooperation Organization：China's NATO?", September 13, 2013, http：//thediplomat.com/2013/09/the - shanghai - cooperation - organization - chinas - nato - 2/.

④ Fontaine R., "How China Sees World Order", April 20, 2016, http：//nationalinterest.org/feature/how - china - sees - world - order - 15846？page = show.

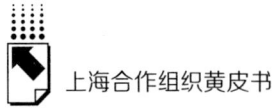

讲,上合组织是有别于西方主导的地区安全机制的国际组织。对中国而言,上合组织不仅是打击"三股势力"、实现中亚非军事化的多边机制,也是制衡美国在中亚势力扩张的工具。①

美国海军研究院(NPS)研究员巴尔玛(N. Barma)进一步认为,尽管中国主导的地区性多边机制逐步启动,但是在短期内还是难以替代西方主导的多边机制,然而其发展速度之快,已令美国感到压力,这将加速"非西方世界"(The World Without the West)的形成。②

四 上合组织在阿富汗及中东问题上:补台还是拆台?

维护安全稳定和推动经济发展是上合组织在阿富汗问题上发挥积极作用的关键。以美国为首的西方更希望上合组织能在解决阿富汗问题上有所作为,以减轻自身压力,甚至可以从阿富汗泥潭中抽身。布鲁金斯学会的博兰看来,"一旦美国撤出阿富汗后,没人会关心上合组织。"③ 然而,美方的评估是,上合组织在解决阿富汗问题上影响有限,主要原因如下。

其一,在上合组织内,阿富汗虽为观察员国,但不是正式成员国,参与上合组织合作程度有限。正如韦茨所言,只有上合组织正式成员国才能参与多边决策,其他国家通过非正式成员国地位难以从上合组织获利。④

其二,上合组织成员国对阿富汗关系以双边为主。上合组织成员国通过双边形式已与阿富汗建立联系,尤其在经济合作领域,双边关系已取得一定成果,但是双边关系的短板在于成员国间政策难以协调,这将阻碍上合组织

---

① Fontaine R., "How China Sees World Order", April 20, 2016, http://nationalinterest.org/feature/how-china-sees-world-order-15846? page=show.
② Barma N., Ratner E., Weber S., "Welcome to the World Without the West", November 12, 2014, http://nationalinterest.org/feature/welcome-the-world-without-the-west-11651.
③ Boland J., "Eangaging the Anti-NATO", June 10, 2011, http://nationalinterest.org/commentary/engaging-the-anti-nato-5445.
④ Weitz R., "The Shanghai Cooperation Organization's Growing Pains", *The Diplomat*, September 18 2015, http://thediplomat.com/2015/09/the-shanghai-cooperation-organizations-growing-pains/.

在阿富汗安全问题上制定统一政策。①

其三，上合组织的作用还受集体安全条约组织的限制。两大组织在成员国、功能领域方面高度重合。俄罗斯和中亚国家意图通过集体安全条约组织来应对阿富汗安全威胁，而不是上合组织。②

在扩员进程驱动下，上合组织与中东关系变化也进入美方视野。2012年，上合组织吸纳阿富汗为观察员国，土耳其为对话伙伴国。2014年，伊朗也成为上合组织观察员国。此外，埃及也跃跃欲试，谋求加入上合组织。上合组织影响力向中东地区拓展的势头引起了美方注意。原美国国务院顾问桑德斯（P. Saunders）指出，假如中东国家意识到上合组织是独立于美国、西方的新地区政治力量，那么上合组织就会获得影响中东国家的、更为灵活的外交资源；假如伊朗加入上合组织，成为正式成员，那么这将巩固伊朗的国际政治地位。然而，桑德斯进一步指出，在中东地区上合组织目前难以发挥有效作用，其主要原因有二：一是上合组织本身能量有限，这是最大的问题；二是成员国对中东政策取向不同。③

五 美国对上合组织的对策考量：排斥还是拉拢？

如何与上合组织相处？围绕该问题，美国智库学者大致可分为两派：一派反对美国与上合组织建交，应该静观其变，等待上合组织内部出现"故障"，代表学者是库利；④ 另一派则主张美国、北约与上合组织建立某种机

---

① Albert E., "The Shanghai Cooperation Organization", October 14, 2015, http://www.cfr.org/china/shanghai-cooperation-organization/p10883.

② Weitz R., "The Shanghai Cooperation Organization's Growing Pains", The Diplomat, September 18, 2015, http://thediplomat.com/2015/09/the-shanghai-cooperation-organizations-growing-pains/.

③ Saunders P., "Iran Nuclear Deal With West Could Help It Pivot East", July 13, 2015, http://www.al-monitor.com/pulse/originals/2015/07/iran-sco-member-diplomacy-nuclear-terrorism.html#ixzz3hxylk6yz.

④ Cooley A., "Cooperation Gets Shanghaied: China, Russia, and the SCO", Foreign Affairs, December 14, 2009, https://www.foreignaffairs.com/articles/china/2009-12-14/cooperation-gets-shanghaied.

制化合作关系。韦茨提出的理由是,加强防灾、反恐、反毒等领域的合作不仅有利于北约和上合组织本身,还有利于在中亚地区避免大国竞争。①

总体来看,美国对上合组织的政策仍不清晰,主流观点是美国应继续对上合组织保持关注,但在短期内不谋求建立机制化多边合作关系。

美国海军研究院的巴尔玛指出,其一,美国从思想上应该认识到,并不是所有中国主导的多边机制都具有反美特质,因此美国应该允许某些非西方机制的存在,以弥补美国利益;其二,面对中国主导多边机制的兴起,美国应该参与到多边机制竞争中去;其三,美国应该密切关注上合组织发展。②

布鲁金斯学会的博兰提出,美国与上合组织互动的难点在于,在推动共赢合作的同时,不能触及上合组织成员国国内政治体制。③ 也就是说,美方认为,上合组织成员国与美国倡导的西方价值观相悖。如果要与上合组织开展实质性合作,那么就意味着美国要放弃自己标榜的价值观。

六　结语

综上可知,美国对上合组织的看法是模糊的。具体而言,美国对上合组织的定性仍然是"非敌非友",更多采取关注、紧盯的做法,在短期内不谋求建立机制化合作关系。然而,上合组织在中国崛起中将扮演什么样的角色?中国借助上合组织如何构建周边地区新秩序?进而如何影响现行国际体系?是反对,还是融入?这些问题将是美国讨论中国外交及上合组织问题的新视角。客观地讲,美国作为上合组织发展的外部因素将继续存在,并发挥影响作用。不管美方如何看待上合组织,是继续保持模糊,还是逐渐清晰,我们都应该继续关注,实时跟进。

---

① Weitz R., "Building A NATO – SCO Dialogue, European Dialogue", March 14, 2011, http://eurodialogue.org/Building – a – NATO – SCO – dialogue.
② Barma N., Ratner E., Weber S., "Welcome to the World Without the West", November 12, 2014, http://nationalinterest.org/feature/welcome – the – world – without – the – west – 11651.
③ Boland J., "Eangaging the Anti – NATO", June 10, 2011, http://nationalinterest.org/commentary/engaging – the – anti – nato – 5445.

Y.23 印度官员和学者对上海合作组织扩员的观点综述

张 昊*

摘　要： 对于印度加入上合组织，绝大多数印度政府官员以及印智库学者都持乐观积极的态度，认为印度的成员国身份无论是对于上合组织，对于中、俄、中亚国家，还是对于印度而言，都将是"多赢"的机遇。印度官方和学者普遍认为，加入上合组织对于印度非常有益。这主要体现在中亚地区影响力、地区安全局势以及能源安全三大方面。同时，印度学者对于未来加入上合组织后可能会面临的一些挑战，保持谨慎态度。

关键词： 印度　上合组织　中亚　安全

2005年在哈萨克斯坦首都阿斯塔纳举行的上海合作组织（以下简称上合组织）第五次峰会上，印度成为上合组织的观察员国。在随后的十余年时间里，印度参加了上合组织各类部长级会议以及相关活动。印方对上合组织安全以及欧亚经济合作等问题尤为感兴趣，不断致力于在上合组织中扮演更加积极的角色。2014年，印度正式提出加入上合组织的申请，当即受到俄罗斯、哈萨克斯坦等国的欢迎。2015年，印度总理纳

---

* 张昊，中国社会科学院方志出版社编辑。

伦德拉·莫迪访问中国，中国国家主席习近平对印度申请加入上合组织表示欢迎。①

2015年7月在上合组织乌法峰会上，上海合作组织成员国元首理事会会议决定，正式启动接纳印度和巴基斯坦加入上合组织的程序。2016年在塔什干召开的成员国元首理事会第十六次会议上，签署了关于印度、巴基斯坦加入上合组织义务的备忘录。会后发表的《上海合作组织成立十五周年塔什干宣言》指出，"本次峰会期间签署的关于印度共和国和巴基斯坦伊斯兰共和国加入上海合作组织义务的备忘录，是上海合作组织扩员进程中迈出的切实步骤。"对于两国的加入，《塔什干宣言》指出"成员国认为，印度和巴基斯坦获得成员国地位将扩大本组织潜力，提升其作为解决地区当前重大问题、保障安全稳定和可持续发展的多边机制在国际舞台上的作用。"②

一 印度加入对于上合组织的重要意义

印度获得上合组织成员国地位，将会是上合组织发展史上重大事件。上合组织秘书长阿利莫夫表示："印度和巴基斯坦获得上合组织成员国地位，将扩大本组织潜力，促进本组织在国际舞台上作用的进一步提升。"③ 印度官员、学者普遍认为，印度的加入对于上合组织发展具有极为重要的意义，具体表现在以下三个方面。

（一）大幅扩展上合组织覆盖范围

关于加入上合组织，印度总理莫迪认为，"印度的国土面积、12亿人口

---

① Abhishek Srivastava, "How India can Benefit from Joining Shanghai Cooperation Organisation?", http://www.dailyo.in/politics/shanghai-corporation-organisation-foreign-policy-narendra-modi-central-asian-republics-tashkent-terrorism-security/story/1/11346.html.
② 《上海合作组织成立十五周年塔什干宣言（全文）》，中华人民共和国外交部网站，http://www.fmprc.gov.cn/web/ziliao_674904/zt_674979/dnzt_674981/xzxzt/xddcfyslsh_686824/zxxx_686826/t1375252.shtml。
③ 《上海合作组织秘书长：上合组织具备了将合作水平提升到新高度的所有先决条件》，http://chn.sectsco.org/news/20161103/149344.html。

以及 2 万亿美元的经济总量，将使上合组织成为世界上最大的组织之一。"①2016 年塔什干峰会上，莫迪在发言中指出印度加入后，"上合组织的覆盖区域将从太平洋延伸至欧洲，从北极扩展到印度洋。"② 印度驻哈萨克斯坦和瑞典等国原大使 Ashok Sajjanhar 认为，"上合组织的地理范围将从欧亚地区扩展至南亚次大陆。"③

印度专家在相关著作中也多次援引俄总统普京的话，"随着上合组织的地理范围的扩展，上合组织应对现代威胁和挑战的能力将得以提升，组织的政治以及经济潜力显著增长。"④ 在印度的专家学者看来，上合组织此次扩员后所覆盖地区范围显著扩展。考虑到印度庞大的人口数量、广阔的国土面积以及丰富的自然、人力以及技术等各项资源，上合组织在地区事务中的作用，以及在全球的影响力将得到跨越式发展，真正成为在"地区和国际有影响力的权威组织"⑤。

印度国际问题专家 Kundu 研究员认为，随着印度等国的加入，上合组织将使整个欧亚大陆转化为一个大型的"能源和经济集团"⑥。"印度和巴基斯坦的加入将使上合组织人口占世界总人口的一半，同时也使组织内'有核国家'的数量增长至 4 个，有力维护世界和平与发展。"印度的加入标志着上合组织在覆盖范围上，同时在组织功能上实现了"双外溢"，从而实现

---

① Ambassador P. Stobdan, "The Shanghai Cooperation Organization: India Enters Eurasia", http://www.indiandefencereview.com/the-shanghai-cooperation-organization-india-enters-eurasia/.

② Narendra Modi, "PM's Address at SCO Summit", http://www.pmindia.gov.in/en/news_updates/pms-address-at-sco-summit/.

③ Ashok Sajjanhar, "India and the Shanghai Cooperation Organization", http://thediplomat.com/2016/06/india-and-the-shanghai-cooperation-organization/.

④ "Press Conference by President of The Russian Federation Vladimir Putin on The Results of The Brics and Sco Summits", http://en.brics2015.ru/transcripts/20150710/434597.html.

⑤ 《上海合作组织成立十五周年塔什干宣言（全文）》，中华人民共和国外交部网站，http://www.fmprc.gov.cn/web/ziliao_674904/zt_674979/dnzt_674981/xzxzt/xddcfyslsh_686824/zxxx_686826/t1375382.shtml。

⑥ N. D. Kundu , "India Should Give a Closer Look to the Shanghai Cooperation Organisation", *Policy Brief*, Indian Council of World Affairs (New Delhi).

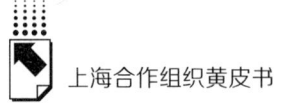

新的发展动力。甚至有印度媒体称,随着印度加入上合组织,亚洲将重新成为全球权力的中心。①

(二)促进上合组织各经济体发展

印度幅员辽阔,人口数量庞大,市场潜力巨大,加之近年来印度经济保持较快发展态势,因此印度政府和智库都认为,印度将发挥其自身经济优势,促进上合组织各经济体发展,并将有力推动上合组织的经济合作。

印度总理莫迪认为,"印度快速发展的经济以及巨大的市场空间,将推动上合组织区域内的经济增长。""印度在贸易、投资、信息、通信技术、空间技术、农业、健康、中小型企业发展方面的能力与优势,将会给上合组织各成员国带来经济利益。""印度将和各国合作,发展区域内人力资源以及机构能力,鉴于(印度)在此方面的优势,我们的发展经验将满足上合组织各国的需求。"②

莫迪总理指出,"印度将深化与中、俄两国的战略协作,以上合组织成员国的身份继续发展与各国的友谊。与各成员国一起,使上合组织成为欧亚一体化的起跳板,使其成为全球最具有发展活力的地区。"③ 印度原外长克里希纳曾表示,"加入上合组织后,印度愿意在上合组织内扮演更加积极的角色。印度高度重视上合组织给所在地区带来的安全、稳定和发展,为了地区内的人民福祉印度愿意为上合组织做出更大贡献。"④

印度驻哈萨克斯坦和瑞典等国原大使 Ashok Sajjanhar 的观点颇具代表性,他认为"印度是全球发展最快的经济体之一,年均国民生产总值

---

① Debu C., "How Can India Benefit From Becoming a Member of SCO?", http://www.mapsofindia.com/my-india/politics/how-can-india-benefit-from-becoming-a-member-of-sco.

② Narendra Modi, "PM's Address at SCO Summit", http://www.pmindia.gov.in/en/news_updates/pms-address-at-sco-summit/.

③ N. Modi, "Prime Minister Speech at SCO Heads of State Council Meeting", http://en.sco-russia.ru/transcripts/20150710/1013634475.html.

④ S. M. Krishna, "Statement by External Affairs Minister at the SCO Heads of State Summit", http://mea.gov.in/media-briefings.htm?dtl/19755/Statement+by+External+Affairs+Minister+at+the+SCO+Heads+of+State+Summit.

（GDP）增幅达到 7.5%，已成为全球第七大经济体。印度的成员国身份毫无疑问将强化和提高上合组织经济实力，抵御国际经济持续走低以及全球需求疲软、前景减弱给各成员国带来的负面影响。"①

印度国际问题专家 Meena Singh Roy 认为，"印度快速增长的经济以及科学、技术优势将对本区域有极大益处。"② 同时，印度也将积极推动上合组织区域内部合作，加快欧亚地区交通等基础设施建设。

（三）减弱西方对上合组织的戒心

上合组织成立以来，以美国为首的西方国家对上合组织的态度经历了从轻视到警惕和疑虑的过程。特别是 2005 年后，随着上合组织的发展以及所取得成就日益显现，西方国家对于上合组织的警惕和疑虑心理不断增强，部分的政客和学者不顾上合组织的基本原则，武断地给上合组织打上了"反西方联盟""东方北约"的标签，抱有偏见地将上合组织看作是以中俄为主导、与西方国家相抗衡的"联盟性组织"③。

此次印度加入上合组织，在印度学者看来将有利于消除西方国家对于上合组织的偏见与戒心，削弱组织的"反西方"色彩。印度的著名国关学者、俄罗斯问题专家 Ajay Kamalakaran 撰文指出，"在印度加入后，关于上合组织与北约相抗衡的言论将画上句号。众所周知，莫迪（政府）与东、西方国家都享有良好的伙伴关系。印度绝不可能成为一个对抗西方的军事组织成员。""印度与中国拥有共同利益，即绝不会将上合组织发展成为反西方组织，这是由于中、印两国与美国和欧盟都有着坚实的自由贸易基础，在这点上绝非俄罗斯可比。"④

---

① Ashok Sajjanhar, "What Is The Future Of India In The Shanghai Cooperation Organisation?", https://swarajyamag.com/world/india-and-the-sco-future-prospects.
② Meena Singh Roy, "India's Options in the Shanghai Cooperation Organization", *Strategic Analaysis*, Vol. 36, No. 4.
③ 李进峰：《上海合作组织扩员：挑战与机遇》，《俄罗斯东欧中亚研究》2015 年第 6 期。
④ Ajay Kamalakaran, "SCO Membership to Give India Extra Leverage in Central Asia", http://in.rbth.com/world/2015/07/10/sco_membership_to_give_india_extra_leverage_in_central_asia_44165.

印度驻哈萨克斯坦原大使、现印度国防分析研究所①研究员的 P. Stobdan 认为,"印度的加入将给上合组织带来新鲜的活力和更大的国际影响力,打破上合组织全部由社会主义国家或前社会主义国家组成的局面。"② 印度媒体则认为,印度的加入将"降低上合组织'反西方'色彩,适度安抚华盛顿的紧张神经"③。

在印度学者看来,"在世界战略变革的大舞台上,印度将更多发挥其在上合组织内的平衡作用。特别是未来伊朗若能成功加入上合组织,印度在国际格局中的平衡作用将更加得到彰显。""印度的战略目标不是在中国与美国的战略利益之间寻找平衡点,而是以服务全人类和世界和平为己任。"④

二 印度加入后的主要受益

印度官方以及智库普遍认为,加入上合组织将会给印度带来极大的国家利益。未来,印度作为成员国,将从上合组织中大幅受益。

印度总理莫迪认为,加入上合"将帮助印度建立(作为世界经济)快速增长的动力源,更加稳定和安全的内部环境,以及与其他区域的更加稳定、有效联系。"⑤

印度驻哈萨克斯坦、瑞典等国原大使 Ashok Sajjanhar 认为,"上合组织横跨欧亚中心,其所处地理位置以及战略空间对于印度而言至关重要。印

---

① 印度国防分析研究所(Institute for Defence Studies and Analyses)是印度最有影响力的智库之一,对印度外交、军事政策具有很大影响力,主要从事国际关系、国际战略以及国际安全研究,同时承担军队以及政府官员的培训任务,其经费来源为印度国防部。
② Ambassador P. Stobdan, "The Shanghai Cooperation Organization: India enters Eurasia", http://www.idsa.in/policybrief/sco-india-enters-eurasia_pstobdan_140616.
③ "Foreign Policy Watch: India - SCO", http://www.civilsdaily.com/story/foreign-policy-watch-india-sco/.
④ Ambassador P. Stobdan, "The Shanghai Cooperation Organization: India enters Eurasia", http://www.idsa.in/policybrief/sco-india-enters-eurasia_pstobdan_140616.
⑤ PTI: "India's SCO Membership will Help Protect the Region: PM Modi", http://indianexpress.com/article/india/india-news-india/indias-sco-membership-will-help-protect-the-region-pm-modi-2873888/.

度的国家安全、地缘战略、经济利益与上合组织所在区域的发展紧密相关。"①

（一）加强中亚地区影响力

关于加入上合组织的动机，印度驻哈萨克斯坦原大使、现印度国防分析研究所研究员 P. Stobdan 毫不掩饰地指出，"增强印度在中亚地区的影响力，特别是扩大和维护印度在中亚地区政治、经济以及安全领域的相关利益，是印度多年来始终希望成为上合组织正式成员国的主要动力之一。"②

早在 2012 年 6 月，印度外交国务部长艾哈迈德访问吉尔吉斯斯坦时就宣布了印度的"连接中亚"计划。该计划旨在汇聚中亚和印度的智库专家学者，为两地间深化政治、经济和文化交流提供广阔平台，建立长期战略伙伴关系。

2015 年 7 月，印度总理出访中亚五国，成为中亚独立后首位遍访各国的印度总理，签署了一系列的双边合作协议，标志着印度的中亚外交正在"提档换速"。③ 目前哈萨克斯坦、乌兹别克斯坦以及塔吉克斯坦三国已经和印度签署了《战略伙伴协议》。

尼赫鲁大学国际关系学院研究员 Manabhanjan Meher 认为，印度政策制定者和学者们都已经自觉将中亚作为印度外交和安全政策的重点。除"向东看"和"向西看"两条传统外交路线外，印度已经又开辟了"向北看"的外交新道路。④

印度主要通过打"历史牌"和"合作牌"两大方法，来实现加强与中亚五国联系、扩大在中亚地区的影响力的目的。

一是强调与中亚之间长久以来的历史渊源，强化印度在中亚地区的

---

① Ashok Sajjanhar, "India and the Shanghai Cooperation Organization", http://thediplomat.com/2016/06/india-and-the-shanghai-cooperation-organization/.
② P. Stobdan, "India's Stakes in SCO", http://www.indiandefencereview.com/indias-stakes-in-sco/.
③ 王聪、王海霞：《印度的中亚外交"升级换代"》，《世界知识》2015 年 17 期。
④ Meher, Manabhanjan, "India's Policy towards Shanghai Cooperation Organization", *IUP Journal of International Relations*, July 1, 2016.

"软实力"。上合组织塔什干峰会上莫迪总理向中亚国家领导人谈道:"我国(印度)与各国的历史联系长达数个世纪。我们不仅在地理位置上紧紧相连,更重要的是有着文化、习俗以及商业上的紧密联系。"① 在乌法峰会上,莫迪强调"成员国身份将是印度与各国联系纽带的自然延伸"②。在历史长河中,中亚地区与南亚次大陆关系紧密。著名的印度莫卧儿帝国就是由出生于中亚费尔干纳地区的巴布尔建立的,历史上中亚地区与印度地区间融合度较高,商贸往来频繁。

印度甘地大学国际关系学院主任 K. M. Seethi 认为,"印度与中亚国家历史往来可追溯到几个世纪之前。长期以来,双方享有共同的文化、传统和宗教。价值观与思想相近。"③ 近代以来,"囿于现代地缘政治,印度与中亚各国之间联系未能像原来那么紧密。印度并不与中亚国家直接相邻,陆路通道被打断;苏联解体后印度与中亚五国领导人间互访稀疏"④。如今,印度即将成为上合组织成员,这"为印度恢复与中亚国家间中断了长达世纪之久的联系,提供了一个难得的新机遇"⑤。

二是加强与中亚各国合作。印度维韦卡南达基金、印度国防分析研究院资深研究员 Brig Vinod Anand 认为,"印度在上合组织框架内的主要任务是,加强与中亚国家在反恐、能源安全、经济一体化方面合作,谋求国家利益。"⑥

---

① Narendra Modi, "PM's Address at SCO Summit", http://www.pmindia.gov.in/en/news_updates/pms-address-at-sco-summit/.
② PTI: "India's SCO Membership will Help Protect the Region: PM Modi", http://indianexpress.com/article/india/india-news-india/indias-sco-membership-will-help-protect-the-region-pm-modi-2873888/.
③ K. M. Seethi, "India's 'Connect Central Asia Policy'", http://thediplomat.com/2013/12/indias-connect-central-asia-policy/.
④ Ashok Sajjanhar, "India and the Shanghai Cooperation Organization", http://thediplomat.com/2016/06/india-and-the-shanghai-cooperation-organization/.
⑤ "As Modi Heads for Tashkent, India Has More Hoops to Jump for SCO Membership", http://thewire.in/44487/india-has-more-hoops-to-jump-for-sco-membership/.
⑥ Brig Vinod Anand, "SCO Important for India's 'Connect Central Asia' Policy", http://www.vifindia.org/article/2013/september/30/sco-important-for-india-s-connect-central-asia-policy.

尼赫鲁大学国际关系学院研究员 Manabhanjan Meher 认为，"印度希望与中亚各个国家开展多领域务实合作，包括反恐、能源安全、经济一体化、基础设施建设等。"①

莫迪在2015年7月访问中亚各国时，与各国签订一系列双边互惠协定，根据印度政府计划，"未来将在农业、中小企业、信息技术、医药卫生等方面向中亚各国提供经验与帮助。"② 目前，印度年均对外投资额约为300亿美元，而在中亚地区的投资额尚不足20亿美元。印度发达的信息技术以及生物技术在中亚地区无疑会拥有广阔商机。

在基础设施建设领域，印度大力推动"北—南国际运输走廊"以及"哈—伊—土"铁路建设，帮助中亚国家商品绕过阿富汗直接向南找到理想出海口，促进区域内南北方向的交通建设，解决中亚国家的运输困境，加速中亚地区经济一体化进程。莫迪总理认为，"印度与中亚国家所在区域应当有快捷、有效的铁路、公路以及航空运输，与世界其他地区紧密联系。"③

未来，印度将充分利用上合组织平台，利用历史联系和多领域合作，强化软实力建设，加强与中亚国家的联系，提高在中亚地区的影响力。印度前外交秘书拉吉夫·西克里认为，应当用21世纪的眼光看待"丝绸之路"，不应该将其看作是新的"大博弈"，上合组织就是一个合适的平台。④

印度资深外交官，印度驻乌兹别克斯坦、土耳其原大使 M. K. Bhadrakumar 认为，"印度的市场、技术以及投资实力将刺激中亚经济增长和发展。同时

---

① Meher, Manabhanjan, "India's Policy towards Shanghai Cooperation Organization", *IUP Journal of International Relations*, July 1, 2016.
② Ashok Sajjanhar, "India and the Shanghai Cooperation Organization", http://thediplomat.com/2016/06/india-and-the-shanghai-cooperation-organization/.
③ Narendra Modi, "India's Membership of SCO Would Contribute to Region's Prosperity and Strengthen its Security", http://www.narendramodi.in/text-of-pm-s-address-at-sco-summit-june-24-2016-485676.
④ Rajiv Sikri, "Geo-political Dynamics and Governance in Central Asia: Vision for India-Central Asia Cooperation", First India-Central Asia Dialogue, Conference Report, Bishkek, June 12-13, 2012.

在安全领域的共同关切、对地区和平稳定共同追求以及作为世俗民主国家的共通点，使印度自然成为中亚国家的盟友。"①

（二）确保地区的安全与稳定

在过去30年中，印度与上合组织其他各国一样，都是"三股势力"的受害者，数以千计的无辜群众在恐怖袭击中伤亡。仅2010至2015年短短五年中，印度就有超过1100余人在60余次极端主义恐怖袭击中牺牲。② 在上合组织塔什干峰会的演讲中，莫迪总理用了较大篇幅论述安全问题："（加入上合组织）将保护我们的社会免遭激进意识形态的暴力和威胁。""对于恐怖主义印度将采取零容忍态度，并采用综合手段打击恐怖主义。"

莫迪总理指出"印度逐渐认识到上合组织在解决阿富汗问题上的重要性……印度愿与上合组织共同合作，打击恐怖主义和极端主义，消除危害地区的新威胁。""一个稳定、独立、和平的阿富汗不仅仅是每个阿富汗人的真挚愿望，同时也是上合组织区域保持安全和稳定的必要条件。"③

尼赫鲁大学国际关系学院研究员 Manabhanjan Meher 认为，阿富汗塔利班武装力量的复苏，中亚国家内 IS 极端组织的蔓延会对印度安全产生危害。当前在阿富汗，IS、基地组织、乌伊运、塔利班等恐怖和极端组织横行，特别是 IS 有愈演愈烈之势，"恐怖主义、极端主义以及动荡局势不仅严重威胁到印度的主权完全与安全稳定，而且对中亚、南亚周边国家产生极大危害，严重危害中亚国家政局稳定。"④ Manabhanjan Meher 研究员认为，在安全领域，印度与上合组织成员国之间有很大合作空间。"印度积极寻求区域内安全合作，通

---

① M. K. Bhadrakumar, "The Geopolitics of Central Asia: India and the Scramble for Resources", in Rashmi Doraiswamy（Ed.）, *Energy Security: India, Central Asia, and the Neighbourhood*, Manak Publications, New Delhi. , p. 33.

② "India Becoming A Victim Of A Terrorist Attack History Essay", https：//www. ukessays. com/essays/history/india‐becoming‐a‐victim‐of‐a‐terrorist‐attack‐history‐essay. php.

③ Narendra Modi, "PM's address at SCO Summit", http：//www. pmindia. gov. in/en/news_updates/pms‐address‐at‐sco‐summit/.

④ Ashok Sajjanhar, "India and the Shanghai Cooperation Organization", http：//thediplomat. com/2016/06/india‐and‐the‐shanghai‐cooperation‐organization/.

过共同努力，共筑上合组织安全反恐机制以应对地区内出现的各类威胁。"①

在反恐合作方面，印度高度重视上合组织反恐机制建设，愿与各成员国分享反恐、打击贩毒等各类情报，共同打击有组织犯罪，深化与上合组织地区反恐机构的合作。通过参加上合组织军事演习、反恐演习加强军警部门的建设，提高与组织内其他各成员国的军事互通互信水平。

在双边层面，印度驻哈萨克斯坦等国原大使 Ashok Sajjanhar 认为："尽管中国对中亚国家的经济发展有很强的推动和促进，但是俄罗斯仍然是中亚各国安全的主要保障，印度应加大与俄罗斯在该区域的安全合作力度。"②

在阿富汗问题上，印度最主要的担心是塔利班等宗教极端势力重新掌权，控制阿富汗全境，甚至在中亚个别部分地区出现极端主义宗教政权。③印度政府表示将积极参与阿富汗战后重建，创建一个积极的政治环境，保障上合组织区域内和平与稳定。总体上看，加入上合组织将为印度提供一个共享情报资源、参与联合军演的珍贵安全合作平台，印度将与各成员国共同努力解决阿富汗问题，保障地区的安全稳定。④

（三）保障能源安全

近年来，印度经济快速发展，已成为世界最大的能源消耗国之一。印度的能源对外依存度很大，能源安全整体风险较高。印度石油进口量占总需求的八成左右，其中约六成从中东地区进口。而与印度国家距离较近的中亚国家则拥有丰富的自然资源，特别是天然气等能源储量举世闻名。只是由于管道建设、安全等种种原因，中亚的能源尚未能运送至印度。在印

---

① Meher, Manabhanjan, "India's Policy towards Shanghai Cooperation Organization", *IUP Journal of International Relations*, July 1, 2016.
② Ashok Sajjanhar, "India and the Shanghai Cooperation Organization", http://thediplomat.com/2016/06/india-and-the-shanghai-cooperation-organization/.
③ Meher, Manabhanjan, "India's Policy towards Shanghai Cooperation Organization", *IUP Journal of International Relations*, July 1, 2016.
④ Ambassador P Stobdan, "The Shanghai Cooperation Organization: India Enters Eurasia", http://www.idsa.in/policybrief/sco-india-enters-eurasia_pstobdan_140616.

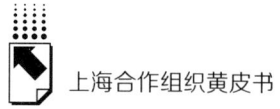

度方面看来,通过上合组织颇具成效的安全合作,将有力促进中亚各能源管道建设,确保中亚地区丰富的能源安全运输至印度,提高自身能源安全水平。

在能源问题上,印度总理莫迪认为,"毫无疑问印度将从能源、自然资源以及工业等上合组织强项中收益。"① 众所周知,中亚国家能源储量惊人,但同时受地缘因素影响都是内陆国家,乌兹别克斯坦甚至是"双内陆国家",无法将能源顺利运出。印度媒体认为,"加入上合组织后,印度将有望使用中亚国家的天然气,参与石油勘探。"②

尼赫鲁大学国际关系学院俄罗斯与中亚研究所 Abhishek Srivastava 研究员认为,加入上合组织后"中亚地区丰富的能源将向印度敞开大门"③。这对于印度和中亚国家来说都是"双赢"选择。

尼赫鲁大学东亚研究中心研究员 Sana Hashmi 认为,在印度成为组织成员国后,正在进行的"土库曼斯坦—阿富汗—巴基斯坦—印度"(TAPI)管道线路和"伊朗—巴基斯坦—印度"(IPI)管道建设将会显著加速,上合组织将会为上述两条管道的建设提供安全保障。④ 特别是 TAPI 管道线路,由于受阿富汗局势影响,近年来多有停顿。上合组织安全合作将保障阿富汗管道沿线的稳定,消除各界对于管线安全顾虑,从而加快 TAPI 管线的建设。

三 印度加入后面临的挑战

尽管印度政府普遍认为加入上合组织将会给印度带来大量的直接利

---

① Narendra Modi, "PM's Address at SCO Summit", http://www.pmindia.gov.in/en/news_updates/pms-address-at-sco-summit/.
② Press Trust of India, "India to Become Member of the SCO This Week", http://www.india.com/news/india/india-to-become-member-of-the-sco-this-week-1276751/.
③ Abhishek Srivastava, "How India can Benefit from Joining Shanghai Cooperation Organisation?", http://www.dailyo.in/politics/shanghai-corporation-organisation-foreign-policy-narendra-modi-central-asian-republics-tashkent-terrorism-security/story/1/11346.html.
④ Sana Hashmi, "India in SCO: Opportunities and Challenges", http://www.rediff.com/news/column/india-in-sco-opportunities-and-challenges/20160622.htm.

益。但智库和学者层面对上合组织仍持有部分的疑惑和质疑。例如有的学者认为,"上合组织虽然历年来签订了一系列的多边合作协议,但是其执行情况仍然不尽如人意。"① 有的学者认为上合组织政策缺乏连贯性,也有部分媒体仍将上合组织看作是一个"以中亚为重点的脆弱的地缘组织"②。对于印度加入上合组织后可能面临的挑战,印度学者纷纷表达了自己的意见。

(一)如何处理印巴矛盾

上合组织是继南亚区域合作联盟之后,印巴双方第二个共同参加的国际性区域组织。加入上合组织,被印度学者认为是一个"缓和印巴紧张局势的重要机遇。"中国外交部发言人华春莹曾指出,"上合组织对印巴之间不断发展和改善关系起到建设性作用。"③ 俄外长拉夫罗夫也曾谈道:"通过加入上合组织,印巴关系将有所改善。"对此,印度学者上述的言论深表赞同。④ 印度学者认为,在上合组织内部,中国和俄罗斯将扮演重要角色,淡化巴基斯坦对印度的敌对态度,实现双方正常交流。

在印巴两国正式申请加入上合组织前,就有中国专家对印巴加入组织多有疑虑,担心印巴两国会将两国边境矛盾带入,使得组织内部矛盾突出,各成员国思想分化。印度相关专家理解中国方面的忧虑,但认为忧虑是多余的,是"不实际的幻想"。印度驻哈萨克斯坦、瑞典等国原大使 Ashok Sajjanhar 直言,"印度和巴基斯坦都不会将上合组织作为解决双边矛盾的平台。印度多次重申,不会利用任何第三方平台以调解印巴冲突。同

---

① Ashok Sajjanhar, "What Is The Future Of India In The Shanghai Cooperation Organisation?", https://swarajyamag.com/world/india-and-the-sco-future-prospects.
② "As Modi Heads for Tashkent, India Has More Hoops to Jump for SCO Membership", http://thewire.in/44487/india-has-more-hoops-to-jump-for-sco-membership/.
③ 中华人民共和国外交部:《2015 年 7 月 8 日外交部发言人华春莹主持例行记者会》, http://www.fmprc.gov.cn/web/fyrbt_673021/jzhsl_673025/t1279644.shtml。
④ Ajay Kamalakaran, "SCO membership to give India extra leverage in Central Asia", http://in.rbth.com/world/2015/07/10/sco_membership_to_give_india_extra_leverage_in_central_asia_44165.

样，中国与印度之间关于领土的纠纷也只能通过双边磋商来解决。"① 印度驻哈萨克斯坦原大使、现印度国防分析研究所研究员 P. Stodban 认为，在巴控克什米尔等事关主权和领土完整的问题上，印度绝不会做丝毫妥协。②

虽然不指望通过上合组织来解决印巴领土争端，但印度官员以及专家学者们希望以加入上合组织为机遇，改善与巴基斯坦的关系。印度总理莫迪在与俄罗斯总统普京会晤时表示："印度加入上合组织将有助于（印度）巩固与地区各国联系，当然也包括巴基斯坦。"③

值得指出的是，印度学者、媒体对于俄罗斯与巴基斯坦关系表达了特别的关注，强烈反对俄罗斯提高与巴基斯坦外交关系水平。有印度媒体希望"俄罗斯抑制与巴基斯坦外交关系的发展，同时也应拒绝向巴方出售武器"。在俄罗斯、巴基斯坦两国举行联合军演后，印度媒体开始质疑"俄罗斯作为印度战略伙伴的可靠性"，并认为"在很大程度上危害（俄印）两国间互信"④。

（二）如何正确看待"一带一路"

《上海合作组织成员国政府首脑（总理）理事会第十五次会议联合公报》指出，中国提出的丝绸之路经济带倡议，作为"一带一路"倡议的组成部分，有利于寻求开展国际合作的新模式，加强各国间伙伴关系，扩大投资规模，增加居民就业。⑤ "一带一路"倡议已经得到上合组织各个成员国的普遍认可和参与。

但截至目前，印度政府仍然拒绝加入中国"一带一路"倡议。印度政

---

① Ashok Sajjanhar, "India and the Shanghai Cooperation Organization", http：//thediplomat. com/2016/06/india – and – the – shanghai – cooperation – organization/.
② P. Stobdan, "India's Stakes in SCO", http：//www. indiandefencereview. com/indias – stakes – in – sco/.
③ 胡键：《上合组织接纳印巴，战略意义何在?》，《社会观察》2015 年 08 期。
④ Nilova Roy Chaudhury, "India Increasingly Wary of Rising Russia – Pakistan Ties", http：//in. rbth. com/world/2016/12/21/india – increasingly – wary – of – rising – russia – pakistan – ties_664348.
⑤ 《上海合作组织成员国政府首脑（总理）理事会第十五次会议联合公报》，http：//chn. sectsco. org/news/20161103/148536. html。

策研究中心高级研究员斯里纳特·拉加万认为,"一带一路"倡议下的"中巴经济走廊"严重侵犯了"印度在克什米尔的主权"①。印度前外交秘书希亚姆·萨兰认为,"一带一路"不仅仅是一个经济倡议,而是一个有着明确政治和安全意味的倡议。在萨兰看来,它是"中国构建的一块陆海地缘政治疆域"②。

与之相反的是,印度的智库专家们则更多建议新德里应该重新考虑在"一带一路"中的姿态。学者们认为,如果印度拒绝面对现实,就会丧失改写亚洲格局的机会。中国和印度的利益注定将在未来产生许多重叠,印度必须找到处理这种不断明朗化的竞争关系的方法,正是由于印度决定加入亚洲基础设施投资银行,印度顺理成章理应支持"一带一路"倡议。

(三)如何在美俄对立中奉行自主

随着印度加入上合组织的脚步日益加快,印度学者们开始担心,成为上合组织成员国将使印度陷入美俄严重对立、中美关系不佳、中俄两国联合以及美印联盟等一系列国际政治潜流中。

上合组织乌法峰会后,美国与印度的关系出现了快速发展势头。印度国际问题专家认为,在美国实施的"重返亚太"等一系列以遏制中国为目的的全球战略调整中,印度与美国"越走越近"。"莫迪总理访问华盛顿,签署了大量军事和技术合作条约,美印两国军事力量的合作水平达到前所未有的新高度。"③ 印度学者担心,美印两国现有关系水平会导致"印度在上合组织区域内的境遇更具挑战性"④,阻碍印度在组织内部发挥重要作用。

---

① 斯里纳特·拉加万:《要想不出局,印度必须参与"一带一路"倡议》,http://column.cankaoxiaoxi.com/2017/0303/1734310.shtml。
② 《日媒:印度无须惧怕"一带一路"倡议》,http://column.cankaoxiaoxi.com/2017/0113/1607458.shtml。
③ Petr Topychkanov, "Will Delhi and Washington Be Able to Transform Defense Cooperation?", http://carnegie.ru/commentary/?fa=56818.
④ Ambassador P Stobdan, "The Shanghai Cooperation Organization: India enters Eurasia", http://www.idsa.in/policybrief/sco-india-enters-eurasia_pstobdan_140616.

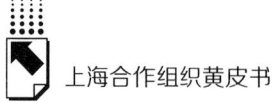

另一方面,在2016年新版《俄罗斯联邦外交政策构想》中,印度被俄方称为"特殊优先战略伙伴",印度还与俄罗斯签署了加强战略伙伴关系的协定。印方政府希望能与欧亚经济联盟签订自由贸易协定。印度专家认为,印度和俄罗斯之间传统友谊和高度政治互信是两国战略关系中最大的财富。

鉴于当前美俄两国的严重对立局面,印度尼赫鲁大学教授斯瓦兰·辛格清醒地认识到,应当特别小心地平衡与各个集团的接触,必须坚守长期信奉的战略自主的原则。必须擅用外交手段,明确政策重点并履行承诺。①

---

① 斯瓦兰·辛格:《上合组织与NSG:莫迪塔什干之行的两个目标》,http://www.thepaper.cn/newsDetail_ forward_ 1486536。

Y.24
中亚国家对上海合作组织合作的看法及利益诉求

包 毅*

摘 要： 2016年适逢上海合作组织成立15周年。在上海合作组织第十六届元首峰会上，中亚国家的领导人评估了上海合作组织15年来的发展成果，发表了《上合组织15周年塔什干宣言》，批准了《〈上海合作组织至2025年发展战略〉2016～2020落实行动计划》。此外，本届峰会的亮点是同印度和巴基斯坦签署了《加入上合组织的义务备忘录》，推进了两国成为正式成员国的扩员程序。同时，俄罗斯主导的大欧亚伙伴关系构想与欧亚经济联盟积极推进同中国提出的"一带一路"倡议的对接。在此背景下，作为"一带一路"倡议的载体，上海合作组织在经济领域的合作也日益受到中亚成员国的积极响应，组织成员也提出了各自的利益诉求。作为2017年上合组织的轮值主席国，哈萨克斯坦对全方位推进上海合作组织的区域合作提出了新倡议。

关键词： 中亚　上海合作组织　扩员

一 高度评价上海合作组织15年来取得的成就

中亚成员国积极评价了上海合作组织15年来取得的成就，并高度肯定

---

* 包毅，中国社会科学院俄罗斯东欧中亚研究所中亚研究室副研究员。

了该组织在推动中亚地区的安全合作以及提升中亚地区的国际地位方面所做出的努力。正如哈萨克斯坦总统所言，上海合作组织起步于边界问题的协商机制，如今已发展成为具有重要影响力的国际政治与经济的博弈者。① 塔吉克斯坦驻华大使达夫拉特佐达也表示，上海合作组织已经发展成为促进政治、安全、经济、人文等各领域协调发展的重要平台。② 哈萨克斯坦总统战略研究所前所长、现任德国—哈萨克大学国际与地区合作研究所所长的苏尔丹诺夫指出，上合组织以其实际行动妥善地解决了原中苏边界的争端问题，并发展为受到国际社会广泛认可的国际组织。它不仅通过多方位、高水平的务实合作推动了各成员国的稳定、安全和可持续发展，而且其在国际事务中的影响力和威望也在不断提高。③

同时，中亚各国学者积极肯定了上海合作组织的宗旨与原则，指出"上海精神"对于保持组织的生命力与吸引力的重要意义。哈萨克斯坦学者穆萨塔耶夫教授评价指出，上海合作组织是拥有良好声誉和巨大影响力的组织。上合组织面对的所有问题都由成员国集体决策解决，所有成员国决策时享有平等权利。上合组织从不强迫任何成员国做任何事情。上合组织的发展表明，不同的宗教、不同的文明可以和谐共存。④

哈萨克斯坦总统战略研究所外交和国际安全研究室主任扎基耶娃认为，如果上海合作组织能够坚持"上海精神"并通过互利合作造福本组织各国人民，为各国的繁荣发展创造良好的条件，那么它在国际上的影响和作用也必将得到提升。⑤

---

① ШОС – 2016：вызовы и перспективы，http：//www. kazpravda. kz/articles/view/shos – 2016 – vizovi – i – perspektivi1/.
② 《塔吉克斯坦驻华大使："扩员"将提升上合组织的国际地位》，新华网，2016 年 06 月 20 日。
③ 《哈萨克斯坦专家：安全合作依然是上合组织内最重要合作领域》，2016 – 06 – 22，http：//world. huanqiu. com/hot/2016 – 06/9071631. html。
④ 《哈萨克斯坦签署上合组织轮值主席国联合行动计划》，http：//www. inform. kz/cn/article_a2933569。
⑤ 《哈萨克斯坦专家：上合组织 15 年发展成就巨大　前景广阔》，2016 – 11 – 02，http：//news. 163. com/16/1102/16/C4SMKLBO000187V8. html。

此外，作为以中亚为核心合作区域的国际组织，上海合作组织成为中亚国家提升国际影响力的重要平台。吉尔吉斯斯坦外交部上海合作组织协调官伊琳娜·奥罗巴耶娃指出：上海合作组织15年来，以互利共赢为准则，通过机制性对话为重大国际和地区问题提出解决方案，不断加深地区安全、经贸、人文等领域的合作，推出一系列促进地区发展的合作项目，这是上合组织发展至今取得的最重要的成就，也为世界其他组织树立了典范。[1] 她还指出，区域合作提升了上海合作组织的国际地位，增强了其吸引力。该组织的不断壮大也让其国际话语权更为有力，解决地区和国际问题的能力也进一步凸显。[2]

不仅如此，在中亚学者看来，上海合作组织通过15年来的努力，不仅提升了自身在国际舞台上的地位和影响力，同时也在重构国际政治经济秩序的进程中发挥了积极作用。哈总统基金会世界经济与政治研究所副所长阿姆列巴耶夫认为，上海合作组织的成立和发展是推动国际秩序由单极世界向多极世界转变的一件大事。越来越多的国家希望加入上合组织说明，该组织的世界地位和影响力正不断上升。[3]

二 中亚成员国支持推动扩员进程

启动上海合作组织的扩员程序、同印度和巴基斯坦签订《加入上海合作组织的义务备忘录》是塔什干峰会的一个突破性成果。扩员被普遍认为是上合组织的发展迈入成熟阶段，展示了上海合作组织自身发展的生命力与吸引力。中亚成员国对于印巴成为正式成员国持普遍支持的立场。上海合作组织的扩员，特别是向非独联体国家的扩员，与其一贯奉行的大国多边平衡

---

[1] 《吉尔吉斯斯坦上合组织协调官：中国倡议推动上合地区合作与发展》，2016-06-21，http：//www.scio.gov.cn/zhzc/2/32764/Document/1481069/1481069.htm。
[2] 《吉尔吉斯斯坦上合组织协调官：中国倡议推动上合地区合作与发展》，2016-06-21，http：//www.scio.gov.cn/zhzc/2/32764/Document/1481069/1481069.htm。
[3] 《上合组织再添5个伙伴申请国 印巴加入迈关键一步》，2016-06-15，《环球时报》，http：//mil.huanqiu.com/observation/2016-06/9041663.html。

外交政策一脉相承。

首先,上海合作组织框架下的扩员将有助于中亚国家开辟新的市场,拓展合作的边界,也必将对其独立以来或明或暗的"去俄罗斯化"进程起到推动作用。因此,中亚成员国在扩员问题上大多持多多益善的态度。

已故乌兹别克斯坦总统卡里莫夫就指出,签署印度和巴基斯坦的成员国责任备忘录开辟了发展上海合作组织的新时代。① 哈学者穆萨塔耶夫也认为,上合组织依靠自身魅力吸引新成员,这一切源于其使命、目的和任务的纯洁性。欧亚经济联盟、集体安全条约组织、东南亚国家联盟等众多地区性组织都希望同其加强合作。②

其次,对于扩员给上海合作组织带来的影响,中亚国家大多给予正面肯定,指出新成员的加入将拓展上海合作组织的合作空间,扩大该组织的国际影响力,增加新的合作动力。哈萨克斯坦总统纳扎尔巴耶夫认为,印度和巴基斯坦的加入标志着组织发展有质量的新阶段的开始,反映了其在国际舞台上威望和作用的增长。他同时指出,吸纳新成员使上合组织变为全球的组织,具有欧亚地域的大部分,全球人口的一半和占世界 GDP 20% 以上的经济体。上合组织成员国通过联结交通逻辑点、打开国家的经济空间、复兴"大丝绸之路"给予哈萨克斯坦在未来更多的优势。③

持同样观点的还有塔吉克斯坦总统拉赫蒙。他表示,新成员的加入具有积极意义,上合组织将在新的框架内发展为更大而有效的国际组织机构,地域和影响力也将扩大。④ 塔吉克斯坦驻华大使达夫拉特佐达表示,新成员国的加入将赋予上合组织新的强大动力,进一步提升上合组织在协调解决国际

---

① ШОС – 2016:вызовы и перспективы,http://www.kazpravda.kz/articles/view/shos – 2016 – vizovi – i – perspektivi1/.

② 《哈萨克斯坦签署上合组织轮值主席国联合行动计划》,http://www.inform.kz/cn/article_a2933569。

③ ШОС – 2016:вызовы и перспективы,http://www.kazpravda.kz/articles/view/shos – 2016 – vizovi – i – perspektivi1/.

④ ШОС – 2016:вызовы и перспективы,http://www.kazpravda.kz/articles/view/shos – 2016 – vizovi – i – perspektivi1/.

事务中的作用。①

同时，在评估上海合作组织的未来可能的发展方向时，一些中亚国家的学者指出，安全合作曾经是上合组织的中心任务，也是发起该组织的初衷，在此方面中国同上合组织其他成员国拥有牢固的共识。而吸纳印度和巴基斯坦为新成员将改变上海合作组织的发展轨迹，使其向全方位的领域发展。中亚国家也将在多个领域提出自己的利益诉求，并给上海合作组织的未来发展带来新的挑战。哈学者苏尔丹诺夫就指出，各国元首将在接收印度和巴基斯坦加入上合组织的问题上迈出新的步伐。在新的威胁和挑战不断增多的背景下，上合组织的扩员将会加强各国应对新威胁和挑战的能力。

在印度和巴基斯坦由观察员国升格为正式成员国之后，作为上海合作组织的首批观察员国，伊朗可否在近期内提升其在该组织中的身份地位也被提上日程。2016年初，欧盟和国际原子能机构对伊朗的制裁基本解除，伊朗开始积极地拓展其经济和外交空间，其参与中亚以及里海地区外交和经济事务的积极性也在不断提高。伊朗在2015年9月也提出了正式提升在上海合作组织的地位的申请，并得到了俄罗斯的积极回应。俄罗斯总统普京在2016年塔什干峰会上表示，既然印度和巴基斯坦如此快速地加入了上海合作组织，那么俄罗斯没有看到伊朗加入上海合作组织的障碍。②

多数中亚国家也积极配合俄罗斯的扩员立场，表示并不介意伊朗加入上合组织。2016年12月伊朗总统鲁哈尼在访问哈萨克斯坦期间，提出了希望加入上合组织和欧亚经济联盟的问题。纳扎尔巴耶夫总统积极回应伊朗的请求，表示在此问题上将对伊朗提供帮助。③ 虽然伊朗成为上海合作组织正式

---

① 《塔吉克斯坦驻华大使："扩员"将提升上合组织的国际地位》，2016年06月20日，新华网。
② Путин не видит препятствий для приема Ирана в ШОС, 24 июня 2016, http://tass.ru/politika/3396963.
③ ШОС - 2016: вызовы и перспективы, http://www.kazpravda.kz/articles/view/shos - 2016 - vizovi - i - perspektivi1/.

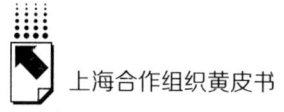

成员国尚待时日，但随着伊朗制裁后的复苏及其在中亚地区的经济、政治、文化领域的影响力的不断扩大，其参与中亚地区事务的能力也将不断增强，并将不断刺激中亚地区大国之间的竞争，这将对中亚国家带来一定影响。

三 中亚成员国迫切加强经济与安全合作

全球经济在2016年持续减缓，世界核心经济体的发展继续呈现颓势。大宗商品市场低迷，世界石油市场受到美国紧缩货币政策的影响，出现供求失衡的局面。与此同时，美国原油重返国际市场，给以能源和原料出口型经济为主的哈萨克斯坦和乌兹别克斯坦等中亚国家的经济发展带来了消极影响，经济增长受限。2016年上海合作组织的中亚成员国中，对世界市场依赖程度较高的哈萨克斯坦GDP的增长率仅为1.2%。欧亚经济联盟因主导国俄罗斯在欧美的制裁下经济发展放缓，其经济一体化进程也举步不前。

（一）中亚成员国积极回应"自贸区"倡议

中国一直积极推进上海合作组织框架内的经济领域的合作，提出推进投资与经济便利化的倡议，实现上海合作组织成员国的经贸互联互通。对于中国多次提出的在上海合作组织框架内建立自由贸易区的倡议，中亚国家一方面顾及俄罗斯的态度，另一方面，由于与中国的经济发展水平与发展阶段差距较大，对中国的"经济贸易扩张"心存忌惮，因此对于"自贸区"的倡议一直没有积极的回应。乌兹别克斯坦第一副总理阿齐莫夫就曾表示，乌方还没有做好进入自贸区的准备。哈萨克斯坦国内经济学者曾认为，成为上海合作组织框架下的自由贸易区的一员，对哈萨克斯坦来说将是一项严肃考验。

然而，在2016年，由于俄罗斯卢布、哈萨克斯坦坚戈和乌兹别克斯坦苏姆大幅贬值，中亚各成员国遭受严重的经济压力与挑战。俄罗斯对同上海合作组织以及"一带一路"框架内经济合作的态度开始有所缓和。2015年5月，中俄两国元首签署了《关于丝绸之路经济带建设和欧亚经济联盟建设对接合作的联合声明》，提出将"研究推动建立中国与欧亚经济联盟自贸区这一长期目标"。① 中亚国家，特别是哈萨克斯坦和吉尔吉斯斯坦等拥有上海合作组织和欧亚经济联盟双重身份的中亚国家开始积极回应中国有关上海合作组织框架内的自贸区，希望把摆脱经济困境的希望寄托于中国及其推动的区域经济合作中。

2015年在莫斯科举行的欧亚经济联盟最高理事会会议上，纳扎尔巴耶夫指出，与中国的自由贸易将增加欧亚经济联盟的机会。② 在2016年担任欧亚经济联盟轮值主席国期间，哈萨克斯坦进一步加强同上合组织和中国之间的合作，确保欧亚经济联盟与上海合作组织之间的自由贸易，并竭尽所能与上合组织打造自由贸易区，进一步促进地区一体化的发展。

哈学者苏尔丹诺夫还强调，要特别利用好中国提出的"丝绸之路经济带"倡议所带来的巨大机遇，进一步推动地区经济合作，促进各国经济发展。他建议，各国应该充分发挥上合组织这个平台的作用，推动"丝绸之路经济带"与欧亚经济联盟的对接，打造覆盖这两大项目所涉及各国的统一经济空间。吉尔吉斯斯坦、乌兹别克斯坦和塔吉克斯坦也均表示支持中国提出的"一带一路"构想，并积极推进欧亚经济联盟同"一带一路"的对接。

与此同时，各国还强调了中国在中亚地区一体化进程中具有特殊作用。吉尔吉斯斯坦官员奥罗巴耶娃表示，上合组织所有成员国都处于"丝绸之路经济带"沿线，因此"一带一路"与欧亚经济联盟战略的对接，将使所有成员国从中获得发展机会，因此，吉尔吉斯斯坦全力支持中国提出的"一带一路"建设。同时，她还强调，中国是上合地区乃至世界经济发展的引擎。在全球仍未摆脱金融危机余威、经济面临下行压力的情况下，中国作用和中国倡议已成为地区经济发展的重要推动力量。③

---

① 李新：《上海合作组织：共建丝绸之路经济带的重要平台》，《俄罗斯学刊》2016年第2期，http://www.globalview.cn/html/economic/info_10718.html。
② 《哈萨克斯坦总统称哈将在任欧亚经济联盟主席国期间与上合组织全力打造自贸区》，驻哈萨克经商参处，2015-12-25。
③ 《吉尔吉斯斯坦上合组织协调官：中国倡议推动上合地区合作与发展》，2016-06-21，http://www.scio.gov.cn/zhzc/2/32764/Document/1481069/1481069.htm。

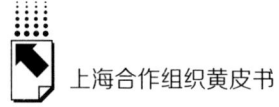

吉尔吉斯斯坦经济与工业部部长科若舍夫也对上合组织与欧亚经济联盟的对接,以及上合组织促进本地区经济企稳和发展持非常乐观的预期。他指出,2016年5月在莫斯科举行的欧亚经济委员会会议期间,欧亚经济联盟各成员国也就与中国商签经贸合作伙伴协定进行了磋商,并且计划近期签署关于正式启动这个谈判的文件。①

除开启扩员进程外,推进欧亚经济联盟同以上海合作组织为载体的"一带一路"的对接是2016年上海合作组织框架内的经贸合作的另一个亮点。哈学者阿姆列巴耶夫指出,经贸合作是上合组织各国稳定和繁荣的基础和具体体现。他强调,只有上合组织各国经济发展了,威胁本地区安全的不稳定因素才能减少。所以,如何深化上合组织地区的经贸合作,特别是推动多边经贸合作的发展才是关键。同时,对于上合组织经贸合作的程度,该学者指出,上合组织框架下的多边经贸合作项目较少,各国之间的经贸合作主要以双边合作为基础。因此,他呼吁成员国应加强多边合作以突破困境,并指出在国际经济形势的新趋势下,只有加强多边经贸合作才能获得更好的发展。②

此外,在自贸区问题上,中亚学者也有一些不同看法,如哈萨克斯坦经济学者丹尼斯·克里沃舍夫就认为,哈萨克斯坦制造加工业无力与中国企业展开竞争,实现贸易自由化带来的风险明显多于益处。因此,哈萨克斯坦应对此预先做好评估。

(二)加强交通基础设施合作

近年来,交通基础设施建设的计划和项目得到了中亚国家的积极响应。《上合组织成员国政府间国际道路运输便利化协定》于2014年签订,于2016年获得了上海合作组织所有成员国的批准,并将于2017年1月20日正

---

① 《吉尔吉斯斯坦经济和工业部长:上合组织前景广阔》,2016年05月29日,新华社,http://www.guancha.cn/longjie/2016_03_28_355221_2.shtml。
② 《哈萨克斯坦专家:上合组织15年发展成就巨大 前景广阔》,2016-11-02,http://news.163.com/16/1102/16/C4SMKLBO000187V8.html。

式生效。该协定从法律层面规范了各方交通运输行为，要求跨国公路运输以正规、便捷、有秩序的方式运作，同时还规定了组建联合委员会统筹协调运输便利化执行过程中的其他问题。同时，该协定也对上合组织的非成员国开放，从而为上合组织观察员国、对话伙伴国及其他有合作意愿的周边国家共同参与构建区域交通网络提供了可能性。

地处欧亚大陆腹地的上海合作组织的中亚成员国，无论油气资源输出国哈萨克斯坦和乌兹别克斯坦，还是能源相对匮乏的吉尔吉斯斯坦和塔吉克斯坦，都试图寻求新的经济增长方式和增长点，摆脱转型经济结构的困境，促进国民经济持续稳定的发展。一些中亚学者认为，"丝绸之路经济带"的规划和项目将中亚变为具有全球意义的大型过境枢纽，为一体化进程的参与国打开了新的投资机遇。①

"丝绸之路经济带"构想下的互联互通倡议不但有利于改善和推动中亚地区交通基础设施建设，而且还促进了中亚国家与区域外国家和地区的经济联系，拓展了其对外合作的空间，从而进一步提升中亚地区的地缘经济的地位。上海合作组织的中亚成员国力图挖掘本国的过境潜力，将本国打造为"丝绸之路经济带"上横贯东西的交通枢纽，因此几乎都把交通基础设施建设定为其近年来国家发展战略规划的重要发展方向。

中亚四个成员国的总统对建立"丝绸之路经济带"的倡议一直持积极态度，其中吉尔吉斯斯坦总统阿塔姆巴耶夫还提出了加快中 - 吉 - 乌铁路的规划与建设的意愿。吉尔吉斯斯坦经济和工业部部长科若舍夫也表示，吉尔吉斯斯坦一直积极支持和参与中国倡导的"一带一路"建设，这一惠及地区多个国家的倡议将有助于欧亚大陆的联通，促进各国共同发展与繁荣。②纳扎尔巴耶夫总统建议建立欧亚交通跨境港口枢纽，将上合组织成员国和观察员国联结在一起。哈方已经着手落实"光明大道"基

---

① ШОС - 2016：вызовы и перспективы，http：//www. kazpravda. kz/articles/view/shos - 2016 - vizovi - i - perspektivi1/.
② 《吉尔吉斯斯坦经济和工业部部长：上合组织前景广阔》，2016 年 05 月 29 日，新华社，http：//www. guancha. cn/longjie/2016_ 03_ 28_ 355221_ 2. shtml。

础设施发展计划,并将其作为欧亚经济联盟和"丝绸之路经济带"的补充。①

(三)加强反恐与安全合作

中亚地区的宗教极端主义与族际冲突激发了地方的民族主义情绪,民族分离势力与宗教极端势力相互结合,对中亚国家世俗化进程提出了现实挑战。近年来,中亚地区的安全形势因"阿富汗撤军"和叙利亚危机以及"伊斯兰国"恐怖分子回流而日趋严峻。毒品和武器走私以及跨国有组织犯罪关系密切,加剧了中亚地区的安全形势,也增加了打击的难度。

乌兹别克斯坦和塔吉克斯坦是宗教极端主义和恐怖主义的重灾区。已故乌兹别克斯坦总统卡里莫夫在谈及中亚安全问题时指出,阿富汗冲突仍在持续,动荡局势的外溢将给邻国带来危险。② 中亚地区利用极端主义推进的国际恐怖主义和极端主义具有更大的威胁性。③

塔吉克斯坦总统拉赫蒙强调,经济不可能在不稳定的条件下生存。上合组织发展的基本条件是保障在责任空间内的安全。④ 吉尔吉斯斯坦总统阿塔姆巴耶夫称:"吉尔吉斯斯坦分担了邻国的担忧。我们关心和平稳定的阿富汗,应该在联合国协调下由各方进行政治协调。上合组织应当采取积极措施,参与协调解决阿富汗危机。"⑤

近年来,宗教极端势力的威胁也逐渐蔓延到哈萨克斯坦等其他中亚国

---

① Республика Казахстан презентовала приоритеты своего председательства в ШОС, 2016 / 06 /30, http: //rus. sectsco. org/news/20160630/106593. html。
② 《普京与乌兹别克斯坦总统讨论上合组织峰会》,2016 年 04 月 27 日。
③ ШОС – 2016: вызовы и перспективы, http: //www. kazpravda. kz/articles/view/shos – 2016 – vizovi – i – perspektivi1/.
④ ШОС – 2016: вызовы и перспективы, http: //www. kazpravda. kz/articles/view/shos – 2016 – vizovi – i – perspektivi1/.
⑤ Атамбаев выступил в заседании совета глав государств – членов ШОС о безопасности в регионе, банке развития и железной дороге, http: //knews. kg/2016/06/ atambaev – vystupil – v – zasedanii – soveta – glav – gosudarstv – chlenov – shos – o – bezopasnosti – v – regione – banke – razvitiya – i – zheleznoj – doroge/.

家。作为拥有巨大能源储量的能源提供者，哈萨克斯坦在同新的威胁与挑战斗争的框架下，保障能源安全对于哈萨克斯坦具有特别重要的意义。哈学者认为，加强安全领域的合作，共同应对恐怖主义、宗教极端势力以及毒品等非传统安全的威胁与挑战仍然是上海合作组织安全合作的核心议题。面对新挑战与威胁，上合组织有能力解决该地区的现实问题。①

哈萨克斯坦总统战略研究所前所长苏尔丹诺夫认为，安全合作依然是上合组织内最重要的合作领域。他指出，在继续加大对"三股势力"的打击力度的同时，上合组织各国应该重点在切断恐怖活动的资金来源以及打击通过互联网传播恐怖主义和极端主义方面加强合作。而在信息领域开展合作的问题上，打击恐怖主义和极端主义通过互联网传播与蔓延，目前对这个问题的重视还不够。② 在评价上合组织安全合作的水平时，已故乌兹别克斯坦总统卡里莫夫指出，乌兹别克斯坦尊重上海合作组织的开放性及其游刃于大国博弈之外的特质。③ 该组织需要进一步巩固成员国之间的相互信任，才能推进合作。

四 中亚各成员国对上海合作组织的利益诉求

在上海合作组织的四个合作领域中，经济与安全合作一直是中亚成员国关注的合作领域。近年来，随着国际经济与安全形势的变化，中亚成员国对经济与安全领域合作的迫切性日渐增加。中亚成员国的经济发展普遍存在投资不足和基础设施落后的问题。2016年初，亚洲基础设施投资银行正式开业，为交通运输的基础设施建设项目提供了必要的资金保障，也给中亚成员国的经济发展带来了新的希望。促进投资和深化经贸领域的合作，改善基础

---

① Казахстан и ШОС, http：//www.kazportal.kz/kazahstan－i－shos/.
② 《哈萨克斯坦专家：安全合作依然是上合组织内最重要合作领域》，2016－06－22，http：//world.huanqiu.com/hot/2016－06/9071631.html。
③ ШОС－2016：вызовы и перспективы，http：//www.kazpravda.kz/articles/view/shos－2016－vizovi－i－perspektivi1/.

设施建设是中亚成员国在上海合作组织内开展经济合作的首要利益诉求。

乌兹别克斯坦副总理阿济莫夫指出，世界经济出现结构性不平衡、金融活动衰落、资本外流等趋势，但上合组织国家有足够的力量和可能性实现确定的任务。① 乌兹别克斯坦支持发展经贸联系，刺激市场供需。如哈学者苏尔丹诺夫所言，上海合作组织在促进各国社会经济问题的解决和改善民生问题上拥有广阔前景。

此外，随着"一带一路"倡议的进一步深化和上海合作组织贸易与投资便利化的不断落实，发挥本国的地缘经济优势，挖掘本国的过境运输潜力已成为中亚成员国的利益共识。乌兹别克斯坦副总理阿济莫夫表示，乌兹别克斯坦是可以通向新市场的过境国家。在乌修建新的通路提升了本国的过境潜力，也将有利于建立上合组织的统一交通运输体系。②

吉尔吉斯斯坦学者伊·肖斯塔科夫也认为，上合组织与俄罗斯提出的大欧亚伙伴关系构想的对接将把吉尔吉斯斯坦变为过境交通中心，并可激发吉尔吉斯斯坦的出口潜力，培育其生产能力。

哈萨克斯坦总统纳扎尔巴耶夫称，哈萨克斯坦是能源出口国，因此哈萨克斯坦将重点关注通向国际市场的运输路径问题，这也将是哈萨克斯坦对上合组织经济诉求的主要方面。③

值得一提的是，近年来，哈萨克斯坦一直在积极参与各种国际与地区事务，哈萨克斯坦不但积极参与乌克兰危机的调解，还为叙利亚和平会谈提供平台，其外交影响力已经延伸到中亚区域之外。2017年哈萨克斯坦同时将成为上合组织轮值主席国、安理会非常任理事国。在国际体系转型、全球挑战加剧的大背景下，哈萨克斯坦在两个国际组织的双重特殊身份将为其直接参与解决全球性安全问题、提高中亚的重要性并将其各类问题提升至国际水平，提供可能性。这将鼓励哈萨克斯坦对上海合作组织的合作领域有更多的构想。

---

① Казахстан и ШОС, http://www.kazportal.kz/kazahstan-i-shos/.
② Казахстан и ШОС, http://www.kazportal.kz/kazahstan-i-shos/.
③ Казахстан и ШОС, http://www.kazportal.kz/kazahstan-i-shos/.

纳扎尔巴耶夫总统表示，哈萨克斯坦希望在主席国任期内继续全方位发展上合组织的政策。① 这里在包括经济、交通、环保、地区安全与稳定、反恐、政治地位等多个领域的利益诉求。其中，经济发展与地区安全最为迫切。哈萨克斯坦力图在推动地区经济一体化，特别是对哈萨克斯坦相对迫切的交通运输基础设施建设、能源安全、反宗教极端主义等方面发挥积极作用。

2016年6月，纳扎尔巴耶夫在上合组织元首理事会扩大会议上称，哈萨克斯坦将把加强地区安全、发掘交通运输潜力，以及进一步发展成员国间经济和人文领域合作作为其在担任上合组织轮值主席国期间的首要目标。② 哈萨克斯坦打算继续巩固和发展上合组织，提高其在世界上的威望。作为上海合作组织的轮值主席国，哈萨克斯坦将巩固地区安全、发展经济合作、开辟交通过境运输潜力、深化文化与人文联系。③

哈萨克斯坦总统纳扎尔巴耶夫在安全合作领域提出两个倡议：一是制定和通过上合组织共同反对国际恐怖主义宣言和反对极端主义公约。二是支持上海合作组织成员国反恐战略2017～2022年及其落实计划，建议上海合作组织和中亚地区禁毒信息协调中心采取共同防御行动。④ 此外，哈萨克斯坦还将继续关注世界"无核化"，并将在推动消除生化武器、反恐、水资源、能源和粮食安全等问题的解决方面做出努力。

---

① МИД РК: Казахстан примет саммит ШОС в 2017 году, Май 28, 2016, http://rus.ozodlik.org/a/27761822.html.
② 李新：《上海合作组织：共建丝绸之路经济带的重要平台》，《俄罗斯学刊》2016年第2期，http://www.globalview.cn/html/economic/info_10718.html。
③ ШОС - 2016: вызовы и перспективы, http://www.kazpravda.kz/articles/view/shos-2016-vizovi-i-perspektivi1/.
④ Назарбаев предложил создать в ШОС единый транспортный узел, 24 июня 2016, https://365info.kz/2016/06/nazarbaev-predlozhil-sozdat-v-shos-edinyj-transportnyj-uzel/.

Y.25
俄罗斯学者谈上海合作组织

杨 进*

摘　要： 2016年是上海合作组织成立15周年，上海合作组织进入发展上升期和成熟期，对此，俄罗斯学者寄予期望。在上海合作组织的职能建设方面，俄罗斯学者的观念随着时代发展而发生着变化，从过去重视安全职能到现在对安全、经济和人文合作职能全面重视。俄罗斯学者更加重视将上海合作组织作为在国际体系中构筑自身地位的重要平台，并在这个平台上营造中俄关系，使之始终服务于本国国家利益。

关键词： 俄罗斯　中国　上海合作组织

作为上海合作组织创始成员国和主要参与者之一，俄罗斯对于上海合作组织健康发展的重要性毋庸置疑。上海合作组织对于俄罗斯而言，也是其外交战略布局的重要组成部分，因此，无论是俄罗斯官方还是学界，从上海合作组织成立起都给予高度关注，尤其是学者们每年都撰写、发表大量文章，并在国内外研讨会以及媒体采访时就上海合作组织有关重大理论与实践问题进行论述，这些论述及其成果有效地推动了上海合作组织的健康发展。2016年是上海合作组织成立15周年，也是国际形势风云变幻之年，一些国际问题研究者对上海合作组织发展历程及其未来进行展望，就相关问题进行深入讨论，又形成了一些最新成果。

---

* 杨进，中国社会科学院俄罗斯东欧中亚研究所中亚研究室副研究员。

一 俄罗斯学者谈上海合作组织的职能与定位

上海合作组织成立十五年来,有关其职能的讨论从来没有停止。如果说成立之初,学界根据当时历史背景主要把该组织职能定位于保障成员国安全合作的地区性国际组织的话,随着时代发展,国际经济和文化合作也逐渐成为上海合作组织的另外两大主要职能。

俄罗斯学者早期对于上海合作组织的安全合作给予了更多的关注。一些俄罗斯学者在论述上海合作组织的安全职能时,认为该职能是组织的核心议题,任何时候都不能弱化。如克利缅科的论文《中亚地区的意义:上海合作组织框架内俄中战略伙伴关系的发展及完善上合的几个方面》指出,上海合作组织的成立,本身就是顺应欧亚地区特别是后苏联空间安全秩序的深刻调整与现实挑战的结果,尤其是该地区面临恐怖主义、极端主义和分裂主义势力的巨大威胁,依靠原来主要由俄罗斯主导的后苏联安全体系已经无法单独担负起地区安全责任,中国通过上海合作组织进入这一地区的安全保障体系,有助于扩大欧亚地区安全体系的范围并加强地区安全秩序。因此,他认为上海合作组织的安全职能应当始终作为根本宗旨并不断完善这一重要职能[①]。

近年来,随着欧亚地区国际格局的演变,中、俄以及中亚其他成员国在国际和地区体系中扮演的角色正在发生深刻变化。中国迅速崛起为世界第二大经济体,中国与世界大国以及周边国家的国家关系发生了重大调整,诸如南海问题、钓鱼岛问题和国际贸易争端等问题随之而来。俄罗斯则在乌克兰危机之后与西方关系再次恶化,西方的全面制裁给俄罗斯的国际环境造成了巨大压力。中亚各国则在金融危机冲击下面临经济下行以及社会不稳定的多重冲击。在此背景下,有关各方对于上海合作组织职能与定位的讨论变得更

---

① А. Ф. 克利缅科:《中亚地区的意义:上海合作组织框架内俄中战略伙伴关系的发展及完善上合的几个方面》,载中国社会科学院俄罗斯东欧中亚研究所中亚研究室编《俄罗斯学者论上海合作组织》,2007,第87~91页。

加具体和务实，上海合作组织建设不再仅仅停留在本组织自身功能定位的范畴，而是目标更广阔的国际视野，把本组织发展目标与国际、地区形势以及各国最新国家战略紧密结合，试图使上海合作组织的发展与这些战略相整合，使之更好地为地区安全、稳定、繁荣以及各成员国利益服务。例如，俄罗斯学者近期就上海合作组织作为俄罗斯主导的欧亚经济联盟与中国主导的"一带一路"倡议对接平台问题进行了讨论，充分反映出上海合作组织作为一个功能相对成熟的地区性国际组织，越来越受到俄方关注，而且其关注点也变得更为广泛和深入。

其中，上海合作组织的经济职能拓展已经成为俄罗斯学者高度重视的领域。而这个领域是过去俄罗斯相对保守和谨慎的议题。应该说，乌克兰危机爆发前，俄罗斯的国际经济合作环境相对优良，合作选项较为充裕，其时俄罗斯对于上海合作组织框架内的经济合作兴趣并不高，而且更加愿意与中国发展双边合作。随着乌克兰危机爆发和克里米亚并入俄罗斯，西方对俄罗斯的经济制裁步步加深，其国际经济合作的空间被大大压缩，俄罗斯主导的欧亚经济联盟成员国也遇到重重困难，此刻，中国经济形势在全球范围看依然具有较明显优势，以上海合作组织为平台，推动"一带一路"与欧亚经济联盟的深度对接成为其现实选择。

俄罗斯学者 E. M. 库兹米娜指出，"上合组织是'丝绸之路经济带'与欧亚经济联盟对接以及创建更广泛的欧亚经济贸易空间的最佳平台，大多数直接或间接参与这两个战略的国家都加入了上合组织，并且，依靠观察员国（阿富汗、印度、伊朗、蒙古国和巴基斯坦）、对话伙伴国（斯里兰卡、土耳其、阿塞拜疆、柬埔寨和尼泊尔）和近期将加入上海合作组织的国家（印度和巴基斯坦），所有参与上合组织发展进程的国家都将得到发展本国经济的机会。"[①] 关于把上海合作组织作为"一带一盟"对接平台的必要性，她进而解释，"世界地缘经济结构已经发生了变化，这迫使俄罗斯和中国寻

---

① E. M. 库兹米娜:《上海合作组织作为欧亚经济联盟与丝绸之路经济带对接平台的可能性》，《欧亚经济》2016 年第 5 期。

求建立经济秩序的新途径，导致两国加强相互关系并尝试协调各自的一体化方案，2015年5月两国签署关于欧亚经济联盟与丝绸之路经济带对接的联合声明，由此出现了一个问题，即这种协同合作应该建立在什么基础上，而上海合作组织应是最合适的选择"[1]。

二　俄罗斯学者谈上海合作组织发展阶段及扩员问题

俄罗斯学者对上海合作组织的性质评价存在几种观点。从地缘政治的视角看，一些俄罗斯学者认为，上海合作组织的成立与发展，显著改变了欧亚地区的地缘政治环境。对于俄罗斯而言，中国作为上合组织创始成员国，首次以国际组织成员的形式进入后苏联空间并发挥政治、经济和安全影响，一方面有利于平衡西方国家在该地区影响力的增长，另一方面也有助于俄罗斯继续在该地区发挥调节者、主导者的作用。也有部分学者认为，中国通过上海合作组织进入中亚，有可能在未来中亚国际事务中发挥日益重要的作用，继而在某种程度上削弱俄罗斯对中亚国家的影响力。

俄罗斯科学院远东所研究员瓦西里耶夫指出，"尽管目前中国对中亚国家的影响力和作用力而言，还没有上升到类似于美国和俄罗斯那样重要的地位，但是随着中国经济的增长和军事力量的现代化，这种状况一定会发生重大改变。"[2]

还有一些俄罗斯学者更加看重上海合作组织对于欧亚地区安全体系的重新构建以及对于俄罗斯主导的欧亚安全体系的补充作用，有学者直接提出把上海合作组织打造成为具有军事同盟性质的政治军事一体化组织。这一立场因为中亚各成员国普遍存在的顾虑和反对立场，以及与中国外交政策基本方针相抵触而搁浅，最近已经没有俄罗斯学者再提及。

---

[1] Е. М. 库兹米娜：《上海合作组织作为欧亚经济联盟与丝绸之路经济带对接平台的可能性》，《欧亚经济》2016年第5期。
[2] Л. Е. 瓦西里耶夫：《上海合作组织与周边国家关系发展前景》，载中国社会科学院俄罗斯东欧中亚研究所中亚研究室编《俄罗斯学者论上海合作组织》，2007，第47页。

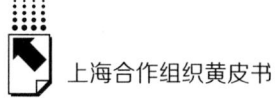

从上海合作组织的经济合作因素看,俄罗斯学者的立场发生了较为明显的变化。相比而言,俄罗斯学者早期并不看重上海合作组织的经济合作前景,更多地认为上海合作组织发展经济合作,是中国进入欧亚地区的最便捷途径,包括中国对中亚和俄罗斯能源资源的重大需求,将有可能成为中国提升在该地区影响力的最重要因素,而经济领域是俄罗斯在该地区发挥影响力的欠缺因素。随着国际经济形势变化,俄罗斯学者逐步改变了这一看法,当前,俄罗斯学者开始重视上海合作组织框架内的经济合作,例如,借助上海合作组织经济合作,使之成为俄罗斯克服西方制裁后经济困难,整合欧亚经济一体化和中国丝绸之路经济带两大战略对接的成熟平台。

关于上海合作组织与丝绸之路经济带建设的关系问题,俄罗斯联邦外交部外交学院副院长亚历山大·卢金在 2016 年北京举办的"丝绸之路的建设与未来十二国智库论坛"上表示,建设"丝绸之路经济带"概念的提出有助于促进上合组织框架内的多边经济合作,以及在上合组织领导下与其他国际组织的类似项目的合作,这有利于最大化地集中资金与资源,推动中亚地区国家的经济合作,并防范非区域势力的政治干扰①。这表明,随着国际形势的发展,以及上海合作组织面临的新形势,俄罗斯学者对于上合组织发展的阶段、任务以及发展水平有了全新认识,积极评价显著增加。

上海合作组织扩员问题自始至终都是学者们讨论的话题之一,但是热度有变化。俄罗斯学者在组织成立之初对于该问题的讨论并不热烈,但有提及。如时任俄罗斯外交部国际关系研究所教授的卢贾宁早在 2007 年就撰文深入讨论了上海合作组织扩员的可能性、潜力以及存在的问题,他认为扩员只是时间问题,目前主要任务是进行组织建设,并从法律上解决扩员程序②。

---

① 亚历山大·卢金:《丝绸之路经济带有助于推动中亚国家经济合作》,http://xue163.com/1893/1/18939514.html。
② Cr. 卢贾宁:《阿斯塔纳峰会召开前夕的上海合作组织——上海合作组织在地区和全球范围内的发展问题》,载中国社会科学院俄罗斯东欧中亚研究所中亚研究室编《俄罗斯学者论上海合作组织》,2007,第 10~13 页。

随着上合组织的发展，扩员问题不仅成为组织发展的热点，其中所蕴含的有关上海合作组织定位与发展方向的重大问题也成为议题中心。俄罗斯外交部国家关系学院伊戈尔·杰尼索夫和伊凡·萨弗朗丘克最新联合撰文指出，上海合作组织扩员问题是最根本的问题之一，过去扩员问题仅仅被当作现实政策的立场问题，但是当前，关于扩员问题的争论已经在各成员国之间出现重大分歧。其中问题之一就是扩员的国家之间信任水平存在巨大差异。例如，2015年乌法峰会上被列入第一轮扩员名单的印度和巴基斯坦，这两个国家至今依然为领土问题争吵不休，甚至有发生战争的可能性。这两位学者提出另外一个重要问题，上海合作组织在定位上究竟是全球性还是区域性国际组织？这事关上海合作组织的扩员范围，以及功能定位。[①]

关于扩员以及扩员后组织运行机制性障碍问题，俄罗斯学者也给予较多关注。例如，关于协商一致原则，俄罗斯学者认为随着扩员的进行，该原则似乎已经不再适用，一方面不同成员国对扩员对象国立场不一致，协商一致原则很可能成为阻碍性机制。另一方面，扩员后随着成员国增多，对于一些重大问题，协商一致原则很难解决那些需要效率的事项，"那些没有事先协商一致的问题，可以被提上议事日程，但是它可能被无限期拖延，直到这个问题达成完全一致为止"。"比如由中国提议的上海合作组织银行，该问题2010年即提上本组织议事日程，但是最近三年每年的峰会依然还在讨论该问题"[②]。

尽管承认上海合作组织扩员存在诸多问题尚待解决，但是俄罗斯学者依然坚持扩员主张，特别是对于印度和伊朗等国加入上海合作组织持积极支持立场。俄罗斯学者普遍认为，随着印度和伊朗这种具有区域乃至全球性影响的国家进入上海合作组织，有利于扩大上海合作组织的影响力，使之在更广阔的地缘政治空间发挥积极作用。而杰尼索夫指出，当前最重要的是印度和

[①] Четыре проблемы ШОС в свете вопроса о расширении организации, Игорь Денисов, Иван Сафранчук, http://www.vestnik.mgimo.ru/razdely/mirovaya‐politika/chetyre‐problemy‐shos‐v‐svete‐voprosa‐o‐rasshirenii‐organiza.

[②] 同上。

巴基斯坦两国首先加入上海合作组织，他认为这两个国家加入本组织，有利于加强地区经济合作。更加重要的是，在美国大中亚计划和"新丝绸之路"计划中，印度和巴基斯坦都是潜在成员，是美国要吸收的力量，因此，先期吸纳印度和巴基斯坦作为上海合作组织成员国，可以牵制美国在中亚和南亚的战略力量。①

事实上，俄罗斯积极推动印度、巴基斯坦和伊朗进入上海合作组织，有很强的自身外交战略利益考量。印度是俄罗斯在南亚的重要战略伙伴，随着印度进入上海合作组织，俄罗斯对上海合作组织的议程影响力将大大加强，受制于中国的可能性将降低。而伊朗是俄罗斯在中东地区最重要的盟友，是俄罗斯在中东抵制西方势力保持地区影响力的关键节点，因此，吸纳伊朗进入上海合作组织，借助上海合作组织的力量，通过伊朗强化其在中东的地位，并一定程度上利用中国与中东国家微妙关系在本组织内增强俄罗斯的影响力谋局布篇，才是俄罗斯的基本考虑。

三 俄罗斯学者谈上海合作组织框架内的中俄关系

在讨论上海合作组织框架内的任何合作事项时，都无法回避中俄两国在该组织中担任的角色和发挥的作用，也无法回避上海合作组织合作对于两个大国外交战略的性质、两国在本组织内的互动，以及与中俄关系的关联性。

俄罗斯学者在上海合作组织成立早期比较看重上海合作组织对于俄罗斯在地缘政治和安全等领域发挥的积极作用。普遍认为上海合作组织的成立与发展，有利于增强俄罗斯在当时国际舞台的话语权，平衡西方力量对中亚国家的渗透，也有助于俄罗斯借助上合组织平台强化欧亚空间的战略影响力，特别是在安全领域是对独联体安全体系的有益补充。如 В. В. 米赫耶夫在其文章《如何在上海合作组织框架内实现俄罗斯的国家利益——关于提高上

---

① Четыре проблемы ШОС в свете вопроса о расширении организации, Игорь Денисов, Иван Сафранчук, http://www.vestnik.mgimo.ru/razdely/mirovaya‐politika/chetyre‐problemy‐shos‐v‐svete‐voprosa‐o‐rasshirenii‐organiza.

海合作组织工作效率的建议》一文中指出，"在上海合作组织发展成为一个开放性的地区性组织的同时，继续与美国、中国在反恐联盟的框架内建立伙伴关系，共同创造相互协调的可行性机制，消除对抗，寻求俄罗斯、美国、中国在中亚地区实现国家利益的折中解决方案"，在俄罗斯的地区政策中尚未找到俄美关系新内容的应有逻辑转变，其中包括在中亚地区。因此，从俄罗斯国家利益观的角度出发，必须以上海合作组织宪章为基础，制定目标和原则。一方面，目标和原则的制定要从建立新的良好的俄美、俄罗斯与西方、俄美中的三角关系出发。另一方面，要有助于这种关系的建立。①

俄罗斯学者认为，上海合作组织对于中国而言，其重要性是多维度的：一是上海合作组织是中国第一个也是唯一一个由中国倡议并参与创建和发挥主导性作用的地区性国际组织，是中国参与国际和地区事务的重要平台。二是中国借助上海合作组织这个地区性国际组织，第一次把影响力深入到中亚地区，有利于中国发展与中亚各国的全面关系。三是通过上海合作组织议题的增加以及扩员进程推进，中国在欧亚地区的影响力具有综合性，体现在安全、经济和文化等多个方面拥有越来越大的话语权。四是通过上海合作组织平台发展与其他国际组织的合作，大大提升中国在国际舞台的政治影响力。

关于俄罗斯与中国国家关系的性质以及与此相关两国在上海合作组织框架内的互动与合作的内容以及各自利益，俄罗斯学者有充分论述。俄罗斯学者认为，中俄关系从冷战时期的合与分再到后来正常化直到建立战略伙伴关系，是由国际环境的变化和双方利益决定的，而且在今后可以预见的时期内，这种紧密关系不会发生根本变化。"中俄关系的发展也是始于勃列日涅夫时期。不论此后双方领导层如何更换，双边关系都得以持续发展，经历了正常化到紧密战略伙伴关系的转变。这表明，中俄关系的提升与发展符合两国的利益，不取决于政治意识形态和俄罗斯与其他国家的关系。"② 卢金的

---

① B. B. 米赫耶夫：《如何在上海合作组织框架内实现俄罗斯的国家利益——关于上海合作组织工作效率的建议》，载中国社会科学院俄罗斯东欧中亚研究所中亚研究室编《俄罗斯学者论上海合作组织》，2007，第60~61页。
② 亚历山大·卢金：《俄罗斯转向亚洲，神话还是现实？》，《和平与发展》2016年第3期。

这段话表明，俄罗斯主流学者认为中俄战略伙伴关系不是权宜之计，也不是因为意识形态的某种需要，而完全是因为两国在当今国际体系中所处的位置以及根本利益决定的。卢金在这篇文章中还特别强调了上海合作组织在强化中俄全面战略协作伙伴关系的独特作用。他还举例说，在2015年12月的上合组织政府首脑会议上，梅德韦杰夫曾建议，就欧亚经济联盟和上合组织与东盟建立经济伙伴关系展开磋商。

俄罗斯科学院远东研究所所长卢贾宁指出，"作为两个世界大国，中俄没有结盟，这难能可贵。中俄全面战略协作伙伴关系内容丰富且有质量。并且，中俄合作不针对第三国，两国致力于通过联合国安理会和联合国开发计划署等治理机构，以及金砖国家和上合组织等机制建造一个更公正、更和谐的世界秩序。"[①]

俄罗斯学者特别强调中俄两国在上海合作组织框架内的合作是对中俄关系的补充，也是中俄两国协调各自外交政策的调节器，完全符合中俄关系健康发展需要。卢金在另外一篇文中指出，中俄关系不断得到巩固，出于多种原因，"与中国的合作对于俄罗斯的国际战略至关重要"。俄中两国都认可"多极化的构建"这个概念。这意味着，两国都不希望看到一极世界，而希望构建在联合国条约和国际法框架内的多极力量相互制衡的世界。在"多极化"的概念中隐藏着一个显而易见的事实：俄罗斯和中国，以及世界其他一些国家有能力对区域和世界发展问题保留自身立场和解决方法。因此，他认为上海合作组织作为地区性国际组织，能够很好地协调中俄两国在重大国际问题上的立场，包括两国在"丝绸之路经济带"框架内合作的立场。

这里特别重要的是在上合组织框架下的相互协作。在中国看来，所有上合组织的成员国，都应该被包括进"丝绸之路经济带"的计划中。有鉴于此，建设"丝绸之路经济带"这一概念的提出有助于促进上合组织框架内的多边经济合作，以及在上合组织领导下与其他国际组织的类似项目的合

---

① 《专访：多领域深化合作提升中俄合作质量新高度——访俄罗斯科学院远东研究所所长卢贾宁》，http://news.xinhuanet.com/world/2016-11/05/c_1119855940.htm。

作，例如联合国开发计划署、联合国教科文组织。这有利于最大化地集中资金与资源，推动中亚地区国家的经济合作，并防范非区域势力的政治干扰。①

俄罗斯学者对于上海合作组织的未来前景给予了较为客观和理性的评价。有学者认为随着上海合作组织的扩大与完善，未来能够在安全、经济、人文等领域发挥更加深广超出欧亚地区的广泛国际影响力。也有学者认为上海合作组织发展空间将在一定程度上受制于中俄关系发展。如卢金在另外一篇文章里就指出，上海合作组织之所以越往后发展，遇到的问题将越多，解决的难度越高，因为"我们在政治计划上已经触摸到天花板"。他认为中俄两国当前的各自外交政策都不允许两国建立军事政治联盟，因此反映在上海合作组织的发展上，也必然只是在一定的框架内按部就班发展，致力于解决那些应该解决的问题。②

综上所述，俄罗斯学者对于上海合作组织的职能与定位、上海合作组织扩员利弊及其障碍，以及上海合作组织框架内中俄关系的发展和本组织未来前景都给予了积极评价，也与中国学者的观点基本接近。发展和完善上海合作组织的安全、经济和人文合作，有步骤地推进上海合作组织扩员，积极发展上海合作组织框架内的中俄合作并以中俄战略对接合作促进上海合作组织其他重大项目合作，是上海合作组织发展的需要也是中俄全面战略协作伙伴关系健康发展的内在要求。

---

① 亚历山大·卢金：《丝绸之路经济带有助于推动中亚国家经济合作》，http://xue163.com/1893/1/18939514.html。

② 《В политическом плане мы уже достигли потолка》Александр Лукин о том, как идет сближение России и Китая, https://newsland.com/user/4296647985/content/o-tom-kak-idet-sblizhenie-rossii-i-kitaia/5188933.

Y.26
极端分子回流中亚的特点

张 宁*

摘　要： 境外极端分子回流是中亚国家当前面临的难题之一。回流分子主要借助互联网，在中亚继续从事招募、宣教和暴恐活动，主要招募对象是劳动力移民和失业人员等。中亚国家通过完善法律、提高打击力度、加强国际合作等措施应对。

关键词： 回流　宗教极端　三股势力　中亚安全　上海合作组织

综合俄罗斯与中亚国家部分主流媒体的相关报道与评论，当前俄罗斯和中亚国家反恐安全面临的最大难题之一是，应对在境外参加极端组织的中亚公民回流中亚。尤其是叙利亚的极端组织遭受俄罗斯空袭后，回流的数量增多，回流的渠道和方式不断翻新，让相关部门疲于应对。

一　谁在回流？——来自中东和南亚

参加境外极端组织活动的中亚公民大体分为两部分。①参战人员。原因有反对叙利亚阿萨德政权、认同IS等极端组织的理念、追求个人成就感、挣钱（据说IS的工资比基地组织高约十倍）等。②劳务、技术或后勤保障。主要从事建筑、司机、保姆、油气田开采等职业。后一部分人虽不直接参战，但坚信极端思想。

---

* 张宁，中国社会科学院俄罗斯东欧中亚研究所研究员。

中亚公民参加的境外极端组织主要分布在两大部分：一是中东和北非，主要是叙利亚和伊拉克，少部分是利比亚、埃及等，主要参加IS、努斯拉阵线、叙利亚反政府武装等组织。二是南亚，即巴基斯坦和阿富汗，主要参加基地组织、阿富汗塔利班、巴基斯坦塔利班等组织。

2015年9月俄罗斯空袭叙利亚后，IS等中东极端组织实力大幅削弱，开始化整为零，分散至各地继续从事极端活动。另外，巴基斯坦自2014年起加大打击巴塔、哈卡尼网络等极端组织；阿富汗政府在美国支持下加大打击塔利班和基地组织。上述这三股力量结合，迫使部分中亚人回流，或在阿富汗北部与中亚交界地带继续活动。

近年，中亚国家的宗教活动场所数量呈增长态势，说明伊斯兰教氛围愈加浓厚，成为极端组织活动的土壤。截至2016年初，哈境内清真寺数量2488座，吉境内2422座，塔境内3930座。

二 中亚的回流规模有多大？——本土加回流约5000人

据俄罗斯和中亚强力部门估算：

（1）在中东作战的中亚极端分子大约2000~3000人。

（2）在阿富汗的外籍极端分子大部分来自阿拉伯世界（抗击苏联入侵阿富汗时的志愿军，后留在阿富汗帮助抗击美军），被称为"阿富汗的阿拉伯人"，约6000~7000人，其中基地组织核心成员约4000~5000人。但由IS等中东极端组织派出的阿拉伯人不足百人，在阿富汗和巴基斯坦一带成立"呼罗珊"分支机构。

（3）在阿富汗向IS等极端组织效忠的极端分子有2500~3500人，主要是阿北部的中亚民族的极端组织，骨干是"乌兹别克斯坦伊斯兰运动"（又称"突厥斯坦伊斯兰运动"）。

（4）中亚地区的IS等中东极端组织的效忠者和支持者（推崇其行为）4000~5000人，乌兹别克族居多。判断依据主要是犯罪嫌疑人和在押犯数量，以及经常浏览带有暴恐和极端思想的网站并发表评论等网络大数据。主

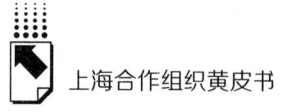

要受激进萨拉菲思想影响。大部分是中亚当地居民，少部分是境外回流人员。除 IS 外，效忠对象还有努斯拉阵线、基地组织等。

（5）中亚地区的暴恐和极端分子的年龄主要集中在 20～35 岁，30～35 岁较集中，但赴中东和阿富汗作战的极端分子集中在 25～29 岁年龄段。

（6）估计从中东回流中亚的公民约有千人（具体数目不详）。一部分回到中亚（不一定是国籍国），一部分去阿富汗北部继续战斗。因国内管制极严，乌兹别克斯坦公民极少回乌兹别克斯坦，大部分留在阿富汗，其他中亚四国的公民则通常选择回国。

三　极端思想是什么？——瓦哈比、萨拉菲、达瓦宣讲团

集体安全条约组织确定的恐怖和极端组织名单有 50 多个，其中较活跃和危害较大的有 20 多个。大部分暴恐和极端组织是三五人组成的小团伙且分散。从已破获的案件看，临时起意的即兴作案居多。当前，中亚地区传播较广的极端思想主要来自瓦哈比（中东）、萨拉菲（中东和北非）、达瓦宣讲团（南亚），其他教派的影响力有限。

（1）达瓦宣讲团在中亚广泛分布，以宣教为主，但因其中带有原教旨主义思想，部分成员成为极端分子，或资助极端组织。

（2）瓦哈比自苏联后期便在中亚有影响，在乌兹别克斯坦、塔吉克斯坦和吉尔吉斯斯坦等农耕经济为主的地区分布较广，在乌吉塔三国交界的费尔干纳谷地最盛。代表极端组织有乌伊运、伊扎布特等。当前，乌伊运主要活动在阿富汗北部的乌兹别克族聚居区，伊扎布特由此成为中亚境内影响最大的极端组织。

（3）萨拉菲近十年在中亚传播较快，在哈萨克斯坦和塔吉克斯坦影响最大。主要从俄罗斯高加索地区和阿富汗经中亚费尔干纳传入。极端萨拉菲强调"塔克菲尔"（消灭异教徒）和圣战思想（暴力和军事斗争）。代表的极端组织近年在中亚较活跃，如马赫迪圣战运动、哈里发战士、安拉使者

团、迁徙圣战等。

（4）截至2016年初，据哈国家安全委员会数据，哈境内20多个恐怖和极端组织，共有骨干成员约500人，近年来实施暴恐活动的均是萨拉菲分子。据哈国家宗教事务委员会主席估计，哈境内约有1.5万萨拉菲分子。另据哈学者估计，境内约5%～10%的穆斯林受萨拉菲影响（即65万～150万人），大体分为温和分子和极端分子两部分。经常浏览带有萨拉菲内容的网站的网民约8万，在押萨拉菲犯人约500～600人。

（5）塔宗教界人士估计在塔的萨拉菲分子数量大约2万多人，其中3000～5000人信教程度较深。

（6）据吉国家安全部数据，截至2014年初，吉监狱共关押1700名极端分子，其中78.3%属信奉瓦哈比的伊扎布特组织成员（又名"伊斯兰解放党"）。萨拉菲骨干分子不足500人，主要是从沙特等中东留学回来的宗教人士，主要分布在吉南部地区，以乌兹别克族为主。

（7）乌兹别克斯坦和土库曼斯坦两国官方从未发布有关国内极端组织规模的数据。外界通常通过其在俄罗斯、哈萨克斯坦和中东国家劳务打工的规模推测。目前，乌在俄打工者约150万，在沙特、阿联酋、科威特等中东国家打工人数超过60万。中亚国家已破获的暴恐和极端案件中，乌兹别克族居多。

四　影响有哪些？——招募、传播、实施极端活动

参战人员回国的途径与赴中东的途径基本相同（怎么来就怎么回），其中最常用有两条线：一是从土耳其，或经土耳其和俄罗斯；二是经阿富汗进入中亚。利用免签政策优惠，利用尚未装备生物信息识别设备的漏洞，境外极端分子通过恢复原来的身份（在境外时使用的是假身份）回到中亚。当前，由阿富汗，经塔吉克斯坦和吉尔吉斯斯坦，进入哈萨克斯坦，继而进入俄罗斯的"北上通道"，以及自高加索，进入俄罗斯南部，再到哈萨克斯坦西部，进而来到中亚的"南下通道"总体上畅通。

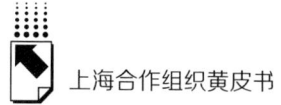

回到中亚的极端分子与境外组织继续保持联系，并从事组织、招募、传播等破坏活动。①组建暴恐战斗队。已发现回流人员散发宣传品、利用网络招募、制造爆炸物、购买枪支、刺杀知名人士、策划爆炸案等。②传播圣战思想，尤其是极端萨拉菲思想。利用自身的参战经历，对受众对象施加影响力。③招募。继续为中东输送战斗人员和信息等科技人员。④成为美西方情报部门的利用工具。俄和中亚的情报部门一致认为，美英等西方情报机构与阿富汗的基地组织训练营有密切合作关系，提供培训和资金。其中部分受训人员已回到中亚。

组织、招募、传播的手段和途径主要是网络（最常用）和聚会。回流人员宣传介绍境外网站，在境外有"网站伊玛目"，负责指挥协调和发起号召，受众对象（具体的暴恐实施者）往往不固定，彼此也不认识。

组织、招募、传播的对象主要有四类人群：①边境交界地带的公民；②在俄罗斯、哈萨克斯坦、中东国家等境外打工的劳动力移民；③女性，尤其是已婚和有男友的女性；④对社会有强烈不满心理的人，如经常抱怨待遇不公、升迁无望、怀才不遇等。

五　未来工作重点是什么？——地区、行业、人群三大类

除继续加强国际合作外，中亚国家的关注重点如下。

从地区看：①边境地区。通过改进装备和设施，培训海关、边防和反恐人员，提高布防能力。②首都等大城市。③重点战略目标。加强防护，避免遭受恐袭。

从行业看：①媒体，尤其是社交互联网管理，严厉禁止带有暴恐和极端内容的宣传品，关注"我的世界"（www.mail.ru）、"在线联系"（www.vk.com）、"同班同学"（www.ok.ru）、"脸谱"（www.facebook.com）等社交网站。极端分子常常以讨论社会热点问题和中东局势开始，探讨解决问题的方法，再逐渐引入圣战。②教育部门，尤其是加强对45周岁以下青年人的宣传和教育，

提倡传统文化和信仰，提高辨别能力等。③强力部门，防止因内部腐败而放过极端分子。④议会等立法和司法部门，修改法律，提高惩罚强度，明确术语认定，让法律跟上形势发展需求。⑤危险品管控，避免暴恐和极端组织较易获取到枪支弹药、爆炸装置、有毒物等。

从人群看：①在中东国家、俄罗斯和哈萨克斯坦的劳动力移民。②中东的乌兹别克族聚居区。中东地区，尤其是沙特和阿联酋国内有约30万~40万公民是乌兹别克族（苏联打击"巴斯马奇"运动而逃离至此），部分已进入成功阶层。这些人是中东地区大量雇佣乌兹别克族劳工的原因之一，也是目前支持乌伊运、伊扎布特等奉行瓦哈比和萨拉菲思想的极端组织的主要力量之一。在境外大力支持下，乌兹别克族公民成为中亚各国的极端分子主力。

其他措施还有：①修改和完善法律。加强对传播极端思想和从事极端活动的界定，尤其是网络行为的界定。②提高打击力度。主要是提高刑事处罚力度。对在境外从事招募、培训、宣传和参加军事活动的人员，判处15年徒刑并没收财产。③对在境外从事暴恐和极端活动的公民取消其国籍。

Y.27
2016年上海合作组织大事记

高晗迅 整理

1月

1月11~27日 阿利莫夫·拉希德·库特比金诺维奇履新就职,并在北京会见了乌兹别克斯坦驻华大使库尔班诺夫、俄罗斯驻华大使杰尼索夫、吉尔吉斯斯坦驻华大使巴克特古洛娃等驻华使节;会见了中共中央政治局委员、中央政法委书记孟建柱,外交部部长助理李惠来等中方官员;会见了亚信会议秘书处执行主任宫建伟等国际组织驻华负责人。各方代表欢迎阿利莫夫履新,期待他为落实成员国元首达成的共识、深化上合组织安全合作作出新的贡献,强调各方愿与上合组织成员国携手努力,切实维护地区安全稳定,为各国经济社会发展提供有力保障。阿利莫夫感谢各方为他本人和上合组织秘书处工作提供的大力支持,表示愿为推进上合组织各领域合作继续努力。

1月21日 上海合作组织成员国代表与国际公路运输联盟代表在北京俄罗斯驻华使馆举行会议。会议就如何落实2014年杜尚别元首峰会上各方达成的运输便利化等问题进行了讨论。

2月

2月2日 上海合作组织成员国国家协调员理事会在北京举行。会议主要就2016年上海合作组织塔什干元首峰会的准备工作,以及成员国、观察员国、对话伙伴国在政治、经贸、人文交流等领域30多个问题的合作进行相互协调。

2月4日 上海合作组织秘书长阿利莫夫就职招待会在北京举行。外交部副部长张业遂等中国政府部门的代表，上合组织成员国、观察员国和对话伙伴国驻华使节，独联体和欧盟成员国以及其他国家驻华使节、国际组织驻华代表等300余位嘉宾出席了此次招待会。

2月25～26日 上海合作组织专家工作组禁毒部门领导人会议在北京举行。会议主要就落实《2011～2016年上合组织成员国禁毒战略》及当前域内禁毒工作遇到的问题进行了交流讨论。

3月

3月1日 上海合作组织秘书长阿利莫夫在北京会见了印度和巴基斯坦驻华使节，对印度和巴基斯坦将成为上海合作组织新成员表示欢迎，并对印巴两国加入上海合作组织后的发展问题进行了讨论。

3月21日 上海合作组织主办的"上海合作组织——我们共同的家园"智库座谈会和国际诺鲁兹节招待会在北京举行。会议就上海合作组织未来发展、上海合作组织秘书处与智库合作等议题展开研讨。

3月23～25日 应博鳌亚洲论坛秘书长周文重邀请，上海合作组织秘书长阿利莫夫出席了博鳌亚洲论坛年会，并在亚洲区域合作组织圆桌会议上发言。

4月

4月13～14日 上海合作组织成员国安全会议秘书第十一次会议在塔什干举行。与会各方就上海合作组织域内地区的安全与稳定形势交换了意见，就打击恐怖主义、分裂主义和极端主义，非法贩运武器和毒品，以及应对当今其他挑战与威胁继续开展合作、完善协作机制等问题进行了讨论。

4月13～14日 "上海五国"边境地区军事信任协定签署20周年国际

研讨会在北京举行，会议由中国国际问题研究院、中国社会科学院、武汉大学主办。来自中国、俄罗斯、哈萨克斯坦、吉尔吉斯斯坦和塔吉克斯坦的高级代表团，外国驻华使馆、军事部门以及学术研究机构的代表出席了此次会议。

4月19~22日 上海合作组织成员国国家协调员理事会会议在北京举行。会议审议了上海合作组织2016年工作计划，主要讨论上合组织成员国元首理事会会议的分阶段筹备问题，旨在进一步持续推动上合组织成员国、观察员国和对话伙伴国在政治、经贸、文化以及其他领域的合作。

4月19~22日 联合国大会关于世界毒品问题的特别会议在纽约联合国总部举行，上海合作组织秘书处代表团出席了此次会议。上海合作组织向联合国大会秘书处转交了《上海合作组织成员国致联合国大会关于世界毒品问题特别会议的声明》，该声明被列入会议议程第7条，并作为联合国官方文件用六种官方语言发布（审议）。

5月

5月4~6日 上海合作组织成员国经贸部门高官委员会会议在北京举行。会议总结了《上合组织成员国多边经贸合作纲要落实措施计划》和《上合组织2012~2016年进一步项目合作的措施清单》的初步落实成果，分析了各领域合作专门工作组的工作情况。会议研究了有关《上合组织2017~2021年进一步项目合作的措施清单》草案的各项建议。

5月22日 上海合作组织观察员团对举行的塔吉克斯坦共和国宪法修订和补充全民公投的准备和实施过程进行了监督。观察员团认为，公民在投票过程中的积极性很高，上述投票站的选举委员会的工作符合塔吉克斯坦共和国选举法的要求；全民公投符合《关于〈塔吉克斯坦共和国全民公投〉宪法法案》的要求，履行了塔方应承担的有关国际义务。观察员团认为已经举行的全民公投是公开的、自由的和合法的。

5月23~24日 上海合作组织成员国外交部长理事会例行会议在塔

什干举行，会议由乌兹别克斯坦方面主持。会议结束后发表了《上合组织成员国外交部长理事会会议新闻公报》，公报表态支持中国南海问题立场。

5月30～31日 上合组织开发银行和发展基金（专门账户）专家会议在北京举行。与会各方就落实2015年12月15日在郑州举行的上合组织成员国政府首脑（总理）理事会会议关于《上合组织开发银行和发展基金（专门账户）下一步工作》的决议及对建立上述两个金融机制的立场交换了意见。还讨论了即将于今秋在吉尔吉斯共和国举行的上合组织成员国财政部长和央行行长会晤的筹备工作。

6月

6月1～3日 上海合作组织成员国主管部门和地区反恐怖机构执委会代表联合工作组例行会议在北京举行。会议讨论了当前域内反恐情况，预防和阻止"三股势力"利用互联网达到恐怖主义、分裂主义和极端主义的目的。

6月8日 上海合作组织成员国国防部长会议在阿斯塔纳举行。会议就当前国际和地区安全问题交换了意见，并讨论了"和平使命-2016"联合反恐军事演习准备工作进展情况。

6月14～15日 上海合作组织秘书处代表团出席中华人民共和国公安部在广州（中国）举办的国际边检论坛。会议讨论了有关边境检查最重要和最迫切的问题。各方表示，有意建立常设的移民和边检问题国际合作平台，并通过了共同宣言。

6月16日 上海合作组织商务论坛在圣彼得堡举行，主题为《前景广阔的经济合作方式》，系第二十届圣彼得堡国际经济论坛框架下正式活动。有关部委领导、上合组织实业家委员会各国代表、上合组织秘书处代表、议员、省州长、大型银行行长和企业负责人与会，并发表对当前形势和上合组织地区经济合作前景的看法。与会人员重点关注挖掘交通运输潜力，支持中小企业，丰富上合组织地区务实合作形式等问题。

6月22日 上海合作组织成员国文化部长第十三次会晤在塔什干举行。会议讨论了上合组织框架下文化艺术领域合作的发展情况，就上合组织成员国政府间文化合作协定和历届文化部长会晤达成的共识的执行情况交换了意见。

6月23日 上海合作组织银行联合体理事会第第十二次会议在塔什干举行。会议议程包括投资、共同项目融资、经验交流和人才培养等方面合作，以及扩大同本组织观察员国和对话伙伴金融机构合作等问题。理事会成员签署了《关于给予蒙古开发银行上合组织银联体伙伴行地位的决议》，并通过了会议纪要。

6月23～24日 上海合作组织成员国元首理事会第十六次会议在塔什干举行。元首们在建设性和友好的气氛中审议了上合组织成立15年以来的主要成果，签署了《上海合作组织成立十五周年塔什干宣言》《〈上海合作组织至2025年发展战略〉2016～2020年落实行动计划》等文件，并就当前国际和地区问题广泛交换了意见。

7月

7月3～4日 上海合作组织成员国使节俱乐部第五次会议在京举行。会议根据上合组织成员国塔什干周年纪念峰会成果，就上海合作组织框架下如何开展合作，以及哈萨克斯坦作为本组织2016～2017年主席国工作的主要任务。

7月26～27日 上海合作组织教育合作专家在北京上合组织秘书处举行会议。会议分析了《〈上海合作组织成员国政府间教育合作协定〉2015～2016年活动计划》的实施情况、完善上海合作组织大学法律基础文件的问题，审议了关于《上海合作组织大学远期构想（至2025年）》需要修改和调整的意见，讨论了《上海合作组织成员国政府间关于建立和运营上海合作组织大学的协定》文本。

8月

8月9日 上海合作组织秘书长阿利莫夫出席了在杜尚别举行的可持续发展第六个目标高级国际研讨会。此次会议的议题为"实现供水和环境卫生的普及利用",目标是集中讨论尽快实现"第六个可持续发展目标及其具体目标:确保供水和环境卫生的普及利用"的政策措施、行动和方法。

8月11日 上海合作组织大使俱乐部成员拜谒位于中国大连市的苏军烈士陵园,并举行了向陵园敬献花圈的仪式。大使俱乐部成员瞻仰了烈士陵园,参观了陵园纪念馆,了解了那些不能遗忘岁月的独特历史。

8月17~18日 上海合作组织成员国海关合作专门工作组会议在圣彼得堡举行。与会专家就《2016~2021年上合组织成员国海关合作计划》等重要问题进行了讨论,审议了《上合组织成员国海关交换关于确定和监管通关货物价值必要信息的议定书》草案,以及《2017~2018年上合组织成员国海关合作专门工作组工作计划》草案。

8月25~26日 上海合作组织组织成员国贸易便利化专业工作组第二次会议在北京举行。与会各方讨论了《上合组织成员国贸易便利化专业工作组工作章程》草案,还就《2017~2021年上合组织进一步推动项目合作的措施清单》草案中涉及本工作组职责的第一章《贸易和投资领域合作》交换了意见。

9月

9月1~2日 上合组织成员国科技合作常设工作组会议在比什凯克举行。与会各方讨论了发展上合组织框架内多边科技合作问题和第三次科技部长会议筹备事宜。专家们讨论了《〈上海合作组织成员国政府间科技合作协定〉落实措施计划》和《上合组织科技伙伴构想》草案,提出了对拟提交上合组织成员国政府首脑理事会批准的《2017～2021年上海合作组织进一步推动项目合作的措施清单》草案的建议。

9月2日 上海合作组织秘书处发表声明，严厉谴责了2016年8月30日发生在比什凯克的针对中华人民共和国驻吉尔吉斯斯坦大使馆的恐怖袭击。并对受伤人员表示慰问。

9月2日 上海合作组织秘书处致乌兹别克斯坦共和国政府和乌兹别克人民唁电，对该国总统伊斯兰·阿卜杜加尼耶维奇·卡里莫夫溘然长逝表示遗憾，对其在维护中亚地区稳定与上海合作组织发展所做的贡献表示肯定，并自9月3日起进行为期三天的降半旗致哀。

9月4日 上海合作组织成员国第三届科技部长会议在伊塞克湖州举行。与会各方讨论了关于开展上合组织框架内科技领域多边合作的问题，并就《上海合作组织成员国政府间科技合作协定》和在往届科技部长会议上达成的协议的执行情况交换了意见。各方研究并同意《〈上海合作组织成员国科技合作协定〉落实措施计划（2016～2020）》和《上海合作组织科技伙伴计划》的草案，决定将上述文本提交于2016年在比什凯克召开的上海合作组织成员国政府首脑理事会会议审议。

9月7～11日 上海合作组织观察员团对白俄罗斯共和国举行的国民会议代表院选举的准备和实施过程进行了监督。观察员团认为，白俄罗斯共和国国民会议代表院选举符合白俄罗斯共和国现行法律和应承担的国际义务。观察员团未发现违反国家选举法法规的现象并认为，业已举行的白俄罗斯共和国国民会议代表院选举是公开的、自由的和合法的。

9月13～18日 上海合作组织观察员团对俄罗斯联邦的联邦会议第七届国家杜马议员选举的准备和实施过程进行了监督。观察员团认为，所有竞选活动公开、透明、民主，符合俄罗斯联邦法律和国际选举规范，对选举的合法性没有任何异议。

9月29～30日 上海合作组织成员国第三次财长和央行行长会议。与会方通报了本国中期社会经济发展情况和加快经济增长的国家举措，各方讨论了建立上合组织开发银行和上合组织发展基金（专门账户）问题，并建议将《2017~2021年上海合作组织进一步推动项目合作的措施清单》中关于金融领域合作的章节提交2016年上合组织成员国政府首脑（总理）理事会审议。

10月

10月12日 上海合作组织成员国经贸部长会议第15次会议在比什凯克召开。与会各方对进一步发展和深化上合组织区域经济合作问题进行了广泛研究，听取了各国代表团团长关于上合组织框架内经贸和投资合作现状和前景的介绍。会议批准《上合组织成员国贸易便利化工作组章程》，并要求专业工作组为落实《上合组织成员国多边经贸合作纲要落实措施计划》积极开展工作。

10月20日 上海合作组织成员国教育部长第六次会议在杜尚别举行。与会各方对国家教育系统发展和现代化，合作优先方向，履行关于落实上合组织成员国政府间教育合作协定的措施清单等问题交换了意见。审议了上合组织成员国关于建立和运行上海合作组织大学的政府间协议草案，讨论了教育领域合作的一系列其他重要问题。

10月25~26日 上海合作组织成员国环保部门第八次专家会议在北京举行。专家们讨论了《上合组织成员国环保合作构想》草案，并对提交上海合作组织成员国政府首脑（总理）理事会比什凯克会议上的《2017~2021年上合组织进一步推动项目合作的措施清单》相关章节进行了分析。

10月27日 上海合作组织成员国和观察员国打击国际恐怖主义和极端主义合作第四次研讨会在塔什干举行。与会人员讨论了有关国际及地区安全的问题，并就上海合作组织成员国、观察员国与国际组织间完善合作形式及方向的具体建议进行研讨。

10月28日 上海合作组织成员国司法部长第四次会议在阿拉木图举行。与会各方总结了第三次上合组织成员国司法部长会议后成员国司法部间合作，并根据与会人员在加强上合组织成员国法治建设问题上达成的共识，就共同关心的问题，加强交流与合作。

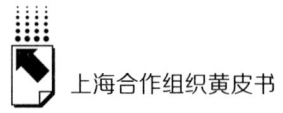

11月

11月2~3日 上海合作组织成员国政府首脑（总理）理事会第十五次会议在比什凯克举行。与会各方就国际和地区经济发展的广泛议题交换意见，讨论了深化上合组织合作、进一步巩固成员国人民相互理解与友谊的前景与措施，并达成共识。责成继续制订《上合组织成员国海关关于商品估价和审价信息交换的议定书》草案及其他进一步深化合作的文件。总理们强调，在文化、教育、科技、环保、卫生、体育、旅游领域开展双多边合作，并通过了《上合组织秘书处关于〈上合组织成员国多边经贸合作纲要〉落实情况的报告》，批准了上合组织2017年预算，并就上合组织常设机构的一系列财务和组织问题通过了决议。

11月23~24日 上海合作组织成员国丝绸之路法律服务国际论坛在义乌举行。本次论坛的主题是"推动一带一路法律服务，促进区域经济繁荣发展"。与会代表围绕"上合组织成员国框架下'一带一路'愿景与行动"、"法律服务面临的机遇与挑战"、"双边与多边合作机制"，以及"国际经贸争议解决机制"等议题进行深入讨论。

11月26~27日 联合国全球可持续交通大会在阿什哈巴德举行，上海合作组织代表团参加了会议。会议重点讨论了完善国际交通联系，建立运输走廊及其对联合国2030年可持续发展议程落实的作用等问题。

11月23~25日 上海合作组织成员国主管部门法律专家例行会议在北京举行。

与会各方讨论了落实本组织塔什干周年纪念峰会有关进一步在维护安全与稳定领域开展合作命令的问题，并计划提交即将举行的上合组织地区反恐怖机构理事会第三十次会议审议。鉴此，会议重点关注起草上合组织打击极端主义公约，以强化上合组织成员国法律基础。

11月29~30日 第十四次上海合作组织成员国总检察长会议在中国海南省三亚市举行。与会各方讨论了总检察院在本组织框架下合作打击恐怖主义,检察机关在该领域作用等问题。重点关注深化和协调成员国检察机关反恐合作,建立有效预防和打击恐怖主义的机制。各方相互通报了本国反恐法律的修订,并就预防和打击恐怖主义,防范人员出境参与恐怖主义活动等交流了经验。

12月

12月20日 上海合作组织秘书长就俄罗斯驻土耳其大使卡尔洛夫遭枪击身亡事件向俄罗斯外长拉夫罗夫表示慰问和支持并以上海合作组织的名义,对国际恐怖主义进行了严厉谴责,对俄罗斯的反恐斗争予以支持,对卡尔洛夫的家人和亲属表示真挚的慰问。

12月20日 上海合作组织成员国国家协调员理事会在北京举行。会议包含20多项议题,主要涉及2017年主要活动:上合组织成员国元首理事会会议的举办,2016~2017年哈萨克斯坦主席国框架下举办的一系列其他重要活动。会议还讨论了2017年上合组织主要活动计划、2017年上合组织成员国外交部合作计划。

Abstract

Annual Report on the Shanghai Cooperation Organization is a research report made by the Shanghai Cooperation Organization of China (hereafter briefly referred to as The SCO) on the latest situations and leading-edge problems in the research areas, having originality, positivity, perspectiveness, authoritativeness and pragmaticality. This annual issue was edited by the CASS Institute of Russian, Eastern European and Central Asian Studies. Since the first issue of the serial *SCO Report* was published, a research team of the CASS Institute of Russian, Eastern European and Central Asian Studies working as a core, and collaborating with experts and scholars of main SCO research institutions has been researching and probing issues related to the SCO actuality and development from a professional perspective, the outcome of which serves as an important value for the readers who want to learn about the SCO actuality and development.

This book is composed of the seven parts asfollows: general report, special manuscript, political cooperation, security cooperation, economic cooperation, cultural cooperation, and extraterritorial consensuses. It takes the SCO development of the year 2016 as its main line, though some of its contents also concern the latest realities of the first half of the year 2017 due to the fact that the authors handed in their manuscript at different times. The report analyzes the current international and regional situations and the complicated changes in a geostragic framework, deeply unscrambles the impact of the international and regional hot issues and great events on the SCO development, combs the realities of the SCO development, introduces in detail about the SCO cooperation in energy, humanities, finance, military securities etc. since 2016, gives an in-depth and detailed probe into important issues the SCO has come across, such as membership expansion, free trade zone, the role of the abutment of the "One Belt and One Alliance" strategies, points of views of member states on the SCO etc., with experts putting forward many suggestions of great reference value.

The outlook of the year 2017 means that there are opportunities and challengesfor the SCO just the same. The world economic powers lack strength in their economic development, market demand runs sluggish, the situation of regional security allows no optimism, and religious extremism and terrorism pose a serious threat to every country. The relations between SCO member states, observer states and dialogue partners have never been so complicated as they are today. In so difficult conditions, we must be aware that common interest between SCO members is continuously increasing, the relations between SCO member states are continuously improving, the economic cooperation within the SCO framework is continuously deepening, and the abutment of One Belt One Road with the Eurasian Economic Alliance is steadily progressing, with a new fate community and interest community taking shape.

Contents

I General Report

Y. 1 Analysis and Prospect of the Development Situation
of the SCO in 2016 *Li Jinfeng* / 001

Abstract: 2016 was the 15th anniversary of the establishment of the SCO, the international situation experienced complex and profound adjustment and change, and the uncertainty of world's situation increased. Globalization was faced with unprecedented resistance, and the pressure of world's economic downward increased. The differentiation of developed economies intensified and emerging economies has been developing in twists and turns. Traditional security issues and non-traditional security issues are intertwined, with regional security risks and challenges increasing. The SCO has been promoting multilateral economic cooperation into the fast lane, deepening the security cooperation mechanism and widening the field of humanities cooperation under the Belt and Road Initiatives. India and Pakistan signed a memorandum to start the process of joining, members' consciousnesses of creating regional "interest community" and "fate community" increased, the regional attraction and influence of the SCO continued to expand, which faced with new challenges and new opportunities, and the development of the SCO will enter a new period of opportunity.

Keywords: Shanghai Cooperation Organization; the Belt and Road Initiatives; the Belt and Alliance Initiatives; Strategic Docking

Ⅱ Special Manuscript

Y.2　Kazakhstan: Chair of the SCO　　　　　　　　　　　／030

Ⅲ Political Cooperation

Y.3　2016 Annual Summit　　　　　　　　　　*Pang Dapeng* ／038

Abstract: The summit had significance of the future, which summarized the SCO's achievements of the development in the past 15 years, emphasized the significance of "Shanghai spirit", substantially opened the key steps for enlargement and planned the vision of the future development. In term of the overall international situation in 2016, the impact of this summit gradually appeared. The summit held the banner of regional cooperation, and the willingness to promote regional integration and economic globalization was particularly valuable in the context of current trade protectionism.

Keywords: Shanghai Cooperation Organization; Summit; Shanghai Spirit; Regional Cooperation

Y.4　2016 Annual Meeting of Prime Ministers　　　*Xue Fuqi* ／045

Abstract: In November 2 to 3, 2016, the 15th meeting of the SCO's Council of Heads of Government was held in Bishkek, Kyrgyzstan. The prime ministers of member states, representatives of observer states, representatives of associate secretariat of the SCO and regional anti-terrorism agencies were presented, representatives of international organizations and agencies such as the UN, CIS and secretariat of CICA sat in on the meeting. The meeting exchanged views on broad issues of international and regional economic development,

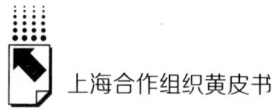

discussed questions of further deepening cooperation of the SCO members and prospects and measures of consolidating the people's mutual understanding and friendship, and signed a series of important documents like the joint communique.

Keywords: Shanghai Cooperation Organization; Council of Heads of Government; Integrative Development

Y.5 Connection between the Spirit of Shanghai and China's Global Governance *Xu Jin, Zhang Jue* / 052

Abstract: The development of globalization makes the country increasingly become a interest community where you have me and I have you. Facing the challenge of globalization, strengthening international cooperation is the trend. The Chinese government has been an active participant in global governance and has articulated global governance of co-construction and sharing. Shanghai Cooperation Organization can become an important platform for China to participate in regional and global governance. The "Shanghai spirit" in the formation of the SCO's developing process and the global governance concept of China are closely related and compatible with each other, which can be docked together to provide a conceptual basis for building a community of shared future for the SCO.

Keywords: Shanghai Cooperation Organization; Shanghai Spirit; Global Governance; Community of Shared Future for Mankind; Docking

Y.6 Challenges Faced by the SCO at the End of the Global Liberal Order *Xiao Bin* / 067

Abstract: In the past 2016, the discussion of the end of global liberal order was full of the whole international political community. If the discussion finally becomes a reality, then the Shanghai cooperation organization will face more and more complex challenges under the changing situation of the international political environment. Among the many challenges, the "structural dilemma" of the Shanghai Cooperation Organization, the change of Russia's interest in Central Asia, and the challenge of China's peaceful rise were issues that need to be given priority in the future development of the SCO.

Keywords: Liberal order; Shanghai Cooperation Organization

Y.7 The Developing SCO and Mature Chinese Diplomacy

Xu Tao / 079

Abstract: The Shanghai Cooperation Organization is an important initiative of China's diplomacy in new century and an effective measure to deal with the sudden changes in the political pattern of the world and its surrounding areas after the end of the Cold War and the disintegration of the Soviet Union. With the continuous release of energy accumulated after the geopolitical "big earthquake" in the Eurasian region, the relocation of state relations, the continuous decline of the economy, the deterioration of ethnic relations and the spread of extremism have been not only threatening the social stability and national security of the hastily created countries, but also affecting China which is gradually entering the fast lane of reform and opening to a large extent because of the special cultural and geographical conditions. Driven by the common interest concerns and the basically compatible concept of regional development, 6 political entities including China, Russia, Kazakhstan, Uzbekistan, Kyrgyzstan and Tajikistan, which had great differences in historical traditions, national culture, political system, ideology, social structure and other national factors, collaborated in the special platform of Shanghai Cooperation Organization, effectively curbed the rampant chaos caused by "three forces" in this region, and created the necessary environment and conditions for the stability and development of the countries. While these policy objectives were achieved, the Shanghai Cooperation Organization also created a paradigm that countries with different geopolitical goals achieved a high level of

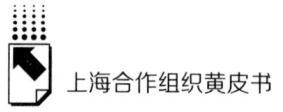

cooperation to solve the common problems and threats, which provided valuable practical experience for the new concept of security advocated by China's diplomacy, deepened and perfected this idea constantly. Today with the major changes of China's diplomatic situation and content, the Shanghai Cooperation Organization is undergoing profound changes and facing unprecedented challenges. Although the domestic and foreign scholars have different forecasts of the SCO's prospect, it is certain that: the successful operation of the Shanghai Cooperation Organization will remain an irreplaceable platform for policy innovation practice of China's diplomacy and the realization of its national interests in the future.

Keywords: Shanghai Cooperation Organization; China; Diplomacy

Y.8 What is the Possibility of the "Color Revolution" in Central Asia? *Wang Xianju* / 091

Abstract: Due to historical, internal and external reasons, there are exactly many problems in Central Asia, such as terrorism, extremereligiousism, the struggle between domestic political forces, the complex economic situation and so on. The countries of Central Asia have achieved remarkable results in coping with these difficulties by consolidating political power and strong sectors, combating three evil forces, restricting non-governmental organizations' activities, developing economies, pursuing a balanced and focused foreign policy. The Shanghai Cooperation Organization plays a very important role in safeguarding the security and stability of Eurasia. On the whole, it is difficult for the Central Asia region to undergo major unrest in the next period, and its security and stability situation can be expected.

Keywords: Central Asia; Color Revolution

IV Security Cooperation

Y. 9 Analysis and Reflection on the Theory of Mixed War

Li Shuyin / 101

Abstract: Mixed war is a new form of war in the 21st century, which was first proposed by the US military, and incorporated into its national military strategic areas; Russia subsequently proposed a mixed-war theory of color revolutions based on its own position. This theory isa profound reflection of the traditional war theory on the main features of violence, which is a revolution in the field of military thought. As a new type of overall war in the information age, the mixed war has more power, more diverse means, more subtle concealment, more complexity and other characteristics, reflecting the new development of the war winning mechanism, embodying the vitality of Marxist war and people's war theory in this era.

Keywords: Mixed War; Color Revolution; Central Asia

Y. 10 A Summary of Military Reform in Central Asia in 2016

Wu Bin, Dong Tongzhu / 112

Abstract: In 2016, in view of regional security environment changes, focusing on maintaining political stability to prevent regional conflicts and to deal with the threat of terrorism, Kazakhstan, Uzbekistan, Tajikistan, Kyrgyzstan, Turkmenistan and other Central Asian countries actively updated regulations, strategic documents and regulations, consolidated the military development system foundation, adjusted the way of military governance and its system to create a strong and effective power for anti-terrorism maintenance of stability, strengthened the training exercises and focused on improving the level of combat readiness,

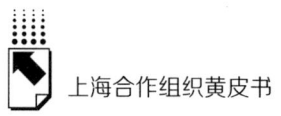

cooperation and combat capability, strengthened the construction of equipment and infrastructure and strived to improve the level of military weapons and equipment, which all promoted the steady development of army and the significant enhancement of overall strength.

Keywords: Central Asia; Military Reform; Armed Forces; Military; Military Doctrine

Y. 11   Religious Extreme and Terrorist Organizations and
        Regional Security in Central Asia   *Yang Qian* / 119

Abstract: Religious extremities and terrorist groups in Central Asia are closely related to regional security. The emergence and development of religious extremism and terrorist organizationscan not be separated from the major changes in the international and regional security environment and the support and manipulation of international terrorist organizations. At present, the overall Central Asian region are safe and stable, but the threat of religious extremism and terrorist organizations is still serious, which is mixed by the political transformation, comprehensive social governance, economic reform and adjustment, ethnic relations of the Central Asian countries and regional power game playing, making the regional security situation more complex. This situation will have a significant impact on our strategic vision of the Silk Road economic belt, and we should take a proactive approach.

Keywords: Central Asia; Religious Extremism and Terrorist Organization; Security

Y. 12   Police Cooperation of the SCO   *Zhang Jie* / 139

Abstract: The transnational crime situation in the SCO region has become increasingly complex, and the close relationship between the criminals and the outside world across the Central Asian region has been enhanced, which is posing challenges to the security of the SCO region. The regional police cooperation of Shanghai cooperation organization has been playing a more and more active role in maintaining regional order and security, using open and flexible forms of cooperation such as the cooperation of regional organizations to strengthen the cooperation between the SCO and international Organization at the same time, which has virtually expanded the space and scope of the SCO's police cooperation, thus enriching the connotation of police cooperation, providing a more diverse coping strategies and paths in dealing with regional non-traditional security issues such as terrorism, drug offenses, smuggling of arms, trafficking in human beings, organized crime, exploring a wide range of countermeasures to solve the world's non-traditional security issues.

Keywords: Shanghai Cooperation Organization; Police Cooperation; Central Asian Security; Anti-terrorism; Religious Extremism

V Economic Cooperation

Y.13 The Impact of Changes in the World Economic Situation on the Economy of SCO Members   *Guo Xiaoqiong* / 151

Abstract: In 2016, the uncertainties the world economy facedincreased significantly, global economic growth further slowed down, differentiation reversd; commodity prices ran low; global trade was weak, trade protectionism and globalization were on the rise; dollar raised interest rates and the volatility of global financial market increased. Countries of the SCO were affected by the economy from the outside world, in this context, the SCO should strengthen its own cohesion. In response to the changing international economic situation, countries of the SCO should reform their domestic economic structure, and simultaneously strengthen pragmatic cooperation among member countries to

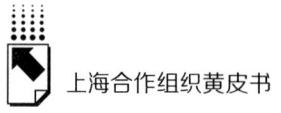

promote the docking between the Belt and Road Initiatives and development strategies of countries of the SCO.

Keywords: Shanghai Cooperation Organization; the Belt and Road Initiatives

Y.14 Prospects for Free Trade Area of the SCO　　*Liu Huaqin* / 169

Abstract: This paper reviews the results of the regional economic cooperation of the SCO in 2016. The author used the GTAP model to predicte prospects of 8 member countries of the expanded SCO including India and Pakistan in promoting trade facilitation and liberalization. The results showed that the promotion of regional trade facilitation would benefit member states in general especially the Central Asian countries and Pakistan, and the establishment of free trade zone of the SCO would produce more substantial economic benefits. Therefore, the member states should abandon the prejudice and join hands to promote the process of liberalization of regional trade and investment to benefit the people of all countries with the fruits of regional economic cooperation.

Keywords: Shanghai Cooperation Organization; Trade Facilitation; Liberalization; Free Trade Area

Y.15 Cooperation in Transport Facilitation of the SCO:
　　　Achievements, Issues and Prospects　　*Fu Jiawei* / 184

Abstract: Thecooperation of transport facilitation is the focus of the SCO intergovernmental cooperation. This paper untangled the achievements of cooperation in the field of transportation since the establishment of the SCO, summarized the achievements of cooperation in cooperation mechanism, system construction, international channel planning and transportation infrastructure construction, and analyzed the existing problems and future prospects for development.

Keywords: Shanghai Cooperation Organization; Transport Facilitation; Cooperation Mechanism; International Channel

Y.16 New Progress and New Challenges of Financial Cooperation of the SCO　　*Zhang Henglong, Kuang Zihang* / 207

Abstract: This paper explored the current situation of financial cooperation of Shanghai Cooperation Organization and the new progress in recent two years. "Member expansion" and "existing financing platform construction" became the most noteworthy new situation of financial cooperation of Shanghai Cooperation Organization in recent two years. Shanghai Cooperation Organization still faces many challenges in the field of financial cooperation. As the most important driving force of financial cooperation in the SCO, China should give full play to the favorable conditions and the historical opportunity brought about by the construction of the construction of "the Belt and Road Initiatives", combine with the successful experience of ADB and BRIC, grasp the direction of internationalization of RMB and promote further development of financial cooperation of Shanghai Cooperation Organization.

Keywords: Shanghai Cooperation Organization; Financial Cooperation; RMB Internationalization

Y.17 Explorations and Prospects of Developmental Financial Cooperation of the SCO　　*Alatantuhuri* / 227

Abstract: This paper explored that the SCO countries significantly increased government intervention and implemented the "anti - cyclical" policy to crack the problems in economic development and seek a breakthrough in the current economic and financial situation. Development finance is located in the service of national and regional development goals, which functions are indispensable in the weak links and critical period. We should strengthen the regional financial system with regional open financial cooperation to achieve goals of economic growth and sustainable development.

Keywords: Shanghai Cooperation Organization; Developmental Finance; Market Cultivation

Y.18　Comparison of Financial Cooperation between the SCO and Other Regions　　*Wang Guosong, Zhang Keqi* / 241

Abstract: The establishment of regional economic organizations brought a lot of development and challenges. This paper choosed some representative regional economic organizations, compared them with the SCO to mainly analyze their reference to SCO in terms of economic and trade, financial cooperation and regional institutions, such as the APEC, the African Development Bank and the Asian Infrastructure Investment Bank. Finally, on the basis of comparative analysis, the paper puts forward the prospect and policy suggestion of financial cooperation for the SCO.

Keywords: Shanghai Cooperation Organization; Financial Cooperation; SCO Development Bank

Y.19　Regional Progresses and Prospects of RMB in the SCO
　　Yin Yingkai, Jiang Zhihui / 259

Abstract: The process of internationalization of RMB is an asymptomatic process. As an important economic cooperation organization among regions, Shanghai Cooperation Organization has set up a "platform" for internationalization of RMB from regionalization to internationalization. This paper analyzed the current situation of the development of RMB internationalization, and then examined the cross-border trade settlement of RMB in the SCO region, investment and financing transactions and international use by analyzing the current situation of the SCO member countries, observer countries and dialogue partners' own economy, finance and the trade and investment with China. On this basis, it analyzed the opportunities and challenges faced by the RMB in the regionalization of the SCO, and put forward some countermeasures and suggestions for the development of RMB in the regionalization of the SCO.

Keywords: RMB Internationalization; Shanghai Cooperation Organization; Regionalization

VI Cultural Cooperation

Y.20 Reviews and Prospects of Environmental Cooperation in the SCO   *Li Fei, Wang Yujuan and Guo Dongmei* / 283

Abstract: Since the establishment in 2001, Shanghai Cooperation Organization has made environmental protection an important cooperative content. This paper reviewed the progress and achievements of the SCO environmental cooperation, analyzed the opportunities and challenges of the SCO environmental cooperation in the new situation, and made a suggestion of mechanisms, areas and forms for SCO's future environmental cooperation.

Keywords: Shanghai Cooperation Organization; Environmental Cooperation; Green Silk Road

Y.21 Educational Cooperation of the SCO   *Ren Xuemei* / 293

Abstract: Education cooperation is one of the most promising areas of international cooperation. Since the establishment of the Shanghai Cooperation Organization, educational cooperation has been one of its most important

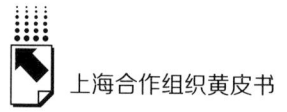

components, which is responsible for providing technical support and talent for all cooperation in various fields of Shanghai Cooperation Organization, and also the important channel to strengthen mutual understanding and communication among member states. In recent years, with the joint efforts of member states, educational cooperation has made fruitful progress. However, the cooperation has been also facing difficulties and challenges because of the different cultures and institutions. This paper started from the current situation, achievements, methods, contents, problems and difficulties of educational cooperation of Shanghai cooperation organization, elaborated the overall situation of education cooperation of Shanghai Cooperation Organization and prospected its future development direction.

Keywords: Shanghai Cooperation Organization; Educational Cooperation

Ⅶ Extraterritorial Consensuses

Y.22　A Review of American Studies' Views on the SCO

　　(2011 -2016)　　　　　　　　　　　　*Wang Chenxing* / 305

Abstract: The United States is one of the important external factors in the development of the Shanghai Cooperation Organization (SCO). So far, the US official has not yet released a complete, systematic system of documents on the SCO, and the frequency of comment about the SCO of the top of the government was not high. Most of the discussions in the United States on the SCO were concentrated in academia. Although the academic discussions could not represent the US official, but they could reflect the United States' basic views and countermeasures considerations of the SCO from one side. Through the study of the academic achievements of American scholars from 2011 to 2016, the definition of the United States on the SCO was still "neither enemy nor friend" that needed more attention and stare, and they did not seek the establishment of institutionalized cooperative relations with the SCO in the short term. It is note worthy that the idea of placing the SCO in China's relationship with the existing international system was a new perspective for the United States to discuss the SCO.

Keywords: United States; Shanghai Cooperation Organization; China-US Relations

Y.23　A Summary of Indian Officials and Scholars' Views on Enlargement of the SCO　　　　　　　　　　*Zhang Hao* / 315

Abstract: The vast majority of Indian government officials and Indian intellectual library scholars are optimistic and positive that India will join the SCO, they consider that the status of India's membership, whether for the SCO, for China, Russia, Central Asia, or for India, will be "Multi-win" opportunities. Indian officials and scholars generally believe that joining the SCO is very beneficial for India, which is mainly reflected in three major areas of Central Asian region influence, regional security situation and energy security. At the same time, Indian scholars are cautious about some of the challenges that may be faced by joining the SCO in the future.

Keywords: India; Shanghai Cooperation Organization; Central Asia; Security

Y.24　Central Asian Countries' Views on the SCO and Their Interest Demands　　　　　　　　　　*Bao Yi* / 331

Abstract: 2016 was the 15th anniversary of the establishment of Shanghai Cooperation Organization. At the 16th summit of the SCO, the leaders of the Central Asian countries evaluated the development achievements of the SCO over the past 15 years, issued the "Tahkin Declaration on the 15th Anniversary of the SCO" and approved the "Development Strategy of Shanghai Cooperation Organization until 2025, 2016 -2020 Implementing Action Plans". In addition,

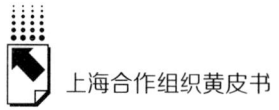

the highlight of this summit was the signatures of India and Pakistan in the "Memorandum of Obligation to Join the SCO", which promoted the expansion procedures that the two countries would become formal members. At the same time, the Russian-led Eurasian partnership concept and the Eurasian Economic Union actively promoted the docking with the Belt and Road Initiatives which was proposed by China. In this context, as a carrier of the Belt and Road Initiatives, the SCO's cooperation in the economic field has also been increasingly respected by the Central Asian member states and they put forward their own interests. As the rotating presidency of the SCO in 2017, Kazakhstan made new initiatives to push forward the regional cooperation of the Shanghai Cooperation Organization in all directions.

Keywords: Central Asia; Shanghai Cooperation Organization; Enlargement

Y. 25　Comments on the SCO from Russian Scholars

Yang Jin / 344

Abstract: 2016 is the 15th anniversary of the establishment of Shanghai Cooperation Organization. The SCO has come into a period of rise and maturity, in this regard, Russian scholars had expectations. In the construction of the functions of the SCO, the concept of Russian scholars has changed with the development of the times, from the attention of safety function to the full attention of functions of safety, economic and humane cooperation. Russian scholars paid more attention to the SCO as an important platform for their country to build its own position in the international system, where they could build China-Russia relations to serve its own national interests.

Keywords: Russia; China; Shanghai Cooperation Organization

Y. 26 Influence of the Return of Extremists on the Security Cooperation of the SCO *Zhang Ning* / 354

Abstract: The return of extremists is one of the problems that Central Asian countries are facing, who have been continuing to engage in recruitment, mission and violence activities in Central Asia mainly through the Internet, the main recruitment targets are labor migration and unemployment. Central Asian countries have been dealing with them by improving the law and crackdown, strengthening international cooperation and other measures.

Keywords: Return; Religious Extremism; Three Forces; Security of Central Asia; Shanghai Cooperation Organization

Y. 27 Memorabilia of the SCO in 2016 *Gao Hanxun* / 360

社会科学文献出版社　　　**皮书系列**

❖ 皮书起源 ❖

"皮书"起源于十七、十八世纪的英国，主要指官方或社会组织正式发表的重要文件或报告，多以"白皮书"命名。在中国，"皮书"这一概念被社会广泛接受，并被成功运作、发展成为一种全新的出版形态，则源于中国社会科学院社会科学文献出版社。

❖ 皮书定义 ❖

皮书是对中国与世界发展状况和热点问题进行年度监测，以专业的角度、专家的视野和实证研究方法，针对某一领域或区域现状与发展态势展开分析和预测，具备原创性、实证性、专业性、连续性、前沿性、时效性等特点的公开出版物，由一系列权威研究报告组成。

❖ 皮书作者 ❖

皮书系列的作者以中国社会科学院、著名高校、地方社会科学院的研究人员为主，多为国内一流研究机构的权威专家学者，他们的看法和观点代表了学界对中国与世界的现实和未来最高水平的解读与分析。

❖ 皮书荣誉 ❖

皮书系列已成为社会科学文献出版社的著名图书品牌和中国社会科学院的知名学术品牌。2016年，皮书系列正式列入"十三五"国家重点出版规划项目；2012~2016年，重点皮书列入中国社会科学院承担的国家哲学社会科学创新工程项目；2017年，55种院外皮书使用"中国社会科学院创新工程学术出版项目"标识。

中国皮书网

发布皮书研创资讯，传播皮书精彩内容
引领皮书出版潮流，打造皮书服务平台

栏目设置

关于皮书：何谓皮书、皮书分类、皮书大事记、皮书荣誉、
皮书出版第一人、皮书编辑部

最新资讯：通知公告、新闻动态、媒体聚焦、网站专题、视频直播、下载专区

皮书研创：皮书规范、皮书选题、皮书出版、皮书研究、研创团队

皮书评奖评价：指标体系、皮书评价、皮书评奖

互动专区：皮书说、皮书智库、皮书微博、数据库微博

所获荣誉

2008年、2011年，中国皮书网均在全国新闻出版业网站荣誉评选中获得"最具商业价值网站"称号；

2012年，获得"出版业网站百强"称号。

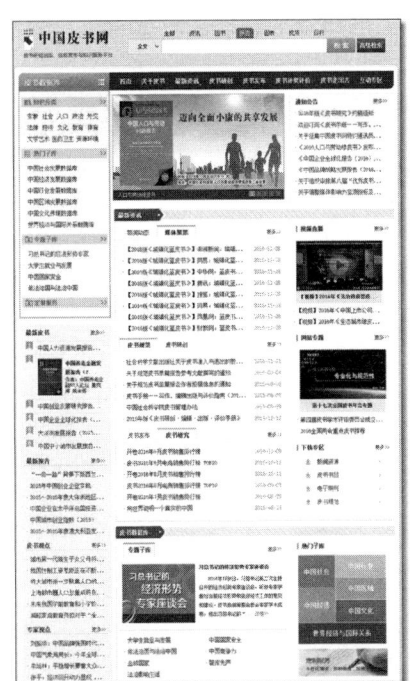

网库合一

2014年，中国皮书网与皮书数据库端口合一，实现资源共享。更多详情请登录www.pishu.cn。

权威报告·热点资讯·特色资源

皮书数据库
ANNUAL REPORT(YEARBOOK) DATABASE

当代中国与世界发展高端智库平台

所获荣誉

- 2016年，入选"国家'十三五'电子出版物出版规划骨干工程"
- 2015年，荣获"搜索中国正能量 点赞2015""创新中国科技创新奖"
- 2013年，荣获"中国出版政府奖·网络出版物奖"提名奖
- 连续多年荣获中国数字出版博览会"数字出版·优秀品牌"奖

成为会员

通过网址www.pishu.com.cn或使用手机扫描二维码进入皮书数据库网站，进行手机号码验证或邮箱验证即可成为皮书数据库会员（建议通过手机号码快速验证注册）。

会员福利

- 使用手机号码首次注册会员可直接获得100元体验金，不需充值即可购买和查看数据库内容（仅限使用手机号码快速注册）。
- 已注册用户购书后可免费获赠100元皮书数据库充值卡。刮开充值卡涂层获取充值密码，登录并进入"会员中心"—"在线充值"—"充值卡充值"，充值成功后即可购买和查看数据库内容。

卡号：218543432548
密码：

数据库服务热线：400-008-6695
数据库服务QQ：2475522410
数据库服务邮箱：database@ssap.cn
图书销售热线：010-59367070/7028
图书服务QQ：1265056568
图书服务邮箱：duzhe@ssap.cn

子库介绍
Sub-Database Introduction

中国经济发展数据库

涵盖宏观经济、农业经济、工业经济、产业经济、财政金融、交通旅游、商业贸易、劳动经济、企业经济、房地产经济、城市经济、区域经济等领域，为用户实时了解经济运行态势、把握经济发展规律、洞察经济形势、做出经济决策提供参考和依据。

中国社会发展数据库

全面整合国内外有关中国社会发展的统计数据、深度分析报告、专家解读和热点资讯构建而成的专业学术数据库。涉及宗教、社会、人口、政治、外交、法律、文化、教育、体育、文学艺术、医药卫生、资源环境等多个领域。

中国行业发展数据库

以中国国民经济行业分类为依据，跟踪分析国民经济各行业市场运行状况和政策导向，提供行业发展最前沿的资讯，为用户投资、从业及各种经济决策提供理论基础和实践指导。内容涵盖农业，能源与矿产业，交通运输业，制造业，金融业，房地产业，租赁和商务服务业，科学研究，环境和公共设施管理，居民服务业，教育，卫生和社会保障，文化、体育和娱乐业等100余个行业。

中国区域发展数据库

对特定区域内的经济、社会、文化、法治、资源环境等领域的现状与发展情况进行分析和预测。涵盖中部、西部、东北、西北等地区，长三角、珠三角、黄三角、京津冀、环渤海、合肥经济圈、长株潭城市群、关中—天水经济区、海峡经济区等区域经济体和城市圈，北京、上海、浙江、河南、陕西等34个省份及中国台湾地区。

中国文化传媒数据库

包括文化事业、文化产业、宗教、群众文化、图书馆事业、博物馆事业、档案事业、语言文字、文学、历史地理、新闻传播、广播电视、出版事业、艺术、电影、娱乐等多个子库。

世界经济与国际关系数据库

以皮书系列中涉及世界经济与国际关系的研究成果为基础，全面整合国内外有关世界经济与国际关系的统计数据、深度分析报告、专家解读和热点资讯构建而成的专业学术数据库。包括世界经济、国际政治、世界文化与科技、全球性问题、国际组织与国际法、区域研究等多个子库。

法律声明

"皮书系列"(含蓝皮书、绿皮书、黄皮书)之品牌由社会科学文献出版社最早使用并持续至今,现已被中国图书市场所熟知。"皮书系列"的LOGO( )与"经济蓝皮书""社会蓝皮书"均已在中华人民共和国国家工商行政管理总局商标局登记注册。"皮书系列"图书的注册商标专用权及封面设计、版式设计的著作权均为社会科学文献出版社所有。未经社会科学文献出版社书面授权许可,任何使用与"皮书系列"图书注册商标、封面设计、版式设计相同或者近似的文字、图形或其组合的行为均系侵权行为。

经作者授权,本书的专有出版权及信息网络传播权为社会科学文献出版社享有。未经社会科学文献出版社书面授权许可,任何就本书内容的复制、发行或以数字形式进行网络传播的行为均系侵权行为。

社会科学文献出版社将通过法律途径追究上述侵权行为的法律责任,维护自身合法权益。

欢迎社会各界人士对侵犯社会科学文献出版社上述权利的侵权行为进行举报。电话:010-59367121,电子邮箱:fawubu@ssap.cn。

社会科学文献出版社